安徽省高等学校"十三五"省级规划教材

金融企业会计

主　编　汪本强

副主编　倪泽强　郑姗姗

内 容 提 要

本书分为三个模块，共十章。模块A主要介绍金融企业会计的理论基础与核算方法；模块B主要介绍银行业金融机构业务的核算，内容包括商业银行存款业务的核算、商业银行贷款业务的核算、银行业金融机构往来业务的核算、现代化支付系统的核算、支付结算业务的核算以及商业银行年度决算与财务会计报告等；模块C主要介绍非银行金融机构业务的核算，内容包括保险公司业务的核算、互联网金融公司业务的核算以及国内其他非银行金融机构业务的核算等。本书内容在编写上，注重吸收新颁布和新修订的《企业会计准则》的相关内容，弱化对传统金融业务的常识性介绍，强化对新兴金融业务的核算，体现了时效性、实用性和实践性的特征。本书既简便实用又充满时代气息。

本书可作为高等本科院校会计学、金融学等专业的教学用书，也可供银行、证券、保险等金融行业从业人员自学时参考。

图书在版编目(CIP)数据

金融企业会计/汪本强主编．合肥：合肥工业大学出版社，2019.11
ISBN 978-7-5650-4706-0

Ⅰ.①金…　Ⅱ.①汪…　Ⅲ.①金融企业—会计—高等学校—教材　Ⅳ.①F830.42

中国版本图书馆CIP数据核字(2019)第260996号

金融企业会计

汪本强　主编　　　责任编辑　汤礼广

出　版	合肥工业大学出版社	版　次	2019年11月第1版
地　址	合肥市屯溪路193号	印　次	2020年11月第1次印刷
邮　编	230009	开　本	787毫米×1092毫米　1/16
电　话	理工编辑部：0551-62903087	印　张	25
	市场营销部：0551-62903198	字　数	480千字
网　址	www.hfutpress.com.cn	印　刷	安徽联众印刷有限公司
E-mail	hfutpress@163.com	发　行	全国新华书店

ISBN 978-7-5650-4706-0　　　定价：58.00元

如果有影响阅读的印装质量问题，请与出版社市场营销部联系调换。

前　言

在当今金融工具不断创新、金融产品日新月异的金融主权时代，及时披露客观、公正的金融企业会计信息，是赋予金融企业会计课程的时代使命。与此同时，金融企业会计课程又承担着重要的职业教育职能，作为培养未来金融领域从业者的金融学、会计学专业的学生而言，金融企业会计是其必备的专业知识和职业素养。“金融企业会计”是一门理论性和实践性非常强的课程，是金融学、会计学专业人才培养方案规定的必修课程之一，也是工商管理类其他专业开设的主要选修课程之一。

本书是作者在其2015年出版的《金融企业会计实务》一书基础上重新编写而成。为了使本书能更好地适应金融实践和金融企业会计课程教学的需要，作者根据财政部新颁布和新修订的《企业会计准则》，对原书中关于商业银行存贷款业务、银行业金融机构往来业务、现代化支付系统、支付结算业务、非银行业金融机构（保险公司、互联网金融公司、证券公司、信托公司、基金公司）经营业务的会计核算等内容进行了系统修订和补充。其中，新增了《互联网金融公司的业务核算》一章内容；对原书的第一章、第二章的金融企业会计理论基础和金融企业会计核算方法以及第四章、第五章的银行业金融机构往来业务核算等内容进行了整合；将原书第六章的外汇业务核算的内容分解为外汇存款、贷款业务核算和国际贸易结算业务核算等几个方面，并将其调整到商业银行存款、贷款业务核算和支付结算业务核算等相应章节之中；其他章节也做了必要的修订，增加了较多新的内容；还对有关章节的例题和业务处理题进行了修改和补充，并在每章中增加了“自主学习内容”。同时，对原书的章节顺序进行较大幅度的调整。

作者在保留原书特色的基础上，立足实际，避免生搬硬套国内外金融企业会计教材的现成内容和对常识性内容的枯燥介绍，注重把握章节结构之间的逻辑性、系统性和内容的实用性、时效性，在内容的组织、体系的安排、体例的设计等各方面充分考虑了学生学习金融企业会计的知识需要，突出以学生能力培养为核心，使学生能够掌握金融企业的业务流程及其会计核算的有关知识、方法和技能，培养学生具备对金融企业会计业务的信息确认、计量与账务处理以及运用会计信息分析金融企业经营状况的实践能力，为

其以后职业成长奠定基础。

本书由汪本强教授担任主编。汪本强教授编写第一章、第八章、第九章、第十章；倪泽强副教授编写第五章、第七章；方小枝副教授编写第六章；郑姗姗博士编写第二章、第三章；第四章由汪本强教授和倪泽强副教授共同编写。

本书初稿完成后，由汪本强教授对全书进行了详细的统稿，并撰写了前言。

在本书编写过程中，作者参阅了许多专家学者的研究成果和大量文献，在此对相关专家学者表示感谢；同时感谢合肥工业大学出版社对本书编写工作和出版工作给予的大力支持。

本书是作者对其科研成果和多年教学经验的总结。2015 年，由本书主编主持的金融企业会计课程被安徽省教育厅批准为省级精品资源共享课（2015gxk061）；2017 年，在此基础上编写的本书入选安徽省“十三五”省级规划教材建设项目（2017ghjc186）。因此，欢迎读者在学习金融企业会计课程的过程中登陆合肥学院精品课程网站，浏览或观看金融企业会计课程的教学资源或阅读参考资料。

鉴于作者会计实践阅历和理论水平有限，本书难免存有诸多疏漏和不足之处，恳请读者批评指正。

汪本强

2019 年 11 月于合肥

目　　录

模块 A　理论基础与核算方法

模块 B　银行业金融机构业务核算

模块C　非银行金融机构业务核算

模块A

理论基础与核算方法

第一章 导 论

本章导读

在现代信用经济条件下，实体经济发展对金融服务的需求量越来越大，需求层次越来越高，金融要素俨然成为与土地、资本、劳动力居于同等重要地位的第四大经济增长要素。"金融越发展，会计越重要"。金融发展对会计产生了直接需求并进而推动会计发展。金融企业会计通过对金融企业经营业务的反映、业绩的评价、过程的控制、发展前景的预测以及参与企业决策等职能的发挥，促使金融企业加强经营管理，提高经济效益，从而保证金融企业健康、持续和稳定发展。

金融企业会计核算方法是以一般工业企业会计核算方法为基础，并结合金融企业的业务特点及经营管理的要求而制定，体现了金融企业特有的行业特征。金融企业会计核算方法主要由基本核算方法和各项金融业务的具体处理方法两部分组成，其中基本核算方法主要包括会计科目的设置、会计凭证的填制与审核、会计核算系统及账务处理程序等内容。

知识目标

1. 了解金融机构体系、金融企业会计的概念、特点以及业务活动。
2. 理解金融企业的会计基础、假设前提和信息质量要求。
3. 掌握金融企业的会计要素及其确认条件。
4. 掌握金融企业会计科目、会计凭证及其基本分类。
5. 理解金融企业会计核算系统及其账务处理程序。

对应能力与要求

1. 能够确认金融企业的会计要素并进行正确计量。
2. 能够筛选金融企业的会计信息，把握好会计信息的质量要求。

3. 能够识别金融企业会计科目、会计凭证的种类并正确使用。

4. 能够正确填制、审核、传递和整理金融企业的会计凭证。

5. 能够树立金融企业会计核算的假设理念和会计信息质量的管理意识。

6. 能够构建金融企业的会计核算体系和账务处理程序。

第一节　金融机构体系与金融企业会计

一、金融机构体系

金融机构是指从事金融业务活动以及对这些业务活动进行监督管理的金融组织，包括银行和非银行金融机构。金融机构体系是指银行、非银行金融机构的体系结构以及构成这一体系的银行和非银行金融机构的职责分工及其相互关系。我国已经形成以中国人民银行为核心、商业银行为主体、政策性银行为补充，多种金融机构并存的金融机构体系。银行业金融机构主要包括中国人民银行、政策性银行、国有控股商业银行、股份制商业银行、地方城市商业银行、地方农村商业银行、邮政储蓄银行、外资银行；非银行金融机构主要有证券公司、保险公司、基金管理公司、信托投资公司、金融资产管理公司等。

二、金融企业及其业务活动

在我国金融机构体系中，除了中国人民银行和政策性银行之外，商业银行和其他非银行金融机构都是自主经营、自负盈亏、自我约束、自我发展的金融企业，以追求利润最大化为经营目标，以流动性、安全性、效益性为基本的经营原则。商业银行和非银行金融机构的业务活动简介如下。

1. 商业银行

商业银行是指以吸收公众存款、发放贷款、办理结算为主要业务，以盈利为主要目的的金融企业。吸收活期存款与创造信用货币是商业银行最显著的特征。商业银行经营业务主要有：①吸收存款；②发放贷款；③办理结算；④票据承兑与贴现；⑤发行金融债券；⑥代理发行、兑付、承销政府债券；⑦买卖政府债券；⑧同业拆借；⑨买卖或代理买卖外汇；⑩提供信用证服务及担保；⑪代理收付款项及代理保险；⑫提供保管箱服务以及经银行业监督管理机构批准的其他业务。

商业银行是我国金融机构体系的主体，其总行是一级法人，业务实行垂直领导，各分支机构不具有法人资格，实行统一核算，分级管理。目前，我国商业银行主要包括四大国有控股商业银行(中国工商银行、中国建设银行、中国银行、中国农业银行)、四大股份制商业银行(招商银行、兴业银行、民生银行、中信银行)、地方城市商业银行(北京银行、杭州银行、上海银行等)、地方农村商业银行以及邮政储蓄银行等。

2. 非银行金融机构

非银行金融机构是指依法设立的除银行以外经营金融业务的金融机构,主要包括互联网金融公司、证券公司、保险公司、信托投资公司、基金管理公司等。非银行金融企业主要以发行股票、债券,接受信托、提供保险等形式筹集资金,并将所筹集的资金主要运用于长期性投资。目前,我国非银行金融企业实行分业经营、分业管理,各种非银行金融机构的经营范围各有所侧重。

(1)互联网金融公司

互联网金融公司是指传统金融公司与互联网企业利用互联网技术和通信技术实现资金融通、支付、投资和信息中介服务的新型金融公司。互联网金融公司经营业务主要有:①第三方支付;②P2P网贷;③大数据金融;④众筹。同时,通过建立信息化金融机构或互联网金融门户提供金融信息中介服务。

(2)保险公司

保险公司是指依法成立的经营保险业务的非银行金融机构。保险业务经营的实质是对投保人未来可能的损失予以赔偿给付的承诺。保险公司经营业务主要有:①人身保险业务(人寿保险、健康保险、意外伤害保险等);②财产保险业务(财产损失保险、责任保险、信用保险、保证保险等);③经保险监督管理机构批准的与保险有关的其他业务。另外,《保险法》规定,同一保险人不得同时经营人身保险业务和财产保险业务;但是,经保监会批准,经营财产保险业务的保险公司可以经营短期健康保险业务和意外伤害保险业务;经保监会批准,保险公司可以经营财产保险业务和人身保险业务的再保险分出和分入业务。

(3)证券公司

证券公司是指依法设立的、专门经营证券业务的有限责任公司或股份有限公司。根据新修订的《证券法》规定,证券公司经营业务主要有:①证券经纪;②证券投资咨询;③证券自营;④证券承销与保荐;⑤证券交易;⑥与证券投资活动有关的财务顾问;⑦证券资产管理;⑧其他证券业务。其中,经营上述①~③项业务的,注册资本最低限额为5 000万元人民币;经营④~⑦项业务之一的,注册资本最低限额为1亿元人民币;经营④~⑦项业务中两项以上的,注册资本最低限额为5亿元人民币。

(4)信托投资公司

信托投资公司是指依法成立的主要经营信托业务的非银行金融机构,它与银行、保

险并称为现代金融业的三大支柱。信托投资公司经营业务主要有:①信托类业务,如受托经营资金的信托业务,受托经营动产、不动产及其他财产的信托业务,受托经营投资基金业务;②代理类业务,如代理财产的管理、运用和处分,代保管业务等;③其他业务,如信用鉴证、资信调查及经济咨询业务,经营企业资产的重组、购并及项目融资、公司理财、财务顾问等中介业务,以固有财产为他人提供担保,等等。

(5)基金管理公司

基金管理公司是指依法设立的从事证券投资基金管理业务的非银行金融机构。基金管理公司经营业务主要有:①证券投资基金的募集、基金份额的申购和赎回;②基金财产的投资、收益分配等基金运作与管理。证券投资基金是一种集合投资制度,是一种利益共享、风险共担的集合证券投资方式。

三、金融企业会计

1. 金融企业会计的概念

金融企业会计是以货币为主要计量单位,遵循会计核算的一般原则,采用专门的会计方法,对金融企业的经营活动进行连续、系统和全面的核算,为金融企业的利益相关人提供金融企业的财务状况、经营成果和现金流量等一系列会计信息的一项管理活动。金融企业会计是针对金融企业经营业务的特点而制定的特种会计,适用于金融系统的会计核算和经营管理。

2. 金融企业会计的特点

金融企业是经营货币、信用业务的特殊企业,经营业务具有自身的特点。金融企业会计作为对金融企业这一特殊企业经营活动进行反映和控制的专业会计,也表现出不同于其他部门会计的个性特征。具体来说,金融企业会计具有以下几方面的特点:

① 会计核算对象的社会性。金融企业会计核算的对象是金融企业经营活动所引起的资金及其资金运动。金融企业的资金及资金运动主要是金融企业在处理国民经济各部门、各企业、各单位以及社会公众的资金往来等经济业务过程中形成的。金融企业会计就是核算和监督在该过程中形成的资金及资金运动,涉及国民经济各部门、各企业、各单位以及社会公众,因而具有广泛的社会性。

② 会计核算方法的独特性。由于金融企业经营业务具有特殊性,因而使得金融企业会计的核算方法在凭证的填制、账户的设置与登记、表单的设置与编制、账务处理与核对程序等方面都与其他部门会计存在着显著的差异。

③ 会计核算与业务处理的统一性。由于金融企业的业务活动主要表现为货币资金的流动,而会计主要核算企业经营业务中能够用货币表现的经济业务,这就使得金融企业的业务处理与会计核算有着不可分离的特点,即引起金融企业货币资金收付行为的

经济业务发生后，所要进行的业务处理过程就是金融企业会计进行核算和监督的过程。

④ 会计监督与服务的双重性。金融企业是国民经济的综合部门，是社会资金活动的枢纽。金融企业与国民经济各部门以及社会公众有着广泛的货币信用联系，其工作质量好坏直接关系到金融企业的声誉。因此，金融企业会计在其业务核算过程中既要为客户提供高质量的金融服务，也要加强会计监督。金融企业一方面要监督客户资金是否合理收付，保证国家财经法规和各项规章制度得到有效执行；另一方面要监督客户资金的安全运行，防范各种贪污、盗窃、诈骗案件的发生。同时，金融企业还要监督和抵制一切非法的业务活动，保证国家、企事业单位和公民的财产安全。

⑤ 内部控制的严密性。金融企业是连接国民经济的枢纽，是国民经济信贷收支、现金收支和支付结算的中心。如果金融企业的内部控制出现问题，不仅会引起自身出现经营风险，也会导致出现广泛的社会问题。因此，金融企业必须建立健全科学有效严密的内部控制制度，如统一授信制度、审查审批制度、不相容职务分离制度、交易动态实时监控制度、"印、押、证"三分管制度、计算机信息系统风险防控制度，以及账务处理方面的复核与盘点制度、定期对账制度、双线核算和双线核对制度等，以确保其会计核算的质量及资金运动的安全性和有效性。

第二节　金融企业会计基础和会计假设

一、金融企业会计对象

金融企业会计对象表现为资金运动。由于金融企业在国民经济中的地位和业务活动的特殊性，导致其资金运动与其他企业资金运动的形式有所不同，因而决定了金融企业会计对象的特殊性。例如，工业企业的资金运动形式表现为：货币资金→生产资金→商品资金→货币资金；银行业的资金运动形式表现为：社会货币资金→银行信贷资金→社会货币资金。

为了便于对金融企业会计对象进行分类核算，按照其资金及其资金运动的不同经济内容，将其分为资产、负债、所有者权益、收入、费用和利润六大要素。其中，资产、负债和所有者权益主要反映金融企业在某一时点的资金来源及其分布的静态表现形式，构成企业资产负债表的内容；收入、费用和利润主要反映金融企业某一时期经营成果的动态表现形式，构成企业利润表的内容。

二、金融企业会计基础

我国《企业会计准则——基本准则》规定："企业应当以权责发生制为基础进行会计

确认、计量和报告。”

权责发生制要求金融企业应以收入在本期实现和费用在本期发生或应由本期负担为标准确认本期的收入和费用，而不论款项是否在本期收付。权责发生制的会计基础是以持续经营和会计分期假设为前提，是与以收到或支付现金作为确认收入和费用依据的收付实现制相对应的一种会计基础。在权责发生制基础上，凡是当期已经实现的收入和已经发生或应当负担的费用，不论款项是否收付，都应当作为当期的收入和费用计入利润表；凡是不属于当期的收入和费用，即使款项已在当期收付，也不应当作为当期的收入和费用。

三、金融企业会计假设

会计假设是会计核算的基本前提，是对会计核算的范围、内容、程序和方法的合理设定。金融企业会计的基本假设包括会计主体、持续经营、会计分期、货币计量。这四个基本假设是金融企业会计核算的客观需要，缺一不可，既相互联系，又有本质区别。

1. 会计主体

会计主体是指会计为之服务的特定单位或组织。《企业会计准则——基本准则》第五条明确规定：“企业应当对其本身发生的交易或事项进行会计确认、计量和报告。”

金融企业会计核算应当反映金融企业某一特定范围内的经济活动，而这个特定范围应根据是否独立核算这个标准来确定和计量，即采用独立核算的一个空间范围，确认为一个会计主体。有了会计主体假设，金融企业会计才能将本企业与其他企业的经济活动区分开来，才能真实地反映会计主体的财务状况、经营成果和现金流量等会计信息，会计信息的使用者也才能据此做出正确的决策。当然，会计主体并不等同于法律主体。法律主体一定是会计主体，但会计主体不一定是法律主体。

2. 持续经营

《企业会计准则——基本准则》第六条明确规定：“企业会计确认、计量和报告应当以持续经营为前提。”持续经营是指会计主体的生产经营活动在可以预见的未来不会破产、清算、解散。

持续经营假设明确了会计核算的时间范围，要求金融企业会计核算应当以企业保持持续、正常的生产经营活动为前提选择会计核算的程序和会计处理方法，而不考虑企业是否破产、清算等各种意外情况。只有这样，企业才能保持会计信息处理的一贯性和稳定性。当然，如果企业在市场竞争中出现了破产、清算、解散等情况，企业再按照相应的法律法规另行进行处理。

企业会计核算所采用的一系列方法和遵循的有关原则都是建立在持续经营这个基本的会计假设前提之上的。只有在持续经营前提下，企业的资产和负债才能区别为流动性和非流动性；企业对收入与费用的确认才能采用权责发生制；企业才有必要确立会计分期假设，划分收益性支出和资本性支出；会计属性才有必要划分为历史成本、重置成本、可变性净值等。

3. 会计分期

《企业会计准则——基本准则》第七条明确规定："企业应当划分会计期间，分期结算账目和编制会计报告。会计期间分为年度和中期。中期是指短于一个完整的会计年度的报告期间。"

会计分期假设是对会计核算时间范围的具体划分。会计分期假设的目的是通过会计期间的划分，企业分期结算账目、编制会计报表，从而及时地向有关方面提供反映财务状况、经营成果和现金流量等一系列相关的会计信息，满足其经营管理的需要。我国《会计法》规定，以公历年度的 1 月 1 日至 12 月 31 日为一个会计年度。

4. 货币计量

《企业会计准则——基本准则》第八条明确规定："企业会计应当以货币计量。"

会计主体在会计核算过程中应采用货币作为计量单位，记录、核算会计主体的经营状况。货币作为商品的一般等价物，同样能够用以计量金融企业的资产、负债和所有者权益以及收入、费用和利润，也便于进行综合核算。因此，金融企业会计同样必须以货币计量为前提。当然，会计核算中还要辅以其他计量单位，如实物、劳动工时等。这也体现了会计概念中的"会计以货币为主要计量单位"。另外，货币计量假设中还隐含着币值稳定这个假设。如果币值不稳定，出现恶性的通货膨胀，则会计信息将不具有可比性。

第三节　金融企业会计要素及确认条件

《企业会计准则——基本准则》对资产、负债、所有者权益、收入、费用和利润六大要素进行了严格的定义，在此将根据金融企业的经营特点，分别阐述金融企业会计各要素的确认条件及其内容。

1. 资产

资产是指企业过去的交易或者事项形成的、由企业拥有或者控制的、预期能够给企业带来经济利益流入的资源。金融企业在确认资产时，除满足上述定义之外，还要符合下列确认条件：①与该资源有关的经济利益很可能流入企业；②该资源的成本或者价值能够可靠地计量。

金融企业的资产按其流动性大小可以划分为流动资产和非流动资产两大类。流动资产是指金融企业在一个会计年度内或者一个营业周期内能够变现或者耗用的资产。商业银行的流动资产主要有库存现金、存放中央银行款项、存放同业款项、贵金属、拆出资金、交易性金融资产、应收手续费及佣金、应收股利、应收利息、贴现资产、贷款等;非流动资产是指金融企业不能在一个会计年度内或者一个营业周期内变现或者耗用的资产。商业银行的非流动资产主要有可供出售的金融资产、持有至到期投资、长期股权投资、投资性房地产、固定资产、无形资产等。证券公司的流动资产主要有货币资金、结算备付金、拆出资金、交易性金融资产、应收手续费及佣金、应收股利、应收利息、代理兑付证券等;非流动资产主要有可供出售金融资产、持有至到期投资、长期股权投资、投资性房地产、固定资产、无形资产等。保险公司的流动资产主要有货币资金、拆出资金、交易性金融资产、应收保费、预付赔付款、应收股利、应收利息、贴现资产、贷款等;非流动资产主要有可供出售金融资产、持有至到期投资、长期股权投资、投资性房地产、固定资产、无形资产、存出资本保证金等。

2. 负债

负债是指企业过去的交易或者事项形成的、预期会导致经济利益流出企业的现时义务。金融企业在确认负债时,除满足上述定义之外,还要符合下列确认条件:①与该负债有关的经济利益很可能流出企业;②未来流出的经济利益的金额能够可靠地计量。

金融企业的负债按其流动性大小可以划分为流动负债和非流动负债两大类。流动负债是指金融企业在一个会计年度内或一个营业周期内必须偿还的债务。商业银行的流动负债主要有向中央银行借款、同业存放款项、拆入资金、交易性金融负债、吸收存款、贴现负债、应付手续费及佣金、应付职工薪酬、应交税费、应付利息、应付股利等;非流动负债是指偿还期超过一个会计年度或者一个营业周期的债务。商业银行的非流动负债主要有应付债券、长期应付款等。证券公司的流动负债主要有短期借款、拆入资金、交易性金融负债、代理承销证券款、代理兑付证券款、应付手续费及佣金、应付职工薪酬、应交税费、应付利息、应付股利等;非流动负债主要有长期借款、应付债券、长期应付款等。保险公司的流动负债主要有短期借款、拆入资金、交易性金融负债、预收赔付款、应付赔付款、应付手续费及佣金、应付职工薪酬、应交税费、应付利息、应付股利、应付保单红利、应付分保账款等;非流动负债主要有长期借款、应付债券、长期应付款等。

3. 所有者权益

所有者权益是指企业资产扣除负债后,由所有者享有的剩余权益。所有者权益也称股东权益。金融企业的所有者权益主要包括投资者投入的资本(实收资本、资本公积)、直接计入所有者权益的利得和损失、留存收益(盈余公积、一般风险准备、未分配利润）。比如，商业银行的所有者权益主要包括：①实收资本，指投资者投入商业银行形成的资本金或股本金，它是商业银行成立和存在的前提。商业银行筹集的资本金按其来源不同，分为国家资本金、法人资本金、个人资本金和外商资本金。②资本公积，指资本（或股本）溢价、财产重估增值及接受的各种捐赠等。③盈余公积，指商业银行从利润中提取的公积金、公益金等。④一般准备，指商业银行按一定比例从净利润中提取的一般风险准备。⑤未分配利润，指待分配给投资者的利润和未决定用途的利润。

4. **收入**

收入是指企业在日常活动中形成的、导致所有者权益增加的、与所有者投入资本无关的经济利益的总流入。金融企业在确认收入时，除满足上述定义之外，应符合下列确认条件：①与收入相关的经济利益很可能流入企业，导致企业资产增加或负债减少；②经济利益流入额能够可靠地计量。

金融企业收入主要包括在经营业务活动过程中实现的与业务经营有关的营业收入、通过对外投资实现的投资收益以及取得与业务经营无直接关系的营业外收入等。其中，商业银行的收入包括利息收入、银行间业务往来收入、手续费及佣金收入、投资收益、汇兑收益、其他业务收入等；证券公司的收入主要包括利息收入、手续费及佣金收入、投资收益、汇兑收益、其他业务收入等；保险公司的收入主要包括保费收入、投资收益、汇兑收益、其他业务收入等。

5. **费用**

费用是指企业在日常活动中发生并导致所有者权益减少的经济利益的总流出。金融企业在确认费用时，除满足上述定义之外，还应符合下列确认条件：①与费用相关的经济利益很可能流出企业，结果导致其资产的减少或负债的增加；②经济利益的流出额能够可靠地计量。

金融企业费用主要包括在业务经营过程中发生的与业务经营有关的营业支出、按规定应缴纳的营业税金及附加、发生的与业务经营无直接关系的营业外支出等。商业银行的费用主要包括利息支出、手续费及佣金支出、营业税金及附加、业务及管理费、资产减值损失等；证券公司的费用主要包括手续费及佣金支出、利息支出、营业税金及附加、业务及管理费、资产减值损失等；保险公司的费用主要包括退保金、赔付支出、提取未到期责任准备金、提取保险责任准备金、保单红利支出、分出保费、分保费用、营业税金及附加、手续费及佣金支出、资产减值损失等。

6. **利润**

利润是指企业在一定会计期间获得的经营成果，包括营业利润、利润总额和净利润。利润取决于收入与费用之差、直接计入当期利润的利得和损失的计量，其中收入与费用之差反映了企业日常活动的业绩，直接计入当期利润的利得和损失反映了企业非日常活动的业绩。

第四节　金融企业会计信息质量要求

会计信息质量要求是对金融企业财务会计报告中所提供的会计信息质量的基本要求，是使其财务会计报告中所提供的会计信息对信息使用者做决策有用应具备的基本特征。根据《企业会计准则——基本准则》之规定，金融企业会计信息质量要求包括客观性、相关性、可理解性、可比性、实质重于形式、重要性、谨慎性、及时性等。其中，客观性、相关性、可理解性、可比性是金融企业会计信息的首要质量要求，实质重于形式、重要性、谨慎性、及时性是金融企业会计信息的次级质量要求。

1. 客观性

《企业会计准则——基本准则》第十二条明确规定："企业应当以实际发生的交易或者事项为依据进行会计确认、计量和报告，如实反映符合确认和计量要求的各项会计要素及其他相关信息，保证会计信息的真实可靠、内容完整。"

会计信息的客观性要求，会计信息质量必须从真实性、可验证性和中立性等方面来加以衡量。为满足会计信息质量的客观性，要求金融企业在会计核算中应当以实际发生的经济业务为依据，真实地反映金融企业的财务状况、经营成果和现金流量等信息；会计核算应当具有合法的凭证或可靠的依据，可据此复查其数据的来源和生成会计信息的过程；对有些只能根据会计人员的经验或对未来的预计进行计算的经济业务，应站在第三方中立的立场上以客观事实为依据。

2. 相关性

《企业会计准则——基本准则》第十三条明确规定："企业提供的会计信息应当与财务会计报告使用者的经济决策需要相关，有助于财务会计报告使用者对企业过去、现在或者未来的情况作出评价或者预测。"

金融企业会计信息是否具有相关性，可以从两个方面进行考察：一是会计信息是否具有反馈价值；二是会计信息是否具有预测价值。会计信息的反馈价值是指会计信息能够帮助会计报告使用者评价金融企业过去的决策，证实或纠正过去决策时的预测结果。会计信息的预测价值是指会计信息能够帮助会计报告使用者预测金融企业未来的财务状况、经营成果和现金流量。

3. 可理解性

《企业会计准则——基本准则》第十四条明确规定："企业提供的会计信息应当清晰

明了，便于财务会计报告使用者理解和使用。”

为了满足可理解性会计信息的质量要求，便于会计信息使用者能够准确、完整地“把握”会计信息的内容，金融企业的会计核算必须做到：会计记录准确、清晰；填制凭证和登记账簿依据合法，账户对应关系明确，文字摘要简明清楚，数字金额准确；报表项目完整且钩稽关系清楚，数字准确。

4. 可比性

《企业会计准则——基本准则》第十五条明确规定：“企业提供的会计信息应当具有可比性。”

金融企业提供的会计信息应当相互可比。同一企业在不同时期发生的相同或者相似的交易或者事项应当采用相同的会计政策，不得随意变更；而不同企业发生的相同或者相似的交易或者事项应当采用规定的会计政策，确保会计信息口径一致性、一贯性和可对比，不得随意变更。

5. 实质重于形式

《企业会计准则——基本准则》第十六条明确规定：“企业应当按照交易或者事项的经济实质进行会计确认、计量和报告，不应仅以交易或者事项的法律形式为依据。”

金融企业发生的交易或事项的经济实质并不总是与法律形式一致。在这种情况下，为了使提供的信息更加客观真实并具有决策相关性，金融企业应当按照交易或事项的经济实质进行确认、计量和报告，而不应仅以其法律形式为依据。比如，采用买断式回购交易卖出债券，虽然在法律形式上债券已经过户给买方，但在经济实质上卖方需要在回购日以固定的价格购回债券。这表明卖方保留了所转移债券所有权上几乎所有的风险和报酬，不应当终止确认该项债券，不能按照债券卖出进行会计核算。在这种情况下，卖方应当继续确认所转移的债券，并将因债券转移而收到的对价视同融资借款，于收到时确认为一项金融负债。由此可见，金融企业的会计核算如果仅仅按照交易和事项的法律形式进行，而且法律形式又没有反映其经济活动的实质性内容，那么所提供的会计信息不仅不会有助于会计信息使用者的决策，反而会误导会计信息使用者的决策。

6. 重要性

《企业会计准则——基本准则》第十七条明确规定：“企业提供的会计信息应当反映与企业财务状况、经营成果和现金流量等有关的所有重要交易或者事项。”

会计信息的重要性，要求企业编制的财务会计报告在全面反映其财务状况、经营成果和现金流量的同时，应当区别经济业务的重要程度，采用不同的会计处理程序和方法。对于重要的经济业务，应当单独核算、分项反映、力求准确，并在财务会计报告中重点说明；对于不重要的经济业务，在不影响会计信息真实性的情况下，可以适当简化会

计核算或合并反映。

在金融企业会计实务中，判断某项交易或者事项是否重要，很大程度上取决于会计人员的职业判断。一般而言，如果某项交易或事项一经省略或被错报会影响财务会计报告使用者据此作出经济决策，则该项交易或事项就具有重要性。重要性应当根据金融企业所处的环境，从交易或事项的性质或金额大小两个方面加以考虑：从性质方面来看，只要某项交易或者事项的发生可能对决策产生一定的影响，就属于重要性的项目；从金额方面来看，当某项交易或者事项的金额达到了一定规模或比例且可能对决策产生一定影响时，则认为该项交易或者事项具有重要性。

7. 谨慎性

《企业会计准则——基本准则》第十八条明确规定："企业对交易或者事项进行会计确认、计量和报告应当保持应有的谨慎，不应高估资产或者收益、低估负债或者费用。"

金融企业属于高风险行业，在会计核算中遵循谨慎性要求尤为重要。在金融企业会计实务中，按照规定计提资产减值准备、贷款损失准备和坏账准备就是谨慎性要求的具体体现。当然，谨慎性原则的使用会受到会计规范的制约，不能滥用谨慎性原则设置各种秘密准备，否则视为会计差错。

8. 及时性

《企业会计准则——基本准则》第十九条明确规定："企业对于已经发生的交易或者事项，应当及时进行会计确认、计量和报告，不得提前或者延后。"

由于会计信息具有较强的时效性，过时会计信息会使其相关性消失，无法为信息使用者的决策提供服务。因此，金融企业在会计核算中要在经济业务事项发生后，及时取得原始凭证，及时进行账务处理，定期结账、编制和提供财务会计报告，以确保会计信息的决策有用性。

第五节　金融企业会计科目的设置与分类

一、会计科目的设置原则

会计科目是对会计要素进一步分类的项目，是设置账户、归集和记载具体经济业务的依据，也是编制财务会计报表项目的基础。《企业会计准则——应用指南》所规定的适用于金融企业的会计科目如表 1－1 所示，其中有一部分是针对金融企业设置并为金融企业专用。在实际工作中，金融企业在不违背企业会计准则中有关确认、计量和报告规定的前提下，可以根据自身的实际情况自行增设、分拆、合并会计科目，同时，对于金融企业不可能发生的一些交易或者事项可以不设置相关科目。比如,商业银行由于核算方面的需要,可以增设一些系统内使用的会计科目。

金融企业在设置会计科目时应遵循以下原则:①符合金融企业会计要素的特点,既要全面反映会计要素的内容,又不能相互包含;②既要适应金融企业经济业务发展的需要,又要保持相对的稳定性;③既要满足外部财务报告使用者的要求,又要符合金融企业内部经营管理的需要;④在满足会计核算要求、保证会计核算质量的前提下,会计科目的分类要做到简明、适用。此外,金融企业会计科目的设置还应符合国际惯例,遵循统一性与灵活性相结合的原则,使提供的会计信息既具有可比性,又能适应不同金融企业会计核算和经营管理的需要。

表 1-1 金融企业表内会计科目一览表

顺序号	编号	会计科目名称	适用范围
一、资产类			
1	1001	库存现金	
2	1002	银行存款	
3	1003	存放中央银行款项	银行专用
4	1011	存放同业	银行专用
5	1012	其他货币资金	
6	1021	结算备付金	证券专用
7	1031	存出保证金	金融企业共用
8	1101	交易性金融资产	
9	1111	买入返售金融资产	金融企业共用
10	1122	应收保费	保险专用
11	1123	预付赔付款	保险专用
12	1124	应收手续费及佣金	银行和证券共用
13	1131	应收股利	
14	1132	应收利息	
15	1201	应收代位追偿款	保险专用
16	1211	应收分保账款	保险专用
17	1212	应收分保合同准备金	保险专用

（续表）

顺序号	编号	会计科目名称	适用范围
18	1221	其他应收款	
19	1231	坏账准备	
20	1301	贴现资产	银行专用
21	1302	拆出资金	金融企业共用
22	1303	贷款	银行和保险共用
23	1304	贷款损失准备	银行和保险共用
24	1311	代理兑付证券	银行和保险共用
25	1321	代理业务资产	
26	1431	贵金属	银行专用
27	1441	抵债资产	金融企业共用
28	1451	损余物资	保险专用
29	1461	融资租赁资产	租赁专用
30	1501	持有至到期投资	
31	1502	持有至到期投资减值准备	
32	1503	可供出售金融资产	
33	1511	长期股权投资	
34	1512	长期股权投资减值准备	
35	1521	投资性房地产	
36	1531	长期应收款	
37	1532	未实现融资租赁	
38	1541	存出资本保证金	保险专用
39	1601	固定资产	
40	1602	累计折旧	
41	1603	固定资产减值准备	
42	1604	在建工程	
43	1605	工程物资	
44	1606	固定资产清理	

（续表）

顺序号	编号	会计科目名称	适用范围
45	1611	未担保余值	租赁专用
46	1701	无形资产	
47	1702	累计摊销	
48	1703	无形资产减值准备	
49	1711	商誉	
50	1801	长期待摊费用	
51	1811	递延所得税资产	
52	1821	独立账户资产	保险专用
53	1901	待处理财产损益	
二、负债类			
54	2001	短期借款	
55	2002	存入保证金	金融企业共用
56	2003	拆入资金	金融企业共用
57	2004	向中央银行借款	银行专用
58	2011	吸收存款	银行专用
59	2012	同业存放	银行专用
60	2021	贴现负债	银行专用
61	2101	交易性金融负债	
62	2111	卖出回购金融资产款	金融企业共用
63	2201	应付赔付款	保险专用
64	2202	预付手续费及佣金	金融企业共用
65	2203	预收保费	保险专用
66	2204	预付赔付款	保险专用
67	2211	应付职工薪酬	
68	2221	应交税费	
69	2231	应付利息	
70	2232	应付股利	

（续表）

顺序号	编号	会计科目名称	适用范围
71	2241	其他应付款	
72	2251	应付保单红利	保险专用
73	2261	应付分保账款	保险专用
74	2311	代理买卖证券款	证券专用
75	2312	代理承销证券款	证券和银行共用
76	2313	代理兑付证券款	证券和银行共用
77	2314	代理业务负债	
78	2401	递延收益	
79	2501	长期借款	
80	2502	应付债券	
81	2601	未到期责任准备金	保险专用
82	2602	保险责任准备金	保险专用
83	2611	保户储金	保险专用
84	2621	独立账户负债	保险专用
85	2701	长期应付款	
86	2702	未确认融资费用	
87	2711	专项应付款	
88	2801	预计负债	
89	2901	递延所得税负债	
三、资产负债共同类			
90	3001	清算资金往来	银行专用
91	3002	货币兑换	金融企业共用
92	3101	衍生工具	
93	3201	套期工具	
94	3202	被套期项目	
四、所有者权益类			
95	4001	实收资本	

（续表）

顺序号	编号	会计科目名称	适用范围
96	4002	资本公积	
97	4101	盈余公积	
98	4102	一般风险准备	金融企业共用
99	4103	本年利润	
100	4104	利润分配	
101	4201	库存股	
五、损益类			
102	6011	利息收入	金融企业共用
103	6021	手续费及佣金收入	金融企业共用
104	6031	保费收入	保险专用
105	6041	租赁收入	租赁专用
106	6051	其他业务收入	
107	6061	汇兑损益	金融企业共用
108	6101	公允价值变动损益	
109	6111	投资收益	
110	6201	摊回保险责任准备金	保险专用
111	6202	摊回赔付支出	保险专用
112	6203	摊回分保费用	保险专用
113	6301	营业外收入	
114	6402	其他业务成本	
115	6403	营业税金及附加	
116	6411	利息支出	金融企业共用
117	6421	手续费及佣金支出	金融企业共用
118	6501	提取未到期责任准备金	保险专用
119	6502	提取保险责任准备金	保险专用
120	6511	赔付支出	保险专用
121	6521	保险红利支出	保险专用

（续表）

顺序号	编号	会计科目名称	适用范围
122	6531	退保金	保险专用
123	6541	分出保费	保险专用
124	6542	分保费用	保险专用
125	6601	业务及管理费	金融企业共用
126	6701	资产减值损失	
127	6711	营业外支出	
128	6801	所得税费用	
129	6901	以前年度损益调整	

二、会计科目的分类

1. 按经济内容，可以分为资产类、负债类、资产负债共同类、所有者权益类、损益类

① 资产类科目：是对金融企业符合资产定义和资产确认条件的资源，根据核算与管理要求进行科学分类的类别名称。这类科目用来反映金融企业资金的占用与分布，包括各种财产、债权和其他权利，期末余额一般在借方。

② 负债类科目：是对金融企业符合负债定义和负债确认条件的义务，根据核算与管理要求进行科学分类的类别名称。这类科目用来反映金融企业各种债务性资金的取得和形成渠道，包括吸收存款、借款、拆入资金、应付款项等，期末余额一般在贷方。

③ 资产负债共同类科目：是对金融企业日常核算中资产负债性质不确定、其性质需视科目的期末余额方向而定的交易或事项，根据核算与管理要求进行科学分类的类别名称。期末，这类科目的余额可能在借方，也可能在贷方。若在借方，则反映的是金融企业的资产；若在贷方，则反映的是金融企业的负债。

④ 所有者权益类科目：是对金融企业资产扣除负债后由所有者拥有的剩余权益，根据核算与管理要求进行科学分类的类别名称。这类科目用来反映金融企业各种自有资金的取得和形成渠道，包括所有者投入的资本、直接计入所有者权益的利得和损失、留存收益等。

⑤ 损益类科目：是对金融企业的收入、费用、直接计入当期损益的利得和损失，根据核算与管理要求进行科学分类的类别名称。这类科目用来反映金融企业一定时期内的财务收支及经营成果情况，包括各种收入、费用、利得、损失等科目。

2. 按反映经济内容的详略程度及统驭关系，可以分为总分类科目和明细分类科目

① 总分类科目：总分类科目即总账科目，是对会计要素具体内容进行总括分类、提供总括信息的会计科目。《企业会计准则——应用指南》所规定的会计科目均是总分类科目。

② 明细分类科目：是对总分类科目做进一步分类、提供更详细、更具体的会计科目。金融企业可以根据《企业会计准则——应用指南》的规定并结合实际需要自行设置明细科目。

3. 根据其与资产负债表的关系，可以划分为表内科目和表外科目两大类

① 表内科目：是用以核算金融企业资金实际增减变动并反映在资产负债表上的会计事项。《企业会计准则——应用指南》所规定的会计科目均是表内科目。在会计核算方法上，表内科目采用借贷记账法。

② 表外科目：是反映金融企业业务确已发生而尚未涉及资金实际增减变动，但并不需要列入资产负债表的会计事项。根据该类科目设置账户记载业务已经发生但又没有引起资金变动的事项，包括或有事项、承诺事项、重要有价单证、应收（付）托收款项以及财产保管等。表外科目采用收付记账法，业务发生时记入收方，业务转销时记入付方，余额反映在收方。例如，某银行柜组领回重要凭证（银行支票）共计 800 本，该笔业务涉及"重要空白凭证"科目，该笔业务发生记入收方。

收：重要空白凭证——支票　　800

第六节　金融企业会计凭证的种类与处理

填制与审核会计凭证是会计核算工作的起点和基础。会计凭证登记账簿之后，应按规定进行整理、装订和归档保管，作为核对账务和事后查考的依据。

一、会计凭证的种类

会计凭证按照编制程序和用途不同，可以分为原始凭证和记账凭证。原始凭证作为交易或事项发生或完成情况的证明，是编制记账凭证、登记账簿的原始依据。原始凭证按取得的来源不同，分为自制原始凭证和外来原始凭证。记账凭证是根据审核无误的原始凭证或业务事项编制的、可以直接作为记账依据的会计凭证。记账凭证按其格式和使用范围，可以分为基本凭证和特定凭证。

(1)基本凭证

基本凭证又称通用凭证，是企业根据有关原始凭证及业务事实自行编制、自行填制并凭以记账的凭证，具有统一的格式。以商业银行为例。由于商业银行会计凭证需要在内部或外部进行传递才能完成核算手续，因而又称之为“传票”。银行传票按其性质特点分为三大类十三种。

第一类凭证仅供商业银行内部使用，不对外销售和传递，适用于未设专用凭证的现金收入、付出和转账业务。包括以下四种传票：①现金收入传票（如表 1－2 所示）；②现金付出传票（如表 1－3 所示）；③转账借方传票（如表 1－4 所示）；④转账贷方传票（如表 1－5 所示）。

表 1－2 现金收入传票

铜牌或对号单第　　号

中国××银行现金收入传票

（贷）________

（借）　现金　

年　　月　　日

总字第　　号
字第　　号

户名或账号	摘　要	余　额								
		百	十	万	千	百	十	元	角	分

附件　张（白纸红油墨）

会计　　　出纳　　　复核　　　记账

表 1－3 现金付出传票

铜牌或对号单第　　号

中国××银行现金付出传票

（贷）　现金　

（借）________

年　　月　　日

总字第　　号
字第　　号

户名或账号	摘　要	余　额								
		百	十	万	千	百	十	元	角	分

附件　张（白纸红油墨）

会计　　　出纳　　　复核　　　记账

表 1－4 转账借方传票

中国××银行转账借方传票

年　月　日

总字第　号
字第　号

科目(借)										
		对方科目(贷)								
户名或账号	摘　要	余　额								
		百	十	万	千	百	十	元	角	分

附件　张（白纸红油墨）

会计　　复核　　记账　　制票

表 1－5 转账贷方传票

中国××银行转账贷方传票

年　月　日

总字第　号
字第　号

科目(贷)										
		对方科目(借)								
户名或账号	摘　要	余　额								
		百	十	万	千	百	十	元	角	分

附件　张（白纸红油墨）

会计　　复核　　记账　　制票

第二类凭证仅供商业银行内部使用，不对外销售但可以对外传递，适用于未设专用凭证但又涉及外单位的转账业务，供银行主动代为收款进账或扣款时使用。包括以下两种传票：

① 特种转账借方传票(如表 1－6 所示)；

② 特种转账贷方传票(如表 1－7 所示)。

表 1-6 特种转账借方传票

中国××银行特种转账借方传票

年 月 日

总字第 号
字第 号

付款单位	全　称				收款单位	全　称										
	账号或地址					账号或地址										
	开户行、社		行号			开户行、社				行号						
金额	人民币（大写）				十	亿	千	百	十	万	千	百	十	元	角	分
原凭证金额			赔偿金		科目（借）											
原凭证名称			号　码		对方科目（贷）											
转账原因	行、社盖章				会计　复核　记账　制票											

作借方凭证或收款通知 附件 张（白纸红油墨）

表 1-7 特种转账贷方传票

中国××银行特种转账贷方传票

年 月 日

总字第 号
字第 号

付款单位	全　称				收款单位	全　称										
	账号或地址					账号或地址										
	开户行、社		行号			开户行、社				行号						
金额	人民币（大写）				十	亿	千	百	十	万	千	百	十	元	角	分
原凭证金额			赔偿金		科目（贷）											
原凭证名称			号　码		对方科目（借）											
转账原因	行、社盖章				会计　复核　记账　制票											

作贷方凭证或收款通知 附件 张（白纸红油墨）

第三类凭证是商业银行办理特定业务所使用的会计凭证。包括以下七种传票：

① 表外科目收入传票(如表 1－8 所示)；

② 表外科目付出传票(如表 1－9 所示)；

③ 外汇买卖借方传票——外币(如表 1－10 所示)；

④ 外汇买卖借方传票——人民币(如表 1－11 所示)；

⑤ 外汇买卖贷方传票——外币(如表 1－12 所示)；

⑥ 外汇买卖贷方传票——人民币(如表 1－13 所示)；

⑦ 外汇买卖套汇贷方传票——外币(如表 1－14 所示)。

表 1－8　表外科目收入传票

中国××银行表外科目收入传票

年　　月　　日

总字第　　号
字第　　号

表外科目(收入)________

户名或账号	摘　要	余　额										
		亿	千	百	十	万	千	百	十	元	角	分

附件　张　(白纸红油墨)

会计　　出纳　　复核　　记账

表 1－9　表外科目付出传票

中国××银行表外科目付出传票

年　　月　　日

总字第　　号
字第　　号

表外科目(付出)________

户名或账号	摘　要	余　额										
		亿	千	百	十	万	千	百	十	元	角	分

附件　张　(白纸红油墨)

会计　　出纳　　复核　　记账

表 1－10　外汇买卖借方传票(外币)

外汇买卖借方传票(外币)

年　　月　　日

传票编号	

结汇单位	全　称		(借)　　　外汇买卖 (对方科目　　　　　)	
	账号或地址			
外汇金额		牌　价	人民币金额	
			¥	
摘要				会计 复核 记账 制票

附件　张

表 1－11　外汇买卖借方传票(人民币)

外汇买卖借方传票(人民币)

年　　月　　日

传票编号	

结汇单位	全　称		(借)　　　外汇买卖 (对方科目　　　　　)	
	账号或地址			
外汇金额		牌　价	人民币金额	
			¥	
摘要				会计 复核 记账 制票

附件　张

表 1－12　外汇买卖贷方传票(外币)

外汇买卖贷方传票(外币)

年　　月　　日

传票编号

<table>
<tr><td rowspan="2">结汇单位</td><td>全　称</td><td colspan="2" rowspan="2">（借）　　　　　　外汇买卖
（对方科目　　　　　　　）</td></tr>
<tr><td>账号或地址</td></tr>
<tr><td colspan="2">外汇金额</td><td>牌　价</td><td>人民币金额</td></tr>
<tr><td colspan="2"></td><td></td><td>￥</td></tr>
<tr><td>摘要</td><td colspan="2"></td><td>会计
复核
记账
制票</td></tr>
</table>

附件　张

表 1－13　外汇买卖贷方传票(人民币)

外汇买卖贷方传票(人民币)

年　　月　　日

传票编号

<table>
<tr><td rowspan="2">结汇单位</td><td>全　称</td><td colspan="2" rowspan="2">（借）　　　　　　外汇买卖
（对方科目　　　　　　　）</td></tr>
<tr><td>账号或地址</td></tr>
<tr><td colspan="2">外汇金额</td><td>牌　价</td><td>人民币金额</td></tr>
<tr><td colspan="2"></td><td></td><td>￥</td></tr>
<tr><td>摘要</td><td colspan="2"></td><td>会计
复核
记账
制票</td></tr>
</table>

附件　张

表 1-14 外汇买卖套汇贷方传票(外币)

外汇买卖套汇贷方传票(外币)

传票编号	

日期

外汇买卖
(对方科目)

摘要	

外汇金额	人民币金额	牌 价	外汇金额

会计 复核 记账 制票

(2)特定凭证

特定凭证是商业银行根据某项业务的特殊需要而制定的,具有专门格式和用途的凭证。这类凭证的专用性较强,凭证上印有固定的格式和主要要素,由系统按照要求将核算内容打印在相应的位置。特定凭证一般由商业银行自行印制,使用单位购买和填写并提交商业银行凭以办理某种业务。这些特定凭证由商业银行用以代替传票并凭以记账,如支票、进账单、现金缴款单等;也有一些特定凭证由商业银行自行填制,凭以办理业务及记账,如联行报单、银行汇票等。特定凭证一般是一式数联的套写凭证。

二、会计凭证的填制、审核、传递、保管

1. 会计凭证的填制

会计凭证的填制必须做到内容真实、要素齐全、字迹清晰、数字准确、书写规范、一式多联凭证必须套写。会计凭证必须填写与经济业务和账务记载有关的事项,这些必须填写的基本事项称为会计凭证的基本要素,主要包括以下内容:①凭证的名称及编制的年、月、日(特定凭证需注明记账日期);②收款、付款单位开户银行的名称和行号;③收款、付款单位的户名和账号;④货币名称和大小写金额;⑤款项来源、用途、摘要及附件张数;⑥会计分录和凭证编号;⑦按照有关规定的单位签章;⑧经办单位及有关人员的印章。

2. 会计凭证的审核

金融企业必须根据会计规范和有关业务的具体要求,对会计凭证进行认真审核,以保证其真实、完整、正确和合法。会计凭证审核的重点主要有:①凭证是否为本企业受理;②凭证内容、联数、附件是否齐全、相符,是否超过有效期限;③账号与户名是否一致,是否为被冻结账户;④大小写金额是否一致,有无涂改、刮擦痕迹;⑤取款是否超过

存款余额、拨款限额和贷款额度；⑥密押、印鉴是否真实齐全；⑦款项来源、用途是否符合政策及有关资金管理的规定；⑧计息、收费、赔偿金、外汇牌价等计算标准和计算结果是否正确；⑨科目及账户名称使用是否符合规定。

会计凭证经审核无误后，应由经办人员按规定加盖公章、名章。会计凭证签章是确认凭证有效性、表明业务手续完成程度和明确经济责任的需要。经过审核，对内容记载不准确、不完整或填写有差错的凭证，应退回补填或重新填制，对伪造、编造会计凭证的违法行为，应认真追究有关单位、部门和人员的责任。会计凭证经审核无误后，应及时处理和科学传递。

3. 会计凭证的传递

会计凭证的传递是指已填制或受理的会计凭证在企业内部以及企业之间按照规定的时间与路线进行传送的过程。会计凭证传递必须做到准确及时，手续严密。一般来说，外来凭证首先经柜员审核，然后交记账员确定会计分录并记入明细账，交复核员复核；自制凭证经有关人员签章并记账后，也交复核员复核。除有关业务核算手续另有规定外，会计凭证一律通过邮局或金融企业内部自行传递，不得交客户代为传递。

4. 会计凭证的整理、保管

会计凭证是重要的经济档案和历史资料，为了确保会计资料的安全、完整，便于事后的检查，金融企业对已经办完会计核算手续的会计凭证，应根据《会计法》的规定进行整理，建立档案，装订成册，妥善保管。

第七节　金融企业账务核算系统及处理程序

金融企业账务核算系统由明细核算系统和综合核算系统两部分组成。这两个系统依据相同的会计凭证，按照双线核算和双线核对的原则分别进行会计核算，并于每日和定期进行相互核对。

仍以商业银行为例，简要介绍明细核算系统与综合核算系统的构成内容。

一、明细核算系统

商业银行设立分账户。分账户是详细反映各项资金增减变化及其结果的核算系统，主要包括分户账、登记簿、现金收付日记账和余额表。商业银行首先根据传票记载分户账（若为现金收付业务，则还要分别登记现金收入日记簿和现金付出日记簿）；再对需要记载却不能登记入账的重要业务事项在登记簿中进行记载；每日营业终了再按分户账登记的各户当日最后余额编制余额表。

1. **分户账**

分户账是在总账科目下、按单位或资金性质分户独立设账、具体反映各项资金增减变动情况及其结果的明细分类账簿。分户账由系统自动提取凭证数据生成，是商业银行办理业务及与客户进行账务核对的重要工具。分户账的格式一般有四种：

① 甲种分户账。设有借方发生额、贷方发生额和余额三栏，适用于不计利息或使用余额表计息的账户以及商业银行内部财务核算的账户，其格式如表 1－15 所示。

表 1－15 甲种分户账格式

××银行

____账

本账总页数	
本户页数	

户名： 账号： 领用凭证记录： 利率：

年		摘要	凭证号码	对方科目代号	借方	贷方	借或贷	余额	复核盖章
月	日				（位数）	（位数）		（位数）	

会计 记账

② 乙种分户账。设有借方发生额、贷方发生额、余额和积数四栏，适用于在账页上加总积数、计算利息的账户，如存款账户、贷款账户等，其格式如表 1－16 所示。

表 1－16 乙种分户账格式

××银行

____账

本账总页数	
本户页数	

户名： 账号： 领用凭证记录： 利率：

年		摘要	凭证号码	对方科目代号	借方	贷方	借或贷	余额	日数	积数	复核盖章
月	日				（位数）	（位数）		（位数）		（位数）	

会计 记账

③ 丙种分户账。设有借方发生额、贷方发生额、借方余额和贷方余额四栏，适用于借、贷双方反映余额并分别计息的存贷往来账户，如联行往来、同业往来等，其格式如表 1-17 所示。

表 1-17　丙种分户账格式

××银行

______账

本账总页数	
本户页数	

户名：　　　　账号：　　　　领用凭证记录：　　　　利率：

年		摘要	凭证号码	对方科目代号	发生额		余　额		复核盖章
月	日				借　方（位数）	贷　方（位数）	借　方（位数）	贷　方（位数）	

会计　　　　　　　　记账

④ 丁种分户账。设有借方发生额、贷方发生额、余额和销账四栏，适用于逐笔记账、逐笔销账的一次性业务的账户，如应收账款、应付款项、存入保证金等账户，其格式如表 1-18 所示。

表 1-18　丁种分户账格式

××银行

______账

本账总页数	
本户页数	

户名：　　　　账号：　　　　领用凭证记录：　　　　利率：

年		摘要	凭证号码	对方科目代号	贷　方（位数）	销　账			借　方（位数）	借或贷	余　额（位数）	复核盖章
月	日					年	月	日				

会计　　　　　　　　记账

2. 登记簿

登记簿是为了满足某些业务需要而设置的辅助性账簿，属备查簿性质，是分户账的补充。分户账上不能记载而又需要查考的业务，均使用登记簿核算，主要反映表外科目的明细情况，如对客户交来的托收单据、金融企业的一些重要空白凭证及有价单证进行登记，对金融企业租入固定资产进行登记等。登记簿与其他账簿之间不存在严密的钩稽关系，账页格式无统一规定，金融企业可以根据业务需要而自行设计。

3. 现金收付日记账

现金收入和现金付出日记簿是商业银行用以记载现金收入数、现金付出数以及现金传票张数的明细分类账簿，是会计人员根据现金收入传票和现金付出传票，按照收付款的先后顺序逐笔序时登记的。每日营业终了，银行会计人员分别结计出现金收入、现金付出合计数，并与金库中的现金库存簿以及现金总账科目的借方、贷方发生额合计数进行核对相符。现金收付日记账簿的格式如表 1-19 所示。

表 1-19 现金收付日记账格式

现金收付日记簿

组

柜

名称： 年 月 日 第 页 共 页

凭证号码	科目代码	户名或账号	计划项目代号	金额（位数）	凭证号码	科目代码	户名或账号	计划项目代号	金额（位数）

复核 出纳

4. 余额表

余额表是反映各分户账余额的明细表，其作用是据以核对总账和分户账余额并计算利息。余额表按照总账科目及所统驭的分户账设置，在每日营业终了时，根据各分户账的最后余额逐户转抄编制。余额表分为一般余额表和计息余额表。

① 一般余额表，适用于不计息的各科目，以及不需要在余额表上计息的各科目。根据分户账当日的最后余额编制，便于各科目总账与分户账余额进行核对。一般余额表可根据业务需要随时编制。一般余额表的格式如表 1-20 所示。

表 1－20　一般余额表

××银行

一般余额表

年　　月　　日　　　　　　第　　页　　共　　页

科目代号	户名	摘要	金额	科目代号	户名	摘要	金额
			（位数）				（位数）

会计　　　　　　　　　复核　　　　　　　　　制表

② 计息余额表，适用于需要在余额表上计算利息的各科目。在每日营业终了时，根据需要在余额表上计算利息的分户账各户当日的最后余额填列；当日没有发生额的账户，根据上一日的最后余额填列。每旬末，将余额表中的余额相加结出小计；每月末，结出本月合计。将本月合计加上“至上月底累计未计息积数”，便得出“至本月底累计未计息积数”。每季末月，将“至上月底累计未计息积数”加上本月初至结息日的余额之和，便得出本结息期的“至结息日累计计息积数”，以此积数乘以相应的日利率，计算出各分户账本结息期的应计利息。计算累计积数时，如遇错账冲正，应计算应加、应减积数，并填入余额表的相应栏目，对累计积数进行调整。计息余额表的格式如表 1－21 所示。

表 1－21　计息余额表

××银行

计息余额表

科目名称：　　　　　　　　年　　月　　　　　　　　单位：元

科目代码：　　　　　　　　利率：　　　　　　　第　　页　共　　页

日期	摘要	借方	贷方	借或贷	余额	日数	积数	复核盖章
1								
2								
⋮								
10								
10 天小计								

（续表）

日期	摘要	借方		贷方		借或贷	余额		日数	积数		复核盖章
11												
⋮												
20												
20 天小计												
21												
⋮												
本月合计												
至上月底累计未计息积数												
应加积数												
应减积数												
至本月底累计未计息积数												
结息日计算利息数												

会计　　　　　　　　　　复核　　　　　　　　　　制表

二、综合核算系统

综合核算系统是按总账科目核算，综合、概括地反映各项资金增减变化的情况及其结果，主要包括科目日结单、总账、日计表。金融企业根据科目日结单合计发生额和余额登记总账；根据总账各科目当日发生额和余额编制日计表，该表中各科目借方、贷方发生额和余额各自平衡。

1. 科目日结单

科目日结单是反映每一科目当日传票的借方、贷方发生额的汇总记账凭证，是轧平当日账务和登记总账的依据。商业银行科目日结单的格式如表 1-22 所示。

科目日结单依据各科目当日的传票编制，每个科目编制一张科目日结单，当天无发生额的科目不需要编制科目日结单。

① 一般科目日结单的编制方法：每日营业终了，将同一科目所有传票分现金、转账、借方和贷方加计笔数和金额填入科目日结单的发生栏内；将传票按顺序排列附在科目日结单之后。

② 现金科目日结单的编制方法：根据一般科目日结单中现金部分编制，将当天一般

科目日结单现金部分即借方和贷方计算合计数反方向填入现金科目日结单中，现金科目日结单后附传票。

③ 科目日结单的借方发生额合计数与贷方发生额合计数必须加总平衡。

表 1－22 科目日结单

××银行

科目日结单

年 月 日

凭证种类	借方		贷方	
	传票张数	金额（位数）	票张数	金额（位数）
现金				
转账				
合计				

附件 张

事后监督 复核 记账 制单

2. 总账

总账是按货币、分科目设立的账簿，是各科目的总括记录，是综合核算的主要账簿，是统驭分户账和编制会计报表的依据。总账主要设有借方、贷方发生额和借方、贷方余额四栏，账页每月更换一次。商业银行总账的格式如表 1－23 所示。

表 1－23 商业银行总账格式

××银行
总 账（正面）

科目名称：

科目代码： 第 号

年 月份	借方	贷方
	（位数）	（位数）
上月底余额		
本年累计发生额		
上月底余额		
上月底累计未计息积数		

（续表）

日　期	发生额		余额	
	借方	贷方	借方	贷方
	（位数）	（位数）	（位数）	（位数）
1				
⋮				
10				
10天小计				
11				

会计　　　　　　　　复核　　　　　　　　记账

××银行 / 总　账（背面）

科目名称：

科目代码：　　　　　　　　　　　　　　　　　　第　　号

日　期	发生额		余额	
	借方	贷方	借方	贷方
	（位数）	（位数）	（位数）	（位数）
⋮				
20				
20天小计				
21				
⋮				
月计				
自年初累计				
本期累计计息积数				
本期累计未计息积数				

会计　　　　　　　　复核　　　　　　　　记账

总账的登记方法：启用账页时，账首各栏包括科目代号、科目名称、时间、上年底余额、本年累计发生额、上月底余额等都应填写并核对正确。每日营业终了，根据各科目日结单的借方、贷方合计数记入总账各科目同一行的借方、贷方发生栏中并计算出余额。对于单方向反映余额的科目，余额是将上日余额加减当日发生额求得；对于借、贷双方反映余额的科目总账则须分别计算出借方余额合计和贷方余额合计，分别登入总账余额的借方、贷方，不得轧差登记总账余额。

对于借、贷双方反映余额的科目，账务是否正确可以通过下列公式验算。

① 当总账本日借方余额大于贷方余额时：

上次借方余额－上次贷方余额＋本日借方发生额－本日贷方发生额＋本日贷方余额＝本日借方余额

② 当总账本日贷方余额大于借方余额时：

上次贷方余额－上次借方余额＋本日贷方发生额－本日借方发生额＋本日借方余额＝本日贷方余额

3. 日计表

日计表是反映当日全部业务活动情况的报表，也是轧平当日全部业务活动的主要工具。日计表由借方、贷方发生额和借方、贷方余额四栏组成。日计表的格式如表1－24所示。

表 1－24　日计表格式

××银行

日计表

年　　月　　日　　　　　　第　　页　　共　　页

科目代号	科目名称	本日发生额		余额		科目代号
		借方	贷方	借方	贷方	
		（位数）	（位数）	（位数）	（位数）	
合　计						

行长（主任）　　　　会计　　　　复核　　　　制表

日计表应按日编制。每日营业终了，将总账各科目当日借方、贷方发生额和借方、贷方余额按科目代号顺序填入日计表相应科目的本日借方、贷方发生额和借方、贷方余额栏内，当日没有发生额的科目，按上日余额填入，不得遗漏；计算出所有科目借方、贷方发生额合计数，两者应平衡。

三、账务处理程序

账务处理是指从填制或受理凭证开始，经过账务记载与核对，直至编制日计表以及轧平账务为止的全部过程，包括账务处理程序与账务核对。

1. 账务处理程序

(1)明细核算系统的账务处理程序

① 根据经济业务受理、审核或填制传票；

② 根据传票逐笔登记分户账、登记账簿和现金收入、付出日记账；

③ 根据分户账编制余额表。

(2)综合核算系统的账务处理程序

① 根据传票，按科目编制科目日结单，轧平当日所有科目的借方和贷方发生额；

② 根据科目日结单登记总账；

③ 根据总账编制日计表。

2. 账务核对

通过账务核对可以防止账务差错，保证会计核算的质量及金融企业资金的安全。按照核对期限要求，可分为每日核对和定期核对。

(1)每日核对

金融企业在每日会计核算结束后，对有关账务进行的核对，核对内容主要包括：

① 总账各科目余额与同科目分户账或余额表各户余额合计数核对相符；

② 现金收入、付出日记簿合计数与“现金”科目总账借方、贷方发生额核对相符；

③ 现金库存簿的现金库存数与实际库存现金核对相符；

④ 现金库存簿的现金库存数与“现金”科目总账余额核对相符。

(2)定期核对

金融企业对未纳入每日核对的账务按规定日期进行的核对，核对内容主要包括：

① 按旬加计丁种账户中未销账的各笔金额总数，与同科目总账余额核对相符；

② 按旬、按月、按结息期将余额表上的计息积数与同科目总账上的同期余额累计数核对相符；

③ 按月将各种贷款借据与各该科目分户账逐笔勾对相符；

④ 按月将各种卡片账与各该科目总账或有关登记簿核对相符；

⑤ 定期或不定期对结算账户填发“余额对账单”与客户对账；

⑥ 按月或于清算资金时将银行与央行、同业之间的往来款项进行核对一致；

⑦ 定期及在年终决算前将房屋器具等固定资产进行账实核对相符；

⑧ 存折户在办理业务时账折核对，支票户应按月发对账单与单位对账。

通过每日核对和定期核对，以使账账、账款、账据、账实、账表和内外账务的“六相符”。

调研与实践题

组织学生调研商业银行和非银行金融机构，比较和分析不同金融机构的业务范围，启发学生感性认识不同金融机构的会计要素与业务流程。

自主学习内容

1. 金融企业会计凭证的填制需要注意哪些内容？
2. 如何进行金融企业会计凭证的审核与传递？
3. 金融企业会计凭证的整理方法有哪些？如何进行保管？

复习思考题

1. 简述我国金融机构体系的构成及其金融企业的业务活动。
2. 与其他类型企业会计相比，金融企业会计具有哪些特点？
3. 金融企业会计对象是什么？会计要素有哪些？会计基础是什么？
4. 金融企业会计基本假设的具体内容是什么？它们之间的关系是什么？
5. 金融企业会计信息质量要求有哪些？请举例说明其具体运用情况。
6. 简述金融企业会计科目的设置原则及其分类。
7. 简述商业银行的会计凭证及其适用范围。
8. 简述商业银行账务明细核算和综合核算系统的组成及其核算流程。

模块B

银行业金融机构业务核算

第二章 商业银行存款业务的核算

本章导读

银行是现代经济社会中最为重要的金融机构之一。西方银行业的原始状态可溯及公元前古巴比伦文明古国时期。人们公认的早期银行萌芽起源于文艺复兴时期的意大利。“银行”一词英文称之为“Bank”,是由意大利文“Banca”演变而来的。现代银行的最初形式是资本主义商业银行,它是资本主义生产方式的产物。存款业务是商业银行的立行之本,是商业银行以信用方式吸收社会闲置资金的筹资活动,是银行负债业务中最重要的业务之一。吸收存款是商业银行信贷资金的主要来源,商业银行只有通过存款业务将资金集中起来,才能实现贷款和投资等资产业务。

知识目标

1. 了解存款结算账户的种类和管理。
2. 熟悉单位与个人存款业务核算的会计科目设置。
3. 熟悉外汇种类、外汇存款等业务核算的会计科目设置。
4. 掌握存款利息的计息规定和计算方法。
5. 理解存款业务的会计核算及账务处理。
6. 理解外汇买卖业务的会计核算及账务处理。

对应能力与要求

1. 能够正确使用和管理存款结算账户。
2. 能够正确填制和审核存款业务的会计凭证。
3. 能够正确确认和计量单位存款和个人存款。
4. 能够正确计算存款利息并进行账务处理。
5. 具备存款业务会计核算与账务处理的实践能力。

第一节　存款业务概述

一、存款的意义与分类

存款是银行吸收社会闲置资金的信用活动。存款是银行主要的负债业务，也是其信贷资金的主要来源。银行通过吸收存款形式把社会闲置资金聚集为巨大的货币资金，通过银行信用中介作用，将资金有计划地贷放给流通领域和生产部门，满足社会各环节对资金的需要，从而实现对社会生产和经济活动进行有效调节。

银行吸收的存款，根据管理要求的不同，可以采用不同的分类标准进行分类。

(1)按存款对象分为单位存款和个人存款

单位存款是银行吸收企事业单位、机关、社会团体、个体工商户和部队等暂时闲置的资金形成的存款；个人存款主要是银行吸收的城乡居民个人生活节余或待用的资金形成的存款。

(2)按存款期限分为活期存款和定期存款

活期存款是存入时不约定存期，可以随时存取的存款，其利率较低，主要包括单位活期存款和居民个人活期存款；定期存款是在存款时约定存期，到期支取的存款，其利率较高，主要包括单位定期存款和居民个人定期存款。

(3)按存款的资金性质分为财政性存款和一般性存款

财政性存款是银行经办的各级财政拨入的预算资金或应上缴财政的各项资金以及财政安排的专项资金形成的银行存款；一般性存款是银行吸收的单位和个人存入并由其自行支配的各项资金形成的存款。

银行吸收的财政性存款不计付利息，但应按规定全额就地缴存当地中国人民银行；一般性存款应计付利息，并且应按照规定比例向中国人民银行缴存法定存款准备金。

(4)按存款的币种分为人民币存款和外币存款

人民币存款是单位或居民个人存入的人民币款项形成的存款；外币存款是单位或居民个人将其外汇资金存入银行，并于以后随时或约期支取的存款。

(5)按存款产生来源分为原始存款和派生存款

原始存款又称直接存款或现金存款，是单位或居民个人将现金或现金支票送存银行而形成的存款；派生存款又称间接存款或转账存款，是银行通过发放贷款、购买证券等资产业务而创造的存款。派生存款的增加，会导致全社会货币供应量的增加。

二、银行结算账户的种类与管理

1. 银行结算账户的种类

为了加强对银行存款及其结算账户的管理，各存款人必须按规定在商业银行开立各种银行存款结算账户。按存款账户性质不同分为单位存款结算账户和个人存款结算账户。

（1）单位存款结算账户

单位存款结算账户是存款人以单位名称开立的银行结算账户。单位存款结算账户按其用途可以分为基本存款账户、一般存款账户、专用存款账户、临时存款账户。

① 基本存款账户。基本存款账户是存款人因办理日常转账结算和现金收付需要开立的银行结算账户。基本存款账户是存款人的主办账户，凡开立基本存款账户的单位必须是独立核算的单位。存款人只能选择一家银行开立一个基本存款账户。存款人日常经营活动的资金收付及其工资、奖金和现金的支取，只能通过该账户办理。基本存款账户有支票户和存折户两种形式。支票户开立之后，银行向客户发售统一印制的各种专用空白凭证；存折户开立之后，银行在客户第一次存入款项时发给存折。

② 一般存款账户。一般存款账户是存款人因借款或其他结算的需要，在基本存款账户以外的银行开立的银行结算账户。一般存款账户用于办理存款人借款转存、借款归还和其他结算的资金收付。存款人可以通过该账户办理现金收缴，但不能办理现金支取。

③ 专用存款账户。专用存款账户是存款人按照法律、行政法规和规章，对其特定用途资金进行专项管理和使用而开立的银行结算账户。专用存款账户只能用于办理各项专用资金的收付，具有专款专用、专项管理的特点，如基本建设资金、更新改造资金、财政预算外资金、粮棉油收购资金、住房基金专户等。

④ 临时存款账户。临时存款账户是存款人因临时需要并在规定期限内使用而开立的银行结算账户。临时存款账户用于办理临时机构、临时经营活动发生的资金收付，以及按照国家现金管理的规定办理现金支取。注册验资的临时存款账户在验资期间只收不付。临时存款账户的有效期到期之前可以申请展期，但最长不得超过2年。

（2）个人结算账户

个人结算账户是存款人凭个人有效证件，以自然人名称开立的银行结算账户。个人可利用个人结算账户办理现金、非现金转账收付和现金存取等业务。

自然人因投资、消费、结算等需要而使用支票、信用卡等信用支付工具，或办理汇兑、定期借记、定期贷记、借记卡等结算业务时，可以申请开立个人银行结算账户，或在已开立的储蓄账户中选择并向开户行申请确认为个人银行结算账户。

2. 银行结算账户的开立与管理

(1)银行存款账户的开立程序

存款人申请开立银行结算账户，应向银行提交开户申请书和盖有存款人印章的印鉴卡及相关证明文件。银行收到并认真审查后，应将符合基本存款账户开户条件的存款人的开户申请书、证明材料和审核意见等开户资料报送中国人民银行当地分行，经其核准后办理开户手续；对符合开立一般存款账户、其他专用存款账户和个人银行结算账户条件的，银行应办理开户手续并于开户之日起 5 个工作日内通过账户管理系统向中国人民银行当地分行备案。银行为存款人开立一般存款账户、其他专用存款账户，应自开户之日起 3 个工作日内书面通知基本存款账户的开户银行。银行为存款人开立银行结算账户，应与存款人签订银行结算账户管理协议，并向其核发开户登记证。

存款人开立单位银行结算账户，自正式开立之日起 3 个工作日方可办理付款业务，但注册验资的临时存款账户转为基本存款账户和因借款转存开立的一般存款账户除外。

(2)银行结算账户的管理

银行应对单位开立的账户加强管理，以保护存款人、银行的合法权益和资金安全。

① 一个基本账户。一个单位只能在一家银行开立一个基本存款账户，不允许在多家银行开立基本存款账户。

② 自主选择银行开立银行结算账户。存款人可以根据需要自主选择开户银行，除国家法律、法规另有规定外，任何单位和个人不得强令存款人到指定银行开立银行结算账户。

③ 实行开户核准制度。存款人开立基本存款账户、临时存款账户、专用存款账户实行核准制度，经中国人民银行核准后由开户行核发开户登记证，但存款人因注册验资需要开立的临时存款账户除外。

④ 守法合规。存款人的银行结算账户只能办理存款人自己的业务，不得出借、出租银行结算账户，不得利用银行结算账户套取银行信用，不得利用银行结算账户进行偷逃税、逃避债务、套取现金等违法犯罪活动。

⑤ 存款信息保密。除国家法律、法规另有规定外，银行有权拒绝任何单位或个人查询存款人开立的银行结算账户情况。

⑥ 账户及时销毁。对 1 年未发生收付活动且未欠开户银行债务的单位银行结算账户，银行应通知其在 1 个月内办理销户，逾期视为自愿销户，未划款项列入专户管理。

三、吸收存款的确认与计量

吸收存款属于商业银行的其他金融负债，初始确认时，按照公允价值计量，相关交易费用计入初始确认金额；后续计量时，采用实际利率法，按摊余成本进行计量。实际利率法是指按照吸收存款的实际利率计算其摊余成本及各期利息的方法。有关计算公式为：

摊余成本＝初始确认金额－已偿还的本金±采用实际利率法将初始确认金融与到期日金额之间的差额进行摊销形成的累计摊销额

各期利息费用＝摊余成本×实际利率

实际利率是指将吸收存款在预期存续期间的未来现金流量，折现为该吸收存款当前账面价值所使用的利率。计算公式为：

$$V=\frac{CF_1}{(1+IRR)^1}+\frac{CF_2}{(1+IRR)^2}+\cdots+\frac{CF_n}{-(1+IRR)^n}$$

式中：V 为吸收存款当前账面价值；IRR 为实际利率；CF_n 为预计未来各期现金流量；n 为存款预计的存续期间。

资产负债表日，按吸收存款的摊余成本和实际利率计算的金额，确认为利息费用。

通常情况下，除一年期以上（不含一年期）整存整取定期存款外，其余存款实际利率与合同利率差异较小，因此，对一年期以上（不含一年期）整存整取定期存款采用实际利率按摊余成本进行后续计量，对其他存款则以合同利率代替实际利率进行后续计量。其中，合同利率是指银行挂牌公告的利率。

四、会计科目设置

1. 吸收存款

"吸收存款"为负债类科目，根据该科目设置的账户用来核算商业银行吸收除同业存放款项以外的各种存款，包括单位存款、个人存款、信用卡存款、特种存款、转贷存款和财政性存款等。商业银行一般根据客户对象和存款期限不同设置二级科目，如"单位活期存款""单位定期存款""活期储蓄存款""定期储蓄存款"。另外，由于有时商业银行在吸收存款时所收到的款项与用来计算利息的本金之间存在差异，因而分别设置"本金"和"利息调整"两个明细科目，用来核算吸收存款时所收到的款项与用来计算利息的本金之间的差额。

商业银行在收到客户存入款项时，应按实际收到金额借记"库存现金"或"存放中央银行款项"等，按合同本金贷记"吸收存款——××存款——××单位（本金）"，按际收到金额与合同本金之差贷记"吸收存款——××存款——××单位（利息调整）"。

资产负债表日，按摊余成本和实际利率计算本期应支付的利息，借记"利息支出"；

按合同本金和合同利率计算应支付给客户的利息，贷记"应付利息"；按两者之差，借记或贷记"吸收存款——××存款——××单位(利息调整)"。

在实际支付客户利息时，借记"应付利息"，贷记"吸收存款"。支付的存款本金，借记"吸存款——××存款——××单位(本金)"，贷记"库存现金"或者"存放中央银行款项"，同时结清"吸收存款——××存款——××单位(利息调整)"的账户余额，若有差额记入"利息支出"。

该账户期末贷方余额，反映商业银行吸收的除同业存放款项以外的种存款。

2. 利息支出

"利息支出"为损益类科目，根据该科目设置的账户核算商业银行发生的利息支出，包括商业银行吸收的各种存款、与企业金融机构之间发生资金往来业务、卖出回购金融资产等产生的利息。该科目可按利息支出项目进行明细核算。

资产负债表日，商业银行按摊余成本和实际利率计算本期应支付的利息费用金额，借记"利息支出"；按合同本金和合同利率计算应付未付的利息费用，贷记"应付利息"；按两者之差，借记或贷记"吸收存款——××存款——××单位(利息调整)"。实际利率与合同利率差异较小的，也可以采用合同利率计算确认利息费用。

期末，应将该账户本期发生额合计结转至"本年利润"账户，结转后该账户期末无余额。

3. 应付利息

"应付利息"为负债类科目，根据该科目设置的账户核算商业银行按照合同利率及本金计算的应支付给客户的利息费用。

资产负债表日，商业银行应按摊余成本和实际利率计算本期应支付的利息费用，借记"利息支出"；按合同本金和合同利率计算应支付给客户的利息，贷记"应付利息"；按两者之差，借记或贷记"吸收存款——××存款——××单位(利息调整)"。在实际支付客户利息时，借记"应付利息"，贷记"吸收存款"。

期末，该账户贷方余额，反映商业银行应付未付的利息。

第二节　单位存款业务的核算

单位存款也称对公存款，包括单位活期存款、单位定期存款、单位通知存款和单位协定存款等。商业银行应在"吸收存款"科目下按存款类别分别设置明细科目进行核算。

一、单位活期存款的核算

活期存款是指不确定存款期限，随时可以存取的存款。单位活期存款的存取主要有现金存取和转账存取两种方式，其中转账存取需要采用一定的结算方式和运用一定的支付工具办理。这里主要阐述现金存取方式下单位活期存款的核算。

1. 单位活期存款存取现金的核算

(1)支票户存取现金的核算

支票户是单位在银行开立的支票、进账单等结算凭证办理现金存取的账户，适用于财务制度比较健全、存款金额较大、经常发生存取业务的单位。

① 存入现金的核算。单位存入现金时，应填制一式两联的进账单，连同现金一并交银行柜员。柜员根据缴款单所填列金额如数点清收款后，在缴款单上加盖“现金收讫”戳记和柜员名章，登记现金收入记账簿。打印记账凭证，第一联进账单作回单退给存款单位，第二联进账单送交会计部门，凭以代现金收入传票登记单位存款分户账。会计分录为：

借：库存现金

　　贷：吸收存款——单位活期存款——××单位

② 支取现金的核算。单位向开户行支取现金时，应在存款账户余额内签发现金支票，填明支取金额和款项用途，并在支票上加盖银行预留印鉴，由收款人背书后送至银行会计部门审核。会计人员审核现金支票时主要审核如下内容：是否由本行受理；支票是否超过提示付款期；账户和户名是否相符；大小写金额是否一致；支票上的签章与预留银行的印鉴是否相符；密码是否正确；是否已挂失；出票人账户是否有足额资金；有无收款人背书等。经审核无误后，银行会计部门以现金支票代现金付出传票登记分户账。会计分录为：

借：吸收存款——单位活期存款——××单位

　　贷：库存现金

同时，会计人员在支票上加盖名章，交复核人员进行复核盖章后，现金支票传递到出纳部门，由出纳人员根据现金支票登记现金日记簿，凭对号单向取款人支付现金。

(2)存折户存取现金的核算

存折户是单位在银行开立的凭存折、存取款凭条办理现金存取的账户，适用于业务规模小、存款金额少、不经常发生存取款业务的单位使用。

① 存入现金的核算。银行出纳部门收到单位提交的存折、现金和结算存款凭证，审查凭证并清点现金无误和经复核、签章后，在凭条上加盖“现金收讫”章，登记现金收入日记账。然后将凭条和存折传递给会计部门，会计人员经审查并核对账折无误后，以存

款凭条代现金收入传票登记存款单位分户账和存折，经复核后将存折退给取款人。会计分录为：

借：库存现金

贷：吸收存款——单位活期存款——××单位

② 支取现金的核算。单位向开户行支取现金时，应填制取款凭条，连同存折一并交给银行会计部门。会计部门审查凭证无误并经复核、签章后，以取款凭条代现金付出传票登记存款单位的分户账和存折，然后将凭条和存折传递给出纳部门，出纳人员根据取款凭条登记现金付出日记账，配款并复核后，向取款人付出现金，并将存折退给取款人。会计分录为：

借：吸收存款——单位活期存款——××单位

贷：库存现金

2. 单位活期存款利息的核算

(1)计息范围和有关规定

商业银行吸收的存款，除财政性存款和被法院判决为赃款的冻结户存款、贷记卡账户的存款及储值卡(含 IC 卡的电子钱包)内的币值等外，其他各种存款均应按规定计付利息。

单位活期存款的计息规定为：按日计息，按季结息，计息期间遇利率调整分段计息，每季度末月的 20 日为结息日，结出的利息于结息日次日入账。但若单位活期存款账户销户，则利息的结算应“利随本清”，即于销户时将利息与存款单位结清。因此，单位活期存款每年有四个结息期，分别是 12 月 21 日至 3 月 20 日、3 月 21 日至 6 月 20 日、6 月 21 日至 9 月 20 日、9 月 21 日至 12 月 20 日。

(2)利息的计算

利息计算的基本公式为：

$$利息=本金\times存期\times利率$$

存期即单位两次存取款的时间间隔。存期的计算采用“算头不算尾”，即存入日计算利息，支取日不算利息，实际存期的计算应从存入日算起至支取日的前一日止。但若遇结息日，则存期的计算应采用“算头又算尾”，即实际存期的计算应从存入日算起至结息日止。

活期存款可以随时支取，其余额经常变化，一般采用积数计息法计算利息。积数计息法就是按实际天数每日累计账户余额，以累计计息积数乘以日利率计算利息。账户余额的合计数即为积数。因此，单位活期存款利息计算公式为：

$$利息＝累计计息(日)积数×日利率$$

其中,日利率＝年利率÷360或月利率÷30。

若计息期间遇利率调整,则单位活期存款需要分段计息,利息计算公式为:

$$利息＝\sum 分段累计计息(日)积数×日利率$$

单位活期存款的累计计息日积数计算方法有两种:余额表法和分户账页法。

① 余额表法。余额表法是采用计息余额表,计算累计计息日积数,并据以计算利息。每日营业终了,将需要计算利息的各分户账的最后余额填入余额表内,求得累计计息日积数,据此计算利息。这种方法适用于单位存款余额变动较多的情况。

具体做法:每日营业终了,系统自动按照单位或分户账顺序逐户将账户当日余额分别填入余额表(当日余额没有变动的,按照上一日余额抄列),各日余额相加之和,即为计息日积数,每旬、每月和结息期,应结出累计计息日积数。如遇记账日期与起息日期不同,或错账冲正涉及利息或遇利率调整的,应根据其发生额和天数,算出应加或应减积数,填入余额表"应加积数"或"应减积数"内,结息日计算得出本计息期调整后的累计计息积数,再乘以适用的日利率,即为本计息期的应付利息。

② 分户账页法。分户账页法是采用乙种分户账页,计算累计计息日积数,并据以计算利息。营业终了,将存款账户的昨日账面余额乘以该余额再次变动前一天所延续的日数而计算求得积数,并据此计算利息。这种方法适用于单位存款余额变动不多的情况。

乙种分户账的特征是在借方、贷方、余额的后面再设两列,一列为日数,一列为积数,在分页账户每次余额变动后,计算变动前存款余额的实存日数和积数。以本次变动前的存款余额乘以上次存款余额的实存天数得出计息天数,然后填入分户账中的"日数"和"积数"栏。实存日数按"算头不算尾"的方法计算,但到结息日时要包括结息日当天的日数。如遇错账冲正,应调整积数,然后以加减调整后的积数乘以日利率,得出本计息期应付利息。

(3)利息的核算

① 月末计提利息。商业银行以权责发生制为基础,于每月月末按月计提存款利息。每月月末按月计提利息时,如计息期间利率未调整,按计提日挂牌公告的活期存款利率计算利息;如计息期间遇利率调整,则应分段计算利息。在计算机操作下,每月月末系统自动计算每笔存款从上一计提日(结息日或存入日)至本月末日应付利息的应有余额,与现有余额进行比较,差额部分确认为当期利息支出。会计分录为:

借:利息支出——单位活期存款利息支出

　　贷:应付利息——单位活期存款应付利息

② 结息日补提利息。结息日结出利息后，应先将上一计提日至结息日的利息补提，然后将本计息期间所有应付利息于次日批量结入各单位活期存款账户。

补提利息时，会计分录为：

借：利息支出——单位活期存款利息支出

　　贷：应付利息——单位活期存款应付利息

结息日计算出应付利息后，银行于结息次日制作“利息清单”，将应付利息批量结入各单位活期存款账户，批量打印记账凭证，办理转账。会计分录为：

借：应付利息——单位活期存款应付利息

　　贷：吸收存款——单位活期存款——××单位

【例 2－1】 CCB银行开户单位——中联贸易股份有限公司的单位活期存款分户账如表3－1所示。该公司20××年3月21日至5月31日的累计计息日积数为9 526 000元。假设20××年6月12日活期存款年月利率由0.4%调整为0.35%。

表 2－1　分户账

户名：中联贸易股份有限公司　　　　账号：20××0005　　　　单位：元

20××年		摘要	借方	贷方	借或贷	余额	日数	积数	复核盖章
月	日								
6	1	承前页			贷	220 000	72 4	9 526 000 880 000	
6	5	现付	10 000		贷	210 000	3	630 000	
6	8	转贷		5 000	贷	215 000	4	860 000	
6	12	现收		8 000	贷	223 000			
6	12	转借	25 000		贷	198 000	1	198 000	
6	13	转贷		14 000	贷	212 000	3	636 000	
6	16	转贷		20 500	贷	232 500	2	465 000	
6	18	转借	18 000		贷	214 500	1	214 500	
6	19	转借	23 000		贷	191 500	2	383 000	
6	21	转息		150.62	贷	191 650.62	92	13 792 500	

① 中联贸易股份有限公司20××年第二季度计算利息如下（计息期间利率调整，应分段计息）：

● 20××年3月21日至6月11日活期存款利率为0.4%，其中，20××年3月21

日至5月31日的累计计息日积数为9 526 000元；20××年6月1日至6月11日的累计计息日积数为2 370 000元(8 800 000＋630 000＋860 000)，则20××年3月21日至6月11日的利息为：

利息＝(9 526 000＋2 370 000)×0.4%÷360＝132.178(元)

● 20××年6月12日至6月20日活期存款利率为0.35%，累计计息日积数为1 896 500元(198 000＋636 000＋465 000＋214 500＋383 000)，则20××年6月12日至6月20日的利息为：

利息＝1 896 500×0.35%÷360＝18.438(元)

● 中联贸易股份有限公司20××年第二季度利息为：

第二季度利息＝132.1 748＋18.438＝150.62(元)

② CCB银行编制会计分录如下：

● 补提利息时，会计分录为：

补提利息＝150.62－9 526 000×(0.4%÷360)＝44.78(元)

借：利息支出——单位活期存款利息支出　　44.78

　　贷：应付利息——单位活期存款应付利息　　44.78

● 结息日计算出应付利息后，银行于结息日次日制作"利息清单"，将利息计入中联贸易股份有限公司活期存款账户的贷方，并结计出新的活期存款余额。会计分录为：

借：应付利息——单位活期存款应付利息　　150.62

　　贷：吸收存款——单位活期存款——中联贸易股份有限公司户　　150.62

二、单位定期存款的核算

单位定期存款的起存金额为1万元，多存不限，存期分3个月、6个月、1年、2年、3年和5年六个档次。

1. 单位定期存款利息的计算

(1)计息公式

单位定期存款利息的计算采用逐笔计息法，即在支取时按预先确定的计息公式逐笔计算利息，利随本清。

① 计息期为整年或整月时：

利息＝本金×年(月)×年(月)利率

(按对年、对月计算)

② 计息期为整年或整月、且又有零头天数时：

利息＝本金×年(月)×年(月)利率＋本金×零头天数×日利率

(按对年、对月、对日计算，零头天数“算头不算尾”)

③ 将计息期全部转化为实际天数计算利息时：

利息＝本金×实际天数×日利率

需要注意的是，若遇存款到期日为该月所没有的日期，则以月末为到期日。例如，3月31日存入半年期定期存款，到期日应为9月30日。

(2)计息规定

① 单位定期存款在原定存期内的利息，按存入日挂牌公告的利率计息，存期内遇利率调整，不分段计息。

② 单位定期存款全部提前支取时，按支取日中国人民银行挂牌公告的单位活期存款利率计息，不分段计息。

③ 单位定期存款部分提前支取时，若剩余定期存款不低于起存金额，提前支取部分按支取日挂牌公告的活期存款利率计息(不分段计息)，未支取部分按原存期及到期日另开新存单，到期时按原存款开户挂牌公告的利率计息；提前支取时，若剩余定期存款低于起存金额，则对该项定期存款予以清户，按支取日中国人民银行挂牌公告的单位活期存款利率计息(不分段计息)。

④ 单位定期存款逾期支取时，逾期部分按支取日中国人民银行挂牌公告的单位活期存款利率计息(不分段计息)。

⑤ 单位定期存款的到期日若为节假日，可于节假日前最后一个营业日办理支取手续，银行扣除提前支取天数后，按存入日中国人民银行挂牌公告的利率计息。节假日后支取，按逾期支取计息。

2. 单位定期存款存入的核算

单位定期存款可以采取现金存入或转账存入。现金存入时，应填制单位定期存款缴款单，连同现金一并提交银行。转账存入时，应签发转账支票，连同进账单(一式两联，收账通知联和贷方凭证联)提交银行会计部门审核。审核无误后，以转账支票代转账借方传票登记单位活期存款分户账，据此为存款人开具一式三联的“单位定期存款开户证实书”，以第一联证实书代转账贷方传票登记单位定期存款账，第二联加盖业务公章及经办人名章后交给存款人收执，第三联作卡片账，凭以登记“开销户登记簿”，按顺序专夹保管。会计分录为：

① 现金存入时：

借：库存现金　　　　　　　　　　　　(实际收到的款项)

贷:吸收存款——单位定期存款——××单位　　　　　　　　　　(本金)

② 转账存入时:

借:吸收存款——单位活期存款——××单位　　　　　　(实际收到的款项)

贷:吸收存款——单位定期存款——××单位　　　　　　　　　　(本金)

若实际收到的款项与吸收存款的本金存在差额,则将差额借记或贷记“吸收存款——利息调整”科目。一般而言,商业银行实际收到客户的存款金额即为吸收存款的本金,且存款业务一般不会发生交易费用,因而,吸收存款初始确认时一般不考虑利息调整。

单位持他行支票办理定期存款时,应按票据交换的要求提出交换,待收妥后,先转入单位活期存款账户,然后通知单位办理定期存款手续。

单位办理定期存款时,可与银行约定办理到期自动转存,系统自动将利息计入本金,并按开户时的存期和转存日挂牌公告的相应档次定期存款利率自动进行转存处理。

3. 资产负债表日计提利息的核算

(1)约定存期内计提利息的核算

约定存期内每月月末计提利息时,对于一年期以上(不含一年期)单位定期存款,按照摊余成本乘以实际利率计算利息支出,按照合同本金乘以存入日(开户日)挂牌公告的相应档次定期存款利率(合同利率)计算应付利息,差额计入利息调整。会计分录为:

借:利息支出——单位定期存款利息支出

借或贷:吸收存款——单位定期存款——××单位(利息调整)

贷:应付利息——单位定期存款应付利息

对于其他单位定期存款,利息支出和应付利息均按合同本金乘以存入日(开户日)挂牌公告的相应档次定期存款利率计算。会计分录为:

借:利息支出——单位定期存款利息支出

贷:应付利息——单位定期存款应付利息

(2)逾期后计提利息的核算

逾期后每月月末计提利息时,按合同本金乘以计提日挂牌公告的单位活期存款利率计算应付利息。会计分录为:

借:利息支出——单位定期存款利息支出

贷:应付利息——单位定期存款应付利息

4. 单位定期存款支取的核算

单位定期存款办理支取时,只能以转账方式转入单位的基本存款账户,不得从单位定期存款账户中支取现金或将单位定期存款账户用于结算。

(1)到期支取的核算

单位定期存款到期办理支取时,存款人应在定期存款开户证实书背面加盖公章。连同进账单一并提交银行。银行接到存款人提交的开户证实书,应抽出专夹保管的卡片联核对无误。同时,系统自动将到期日应付利息的应有余额与现有余额进行比较,差额部分予以补提。银行按规定计付利息,填制利息清单,并在证实书上加盖"结清"戳记,销记"开销户登记簿"。以证实书和利息清单作转账借方传票,另填制特种转账贷方传票进行转账。会计分录为:

① 补提利息时:

借:利息支出——单位定期存款利息支出

　　贷:应付利息——单位定期存款应付利息

对于采用实际利率法核算的单位定期存款,补提利息时:

借:利息支出——单位定期存款利息支出

　　贷:应付利息——单位定期存款应付利息

　　　　吸收存款——单位定期存款——××单位(利息调整)

② 支取本息时:

借:吸收存款——单位定期存款——××单位(本金)

　　应付利息——单位定期存款应付利息

　　贷:吸收存款——单位活期存款——××单位

(2)提前支取的核算

单位定期存款办理提前支取,以一次为限。

① 全部提前支取。在办理单位定期存款全部提前支取时,银行应根据"全部提前支取时,按支取日挂牌公告的单位活期存款利率计息(不分段计息)"的有关规定,计算单位定期存款全部提前支取利息,并在卡片账及存单上加盖"提前支取"戳记,账务处理与到期支取基本相同。

银行按提前支取规定计算的应支付给存款单位的利息,若小于已计提的利息,则应将差额部分予以冲销;反之,则应将差额部分予以补提。对于采用实际利率法核算的单位定期存款,冲销时,还应将"吸收存款——利息调整"科目的余额全部冲销。会计分录为:

借:应付利息——单位定期存款应付利息　　　　(应予冲销的金额)

　　贷:吸收存款——单位定期存款——××单位(利息调整)　　　　(账面余额)

　　借或贷:利息支出——单位定期存款利息支出　　　　(借贷方差额)

支付本息时:

借：吸收存款——单位定期存款——××单位（本金）

应付利息——单位定期存款应付利息

贷：吸收存款——单位活期存款——××单位（本金＋利息）

② 部分提前支取。在办理单位定期存款部分提前支取时，若剩余定期存款不低于起存金额，银行应根据有关规定，计算单位定期存款部分提前支取利息，填制利息清单，采取“满付实收”、更换新存单做法，即视同原开户证实书本金一次全部支取，对实际未支取部分按原存期、原利率和原到期日另开具新开户证实书一式三联，新证实书上注明“由××号证实书部分转存”字样，并在开销户登记簿上做相应注明。同时，以原证实书代定期存款转账借方传票，原卡片账作附件，以新证实书第一联代转账贷方传票；另编制三联特种转账支票，其中一联作转账借方传票，一联作转账贷方传票，一联作收账通知，办理转账。

银行按提前支取规定计算的应支付给存款单位的利息，若小于已计提的利息，则应将差额部分予以冲销；反之，则应将差额部分予以补提。对于采用实际利率法核算的单位定期存款，冲销时，还应将“吸收存款——利息调整”科目的余额全部冲销。会计分录为：

借：应付利息——单位定期存款应付利息　　（应予冲销的金额）

贷：吸收存款——单位定期存款——××单位（利息调整）

（账面余额的一定比例）

借或贷：利息支出——单位定期存款利息支出　　（借贷为差额）

办理部分提前支付本息时：

借：吸收存款——单位定期存款——××单位（本金）　　（全部本金）

应付利息——单位定期存款应付利息　　（提前支取部分利息）

贷：吸收存款——单位活期存款——××单位　　（提前支取部分本利和）

吸收存款——单位定期存款——××单位（本金）　　（留存本金）

新证实书第二联加盖“单位定期存款专用章”和经办人员名章后，作为定期存款的凭据，与利息清单及作收账通知的特种转账传票一起交存款单位，新证实书第三联定期存款卡片账留存，并按顺序专夹保管。新证实书待存款到期时再按到期支取的方式办理支取手续。

③ 逾期支取的核算。单位定期存款若逾期支取，银行除计算到期利息外，对逾期部分应根据逾期的本金和存期，按逾期支取存款利息的有关规定计算逾期期间的利息，账务处理与到期支取基本相同。

办理单位定期存款支取时，若单位定期存款转入的收款单位在他行开户，则应先将单位定期存款本息转入该存款单位在本行开户的单位活期存款账户，然后按结算制度的规定办理。

【例2-2】 新华公司2018年8月25日签发转账支票，将活期存款账户60 000元转为定期存款，存期6个月，存入时银行挂牌公告的半年期定期存款的年利率为1.5%。新华公司没有与银行约定办理到期自动转存。2019年2月25日，该笔单位定期存款到期，新华公司来行办理支取手续。

● 计算到期利息。

采用"利息＝本金×年(月)数×年(月)利率"计息公式，到期利息为：

利息＝60 000×6×(1.5%÷12)＝450(元)

采用"利息＝本金×实际天数×日利率"计算公式，到期利息为：

利息＝60 000×184×(1.5%÷360)＝460(元)

● 补提利息。将到期日应付利息的应有余额与现有余额(即已提利息)进行比较，并将差额部分予以补提(会计分录略)。

● 办理支取本息。

借：吸收存款——单位定期存款——新华公司　　60 000

　应付利息——单位定期存款应付利息——新华公司　　450(或460)

　贷：吸收存款——单位活期存款——新华公司　　60 450(或60 460)

【例2-3】 沿用例2-2资料，假设新华公司由于急需资金，于2019年2月1日提前支取本金30 000元，支取日银行挂牌公告的活期存款利率为0.3%。

● 冲销利息。

采用"利息＝本金×年(月)数×年(月)利率＋本金×零头天数×日利率"计息公式，提前支取部分的利息为：

利息＝30 000×5×0.3%÷12＋30 000×7×0.3%÷360＝39.25(元)

采用"利息＝本金×实际天数×日利率"计算公式，到期利息为：

利息＝30 000×160×0.3%÷360＝40(元)

● 冲销利息。将应支付给存款单位的提前支取部分的利息39.25元或40元，小于提前支取部分已提利息(即提前支取部分应付利息的账面余额)的差额予以冲销(会计分录略)。

● 办理部分提前支取。

借:吸收存款——单位定期存款——新华公司　　60 000

　应付利息——单位定期存款应付利息——新华公司　　39.25(或40)

　贷:吸收存款——单位活期存款——新华公司　　30 039.25(或30 040)

　　吸收存款——单位定期存款——新华公司　　30 000

【例2-4】 沿用例2-2资料,假设新华公司逾期于2019年4月10日来行支取,支取日银行挂牌公告的活期存款利率为0.3%。

● 计算利息。

原定存期内采用“利息=本金×年(月)数×年(月)利率”计息公式;逾期部分采用“利息=本金×年(月)数×年(月)利率+本金×零头天数×日利率”计息公式。

逾期部分利息=60 000×1×0.3%÷12+60 000×16×0.3%÷360=23(元)

应付利息=到期利息+逾期利息=450+23=473(元)或=460+23=483(元)

● 补提利息。将支取日应付利息的应有余额与现有余额(即已提利息)进行比较,并将差额部分予以补提(会计分录略)。

● 办理支取本息

借:吸收存款——单位定期存款——新华公司　　60 000

　应付利息——单位定期存款应付利息——新华公司　　473(或483)

　贷:吸收存款——单位活期存款——新华公司　　60 473(或60 483)

原定存期内及逾期部分利息也可以采用“利息=本金×实际天数×日利率”计算公式(计算过程与账务处理略)。

【例2-5】 20×1年3月31日,HSCB银行黄山路支行收到开户单位新华公司签发的转账支票,要求将其活期存款账户100 000元转为定期存款,存期2年,存入时银行挂牌公告的两年期定期存款的年利率为4.68%。新华公司没有与银行约定办理到期自动转存。20×3年3月31日该笔单位定期存款到期,新华公司来行办理支取手续。HSCB银行黄山路支行于每月月末计提存款利息。假设不考虑其他因素。

● 吸收存款初始确认金额=100 000(元)。

设吸收存款的实际月利率为IRR,则

$$100\,000=\frac{100\,000\times(1+2\times4.68\%)}{(1+IRR)^{24}}$$

所以$IRR=0.37\,351\%$。

采用实际利率法计算利息费用和吸收存款摊余成本,如表2-2所示。

表 2-2　实际利率法计算利息费用和吸收存款摊余成本表

单位：元

时　间	期初摊余成本 ①	利息费用 ② =①×0.37 351%	现金流出 ③	期末摊余成本 ④=①+②-③	利息调整
20×1.4.30	100 000	373.51	0	100 373.51	借 16.49
20×1.5.31	100 373.51	374.91	0	100 748.42	借 15.09
20×1.6.30	100 748.42	376.31	0	101 124.73	借 13.69
20×1.7.31	101 124.73	377.71	0	101 502.44	借 12.29
20×1.8.31	101 502.44	379.12	0	101 881.56	借 10.88
20×1.9.30	101 881.56	380.54	0	102 262.10	借 9.46
20×1.10.31	102 262.10	381.96	0	102 644.06	借 8.04
20×1.11.30	102 644.06	383.39	0	103 027.45	借 6.61
20×1.12.31	103 027.45	384.82	0	103 412.27	借 5.18
20×2.1.31	103 412.27	386.26	0	103 798.53	借 3.74
20×2.2.28	103 798.53	387.70	0	104 186.23	借 2.30
20×2.3.31	104 186.23	389.15	0	104 575.38	借 0.85
20×2.4.30	104 575.38	390.60	0	104 965.98	贷 0.60
20×2.5.31	104 965.98	392.06	0	105 358.04	贷 2.06
20×2.6.30	105 358.04	393.52	0	105 751.56	贷 3.52
20×2.7.31	105 751.56	394.99	0	106 146.55	贷 4.99
20×2.8.31	106 146.55	396.47	0	106 543.02	贷 6.47
20×2.9.30	106 543.02	397.95	0	106 940.97	贷 7.95
20×2.10.31	106 940.97	399.44	0	107 340.41	贷 9.44
20×2.11.30	107 340.41	400.93	0	107 741.34	贷 10.93
20×2.12.31	107 741.34	402.42	0	108 143.76	贷 12.42
20×3.1.31	108 143.76	403.93	0	108 547.69	贷 13.93
20×3.2.28	108 547.69	405.44	0	108 953.13	贷 15.44
20×3.3.31	108 953.13	406.87*	109 360	0	贷 16.87
合计	—	9 360	109 360	—	余额 0

注：* 406.87=109 360-108 953.13，与 108 953.13×0.37.51%=406.95 存在小数点尾差。

根据表 2-2 的数据,HSCB 银行黄山路支行编制会计分录为:

● 20×1 年 3 月 31 日,新华公司定期存款的存入。

借:吸收存款——单位活期存款——新华公司　　100 000

　贷:吸收存款——单位定期存款——新华公司　　100 000

● 20×1 年 4 月 30 日,计提利息。

借:利息支出——单位定期存款利息支出　　373.51

　吸收存款——单位定期存款——新华公司(利息调整)　　16.49

　贷:应付利息——单位定期存款应付利息——新华公司　　390

● 20×1 年 5 月 31 日、20×1 年 6 月 30 日、…、20×3 年 2 月 28 日,计提利息的会计分录略。

● 20×3 年 3 月 31 日,计提利息。

借:利息支出——单位定期存款利息支出　　406.87

　贷:应付利息——单位定期存款应付利息——新华公司　　390

　　吸收存款——单位定期存款——新华公司(利息调整)　　16.87

● 20×3 年 3 月 31 日,到期支付本息。

借:吸收存款——单位定期存款——新华公司　　100 000

　应付利息——单位定期存款应付利息——新华公司　　9 360

　贷:吸收存款——单位活期存款　　新华公司　　109 360

三、单位通知存款的核算

单位通知存款是指存款人与商业银行签订通知存款协议,将款项一次存入,一次或分次支取,不约定存期,支取时按协议提前通知银行,于约定支取日办理款项支取的存款。单位通知存款的起存金额为 50 万元。通知存款一律记名,存款凭证丧失时可向银行申请挂失。

(1)单位通知存款存入的核算

单位通知存款须一次存入,可以采用现金存入或转账存入两种方式。单位通知存款存入与单位定期存款存入的核算基本相同。

(2)资产负债表日计提利息的核算

通知存款采用积数计息法,每月月末计提利息,按计提日挂牌公告的相应档次通知存款利率和累计积数计算应提利息,并于已提利息进行比较,对差额进行计提或冲销。

(3)单位通知存款的提前通知

单位通知存款不论实际存期多长,一律按存款单位支取时提前通知的期限长短,划分为一天通知存款和七天通知存款两种。一天通知存款必须至少提前一天通知银行约定支取存款(存入当天不能进行通知),七天通知存款必须至少提前七天通知银行约定支取存款(存入当天即可进行通知)。存款单位应按照通知存款的要求,在支取前的规定时间内,填制书面通知,在通知中列明支取的时间和支取金额,然后以书面传真方式通知或直接提交开户行。

银行接到存款人的书面通知,应在证实书卡片联上用红笔批注支取日期和支取的金额,或在计算机系统的该通知存款账户上添加支取时间和金额标识。

(4)单位通知存款支取的核算

单位通知存款只能以转账方式一次或分次支取,不得从单位通知存款账户中支取现金或将单位通知存款账户用于结算。分次支取时,每次支取最低金额不少于10万元。单位通知存款支取时,系统自动计算存入日至支取日的应提利息,并与已提利息进行比较,对差额部分进行补提或冲销,然后办理单位通知存款支取手续。

(5)通知存款计息的规定

① 单位通知存款采用积数计息法,即按照实际天数每日累计账户余额,以累计积数乘以日利率计算利息。

② 单位通知存款按规定提前支取,并于通知期满支取确定金额,其利息按支取日中国人民银行挂牌公告的相应档次的利率计息。

③ 单位通知存款未提前通知而支取的、已办理通知手续而又提前支取的、支取金额低于最低支取金额的,按支取日中国人民银行挂牌公告的活期存款利率计息。

④ 单位通知存款支取金额高于约定金额的,其超过部分按活期存款利率计息。

⑤ 单位通知存款支取金额低于约定金额的,则实际支取部分按通知存款利率计息,不足部分按通知存款利率减去活期存款利率计算出差额,再将实际支取的利息减去差额,支付给客户。

⑥ 单位通知存款已办理通知手续而未支取,或在通知期限内取消通知的,通知期限内不再计付利息。

【例2-6】 新华公司于20×6年7月12日在CCB银行三孝口支行存入一笔通知存款,金额为800 000元,与银行约定为七天通知存款,当日银行挂牌公告的七天通知存款年利率为1.62%。20×6年8月26日,新华公司书面通知银行于20×6年9月2日支取通知存款800 000元,20×6年9月2日新华公司来行支取存款。七天通知存款年利率从20×6年9月2日起调整为1.49%。

● 20×6年7月31日计提利息。

$$应提利息=800\,000\times20\times1.62\%\div360=720(元)$$

借：利息支出——单位通知存款利息支出　　720

　　贷：应付利息——单位通知存款应付利息——新华公司　　720

● 20×6 年 8 月 31 日计提利息。

应提利息＝800 000×51×1.62%÷360－720＝1 116(元)

借：利息支出——单位通知存款利息支出　　1 116

　　贷：应付利息——单位通知存款应付利息——新华公司　　1 116

● 20×6 年 9 月 2 日支付利息。

应付利息＝800 000×52×1.49%÷360＝1 721.78(元)

已提利息＝720＋1 116＝1 836(元)

冲销利息＝1 836－1 721.78＝114.22(元)

借：应付利息——单位通知存款应付利息　　114.22

　　贷：利息支出——单位通知存款利息支出　　114.22

支付本息：

借：吸收存款——单位通知存款——新华公司　　800 000

　　应付利息——单位通知存款应付利息　　1 721.78

　　贷：吸收存款——单位活期存款——新华公司　　801 721.78

第三节　个人存款业务的核算

一、个人存款业务的种类

个人存款也称对私存款，包括个人活期存款、个人储蓄存款、个人通知存款等。银行应在“吸收存款”科目下按存款类别分别设置“个人活期存款”“个人储蓄存款”“个人通知存款”等明细科目进行核算。其中，个人储蓄存款主要由居民货币收入的节余和待用部分组成，存取款项多为现金，并呈小额、零星的特点。居民储蓄存款主要有以下几种类型。

1. 活期储蓄存款

活期储蓄存款是零星存入，随时存取的存款。活期储蓄存款是目前一种基本的存款形式，其存取方便灵活，存期不受限制。

2. 定期储蓄存款

定期储蓄存款是储户在存款时约定存期，在存期之内一次或分次存入本金、支取本金或利息的储蓄存款。定期储蓄存款根据其不同的存取方法和付息方式又分为整存整取、零存整取、存本取息、整存零取四种。

3. 定活两便储蓄存款

定活两便储蓄存款是以存单为存取款凭证，存款时不确定存期，随时可以提取，利率随存期长短而变动的一种介于活期和定期之间的储蓄存款。它既有活期存款随时可取的灵活性，又具有达到一定期限可享有同档次定期储蓄存款一定折扣利率的优惠。

4. 专项储蓄存款

专项储蓄存款是以积攒某项特定用途的费用为目的的储蓄存款，如教育储蓄存款等。专项储蓄存款一般采取零存整取的办法，积少成多，逐步积累，以达到实现某项消费和开支的愿望。

二、个人活期存款的核算

个人活期存款包括个人结算存款和活期储蓄存款。活期储蓄存款的存取只能采用现金方式，不约定存期，随时可以存取，1 元起存，多存不限，具有存取灵活方便的优点。储户凭卡或折办理、凭密码支取。个人结算存款的存取既可以采用现金方式也可以采用转账方式。转账存取方式将在有关“支付结算”章节阐述，这里主要介绍个人活期储蓄存款的核算。

1. 开户

存款人申请开立个人活期存款账户时，应提交本人有效身份证件，填写个人真实信息，需要开通网上银行的还需要填写有关凭证，连同身份证原件和复印件、单证、现金一并交银行经办人员。银行经办人员审查存款凭证的日期、户名、金额和存款人的身份证件无误后，点收现金并输入计算机，由计算机系统编列账号、设置账户。凭密码支取的由存款人预留密码，办理转账。会计分录为：

借：库存现金

　　贷：吸收存款——个人活期存款——活期储蓄存款××人

经复核无误后，在活期储蓄存折上加盖业务章后，将存折或卡交给储户。

存款人以后续存现金时，将存折或银行卡、现金一并交给银行经办人员，经办人员检验无误后，办理存款业务。手续与开户存入相同。

2. 支取

存款人持活期储蓄存折或银行卡支取现金时，直接将存折或银行卡交银行经办人员，根据提示输入预留密码，办理支取手续。会计分录为：

借：吸收存款——个人活期存款——活期储蓄存款××人

　　贷：库存现金

经复核无误后，将打印凭条交取款人签字确认，在回执上加盖业务章，将回执、现金或银行卡、存折一并交给存款人。存款人若要求取出全部存款，并无意保留账号时，应予以销户。处理手续同上，但是银行工作人员要结计利息。

3. 利息的核算

（1）资产负债表日计提利息

个人活期存款采用积数计息法，每月月末计提利息时，按计提日挂牌公告的活期存款利率和累计积数计算应提利息。会计分录为：

借：利息支出——个人活期存款利息支出

　　贷：应付利息——个人活期存款应付利息

（2）结息日结计利息

个人活期存款按季结息，每季末月 20 日为结息日，从上季度末月 21 日起至本季度末月 20 日止，按结息日挂牌公告的活期存款利率计息，计息期间遇利率调整不分段计息。未到结息日清户的，按清户日挂牌公告的活期存款利率计息，利息算至清户的前一日止。

结息日，按当日挂牌公告的活期存款利率与累计计息积数，计算本计息期间所有应付利息，并与已提利息进行比较，对差额进行补提或冲销。结息日次日，将本计息期间的利息批量结入各存款人活期存款账户，批量打印记账凭证，登记入账。

三、定期储蓄存款的核算

定期储蓄存款是存款人在存款时约定存期，到期支取本金和利息的居民个人储蓄存款。根据存取本息的方式不同，分为整存整取、零存整取、存本取息、整存零取四种形式。银行应在"定期储蓄存款"科目下分别设置明细科目进行核算。这里主要介绍整存整取和零存整取定期储蓄存款的业务处理。

1. 整存整取定期储蓄存款的核算

整存整取定期储蓄存款是一次存入一定数额的本金，约定存期，到期一次支取本息的储蓄存款。整存整取定期储蓄存款 50 元起存，多存不限，存期分为 3 个月、6 个月、1 年、2 年、3 年、5 年六个档次，不同存期对应不同利率，期限越长利率越高。存款人也可与银行约定办理到期时自动转存或约定转存，存款人也可提前支取。

（1）开户

存款人来行开户时，应提交本人有效身份证件，填写有关凭证，连同现金一起交银行经办人员。银行经办人员收妥现金，审核存款人身份证件、凭证无误后，办理整存整取定期储蓄存款业务，一般要求储户凭密码支取，由储户预留密码。会计分录为：

借：库存现金

　　贷：吸收存款——定期储蓄存款——整存整取××人

经复核无误后，打印存单并加盖业务章后将存单交存款人。

(2)资产负债表日计提利息

约定存期内每月月末计提利息时，对于一年期以上(不含一年期)整存整取定期储蓄存款，按照摊余成本乘以实际利率计算利息支出，按照合同本金乘以存入日挂牌公告的相应档次整存整取定期储蓄存款利率(合同利率)计算应付利息，差额计入利息调整。会计分录为：

借：利息支出——定期储蓄存款利息支出

　　借或贷：吸收存款——定期储蓄存款——整存整取××人(利息调整)

　　贷：应付利息——定期储蓄存款应付利息

对于其他整存整取定期储蓄存款，利息支出和应付利息均按合同本金乘以存入日挂牌公告的相应档次整存整取定期储蓄存款利率计算。会计分录为：

借：利息支出——定期储蓄存款利息支出

　　贷：应付利息——定期储蓄存款应付利息

逾期后每月月末计提利息后，按合同本金乘以计提日挂牌公告的活期存款利率计算应提利息。会计分录为：

借：利息支出——定期储蓄存款利息支出

　　贷：应付利息——定期储蓄存款应付利息

(3)到期支取

整存整取定期储蓄存款，存款人持存单来行支取存款，银行经办人员应根据存款人提交的存单记账，经核对无误后，在存单上加盖支付日期和“结清”戳记。销记“开销户登记簿”，然后按规定计算应付利息，并填制一式两联的储蓄存款利息清单，以存单和利息清单作转账借方传票。系统自动将到期日应付利息的应有余额与现有余额进行比较，并将差额进行补提。会计分录为：

① 补提利息。

借：利息支出——定期储蓄存款利息支出

　　贷：应付利息——定期储蓄存款应付利息

② 支付本息。

借：吸收存款——定期储蓄存款——整存整取××人(本金)

应付利息——定期储蓄存款应付利息

贷:库存现金

记账后,在存单、利息清单上加盖"现金付讫"戳记和经办人员印章,将一联利息清单连同本息交给存款人,另一联清单由存款人签收后作利息支出汇总传票的附件。

逾期支取时,按规定计算逾期利息,其余手续与到期支取的手续相同。

提前支取的,存款人应提交本人身份证件,验证后将发证机关、证件名称及号码记录在存单背面,并由存款人签章,然后在存单上加盖"提前支取"戳记,办理付款手续,并按提前支取的计息规定计付利息。

若存款人申请部分提前支取时,应按"满付实收"的做法,更换新存单,即将原存单本金一次性全部付出,按规定计付支取部分的利息,对未支取部分按原存单存入日期、期限、到期日、利率等另开新存单,并在原存单上注明"部分提前支取××元",新存单上注明"由××号存单部分转存"字样,在"开销户登记簿"上也作相应的注明,其余手续与到期支取及存入时的手续相同。

(4)整存整取定期储蓄存款的计息规定

整存整取定期储蓄存款采用逐笔计息法,即在支取时,按照预先确定的计息公式逐笔计算利息,利随本清,其计息公式与单位定期存款的计息公式相同。

整存整取定期储蓄存款的计息规定有:

① 整存整取定期储蓄存款在原定存期内的利息,按存入日挂牌公告的整存整取定期储蓄存款利率计息,存期内遇利率调整,不分段计息。

② 整存整取定期储蓄存款全部提前支取时,按支取日挂牌公告的活期存款利率计息。

③ 整存整取定期储蓄存款部分提前支取时,若留存金额不低于起存金额,提前支取部分按支取日挂牌公告的活期存款利率计付利息,未支取部分按原存期及到期日另开新存单,到期时按原存款开户挂牌公告的利率计付利息;提前支取时,若留存金额低于起存金额,则对该项整存整取定期储蓄存款予以清户,按支取日挂牌公告的活期存款利率计付利息。

④ 整存整取定期储蓄存款逾期支取时,逾期部分按支取日挂牌公告的活期存款利率计付利息。

⑤ 整存整取定期储蓄存款到期日若为节假日,可于节假日前最后一个营业日办理支取手续,银行扣除提前支取天数后,按存入日挂牌公告利率计算利息。节假日后支取,按逾期支取计付利息。

【例 2-7】 2017 年 8 月 5 日,储户王明开户存入定期储蓄存款100 000元,期限 1

年，存入时 1 年期定期利率为 3.25%。请根据以下几种情况分别计算其利息：

① 王明于 2018 年 8 月 5 日到期日来行办理取款手续；

② 王明于 2017 年 10 月 10 日来行提前部分支取20 000元；

③ 王明于 2018 年 9 月 12 日来行支取剩余本金80 000和利息，假设支取时挂牌的活期利率为 0.5%。

上面三种情况分别是到期支取、提前部分支取和逾期支取。其利息计算分别为：

● 2018 年 8 月 5 到期支取。

$$利息=100\ 000\times 3.25\%=3\ 250(元)$$

● 2017 年 10 月 10 日部分提前支取。

$$提前支取的活期利息=20\ 000\times 65\times 0.5\%\div 360=18.06(元)$$

● 2018 年 9 月 12 日逾期支取。

$$利息=80\ 000\times 3.25\%+80\ 000\times 37\times 0.5\%\div 360=2\ 600+41.11=2\ 641.11(元)$$

2. 零存整取定期储蓄存款的核算

零存整取定期储蓄存款是每月存入固定数额的款项，5 元起存，多存不限，约定存期，到期一次支取本息的储蓄存款。存期分 1 年、3 年、5 年三个档次，每月按固定存款金额存入一次，中途如有漏存，可在次月补存，到期支取存款本息。

(1)开户

存款人开户时，应提交本人有效身份证件，填写有关凭证，将存款凭证连同现金一并交银行经办人员。银行经办人员收妥现金，审查存款人的身份证件、存款凭证并与点收现金核对无误后，根据存款凭证记账并打印零存整取储蓄存折，登记“开销户登记簿”，复核无误盖章后，存折交存款人收执。会计分录为：

借：库存现金

　　贷：吸收存款——定期储蓄存款——零存整取××人

(2)续存

存款人续存时，可在每月向银行存入约定金额，中途如有漏存，次月仍可续存，存期已满或存满应存次数，均不再办理续存手续。其会计分录为：

借：库存现金

　　贷：吸收存款——定期储蓄存款——零存整取××人

(3)支取

零存整取定期储蓄存款办理到期支取、提前支取(但不能办理部分提前支取)或逾期支取，会计分录为：

① 补提利息。

借：利息支出——定期储蓄存款利息支出

　　贷：应付利息——定期储蓄存款应付利息

② 支付本息。

借：吸收存款——定期储蓄存款——零存整取××人(本金)

　　应付利息——定期储蓄存款应付利息

　　贷：库存现金

3. 整存零取定期储蓄存款的核算

整存零取定期储蓄存款是一次存入较大数额的本金，在存期内分次等额支取本金，到期一次支付利息的储蓄存款。整存零取定期储蓄存款的起存金额为1 000元，存期分1年、3年、5年三个档次，支取期限可以分为1个月、3个月、6个月或其他期限，但本金应能够被支取次数整除。存款人存入款项时由银行发给存单，以后凭存单分期支取本金，利息于到期结清时一次支付。

整存零取定期储蓄存款可比照整存整取定期储蓄存款进行核算。

4. 存本取息定期储蓄存款的核算

存本取息定期储蓄存款是存入时约定存期和取息期限，一次存入一定数额的本金，存期内分次支取利息，到期时一次支取本金和剩余利息的储蓄存款。存本取息定期储蓄存款5 000元起存，存期分为1年、3年、5年三个档次，取息期限可以为1个月或几个月1次，由存款人在存款时与银行约定。

存本取息定期储蓄存款可比照整存整取定期储蓄存款进行核算。

四、定活两便储蓄存款的核算

定活两便储蓄存款是一种存款期限不定，随时可取，按实际存期确定利率的储蓄存款方式。定活两便储蓄存款50元起存，通过“吸收存款——个人活期存款——定活两便储蓄存款”进行核算。这种储蓄存款兼具流动性和收益性，比定期储蓄存款支取灵活，在达到一定存期时又能获得比活期储蓄存款高的收益。

定活两便储蓄存款采用定额存单形式，存款人来行办理存款时开立存单，支取时凭存单办理。凡存期不足3个月的，按支取日挂牌的活期储蓄利率计付利息；存期3个月以上(含3个月)，不满半年的，整个存期按支取日整存整取3个月利率打六折计息；存期在半年以上(含半年)不满1年的，按支取日整存整取半年期利率打六折计息。

定活两便储蓄存款可比照整存整取定期储蓄存款进行核算。

第四节　外汇存款业务的核算

一、外汇的概念和种类

1. 外汇的概念

外汇是指以外国货币表示的用于国际清偿和国际结算的支付手段。

外汇有狭义和广义之分。狭义的外汇是指以外国货币表示的用于国际间债权债务结算的各种支付手段。狭义的外汇具备三个特点：可支付性（必须以外国货币表示的资产）、可获得性（必须是在国外能够得到补偿的债权）和可换性（必须是可以自由兑换为其他支付手段的外币资产）。广义的外汇是指一国拥有的一切以外币表示的资产。

我国《外汇管理条例》规定："外汇是指下列以外币表示的可以用作国际清偿的支付手段和资产：外币现钞，包括纸币、铸币；外币支付凭证或者支付工具，包括票据、银行存款凭证、银行卡等；外币有价证券，包括债券、股票等；特别提款权；其他外汇资产。"

2. 外汇的种类

外汇按照不同的标准，可以进行不同的分类。

（1）按照外汇兑换时受限制的程度，分为自由兑换外汇、有限自由兑换外汇和记账外汇。

自由兑换外汇，是指在国际金融市场上可以自由买卖、清偿债权债务并可以自由兑换其他国家货币的外汇，例如美元、港币、加拿大元等。

有限自由兑换外汇，是指未经货币发行国批准，不能自由兑换成其他货币或对第三国进行支付的外汇。国际货币基金组织规定，国际性经常往来的付款和资金转移有一定限制的货币均属于有限自由兑换货币。世界上大多数国家货币属于有限自由兑换货币，包括人民币。

记账外汇，又称清算外汇或双边外汇，是指记账在双方指定银行账户上的外汇，不能兑换成其他货币，也不能对第三国进行支付。

（2）根据外汇的来源与用途不同，可以分为贸易外汇、非贸易外汇和金融外汇。

贸易外汇也称实物贸易外汇，是指来源于或用于进出口贸易的外汇，即由于国际间商品流通所形成的一种国际支付手段。

非贸易外汇是指贸易外汇以外的一切外汇，即一切非来源于或用于进出口贸易的外汇，如劳务外汇、侨汇和捐赠外汇等。

金融外汇属于一种金融资产外汇。例如银行同业间买卖的外汇，并非来源于有形贸易或无形贸易，而是为了各种货币头寸的管理。

(3)根据外汇汇率市场的走势不同，外汇又分为硬外汇和软外汇。

外汇是指某种具体货币，如美元外汇是指以美元作为国际支付手段的外汇；英镑外汇是指以英镑作为国际支付手段的外汇；日元外汇是指以日元作为国际支付手段的外汇。在国际外汇市场上，根据币值和汇率走势，我们可将各种外汇归类为硬外汇和软外汇，或叫强势货币和弱势货币。强势货币是指币值坚挺、购买能力较强、汇价呈上涨趋势的自由兑换货币。

二、外汇业务的核算方法

1. 外汇业务的主要内容

根据《外汇业务管理条例》的规定，外汇管理局指定的商业银行和经批准的商业银行可以经营下列部分或全部外汇业务：外汇存款；外汇贷款；外汇汇款；外币兑换；国际结算；同业外汇拆借；外汇票据的承兑和贴现；外汇借款；外汇担保；结汇、售汇；发行或者代理发行股票以外的外币有价证券；买卖或者代理买卖股票以外的外币有价证券；自营外汇买卖或者代客外汇买卖；外汇信用卡的发行和代理国外信用卡的发行及付款；资信调查、咨询、鉴证业务；国家外汇管理局批准的其他外汇业务。

2. 外汇业务的核算方法

在我国，外币业务的核算方法一般有外汇统账制和外汇分账制两种。

(1)外汇统账制

外汇统账制亦称本币统账制，是指以本国货币为记账单位，各种外币按照一定的标准汇价折合为本国货币再进行记账的一种方法。按折价标准不同，分为时价法和定价法。

① 时价法。在外汇业务发生时，将各种外币按照当时外币与本币的汇价折合为本币登记入账，无须通过“货币兑换”科目核算。至年终决算时，按照决算日汇价将该外币资产负债有关科目的余额另行折为本币，与账上原本币余额进行比较，所得借贷差额即为外汇损益。

② 定价法。在外汇业务发生时，将各种外币以按照固定汇率折合为本币登记入账，并不考虑真实汇价。至年终决算时，按决算日汇价将各种外币折合为本币，与该外币资产负债有关科目以及“货币兑换”科目本币户余额进行比较，所得差额即为外汇损益。

外汇统账制的记账法，是将所有外汇业务均按当时外汇市场价或按固定汇率折合为本币直接登记入账，如外汇价格有变，会计核算中所反映的外币记账价值将与外币的实际价值不一致。这种记账方法只设立一种账簿，不能反映各种外币的存、贷增减变动情况，不便于外汇资金的调拨、运用与管理。因此，外汇统账制适用于单一汇率制的国

家。我国商业银行一般不采用外汇统账制进行外币业务核算。

(2)外汇分账制

外汇分账制亦称原币记账法，是指银行在经营外汇业务时直接以原币记账，发生涉及两种货币的交易时，通过“货币兑换”账户，分别与原币的对应账户构成借贷关系。会计期末，按一定的汇率将各种外币账户记录的业务金额均换算为报告货币，各外币性账户调整后的账面金额与原账面金额之差，作为当期汇兑损益。

外汇分账制的具体核算内容包括：

① 人民币与各种外币的分账核算。在外汇资金核算中，银行应当将本币和外币严格分开设置账户。一般按照经营的主要外汇币种分别设置外汇账户，填制外币凭证，登记账簿，编制报表，形成独立的外币财务系统。其外汇业务账户自成体系，自求平衡，各种货币分账核算，账务互不混淆，以反映各种外币的资金活动及其头寸的多寡。

② 设置“货币兑换”科目。为了不同货币之间的换算和保证各种分账货币保持各自账务系统的完整和相对独立性，当外币与本币或不同货币发生兑换业务时，专门设置“货币兑换”科目进行核算。该科目是为实现外汇分账制而设立的一个特定科目，在涉及不同种类货币交易业务核算中起到相互联系和平衡作用。

③ 年终编制和各种货币合并的决算报表。年终决算时，为全面反映本币与外币的资产负债情况，除分别编制各外币和本币决算报表外，应对各种分账货币按照年终决算日汇价折合为本币，与本币核算的决算报表对应科目对口合并，汇总编制各类货币合并的本币决算报表，汇总反映本行财务状况和经营成果。

由于外汇分账制按不同外币分别设立一套账户，可以全面、完整、系统、真实地记载和反映各种外汇资金的增减变化及余额，清晰反映涉及外汇业务的银行资产、负债及损益情况，便于国家及时掌握各种外汇的价值和余缺，满足国家对外汇资金管理的要求。因此，目前我国商业银行外汇业务核算都采用“外汇分账制”这一专门的方法。

三、外汇买卖业务的核算

1. 科目设置

商业银行专门设置“货币兑换”科目进行外汇买卖业务的核算。在实际工作中，“货币兑换”指以外币兑换本币或以本币兑换外币或以一种外币兑换成另一种外币的行为。

“货币兑换”属于资产负债共同类科目，是一级总分类科目。当买入外币时，借记有关科目(外币)，贷记“货币兑换”科目(外币)；相应付出本币时，借记“货币兑换”科目(本币)，贷记有关科目(本币)。当卖出外币时，借记“货币兑换”科目(外币)，贷记有关科目(外币)，相应借记有关科目(本币)，贷记“货币兑换”科目(本币)。分账货币在年终决算时按决算日汇价折算为本币，与本币项下的“货币兑换”科目相比较，计算汇兑损益，结转利润。发生汇兑收益,借记本科目,贷记“汇兑损益”;发生亏损,借记“汇兑损益”,贷记本科目。

“货币兑换”科目的借方凭证和贷方凭证均为多联套写,其中两联凭证是“货币兑换”科目外币联和“货币兑换”科目本币联。在结汇时,银行使用“货币兑换”科目的贷方凭证;售汇时,银行使用“货币兑换”科目的借方凭证。

2. 外汇买卖业务的核算

外汇买卖主要有三种形式,即结售汇、套汇和银行自营或代客户进行外汇买卖交易。

(1)结汇业务的核算

结汇即买入外汇。银行在受理客户结汇业务时,应按结汇外币金额和当天银行挂牌汇率计算的人民币金额填制“货币兑换”贷方凭证,根据第二联贷记外币“货币兑换”账户,根据第三联借记人民币“货币兑换”账户。

【例 2-8】 张明持 100 美元现钞到某商业银行兑换人民币。该业务发生时,美元现钞买入价为 USD 100=RMB 615.30。会计分录为:

借:库存现金　　USD 100

　　贷:货币兑换——钞买价　　USD 100

借:货币兑换——钞买价　　RMB 615.30

　　贷:库存现金　　RMB 615.30

(2)售汇业务的核算

售汇即卖出外汇。银行在受理客户售汇业务时,应按售汇外币金额和当天银行挂牌汇率计算的人民币金额填制“货币兑换”借方凭证,根据第二联和第三联分别借记外币“货币兑换”账户和贷记人民币“货币兑换”账户。按规定收妥人民币金额并配售外币后,办理转账。

【例 2-9】 新华外贸公司向商业银行购买10 000美元外币支付进口货款。假设业务发生时,美元汇卖价 USD 100=RMB 620.40。会计分录为:

借:吸收存款——新华外贸公司户　　RMB 62 040.00

　　贷:货币兑换——汇卖价　　RMB 62 040.00

借:货币兑换——汇卖价　　USD 10 000

　　贷:汇出汇款或有关科目　　USD 10 000

若新华外贸公司出口售汇,美元汇买价为 USD 100=RMB 615.80,会计分录为:

借:汇出汇款或有关科目　　USD 10 000

　　贷:货币兑换——汇买价　　USD 10 000

借:货币兑换——汇买价　　RMB 61 580

　贷:吸收存款——新华外贸公司户　　RMB 61 580

(3)套汇业务的核算

套汇是指银行根据客户的要求,将一张外汇(外币)兑换成另一种外汇(外币)的外汇买卖。按照我国套汇的相关政策,当两种外币进行兑换时,一种外汇要兑换成另一种外汇,须通过人民币进行折算。

① 两种货币之间的套汇。

【例2-10】 新城公司以其外汇美元存款申请汇往中国香港,以支付某客户货款港币10 000元。假设业务发生时,美元汇买价为USD 100=RMB 615.28,港币汇卖价为KHD 100=RMB 105.25。会计分录为:

借:吸收存款——新城公司外币存款　　USD 1 710.60

　贷:货币兑换——汇买价　　USD 1 710.60

借:货币兑换——汇买价　　RMB 10 525

　贷:货币兑换——汇卖价　　RMB 10 525

借:货币兑换——汇卖价　　HKD 10 000

　贷:汇出汇款　　HKD 10 000

② 同种货币钞汇之间的套汇。

【例2-11】 某港商持美元现钞USD 10 000要求汇往纽约。该业务发生时,美元钞买价为USD 100=RMB 650.84,美元汇卖价为USD 100=RMB 670.25,会计分录为:

借:库存现金　　USD 10 000

　贷:货币兑换——钞买价　　USD 10 000

借:货币兑换——钞买价　　RMB 65 084

　贷:货币兑换——汇卖价　　RMB 65 084

借:货币兑换——汇卖价　　USD 9 710.41

　贷:汇出汇款　　USD 9 710.41

四、单位外汇存款业务的核算

单位外汇存款亦称甲种外汇存款,是指我国境内机关、企事业单位、我国驻华机构及境外的中资企业、团体、部队存放在商业银行的各项外汇资金。

单位外汇存款均为现汇账户,包括活期存款、定期存款、通知存款。银行不得为单位开立外币现钞账户。根据《境内外汇账户管理规定》要求，单位外汇存款适用范围包括汇往境内外外汇，按现汇买价兑换本币，转入其他账户外汇。单位可以将现钞存入现汇账户，经银行同意按规定支取少量外币现钞，但应按同种货币钞汇之间的套汇进行处理。单位活期外汇存款的起存额为不低于人民币1 000元的等值外币，定期存款的起存金额为不低于人民币10 000元的等值外币。

单位申请外汇定期存款时，凡从存款单位外汇活期存款账户支款转存，或由汇入汇款或其他款项转进存入的，银行按单位要求办理开户手续，开出外汇定期存款单；凡单位事前没有开立活期存款账户而办理定期存款的，单位应按照有关开户规定申请办理开户手续，经银行审查同意后为其开户。单位外汇定期存款应根据有关凭证登记开销户登记簿。

1. 单位外汇存款的存入核算

(1)以外币现钞存入

单位外汇存款存入时应按存入日的现钞买入价和同种货币现汇卖出价折算入账。

【例 2－12】 某进出口公司要求甲银行将现钞10 000港币存入其在该银行开立的港元活期存款账户，当天港币钞买价为 HKD 100＝RMB 101.05，港币汇卖价为 HKD 100＝RMB 102.25。会计分录为：

借：库存现金　　HKD 10 000
　　贷：货币兑换——钞买价　　HKD 10 000
借：货币兑换——钞买价　　RMB 10 105
　　贷：货币兑换——汇卖价　　RMB 10 105
借：货币兑换——汇卖价　　HKD 9 882.64
　　贷：吸收存款——单位外汇活期存款——××进出口公司　　HKD 9 882.64

银行收到存款单位送存的外汇缴款单一式两联，审核无误后，将缴款单第一联退缴款单位，第二联作贷方传票办理转账。

(2)国外汇入汇款或国内转汇存款

银行根据收到的 SWIFT 报文和转款收账通知，编制收款凭证一式二联，将收款凭证第一联通知存款单位，第二联作贷记凭证据以记账。

① 以汇入同币种的现汇存入，会计分录为：

借：汇入汇款或有关科目　　(外币)
　　贷：吸收存款——单位外汇活期存款——××单位　　(外币)

② 以汇入不同币种的现汇存入时，按当天外汇汇价折算入账。会计分录为：

借：汇入汇款或有关科目　　(外币)

贷:货币兑换——汇买价　　(外币)

借:货币兑换——汇买价　　(本币)

贷:货币兑换——汇卖价　　(本币)

借:货币兑换——汇卖价　　(外币)

贷:吸收存款——单位外汇活期存款——××单位　　(外币)

③ 若存款是境内机构转汇存入,会计分录为:

借:全国联行外汇往来　　(外币)

贷:吸收存款——××外汇活(定)期存款——××单位　　(外币)

2. 外汇存款的支取核算

支取外汇存款时,存折户填写取款凭条,支票户填写支票,加盖预留印章。通过国内外联行划出款项等方式办理现汇取款,使用有关结算凭证、联行报单等办理取款手续。

(1)支取原币现钞时

① 支取同币种外币现钞时,按同种货币汇兑钞即汇买钞卖业务处理。

② 支取不同币种外币现钞时,按两种货币之间的套汇业务处理。

当然,不得从外汇定期存款账户中直接提取现钞,先转入活期存款账户再从中支取。

(2)以汇出现汇方式支取外汇

① 汇出同币种现汇时,会计分录为:

借:吸收存款——单位外汇活期存款——××单位　　(外币)

贷:汇出汇款或联行外汇往来等有关科目　　(外币)

② 支取货币与原存款货币不同时,按两种货币之间的套汇业务处理。

凡汇款应按规定的收费标准收取本币或等值外币手续费。会计分录为:

借:库存现金或吸收存款　　(人民币)

贷:手续费及佣金收入——汇款手续费收入　　(人民币)

3. 利息的核算

单位外汇活期存款利息采用按日计息、按季结息。每日营业终了,将各账户余额记入计息余额表,在每季度末月结息日逐户将本季末的累计计息积数乘以日利率,即得出各存款单位的应计利息数。每季末月 20 日为结息日,次日以原币登记入账。计息期若遇利率调整则分段计息。

(1)资产负债表日计提利息的核算

资产负债表日,商业银行对吸收的单位外汇活期存款应计提利息。计提时,若计息期利率未做调整，按计提日挂牌公告的同币种活期存款利率计算利息；若遇计息期利率调整，应按调整前后的利率分段计算利息。会计分录为：

借：利息支出——外汇活期存款利息支出　　　　（外币）

　贷：应付利息——外汇活期存款应付利息　　　　（外币）

(2)结息日结计利息的核算

结息日，采用积数计息法算出本计息期的利息后，应先将上一计息日至结息日的利息补提，然后将本计息期所有应付利息于次日以原币结入存款单位的外汇活期存款账户。会计分录为：

① 结息日补提利息时：

借：利息支出——外汇活期存款利息支出　　　　（外币）

　贷：应付利息——外汇活期存款应付利息　　　　（外币）

② 结息日次日以原币结入存款账户时：

借：应付利息——外汇活期存款应付利息　　　　（外币）

　贷：吸收存款——单位外汇活期存款——××单位　　　　（外币）

单位外汇定期存款利息，按对年对月计息，不足 1 年或 1 月的，按零头天数折算为日利息。存款到期利随本清，一次计付利息；遇利率调整，仍按存入日的利率计算利息；存款到期续存，按续存日利率计算；存款到期未办理支取，逾期部分按取款日活期存款利率计息；如提前支取，按取款日活期存款利率计息。根据权责发生制原则，存期为 3 个月以上的单位定期存款按季以原币计提应付利息，到期冲销"应付利息"科目，不足部分在"利息支出"科目中核算；3 个月以下的定期存款不计提应付利息，直接在"利息支出"科目中核算。

单位定期存款可比照人民币定期存款和外汇买卖业务进行核算，这里不再展开阐述。

五、个人外汇存款业务的核算

个人外汇存款亦称外币储蓄存款，是指商业银行吸收居民个人的外汇资金而形成的存款。根据存款对象的不同，个人外汇存款主要包括乙种存款和丙种存款。乙种外汇存款的对象为个人；丙种外汇存款（即境内居民外币定期存款）的对象为中华人民共和国境内的居民，包括归侨、侨眷和港澳台同胞的亲属等。乙种和丙种外汇存款又可分为定期存款和活期存款。活期存款为存折户，可随时存取。定期存款为记名式存单，分为 1 个月、3 个月、半年、1 年和 2 年等多种形式，采取一次存入，整存整取。

个人外汇存款使用范围包括汇往境内外的汇款，按外汇买入价兑换本币，在规定限额内提取外币现钞，购买旅行支票等。乙种活期存款的起存金额为不低于人民币 100 元的等值外币，丙种活期存款的起存金额为不低于人民币 20 元的等值外币，定期存款

的起存金额为不低于人民币150元的等值外币。

个人申请外汇存款时，应填写存款凭条，提供身份证明并书面约定存取方式，如书面约定凭印鉴支取，须预留印鉴。由境外直接汇款转存的，应附开户内容，约定存单或存折的处理办法以及取款手续，银行按约定要求办理。存款人支取外币存款时，须凭存折、存单、预留印鉴或书面约定的支取方式办理支取。外币定期存款为记名式存单，到期支取；如提前支取，须凭存款人身份证或有关单位的证明办理；外币存款可约定自动转存。

1. 个人外汇存款的存入核算

① 以外币现钞存入开立现钞户，会计分录为：

借：库存现金　　（外币）

　　贷：吸收存款——活期储蓄存款——现钞　　（外币）

② 以汇入现汇存入开立现汇户，会计分录为：

借：存放国外同业或有关科目　　（外币）

　　贷：汇入汇款　　（外币）

借：汇入汇款　　（外币）

　　贷：吸收存款——活期储蓄存款——现汇　　（外币）

③ 以外币现钞续存：

以同币种外币现钞存入现钞户时，会计分录与开户相同；

以同币种外币现钞存入现汇户时，应按中间价折算计收人民币手续费，会计分录为：

借：库存现金　　（外币）

　　贷：吸收存款——活期储蓄存款——现汇　　（外币）

借：库存现金或吸收存款　　（人民币）

　　贷：手续费及佣金收入　　（人民币）

以不同币种外币现钞存入现钞户或现汇户时，按两种货币之间的套汇业务进行处理。

④ 以汇入现汇续存：

以同币种汇入现汇存入现钞户或现汇户时，会计分录为：

借：××科目　　（外币）

　　贷：吸收存款——活期储蓄存款——现钞或现汇　　（外币）

2. 个人外汇存款的支取核算

① 从现钞户或现汇户中支取同币种外币现钞时，会计分录为：

借：吸收存款——活期储蓄存款——现钞或现汇　　（外币）

　　贷：库存现金　　（外币）

② 从现钞户或现汇户中支取不同币种外币现钞时，按两种货币之间套汇业务进行处理。

③ 从现汇户汇出同币种现汇时，会计分录为：

借：吸收存款——活期储蓄存款——现汇　　（外币）

　　贷：××科目　　（外币）

另收汇费，原则上收取人民币，也可以收取等值外币。

④ 从现钞户或现汇户中汇出不同币种现汇时，按两种货币之间套汇业务进行处理。

【例 2-13】 客户李超持外汇管理部门批准证明，从其活期存款美元外汇户支取 200 英镑的等值美元，申请用信汇方式汇往伦敦牛津大学以英镑交学费。客户按有关要求办妥汇款手续，交商业银行审核无误后办理汇出汇款，并收取手续费人民币 20.1 元。当天美元汇买价为 USD 100＝RMB 620.28，英镑汇卖价£100＝RMB 1 003.40。会计分录为：

借：吸收存款——活期储蓄存款——李超　　USD 323.53

　　贷：货币兑换——汇买价　　USD 323.53

借：货币兑换——汇买价　　RMB 2 006.80

　　贷：货币兑换——汇卖价　　RMB 2 006.80

借：货币兑换——汇卖价　　£200

　　贷：汇出汇款　　£100

借：库存现金　　RMB 20.07

　　贷：手续费及佣金收入　　RMB 20.07

3. 个人外汇存款的利息核算

(1)个人外汇活期存款的利息核算

个人外汇活期存款的利息结息日为每年 6 月 30 日，全年按实际天数计算，以结息日挂牌公告外币活期储蓄存款利率计付利息。会计分录为：

借：利息支出——外汇活期存款利息支出　　（外币）

　　贷：吸收存款——活期储蓄存款——现汇　　（外币）

储户要求销户时，应随时结清利息。会计分录为：

借：吸收存款——活期储蓄存款——现汇　　（外币）

　　利息支出——外汇活期存款利息支出　　（外币）

　　贷：库存现金　　（外币）

(2)个人外汇定期存款的利息核算

个人外汇定期存款采取到期还本付息方法。遇利率调整时仍按存入日利率计算利息；存款到期续存时，按续存日利率计息；存入时未办理约定自动转存手续的，逾期部分按支取日外币活期储蓄存款利率计息；如提前支取，提前支取部分按支取日外币活期储蓄存款利率计息，未提前支取部分，仍按存入日利率计算。

个人外汇定期存款到期时，由存款人凭存单、预留印鉴向银行支取本息。会计分录为：

借：吸收存款——定期储蓄存款——现汇　　（外币）
　　应付利息　　（外币，已提取部分）
　　利息支出——外汇定期存款利息支出　　（外币，不足部分）
　　贷：库存现金　　（外币）

个人外汇定期存款应付利息按季结息。3个月以上存期的存款计付利息，应通过"应付利息"科目核算，应付利息不足部分从"利息支出"科目支付；3个月以下存期的个人外汇定期存款计付的利息，通过"利息支出"科目核算。

调研与实践题

组织学生调研某一家商业银行存款业务，启发学生从中把握银行存款业务的核算流程。

自主学习内容

1. 单位银行存款账户的种类有哪些？各自的用途是什么？
2. 个人银行存款的账户有哪些？有何不同？
3. 银行存款账户如何进行管理？

复习思考题

1. 商业银行吸收的存款有哪些类型？
2. 简述单位银行结算账户的种类及使用的业务范围。
3. 简述单位活期存款和单位定期存款的利息计算规定和方法。
4. 个人存款的种类有哪些？定期储蓄存款业务有哪几种？
5. 简述个人活期存款和定期储蓄存款的利息计提及其核算。

账务处理题

1. 20×8年9月，HSCB银行黄山路支行开户单位A公司发生如下经济业务：

(1)9月2日，A公司存入现金，现金缴款单上的合计数为100 000元。

(2)9 月 5 日，A 公司提取现金，开出现金支票，金额为40 000元。

(3)9 月 20 日，第三季度 A 公司活期存款账户累计积数为870 000元，由于错账更正应冲减积数为6 000元。活期存款年利率为 0.35%。

要求：根据上述业务，编制相关的会计分录。

2. 20×8 年 10 月份，ICBC 银行九华山路支行发生下列单位定期存款业务。

(1)20×8 年 10 月 8 日，杨宁集团签发转账支票存入 3 年期定期存款500 000元。

(2)20×8 年 10 月 12 日，华兴宾馆 1 年期定期存款到期支取，本金金额为30 000元，存入时一年期定期存款年利率为 3%。

(3)20×8 年 10 月 22 日，金鹰商场要求部分提前支取 2 年期定期存款120 000元，该存款于前一年 8 月 25 日存入，存入金额为300 000元，存入时 2 年期定期存款年利率为 4.5%，支取时挂牌公告活期存款年利率为 0.35%。

(4)20×8 年 10 月 25 日，飞天科技公司来银行要求支取 20×5 年 7 月 15 日存入金额为150 000元的 1 年期定期存款，存入时年利率为 3%，支取日挂牌公告的活期存款利率为 0.35%。

要求：根据上述资料，编制有关会计分录。

3. ICBC 银行合肥三里街支行开户单位芳草日化厂 20×8 年 8 月 31 日存款账户余额为60 000元，20×8 年 6 月 21 日至 8 月 31 日累计积数为5 366 000元，20×8 年 9 月该公司存款账户发生的业务如下(假设 20×8 年 9 月 17 日活期存款年利率由 0.4%调整为 0.5%)：

(1)9 月 10 日，存入现金 16 000 元；

(2)6 月 12 日，转账存入 5 000 元；

(3)6 月 15 日，支取现金 8 000 元；

(4)6 月 17 日，签发转账支票支付存款 12 000 元；

(5)6 月 19 日，存入现金 7 000 元。

要求：计算该公司 20×8 年第三季度利息，编制结息日补提利息和利息入账的会计分录。

4. 某储户于 20×8 年 11 月 11 日存入10 000元 1 年期整存整取储蓄存款，要求银行在存款到期后办理自动转存，存入日利率 3.10%。假设转存日整存整取 1 年期利率为 3.25%，储户于 20×9 年 12 月 28 日支取全部本息，支取日活期储蓄存款年利率为 0.35%。

要求：(1)编制该储户期整存整取储蓄存款存入的会计分录；(2)编制每月月末计提利息的会计分录；(3)编制该储户 20×7 年 12 月 28 日逾期支取的会计分录。

5. AMI 公司申请从其美元现汇账户支取 AUD 10 000汇往澳大利亚，用于支付 CEM 公司货款。当日美元汇买价为 USD 100＝RMB 633.60，澳大利亚元汇卖价为 AUD 100＝RMB 656.9，ICBC 银行××支行办理汇款业务。

要求：根据上述业务，编制相关的会计分录。

6. 南华进出口公司将500 000港元现钞，存入其在 ICBC 银行××支行开立的港元现汇账户。当日港元钞买价为 HKD 100＝RMB 80.80，汇卖价为 HKD 100＝RMB 81.76。

要求：根据上述业务，编制相关的会计分录。

第三章 商业银行贷款业务的核算

本章导读

商业银行在发展初期只承做"商业"短期放贷业务，放款期限一般不超过一年，放款对象一般为国内经销商和进出口贸易商。商业银行发展到今天，与其当初发放的自偿性贷款相比已经相去甚远，贷款业务范围不断扩大，种类日益繁多。商业银行俨然逐渐成为多功能、综合性的"金融贷款公司"。商业银行发放贷款首先应遵循安全性、流动性和效益性的基本原则，贷款业务的会计核算服务于这些原则。贷款业务核算所涉及的会计科目设置、账务处理方法、贷款损失计提以及票据贴现等内容，深刻反映了商业银行这类资产业务发展的经济实质和会计核算的具体内容。

知识目标

1. 了解贷款的意义、种类和会计核算要求。
2. 熟悉贷款业务的核算原则与会计科目设置。
3. 理解贷款与贷款减值损失的确认与计量、贷款损失准备的计提。
4. 掌握贷款利息的计息规定和计算方法以及账务处理。
5. 掌握贷款、贷款减值损失、票据贴现、现汇贷款的业务核算。

对应能力与要求

1. 能够正确填制和审核贷款业务的会计凭证。
2. 能够正确确认和计量信用贷款、担保贷款、票据贴现和现汇贷款。
3. 能够正确计算各类贷款的利息并进行账务处理。
4. 能够正确计提贷款损失准备并确认与计量贷款减值损失。
5. 具备贷款业务会计核算与账务处理的实践能力。

第一节　贷款业务概述

一、贷款的意义与分类

贷款也称放款，是指银行将其所吸收的资金按约定的利率和期限提供给借款人，并按期收回本息的信用行为。贷款是银行资产业务的核心，是其资金运用的主要途径，也是取得主营业务收入的主要来源。科学地进行贷款的核算和管理，对于银行防范和化解金融风险，提高获利能力并促进长期稳定健康发展具有重要意义。银行发放的贷款，可以按以下不同标准分类：

① 按贷款偿还期限长短不同，贷款可分为短期贷款、中期贷款和长期贷款。

短期贷款是指贷款期限在 1 年以内（含 1 年）的贷款；中期贷款是指贷款期限在 1 以上 5 年以下（含 5 年）的贷款；长期贷款是指贷款期限在 5 年以上的贷款。

② 按贷款资金来源及风险承担人不同，贷款可分为自营贷款和委托贷款。

自营贷款是指银行以合法方式筹集的资金自主发放的贷款，其贷款风险由银行承担并由其收取本金和利息。

委托贷款是指由委托人（如政府部门，企事业单位及个人等）提供资金，由银行（受托人）根据委托人确定的贷款对象、用途、金额、期限、利率等而代理发放、监督使用并协助收回贷款本息的贷款，其贷款风险由委托人承担，银行只收取手续费，不承担风险。

③ 按贷款的保障程度不同，贷款可分为信用贷款和担保贷款。

信用货款是指仅凭借款人的信誉而发放的贷款。信用贷款没有任何担保，风险较大。担保贷款是指银行以法律规定的担保方式作为还款保障而发放的贷款。担保贷款根据其担保方式不同，又可分为保证贷款、抵押贷款和质押贷款。

保证贷款是指按《中华人民共和国担保法》规定的保证方式，以第三人承诺在借款人不能偿还贷款时，按约定承担一般保证责任或者连带责任为前提而发放的贷款。

抵押贷款是指按《中华人民共和国担保法》规定的抵押方式，以借款人或第三人的财产作为抵押物而发放的贷款。

质押贷款是指按《中华人民共和国担保法》规定的质押方式以借款人或第三人的动产或权利作为质押物发放的贷款。

其中，抵押贷款的担保物不用移交给债权人，一般抵押物要做抵押登记，如抵押的房产要到房产部门进行抵押登记，从而取得他项权利；质押贷款的担保物要交由债权人保管。

④ 按贷款风险程度不同分类，贷款可分为正常贷款、关注贷款、次级贷款、可疑贷款和损失贷款五类。

正常贷款，是指借款人能够严格履行合同，没有足够理由怀疑贷款本息不能按时足额偿还，即有充分把握按时足额偿还贷款本息的贷款。一般情况下，正常贷款应占银行贷款的绝大部分，并且要求按正常贷款期末总额的 1.5%计提贷款损失准备。

关注贷款，是指尽管借款人目前有能力偿还贷款本息，但存在可能对偿还贷款本息产生不利影响的一些因素(包括借款人正常经营活动受到的一些不利影响、借款人的财务状况有恶化的迹象、贷款项目出现重大的不利于贷款归还的调整等)的贷款。那些影响偿还贷款的因素需要引起银行的密切关注，如果得不到有效的控制或继续恶化，贷款将会出现问题。关注贷款要求按期末总额的 3%计提贷款损失准备。

次级贷款，是指借款人的还款能力出现明显问题，完全依靠其正常经营收入已无法保证足额偿还贷款本息，即使执行担保，也可能会造成一定损失的贷款。具体可根据以下特征来判断：借款人未能按时归还贷款本息；借款人的财务状况恶化或有明显的恶化趋势，比如借款人的盈利水平、现金流量明显下降，主营业务收入明显低于预期水平，还款能力明显降低，负债总额大幅度增加等。次级贷款要求按期末总额的 30%计提贷款损失准备。

可疑贷款，是指借款人无法足额偿还贷款本息，即使执行担保，也肯定要造成较大损失的贷款。相对而言，可疑贷款具有次级贷款的所有特征并且程度更加严重。可疑贷款要求按期末总额的 60%计提贷款损失准备。

损失贷款，是指在采取所有可能的措施或一切必要的法律程序之后，本息仍然无法收回，或只能收回极少部分的贷款。损失贷款要求按期末总额的 100%计提贷款损失准备。

这种分类法称为贷款五级分类法，其中次级贷款、可疑贷款和损失贷款合称为不良贷款。

二、贷款核算的基本原则

(1)贷款本息分别核算

银行发放的各种贷款，应当按照实际贷出的贷款金额入账。期末，应当按照贷款本金和适用的利率计算应收利息，并分别按贷款本金和利息进行核算。

(2)商业性贷款和政策性贷款分别核算

商业性贷款是指银行自主发放的贷款；政策性贷款是指银行按照有关政府部门规定的限定用途、限定贷款对象而发放的贷款，如国家特定贷款、外汇储备贷款等。由于商业性贷款和政策性贷款的性质不同，应当分别进行核算。

(3)自营贷款与委托贷款分别核算

自营贷款是指银行以合法方式筹集的资金自主发放的贷款，银行自行承担风险并收取本金和利息。委托贷款是由政府部门、企事业单位及个人等委托人提供资金，由银行根据委托人确定的贷款对象、用途、金额、期限、利率等代为发放、监督使用并协助收回的贷款，银行只收取手续费，且手续费按收入确认条件予以确认，风险由委托人承担。

(4)应计贷款和非应计贷款分别核算

非应计贷款是指逾期 90 天没有收回的贷款；应计贷款是指非应计贷款以外的贷款。当应计贷款转为非应计贷款时，应将已入账的利息收入和应收利息予以冲销；从应计贷款转为非应计贷款后，在收到该笔贷款的还款时，应首先冲减贷款的本金；本金全部收回后，再收到的还款则确认为当期利息收入。

三、贷款的确认与计量

贷款属于商业银行的"贷款和应收款项"类金融资产，应于发放并获得收取本金和利息的权利时予以确认。贷款初始计量时，按公允价值计量，相关交易费用计入初始确认金额；后续计量时，采用实际利率法，按摊余成本进行计量。实际利率法是指按照贷款的实际利率计算其摊余成本及各期利息收入的方法。有关计算公式为：

摊余成本＝初始确认金额－已偿还的本金±采用实际利率法将初始确认金额与到期日金额之间的差额进行摊销形成的累计摊销额－已发生的减值损失

各期利息收入＝摊余成本×实际利率

实际利率是指将贷款在预期存续期间的未来现金流量，折现为该贷款当前账面价值所使用的利率。实际利率应在取得贷款时确认，在该贷款预期存续期间保持不变。其计算公式为：

$$V=\frac{CF_1}{(1+IRR)^1}+\frac{CF_2}{(1+IRR)^2}+\cdots+\frac{CF_n}{(1+IRR)^n}$$

式中：V 为贷款当前账面价值；IRR 为实际利率；CF_n 为预计未来各期现金流量；n 为贷款预期存续期间。

资产负债表日，应按贷款的摊余成本和实际利率计算的金额，确认利息收入。实际

利率与合同利率差别较小的，也可按合同利率计算利息收入。

四、会计科目设置

1. 贷款

“贷款”为资产类科目，核算银行按规定发放的各种贷款，包括信用贷款、担保贷款、抵押贷款、质押贷款等。银行按规定发放的具有贷款性质的银团贷款、贸易融资、协议透支、信用卡透支、转贷款以及垫款等，在该科目核算；也可单独设置“银团贷款、“贸易融资”“协议透支”“信用卡透支”“转贷款”“垫款”等科目核算。该科目可按贷款类别、客户，分别设置“本金”“利息调整”“已减值”等进行明细核算。

该账户期末余额在借方，反映银行按规定发放尚未收回贷款的摊余成本。

2. 利息收入

“利息收入”为损益类科目，核算银行确认的利息收入，包括发放如银团贷款、贸易融资、贴现和转贴现融出资金、信用卡透支、转贷款、垫款等各类贷款、与如中央银行、同业等其他金融机构之间发生的资金往来业务，买入返售金融资产等实现的利息收入。该科目可按业务类别进行明细核算。

资产负债表日，银行应按本金和合同利率计算确定应收未收利息，借记“应收利息”科目；按摊余成本与实际利率计算确定利息收入，贷记“利息收入”科目；按其差额，借记或贷记“贷款——利息调整”科目。实际利率与合同利率差异较小，可采用合同利率计算确定本期的“利息收入”和“应收利息”。

期末，应将该账户余额结转“本年利润”账户，结转后该账户期末无余额。

3. 应收利息

“应收利息”为资产类科目，核算银行持有的交易性金融资产、持有至到期投资、可供出售金融资产、发放贷款、存放中央银行款项、拆出资金、买入返售金融资产等应收未收的利息。该科目可按借款人或被投资单位进行明细核算。

银行发放的贷款，应于资产负债表日按贷款的合同本金与利率计算确定应收未收利息，借记“应收利息”科目；按贷款的摊余成本和实际利率计算确定利息收入，贷记“利息收入”科目；按其差额，借记或贷记“贷款——利息调整”科目。应收利息实际收到时，借记“吸收存款——活期存款(借款人)”科目，贷记“应收利息”科目。

该账户期末余额在借方，反映商业银行应收而尚未收到的利息。

4. 贷款损失准备

贷款是商业银行的重要的资产，根据《企业会计准则》中不能高估资产的要求，资产负债表日要对资产进行减值准备的计提，为此设置“贷款损失准备”科目，作为“贷款”账户的调整账户。在计提贷款减值时，贷记“贷款损失准备”科目，该账户与“贷款”科目一并归类为资产类科目，按计提贷款损失准备的资产类别进行明细核算。

资产负债表日，贷款发生减值的，按照测算的减值金额，借记“资产减值损失”科目，贷记“贷款损失准备”科目。在发生确实无法收回的贷款时，按照管理权限报经批准后予以核销，核销时应借记“贷款损失准备”科目，贷记“贷款”等资产类科目。已计提贷款损失准备的贷款价值以后又得以恢复以及已计提的贷款损失准备可以转回，可转回至“贷款损失准备”账户，直至余额为零为止。转回时借记“贷款损失准备”科目，贷记“资产减值损失”科目。

该账户期末余额在贷方，反映银行已计提尚未转销的贷款损失准备。

5. 资产减值损失

“资产减值损失”为损益类科目，核算银行已计提各项资产减值准备所形成的损失，该科目按照资产减值损失的项目进行明细核算。

资产负债表日，贷款发生减值的，按照测算的减值金额，借记“资产减值损失”科目，贷记“贷款损失准备”科目。在发生确实无法收回的贷款时，按照管理权限报经批准后予以核销，核销时应借记“贷款损失准备”科目，贷记“贷款”等资产类科目。已计提贷款损失准备的贷款价值以后又得以恢复，已计提的贷款损失准备可以转回，可转回至“贷款损失准备”账户余额为零为止。转回时借记“贷款损失准备”科目，贷记“资产减值损失”科目。

期末，应将该账户余额转入“本年利润”账户，结转后该账户无余额。

第二节　贷款业务的核算

一、信用贷款的核算

信用贷款是银行完全凭借客户的信誉而无须提供抵押物或第三者担保而发放的贷款。这类贷款从理论上讲风险较大，银行通常收取较高的利息。信用贷款需要逐笔申请，逐笔立据审核，确定期限，到期归还。

1. 信用贷款的发放

申请人借款时，应向银行信贷部门提交贷款申请书，经银行信贷部门审核批准后，双方签订借款合同，约定贷款的金额、利率、期限、用途及违约责任等。借款合同签订后，当借款人需要用款时，由借款人填写一式五联借款凭证，送信贷部门审批。信贷部门审批并签署意见后，送银行会计部门办理贷款手续。

银行会计部门收到上列借款凭证后，应认真审查：借款凭证各栏填写是否正确、完整，大小写金额是否一致，印章是否齐全，预留银行印鉴是否相符，印鉴与借款单位名称是否一致，有无信贷部门和有权审批人员的签章。经审查无误后，编列贷款账户，打印贷转存凭证，并由借款人在贷转存凭证上签章。以借款凭证第一联、第二联代转账借方、贷方传票办理转账。会计分录为：

借：贷款——××贷款(本金)——××户(贷款合同规定的本金)

　　贷：吸收存款——借款人存款户(银行实际支付的金额)

　　借或贷：贷款——××贷款——××户(利息调整)

按当前市场条件发放的贷款，应将发放贷款的本金和相关交易费用之和作为初始确认金额。

2. 资产负债表日计提利息

资产负债表日，银行应按贷款的合同本金和合同利率计算确定应收未收的利息，借记"应收利息"科目；按贷款的摊余成本和实际利率计算确定利息收入，贷记"利息收入"科目，差额计入利息调整。合同利率与实际利率差异较小的，也可以采用合同利率计算确定利息收入。采用实际利率法，实际上是通过差异摊销对贷款的名义利息进行调整。会计分录为：

借：应收利息——××贷款应收利息——××户

　　贷：利息收入——××贷款利息收入

　　借或贷：贷款——××贷款——××户(利息调整)

【例 3－1】 2012 年 11 月 10 日，HSCB 银行黄山路支行向其开户单位华夏燃气公司发放 1 年期信用贷款，贷款合同本金 100 万元，合同年利率 10%，每季度结息一次，并于 2013 年 11 月 10 日到期收回本金。假定实际利率与合同利率差异较小。账务处理如下：

● 2012 年 11 月 10 日，发放贷款。办理贷转存手续。

借：贷款——信用贷款——华夏燃气公司　　1 000 000

　　贷：吸收存款——单位活期存款——华夏燃气公司　　1 000 000

● 2012 年 11 月 30 日，确认利息收入。

本期利息收入＝1 000 000×20×10%÷360＝5 555.56(元)

借：应收利息——信用贷款应收利息——华夏燃气公司　　5 555.56

　　贷：利息收入——信用贷款利息收入　　5 555.56

● 2012 年 12 月 1 日—2013 年 10 月 31 日，每月月末确认利息收入。

利息收入＝1 000 000×1×10%÷12＝8 333.33(元)

借：应收利息——信用贷款应收利息——华夏燃气公司　　8 333.33

　　贷：利息收入——信用贷款利息收入　　8 333.33

其中，2012 年 12 月 21 日收取利息。

应收的利息＝1 000 000×40×10％÷360＝11 111.11（元）

借：吸收存款——单位活期存款——华夏燃气公司　　11 111.11

　　贷：应收利息——信用贷款应收利息——华夏燃气公司　　11 111.11

● 2013 年 3 月 21 日收取利息。

应收的利息＝1 000 000×90×10％÷360＝25 000（元）

借：吸收存款——单位活期存款——华夏燃气公司　　25 000

　　贷：应收利息——信用贷款应收利息——华夏燃气公司　　25 000

● 2013 年 6 月 21 日收取利息。

应收的利息＝1 000 000×92×10％÷360＝25 555.56（元）

借：吸收存款——单位活期存款——华夏燃气公司　　25 555.56

　　贷：应收利息——信用贷款应收利息——华夏燃气公司　　25 555.56

● 2013 年 9 月 21 日收取利息。

应收的利息＝1 000 000×92×10％÷360－25 555.56（元）

借：吸收存款——单位活期存款——华夏燃气公司　　25 555.56

　　贷：应收利息——信用贷款应收利息——华夏燃气公司　　25 555.56

注意：2013 年 11 月 10 日贷款到期时还应补收利息：

100 000－11 111.11－25 000－25 555.56－25 555.56＝12 777.77((元)

3. 信用贷款的收回

银行会计部门应经常查看贷款借据的到期情况，在贷款即将到期时，与信贷部门联系，通常提前 3 天通知借款单位准备还款资金，以便贷款到期时归还贷款。贷款到期时，可能是由借款人主动归还，也可能是由银行主动扣收，视不同情况办理。

(1)借款单位主动归还到期贷款

借款人是本行的存款单位，在到期主动归还贷款时，应签发转账支票及填制一式四联的还款凭证提交银行，银行收到借款单位签发的转账支票及填制的一式四联贷款还款凭证后，应与贷款账簿进行核对，抽出留存的到期卡，核对无误后，于贷款到期日办理收回贷款的转账手续。在到期日转账时，应认真核对支票的印鉴，查看借款单位存款账户是否有足够的余额等，以转账支票作为借方凭证（还款凭证第一联作附件），以还款凭证第二联作贷方传票。同时，系统自动将到期日应收利息的应有余额与现有余额进行比较，并将差额部分予以补提。

① 补提利息时：

借：应收利息——××贷款应收利息——××户

　借或贷：贷款——××贷款——××户（利息调整）

　贷：利息收入——××贷款利息收入

② 收回本息时：

借：吸收存款——××存款——××户

　贷：应收利息——××贷款应收利息——××户

　　贷款——××贷款（本金）——××户（本金）

转账后，会计部门将第三联还款凭证送交信贷部门核销原放款记录。第四联作回单退还借款人，原保管的第五联借款凭证加盖"注销"戳记退还借款人。若借款属分次归还应在原借据上做分次还款的记录。

（2）银行主动扣收到期贷款

贷款到期，借款人未能主动归还贷款，而其存款账户的余额又足够还款时，会计部门征得信贷部门的同意，并由信贷部门出具"贷款收回通知书"，会计部门可以填制两联特种转账借方传票和一联特种转账贷方传票，据以办理转账。同时，系统自动将到期日应收利息的应有余额与现有余额进行比较，并将差额部分予以补提。会计分录同借款人主动归还贷款。

（3）贷款展期

借款人因故不能按期归还贷款时，短期贷款必须在到期日以前，中长期贷款必须在到期日 1 个月前，由借款人填写一式三联"贷款展期申请书"，向信贷部门提出展期申请。但每笔贷款只能展期一次，短期贷款展期不能超过原贷期，中长期贷款展期不能超过原期限的一半，最长不得超过 3 年。对于展期贷款，全部以展期之日公告的贷款利率为计息利率。展期申请经银行信贷部门审查同意后，在展期申请书上签注意见，一联留存备查，其余两联作贷款展期通知交于会计部门办理贷款展期手续。

（4）逾期贷款

贷款到期，借款单位事先未向银行申请办理展期手续，或申请展期未获批准，或已经办理展期但展期到期日仍未归还贷款的，即为逾期贷款。银行应将逾期贷款转入该单位逾期贷款账户。会计部门与信贷部门联系后，根据原借据，分别编制特种转账借方传票和特种转账贷方传票各两联，凭特种转账借方和贷方传票各一联办理转账。会计分录为：

借：贷款——逾期贷款——××户

贷：贷款——信用贷款——××户

转账之后，再将另外两联转账借方传票、贷方传票作为收款、支付通知，加盖转讫章和经办人名章后交借款单位。同时，在原借据上批注"××××年××月××日转入逾期贷款"字样后，另行保管。等借款单位存款账户有款支付时，一次或分次扣收，并从逾期之日起至款项还清前一日止，除按规定利率计息外，还应按实际逾期天数和中国人民银行规定的罚息率计收罚息。逾期贷款利息的计算公式为：

逾期贷款利息＝逾期贷款本金×逾期天数×规定的利率×(1＋罚息率)

【例 3－2】 2015 年 12 月 31 日，HSCB 银行黄山路支行向其开户单位天一公司发放 1 年期贷款，贷款合同本金 100 万元，合同年利率 12%，到期一次还本付息，并于 2016 年 12 月 31 日收回本金和利息。HSCB 银行黄山路支行于每月月末计提利息。假设不考虑其他因素。

贷款初始确认金额＝1 000 000(元)。

设贷款的实际利率为 IRR，则

$$1\,000\,000=\frac{1\,000\,000\times(1+12\%)}{(1+IRR)^{12}}$$

$$IRR=0.9\,489\%$$

由计算结果可知，实际月利率与合同月利率不相等。采用实际利率法计算利息收入和贷款摊余成本，如表 3－1 所示。

表 3－1 实际利率法计算利息收入和贷款摊余成本表 单位：元

时　间	期初摊余成本 ①	利息收入 ②＝①×0.9 489%	现金流入 ③	期末摊余成本 ④＝①＋②－③	利息调整
2016.1.31	100 000	9 489	0	1 009 489	贷 511
2016.2.29	1 009 489	9 579	0	1 019 068	贷 421
2016.3.31	1 019 068	9 670	0	1 028 738	贷 330
2016.4.30	1 028 738	9 761	0	1 038 499	贷 239
2016.5.31	1 038 499	9 854	0	1 048 353	贷 146
2016.6.30	1 048 353	9 948	0	1 058 301	贷 52

（续表）

时　间	期初摊余成本 ①	利息收入 ②＝①×0.9 489％	现金流入 ③	期末摊余成本 ④＝①＋②－③	利息调整
2016.7.31	1 058 301	10 042	0	1 068 343	借 42
2016.8.31	1 068 343	10 137	0	1 078 480	借 137
2016.9.30	1 078 480	10 233	0	1 088 713	借 233
2016.10.31	1 088 713	10 331	0	1 099 044	借 331
2016.11.30	1 099 044	10 429	0	1 109 473	借 429
2016.12.31	1 109 473	10 527	1 120 000	0	借 527
合　计	—	120 000	1 120 000	—	余额 0

根据表3-1的数据，HSCB银行黄山路支行编制会计分录为：

● 2015年12月31日，发放贷款时。

借：贷款——信用存款——天一公司　　1 000 000

　　贷：吸收存款——单位活期存款——天一公司　　1 000 000

● 2016年1月31日，计提利息时。

借：应收利息——信用贷款应收利息——天一公司　　10 000

　　贷：利息收入——信用贷款利息收入　　9 489

　　　　贷款——信用贷款——天一公司（利息调整）　　511

● 2016年2月29日，计提利息时。

借：应收利息——信用贷款应收利息——天一公司　　10 000

　　贷：利息收入——信用贷款利息收入　　9 579

　　　　贷款——信用贷款——天一公司（利息调整）　　421

● 2016年3月31日、2016年4月30日、…、2016年11月30日，会计分录略。

● 2016年1月31日，计提利息。

借：应收利息——信用贷款应收利息——天一公司　　10 000

　　贷款——信用贷款——天一公司（利息调整）　　527

　　贷：利息收入——信用贷款利息收入　　10 527

● 2016年12月31日，到期收回本息。

借：吸收存款——单位活期存款——天一公司　　1 120 000

　　贷：贷款——信用贷款——天一公司　　1 000 000

应收利息——信用贷款应付利息——天一公司　　　　120 000

二、担保贷款的核算

担保贷款按照其担保形式的不同，可以分为保证贷款、抵押贷款、质押贷款。担保贷款到期，若借款人不能按期归还贷款本息，应由担保人履行偿还本息责任或以财产拍卖、变卖的价款偿还贷款本息。

1. 保证贷款

借款人申请保证贷款，应提交申请书和银行要求的其他相关资料，同时向银行提供保证人情况以及保证人同意保证的有关证明文件，保证人承担了保证偿还借款的责任后，还应开具"贷款担保意向书"。

银行信贷部门要对保证人的资格和经济担保能力进行认真的审核。重点审核保证人的法人资格、经济效益和信用履历情况，从而避免因保证人无力担保或无力承担担保责任而使贷款产生损失。审核符合放贷要求后，银行和借款人(被担保人)、担保人三方签订借款合同、担保合同，明确各方责任。

保证贷款贷出后，银行和保证人应共同监督借款人按合同规定使用贷款和按期偿还贷款本息。贷款到期后，如果借款人按期还本付息，借款合同和担保合同随即解除。若借款人无力偿还贷款本息，银行可以通知保证人代偿。保证贷款的发放和收回的核算手续与信用贷款基本相同。

2. 抵押贷款

借款人申请抵押贷款，应以借款人或第三人的财产作抵押。

(1)抵押物的种类

按照《中华人民共和国担保法》的规定，可以充当抵押物的必须是借款人所有的、有价值的、可保存的、易变现的财产，主要有：抵押人所有的房屋及其地上附着物；抵押人所有的机器、交通运输工具和其他财产；抵押人依法有处分权的国有土地使用权、房屋和其他地上附着物；抵押人依法有处置权的国有机器、交通运输工具和其他财产；抵押人依法承包并经发包人同意抵押的荒山、荒沟、荒丘、荒滩等荒地的土地使用权；依法可以抵押的其他财产。

借款人可以以其中一种、几种或全部财产做抵押。但是，土地所有权、集体所有的土地使用权、公益单位的社会公益设施、所有权或者使用权不明或有争议以及被查封、扣押、监管的财产不能作为抵押物。

(2)抵押贷款的申请和审批

抵押贷款由借款人向银行提出申请，并向银行提供以下资料：借款人的法人资格证明；抵押物清单及符合法律规定的所有权证明；需要审查的其他资料。收取抵债资产应当按照规定确定接收价格，核实产权。银行收到借款申请后要对贷款人的资格、贷款目的和抵押物进行审查。审批同意后签订抵押借款合同，按照抵押物价值的50%～70%发放贷款，即

贷款额度=抵押物作价金额×抵押率

每笔贷款抵押率的高低要根据具体情况确定，综合考虑贷款风险、借款人的信用和抵押物的性质等因素进行确定。

(3)抵押物的保管

抵押合同签订和贷款发放后，抵押物依据合同规定移交给债权银行。动产抵押中体积小而金额高的抵押物一般由银行保管。对于保管技术性强的抵押物，也可以委托第三方保管。办理抵押贷款的各种费用由借款人承担。对于抵押品，银行应签发"抵押品代保管凭证"一式两联，一联交借款人，另一联由银行留存。然后登记表外科目，即

收：抵押(代保管)有价物品——××户(评估价)

(4)抵押贷款的发放和收回

① 借款人申请抵押贷款时，由信贷部门根据确定的贷款额度，填写一式五联的借款凭证，签字后加盖借款人预留印鉴，经信贷部门有关人员审批后，与抵押贷款有关单证一并送交会计部门。会计部门收到信贷部门转来的有关单证，经审查无误后，根据有关规定及借款人的要求办理转账。会计分录为：

借：贷款——抵押贷款——××户(合同本金)
　　贷：吸收存款——单位活期存款——××户(实际支付的金额)
　　借或贷：贷款——抵押贷款——××户(利息调整)(借贷方差额)

② 资产负债表日计提利息时，按照合同本金和合同利率计算应收利息，按照摊余成本和实际利率计算利息收入，差额计入利息调整。会计分录为：

借：应收利息——抵押贷款应收利息——××户
　　借或贷：贷款——抵押贷款——××户(利息调整)
　　贷：利息收入——抵押贷款利息收入

③ 抵押贷款到期，借款人应主动提交还款凭证，连同银行出具的抵押品代保管凭证提交银行，银行审核无误后进行贷款收回处理，办理手续和核算与信用贷款基本相同。同时，贷款结清后，银行销记表外科目，原抵押申请书作为表外科目付出传票的附件，即

付：抵押(代保管)有价物品——××户(评估价)

若贷款逾期1个月，借款单位仍无法归还贷款本息的，银行有权依据已签订的借款合同，依法处理抵押品。当然，贷款人在处置抵押权时，不得损害抵押人的合法权益。

抵押品处置主要有两种方式：作价入账和出售。

④ 将抵押品作价入账。贷款人将抵押品作价入账时,应按抵押品公允价值入账。贷款本息的账面余额与抵押品公允价值之间的差额冲减贷款损失准备金,贷款损失准备金不足以冲减的部分计入当期损益。会计分录为:

借:固定资产——××户(公允价值)

　贷款损失准备

　坏账准备

　营业外支出

　贷:贷款——抵押贷款——逾期贷款——××户

　　应收利息——抵押贷款应收利息——××户

同时,销记表外科目,原抵押申请书作为表外科目付出传票的附件,即

付:抵押(代保管)有价物品——××户(评估价)

⑤ 出售抵押品。贷款人按规定拍卖借款人抵押品时,应以拍卖所得净收入抵补抵押贷款本息,净收入是指扣除拍卖中各项税费以后的剩余。

若拍卖所得净收入高于贷款本息之和,应向原借款人支付超出部分价款。会计分录为:

借:吸收存款——单位活期存款——××户(买方)

　贷:贷款——抵押贷款——逾期贷款——××户(借款人)

　　应收利息——抵押贷款应收利息——××户(合同利息)

　　利息收入——抵押贷款利息收入(逾期利息)

　　吸收存款——单位活期存款——××户(借款人)

同时,销记表外科目,原抵押申请书作为表外科目付出传票的附件,即

付:抵押(代保管)有价物品——××户(评估价)

若净收入低于贷款本息但高于贷款本金,其低于的部分利息应进行坏账冲减,不再有罚息,会计分录为:

借:吸收存款——单位活期存款——××户(买方)

　坏账准备

　贷:贷款——抵押贷款——逾期贷款——××户(借款人)

　　应收利息——抵押贷款应收利息——××户(合同利息)

同时,销记表外科目,原抵押申请书作为表外科目付出传票的附件,即

付:抵押(代保管)有价物品——××户(评估价)

若收入小于本金,则本金损失的部分作为坏账由"贷款损失准备"予以冲销,贷款合同利息部分由"坏账准备"全部予以冲销,不再有罚息,会计分录为:

借:吸收存款——单位活期存款——××户(买方)

贷款损失准备

贷:贷款——抵押贷款——逾期贷款——××户(借款人)

同时,冲销贷款利息,会计分录为:

借:坏账准备

贷:应收利息——抵押贷款应收利息——××户(合同利息)

然后,销记表外科目,原抵押申请书作为表外科目付出传票的附件,即

付:抵押(代保管)有价物品——××户(评估价)

【例3-3】 新华实业有限公司因业务经营需要向CCB银行长江路支行提交有关产权证明,申请短期贷款。资料显示,新华实业有限公司是以一处临街经营中的三层商业楼作抵押,拟申请贷款金额为80 000 000元,期限为1年。CCB银行长江路支行受理业务后委托评估机构对商业楼进行了价值评估,认定其市值为1.5亿元,经市行审批同意为其足额发放贷款,CCB银行长江路支行遂予2013年5月3日为其发放1年期短期贷款80 000 000元,年利率为6%,利随本清。

● 2013年5月3日,发放贷款。

借:贷款——抵押贷款——新华实业有限公司　　80 000 000

贷:吸收存款——单位活期存款——新华实业有限公司　　80 000 000

同时,根据有关凭证登记表外科目。

收入:抵押(代保管)有价物品——新华实业有限公司商业楼　　150 000 000

● 2014年5月3日,贷款到期银行按时收回贷款本息。

$$应收利息=80\ 000\ 000\times 6\%=4\ 800\ 000(元)$$

借:吸收存款——单位活期存款——新华实业有限公司　　84 800 000

贷:贷款——抵押贷款——新华实业有限公司　　80 000 000

应收利息——抵押贷款应收利息　　4 800 000

同时,销记表外科目,原抵押申请书作为表外科目付出传票的附件,即

付:抵押(代保管)有价物品——新华实业有限公司商业楼　　150 000 000

【例3-4】 沿用例3-3资料,假设贷款到期,因新华实业有限公司出现了重大变故,已无力按期偿还贷款本息,虽经银行多次催要无果,银行遂按规定在当地媒体发布公告,对新华实业有限公司商业大楼进行公开拍卖,在贷款逾期2个月时由在该行开户的中央百货公司购得,扣除税费后拍卖净额为1.2亿元。假设本金逾期利息为合同利率加成40%。

● 2014 年 5 月 3 日，贷款逾期。

借：贷款——抵押贷款——逾期贷款——新华实业有限公司　　80 000 000

　贷：贷款——抵押贷款——新华实业有限公司　　80 000 000

借：应收利息——抵押贷款应收利息　　4 800 000

　贷：利息收入——抵押贷款利息收入　　4 800 000

● 2014 年 7 月 3 日，拍卖。

逾期本金利息＝80 000 000×2×6％×(1＋40％)÷12＝1 120 000(元)

借：吸收存款——单位活期存款——中央百货公司　　120 000 000

　贷：贷款——逾期贷款——新华实业有限公司　　80 000 000

　　应收利息——抵押贷款应收利息(合同利息)　　4 800 000

　　利息收入——抵押贷款利息收入(逾期利息)　　1 120 000

　　吸收存款——单位活期存款——新华实业有限公司　　34 080 000

同时，协助中央百货公司办理抵押品过户，即：

付：抵押(代保管)有价物品——新华实业有限公司商业楼　　150 000 000

3. 质押贷款

质押贷款的发放以质押物为基础，质押物可以是动产，也可以是财产权利。以动产作质押的，必须将动产移交给发放贷款的银行占有，并签订质押合同。可以作为质押物的动产和财产权利包括汇票、支票、本票、债券、存款单、仓单、提单、可以转让的股份、股票、依法可以转让的商标专用权、专利权、著作权中的财产权等。以汇票、支票、本票、债券、存款单、仓单、提单作为质押物的，应当在合同约定的期限内将权利凭证交付给发放贷款的银行；以可以转让的股份、股票作为质押物的，应向证券登记机构办理出质登记；依法可以转让的商标专用权、专利权、著作权中的财产权，应向出质人的管理机构办理出质登记。

质押贷款的发放和回收与抵押贷款基本相同。贷款到期不能收回时，贷款人可以以所得质押物的价款偿还贷款本息和其他相关费用。

三、贷款计息规定与计息方式

1. 计息规定

① 银行发放贷款的合同利率，应根据中国人民银行规定的利率及浮动幅度加以确定。

② 银行发放的贷款期限在一年以内的，贷款期限内按合同利率计息，遇利率调整，不分段计息。

③ 银行发放贷款期限在一年以上，遇利率调整，从新年度开始按调整后的利率计息。

④ 银行发放的贷款，到期日为节假日，若在节假日前一日归还，应在扣除归还日至到期日的天数后，按前述规定的利率计算利息；节假日后第一个工作日归还，应加收到期日至归还日的天数，按前述规定的利率计算利息；节假日后第一个工作日未归还，应从节假日后第一个工作日开始按逾期贷款利率计算利息。

2. 计息方式

① 定期结息。定期结息即按规定的结息期结计利息，可以按月结息，也可以按季结息。按季结息的每季度末月 20 为结息日，结计的利息于次日办理转账。利息计算可采用余额表计息法或分户账上按实际天数，计算累计计息积数，再乘以日利率，得到当期利息，其计算方法同活期存款计息法。

② 利随本清，又叫逐笔结息法，是指银行按规定的贷款期限，在收回贷款的同时一次性计收贷款利息。贷款整年按年利率计算，满月按月利率计算，零头天数按日利率计算，整年按 360 天计算，满月按 30 天计算，零头按实际天数计算，“算头不算尾”，计算公式为：

利息＝本金×时期(年或月)×年或月利率

利息＝本金×时期(天数)×日利率

四、贷款损失准备的核算

1. 贷款损失准备的种类和计提方法

为了提高银行抵御风险的能力，根据《金融企业会计制度》的规定，要求商业银行在期末分析各项贷款的可收回性并预计可能产生的贷款损失，计提贷款损失准备。贷款损失准备的计提范围为承担风险和损失的资产，包括贷款(含抵押、质押、保证等贷款)、银行卡透支、贴现、银行承兑汇票垫款、信用证垫款、担保垫款、进出口押汇、拆出资金等。银行不承担风险和还款责任的委托贷款不计提贷款损失准备。

银行应当按照谨慎性原则，合理估计贷款可能发生的损失，及时计提贷款损失准备。贷款损失准备应根据借款人的还款能力、贷款本息的偿还情况、抵押品的市价、担保人的支持力度以及银行内部信贷管理情况等因素，分析贷款的风险和回收的可能性，合理提取。

(1)贷款损失准备的种类

贷款损失准备包括一般准备、专项准备和特种准备。一般准备是根据全部贷款余额的一定比例计提的、用于弥补尚未识别的可能性损失准备；专项准备是指根据《贷款风险分类指导原则》，对贷款进行风险分类后，按每笔贷款损失的程度计提的用于弥补专项损失的准备；特种准备是指针对某一国家、地区、行业或某一类贷款风险计提的准备。

(2)贷款损失准备的计提方法

贷款损失准备由银行总行统一计提。专项准备金按照贷款五级分类的结果提取，每类贷款的提取比率由银行自主决定。中国人民银行发布的《贷款损失准备金计提指引》对不同类型贷款损失准备的计提提出了以下参考比例：

① 银行应按季计提一般准备，一般准备年末余额应不低于年末贷款余额的1%。

② 对于关注类贷款，专项准备计提比例为2%；对于次级类贷款，专项准备计提比例为25%；对于可疑类贷款，专项准备计提比例为50%；对于损失类贷款，专项准备计提比例为100%。其中，次级类和可疑类贷款损失的专项准备计提比例可以上下浮动20%。

③ 特种准备由银行根据不同国别或不同行业贷款的特殊风险情况、风险损失概率及历史经验，自行确定、按季计提比例。

④ 上市银行执行2006年2月15日发布的新会计准则后，需要根据未来现金流量贴现值与贷款账面余额进行对比提取贷款损失准备。

2. 贷款损失准备的核算

(1)一般准备金的提取

银行根据应提取贷款损失准备金的贷款期末余额和规定的比例，计算一般准备金的期末余额，并与现有一般准备金的余额进行比较(或者按照现金流量贴现法提取贷款损失准备)。如果现有余额不足，应按照差额补提一般准备金。会计分录为：

借：利润分配——提取一般准备金

　　贷：贷款损失准备——一般准备金(或一般风险准备)。

如果原有余额高于本期末应有余额，则应按照差额冲减，会计分录与补提时相反。

(2)专项准备金的提取

银行在会计期期末，按照贷款五级分类结果和制定的提取比例，计算本期专项准备金的应有余额，与期末现有余额进行比较。如果现有余额不足，应按照差额补提专项准备金。会计分录为：

借：资产减值损失

　　贷：贷款损失准备——专项准备金

如果原有余额高于本期末应有余额，则应按照差额冲减，账务处理与补提时相反。

【例3-5】 某银行2013年末计提的贷款损失准备金。贷款余额为550 000万元，分类如下：正常贷款550 000万元，关注贷款12 000万元，次级贷款5 000万元，可疑贷款4 000万元，损失贷款2 000万元。按照贷款余额1%提取一般准备，按照专项贷款余额的比例计提专项准备。年末一般准备账面余额为5 200万元，专项准备余额为7 820万元。

要求：按比例计算年末应提取一般准备和专项准备的数额；计算应该调整贷款损失准备的数额并做出提取贷款损失准备的账务处理（以万元为单位）。

● 一般准备金的提取。

年末应提取的一般准备＝550 000×1％＝5 500（万元）。

调整提取的一般准备＝5 500－5 200＝300（万元）（调整增加）。

借：利润分配——提取一般准备金　　300

　贷：贷款损失准备——一般准备金　　300

● 专项准备金的提取。

年末应提取的专项准备＝12 000×2％＋5 000×25％＋4 000×50％＋2 000×100％＝5 490（万元）。

调整提取专项准备＝5 490－7 820＝－2 330（万元）（调整减少）。

借：资产减值损失　　－2 330

　贷：贷款损失准备——专项准备金　　－2 330

3. 贷款发生减值的核算

① 资产负债表日，银行确定贷款发生减值的，应将贷款的账面价值减记至预计未来现金流量（不包括尚未发生的未来信用损失）现值，减记的金额确认为资产减值损失，计入当期损益。会计分录为：

借：资产减值损失——贷款准备支出

　贷：贷款损失准备

同时，将“贷款（本金、利息调整）”科目的余额转入“贷款（已减值）”科目。会计分录为：

借：贷款——××贷款——××户（已减值）

　贷：贷款——××贷款——××户（本金）　　（账面余额）

　　贷款——××贷款——××户（利息调整）　　（账面余额）

② 资产负债表日，对于已减值的贷款，应按其摊余成本和实际利率计算由于折现价值上升需要转回的减值准备，确认利息收入。会计分录为：

借：资产损失准备——贷款准备支出

　贷：利息收入——××贷款利息收入

③ 已计提贷款损失准备的贷款，如有客观证据表明该贷款的价值已恢复，且客观上与确认该减值损失后发生的事项有关（如债务人的信用等级已提高等），应在原已计提的贷款损失准备金额内，按恢复增加的金额，借记“贷款损失准备”，贷记“资产减值损失”。

④ 收回减值贷款时，会计分录为：

借：吸收存款——××存款——××户　　（实际收到的金额）
　贷款损失准备　　（账面余额）
　贷：贷款——××贷款——××户（已减值）　　（账面余额）
　　资产减值损失——贷款准备支出　　（借贷方差额）

4. 呆账贷款的核销

按照《贷款通则》的规定，凡符合下列条件之一的，可以确认为呆账：

① 借款人和担保人依法宣告破产，进行清偿后未能还清的贷款。

② 借款人死亡或者依照《中华人民共和国民法通则》的规定，宣告失踪或宣告死亡，以其财产或者遗产清偿后未能还清的贷款。

③ 借款人遭到重大自然灾害或意外事故，损失巨大且不能获得保险补偿，确定无力偿还的部分或全部贷款，或者以保险清偿后未能还清的贷款。

④ 贷款人依法处置贷款抵押物、质押物，所得价款不足以补偿抵押、质押贷款的部分。

⑤ 经国务院专案批准核销的贷款。

会计部门收到业务部门提交的贷款核销批复等资料，在审核无误后进行账务处理。

借：贷款损失准备——专项准备金
　贷：贷款——呆账贷款——××户（已减值）

已经核销的呆账贷款，银行应贯彻“账销实存”的原则，保留对贷款的追索权。如果以后又收回，银行应通过“贷款损失准备——专项准备金”科目进行核算，会计分录为：

借：贷款——呆账贷款——××户（已减值）
　贷：贷款损失准备——专项准备金

收到贷款，会计分录为：

借：吸收存款——××存款——××户　　（实际收到的金额）
　贷款损失准备　　（账面余额）
　贷：贷款——××贷款——××户（已减值）　　（账面余额）
　　资产减值损失——贷款准备支出　　（借贷方差额）

第三节　票据贴现业务的核算

一、票据贴现的含义

票据贴现亦称贴现贷款，是指持票人为取得资金而向商业银行贴付利息，转让未到期商业汇票的行为。票据贴现既是商业银行发放贷款的一种方式，也是商业信用与银

行信用相结合的融资手段。

商业汇票的贴现必须具备以下条件:在银行开立存款账户的企业法人及其他组织,与出票人或直接前手有真实的商品贸易关系,提供与其直接前手交易的增值税专用发票与发运单据的复印件。除另有规定外,商业票据的贴现银行必须是贴现申请人的开户银行。

票据贴现与一般贷款有如下几方面不同:①资金投放的对象不同。贴现贷款以持票人(债权人)为放款对象;一般贷款以借款人(债务人)为对象。②信用关系不同。贴现贷款体现的是银行与持票人、出票人、承兑人及背书人之间的信用关系;一般贷款体现的是银行与借款人、担保人之间的信用关系。③利息计收顺序不同。贴现贷款在放款时扣收利息,即利息先付;一般贷款人则是到期或定期计收利息,即利息后付。④资金的流动性不同。贴现贷款可以通过转贴现和再贴现提前收回资金;一般贷款只有到期才能收回。

二、票据贴现的核算

1. 商业汇票的贴现核算

商业汇票持有人向开户银行申请贴现时,应填制一式五联的贴现凭证。第一联作贴现借方凭证,第二联作收款户的贷方凭证,第三联作利息收入的贷方凭证,第四联作收账通知,第五联作票据贴现到期卡。持票人在第一联上加盖预留印鉴后,连同汇票送交银行信贷部门。银行信贷部门对持票人、贴现凭证和贴现票据等进行审查,若符合贴现条件,应在贴现凭证"银行审批"栏签注"同意"字样,并加盖有关人员印章后送交会计部门。

会计部门接到汇票和贴现凭证后,审查汇票是否真实、内容填写是否完整,还应审查贴现凭证与汇票是否相符。经审核无误后,按规定的贴现利率计算贴现利息和实付贴现金额,其计算公式为:

汇票到期值=汇票票面金额×(1+汇票到期天数×年利率÷360)

=汇票票面金额×(1+汇票到期月数×年利率÷12)

贴现利息=汇票到期值×贴现天数×年贴现率÷360

=汇票到期值×贴现天数×月贴现率÷12

实付贴现金额=汇票到期值-贴现利息

其中:贴现天数从贴现之日起至汇票到期日止,算头不算尾。异地贴现再加3天。

计算完毕后,将贴现利息和实付贴现金额填写在贴现凭证的相应栏后,以贴现凭证第一联作转账借方传票,第二联、第三联作转账贷方传票,办理转账。会计分录为:

借:贴现资产——××汇票贴现——××户(面值)　　　　　(贴现票面金额)

　贷:吸收存款——单位活期存款——××贴现申请人　　　　(实际支付的金额)

　　贴现资产——××汇票贴现——××户(利息调整)　　　　(借贷方差额)

2. 贴现利息调整摊销的核算

贴现利息调整采用直线法于每月月末进行摊销,计算公式为:

当月摊销额=贴现利息÷票据贴现天数×本月应摊销天数

资产负债表日和到期收回日,系统自动计算本期贴现利息调整应摊销的金额,确认为贴现利息收入。会计分录为:

借:贴现资产——××汇票贴现——××户(利息调整)

　贷:利息收入——汇票贴现利息收入

3. 贴现汇票到期收回票款的核算

(1)商业承兑汇票贴现到期收回的核算

商业承兑汇票贴现款的收回通过委托收款方式进行。贴现银行作为收款人,应在贴现汇票到期前匡算至付款行的邮程,提前填制托收凭证,将托收凭证的第三联、第四联、第五联连同汇票一起寄往付款人开户行,第二联专夹保管。

① 付款人开户行的处理。付款人开户行收到托收凭证和汇票后,应于汇票到期日将票款从付款人账户划出。会计分录为:

借:吸收存款——单位活期存款——××付款人

　贷:待清算资金辖内往来、清算资金往来等

若付款人账户无款支付或不足支付,付款人开户行应填制付款人未付款通知书,连同汇票、托收凭证等退回给贴现银行;若付款人拒绝付款,付款人开户行应将拒付理由书、连同汇票、托收凭证等退回给贴现银行。

② 贴现银行的处理。贴现银行收到划回的票款,使用相关交易结清贴现款项,打印记账凭证,贴现凭证第三联和托收凭证第一联、第二联做记账凭证附件。会计分录为:

借:待清算资金辖内往来、清算资金往来产等

　贷:贴现资产——商业承兑汇票贴现——××户(面值)

借:贴现资产——商业承兑汇票贴现——××户(利息调整)

　贷:利息收入——汇票贴现利息收入

当贴现银行收到付款人开户行寄来的未付款通知书或拒付理由书,以及退回的委托收款凭证、汇票时,对已贴现的票款应从贴现申请人账户中收取。会计分录为:

借:吸收存款——单位活期存款——××贴现申请人

　贷:贴现资产——商业承兑汇票贴现——××户(面值)

借：贴现资产——商业承兑汇票贴现——××户（利息调整）

　贷：利息收入——汇票贴现利息收入

若贴现申请人账户余额不足，则不足部分转做“逾期贷款”。会计分录为：

借：吸收存款——单位活期存款——××贴现申请人

　贷款——逾期贷款——××贴现申请人

　贷：贴现资产——商业承兑汇票贴现——××户（面值）

借：贴现资产——商业承兑汇票贴现——××户（利息调整）

　贷：利息收入——汇票贴现利息收入

自转入“逾期贷款”之日起，按每日5‰计收罚息。

（2）银行承兑汇票贴现到期收回的核算

贴现银行应在贴现汇票到期前匡算至付款行的邮程，提前填制托收凭证，将托收凭证的第三联、第四联、第五联连同汇票一起寄往付款人开户行，第二联专夹保管。

① 承兑银行的处理。汇票到期日，承兑银行应向承兑申请人收取票款并专户储存。会计分录为：

借：吸收存款——单位活期存款——××承兑申请人

　贷：吸收存款——应解汇款——××承兑申请人

若承兑申请人账户余额不足，则不足部分转做“逾期贷款”。会计分录为：

借：吸收存款——单位活期存款——××承兑申请人

　贷款——逾期贷款——××承兑申请人

　贷：吸收存款——应解汇款——××承兑申请人

承兑银行收到贴现银行寄来的托收凭证和汇票后，应于汇票到期日或到期日后的见票当日将票款划出。会计分录为：

借：吸收存款——应解汇款——××承兑申请人

　贷：待清算资金辖内往来、清算资金往来产等

② 贴现银行的处理。贴现银行收到划回的票款，使用相关交易结清贴现款项，打印记账凭证，贴现凭证第三联和托收凭证第一联、第二联做记账凭证附件。会计分录为：

借：待清算资金辖内往来、清算资金往来产等

　贷：贴现资产——银行承兑汇票贴现——××户（面值）

借：贴现资产——银行承兑汇票贴现——××户（利息调整）

　贷：利息收入——汇票贴现利息收入

【例3-6】 2016年7月10日山东淄博特种车辆厂持长春一家客户开出的未到期商业汇票到其开户银行——HKB银行申请贴现，票据面额320 000元，票据到期日为11

月4日，经HKB银行信贷部门审核同意办理（假定月贴现率为3‰）。HKB银行办理汇票贴现的会计分录为：

贴现天数：2016年7月10日算至11月4日，再另加3天的划款期，共120天。

贴现利息＝320 000×（117＋3）×3‰÷30＝3 840（元）。

实付贴现金额＝320 000－3 840＝316 160（元）。

借：贴现资产——商业承兑汇票贴现——淄博特种车辆厂（面值）　　320 000

　贷：吸收存款——单位活期存款——淄博特种车辆厂　　316 160

　　贴现资产——商业承兑汇票贴现——淄博特种车辆厂（利息调整）　　3 840

【例3-7】 2016年3月10日，ICBC银行为其开户单位嘉禾公司办理银行承兑汇票贴现，该银行承兑汇票为无息汇票，于2016年3月5日签发并承兑，票面额为100万元，期限4个月。年贴现率为4.5%，承兑银行在异地，ICBC银行到期收回票款。

● ICBC银行办理贴现时：

贴现天数：2016年3月10日算至7月4日，再另加3天的划款期，共120天。

贴现利息＝1 000 000×120×4.5%÷360＝15 000（元）。

实付贴现金额＝1 000 000－15 000＝985 000（元）。

借：贴现资产——银行承兑汇票贴现——嘉禾公司（面值）　　1 000 000

　贷：吸收存款——单位活期存款——嘉禾公司　　985 000

　　贴现资产——银行承兑汇票贴现——嘉禾公司（利息调整）　　15 000

● 2016年3月31日，ICBC银行摊销贴现利息调整时：

当月摊销额＝15 000÷120×22＝2 750（元）。

借：贴现资产——银行承兑汇票贴现——嘉禾公司（利息调整）　　2 750

　贷：利息收入——汇票贴现利息收入　　2 750

● 2016年4月30日，ICBC银行摊销贴现利息调整时：

当月摊销额＝15 000÷120×30＝3 750（元）。

借：贴现资产——银行承兑汇票贴现——嘉禾公司（利息调整）　　3 750

　贷：利息收入——汇票贴现利息收入　　3 750

● 2016年5月31日，ICBC银行摊销贴现利息调整时：

当月摊销额＝15 000÷120×31＝3 850（元）。

借：贴现资产——银行承兑汇票贴现——嘉禾公司（利息调整）　　3 850

　贷：利息收入——汇票贴现利息收入　　3 850

● 2016年6月30日，ICBC银行摊销贴现利息调整时：

当月摊销额＝15 000÷120×30＝3 750（元）。

借:贴现资产——银行承兑汇票贴现——嘉禾公司(利息调整)　　3 750

　贷:利息收入——汇票贴现利息收入　　3 750

● 2016 年 7 月 8 日,ICBC 银行收到划回的票款时:

借:待清算辖内往来　　1 000 000

　贷:贴现资产——银行承兑汇票贴现——嘉禾公司(面值)　　1 000 000

同时,ICBC 银行摊销贴现利息调整:

当月摊销额=15 000÷120×7=875(元)。

借:贴现资产——银行承兑汇票贴现——嘉禾公司(利息调整)　　875

　贷:利息收入——汇票贴现利息收入　　875

第四节　外汇贷款业务的核算

外汇贷款是商业银行外汇资金的主要运用形式。外汇贷款的对象是经国家机关核准登记的企、事业单位和其他经济组织。外汇贷款的使用范围主要包括引进先进技术、进口先进设备和国内短缺原材料,扩大出口商品的生产能力;进口原料、辅助加工出口;交通运输、旅游事业、对外承包工程以及短期周转资金等。外汇贷款按资金来源划分可以分为现汇贷款、贸易融资、买方信贷、银团贷款、外资贷款等多种形式。

本节主要以银行发放的现汇贷款为例,阐述外汇贷款的发放、计息和收回的核算。贸易融资、买方信贷、银团贷款等内容在第六章"支付结算业务的核算"中进行阐述。

现汇贷款是指银行以自主筹集的外汇资金发放的贷款。企业根据业务需要采用信用证、托收或汇款等结算方式在国际市场上采购商品时,可以向银行申请额度内的现汇贷款。现汇贷款到期时,借款单位应以外汇收入或其他外汇偿还现汇贷款的本息。

办理现汇贷款时,借款人与银行应订立借款合同,开立现汇贷款专户以及还本付息专户,并在贷款额度范围内使用该贷款。贷款货币的币种由借款人选择,贷款期限的长短可以根据业务需要而定,贷款利息原则上以原币收取。

现汇贷款的核算主要包括贷款发放、计收利息、到期偿还三个环节,在会计核算中主要通过"短(中)期外汇贷款"科目进行核算。该科目属于资产类,用于核算银行经办的外汇贷款的发放和收回,借方反映贷款的发放和利息转入本金,贷方反映贷款到期收回,余额在借方,表明贷款尚未到期。

一、现汇贷款发放的核算

借款单位申请使用现汇贷款时,应填具借款申请书,并提交其他贷款申请资料以及有关批准文件。经银行信贷部门调查评估并按规定权限审批同意后，双方订立借款合同。根据借款合同在核定的借款额度内，一次或分次使用借款，逐笔订立借据，填具借款凭证，经银行信贷人员及审批人员签章后，交由会计部门进行处理。会计主管人员签字确认后，据以开立外汇贷款账户。银行发放现汇贷款时，需要根据不同情况办理发放手续。

① 直接使用贷款的货币对外付汇时，会计分录为：

借：贷款——短(中)期外汇贷款——××单位　　(外币)

　贷：存放同业或其他有关科目　　(外币)

② 直接转入借款单位的外汇存款账户时，会计分录为：

借：贷款——短(中)期外汇贷款——××单位　　(外币)

　贷：吸收存款——单位活期存款——××单位　　(外币)

③ 借款单位以非贷款的货币对外付汇，则需要根据两种货币之间的套汇业务进行处理。会计分录为：

借：贷款——短(中)期外汇贷款——××单位　　(贷款外币)

　贷：货币兑换——汇买价　　(贷款货币)

借：货币兑换——汇买价　　(本币)

　贷：货币兑换——汇卖价　　(本币)

借：货币兑换——汇卖价　　(非贷款货币)

　贷：存放同业或其他有关科目　　(非贷款货币)

二、现汇贷款利息的核算

现汇贷款的利息计算可以采取浮动利率、固定利率或优惠利率。短期现汇贷款一般采用浮动利率。在浮动期内，借款单位使用贷款发放当天确定的利率保持固定不变，不受市场利率变动的影响；在浮动期后，按浮动利率计息。浮动利率是根据伦敦国际银行同业间拆借利率加上银行管理费用，由总行审定。浮动档次分为1个月浮动、3个月浮动和6个月浮动三种。贷款计息天数按实际天数，算头不算尾。以每月贷款账户余额的累计积数，按当月总行发布的利率计算每月应收利息，计入贷款账户的利息栏内，每季度结息一次，每季末月20日为结息日。结息时，根据应收利息由商业银行填制“外汇贷款结息凭证”，办理转账结息期计收的利息。

(1)资产负债表日计提利息的核算

资产负债表日，商业银行对发放的短期现汇贷款应按规定计提利息。计提时，会计分录为：

借：应收利息——短期现汇贷款应收利息　　(外币)

　贷：利息收入——短期现汇贷款利息收入　　(外币)

(2)结息日结计利息的核算

结息日补提利息的会计分录,与资产负债表日计提利息的会计分录相同。

结息日次日以原币计收利息时,区分下列情况进行处理。

① 借款单位以外汇存款偿还本息,会计分录为:

借:吸收存款——单位活期存款——××单位 (外币)

贷:贷款——短(中)期外汇贷款——××单位 (外币)

应收利息——短期现汇贷款应收利息 (外币)

② 借款单位以人民币偿还本息时,会计分录为:

借:吸收存款——单位活期存款——××单位 (人民币)

贷:货币兑换——汇买价 (人民币)

借:货币兑换——汇买价 (外币)

贷:贷款——短(中)期外汇贷款——××单位 (外币)

应收利息——短期现汇贷款应收利息 (外币)

③ 借款单位还本付息专户无足够余额支付利息,会计分录为:

借:应收利息——短期现汇贷款应收利息 (外币)

贷:利息收入——短期外汇贷款利息收入 (外币)

借款单位付息时,会计分录为:

借:吸收存款——单位活期存款——××单位 (外币)

贷:应收利息——短期现汇贷款应收利息 (外币)

【例 3-8】 某企业 2013 年 3 月 29 日向银行借入一笔金额为 90 万美元,期限为半年的贷款,利率采用 3 个月浮动利率,利息转入贷款本金。借款日美元 3 个月浮动年利率为 6.15%,7 月 25 日美元 3 个月浮动年利率为 6.43%。该企业于贷款到期日从其美元存款账户偿还全部贷款本息(假设不考虑利息调整,资产负债表日不计提利息)。

● 3 月 29 日至 6 月 20 日计算的利息为:

USD 900 000×83×6.15%÷360=US$12 761.25。

6 月 21 日办理利息转账,会计分录为:

借:贷款——短(中)期外汇贷款——××单位 USD 12 761.25

贷:利息收入——短期现汇贷款利息收入 USD 12 761.25

● 9 月 20 日计算利息时,由于利率变化,需分段计息。

6 月 21 日至 7 月 24 日,计算的利息为:

(USD 900 000+USD 12 761.25)×34×6.15%÷360=USD 5 301.62。

7 月 25 日至 9 月 20 日,计算的利息为:

(USD 900 000＋USD 12 761.25)×58×6.43%÷360＝USD 9 455.70。

9月20日利息合计为:USD 5 301.62＋USD 9 455.70＝USD 14 757.32。

9月21日办理利息转账,其会计分录为:

借:贷款——短(中)期外汇贷款——××单位　　USD 14 757.32

　贷:利息收入——短期外汇贷款利息收入　　USD 14 757.32

● 9月29日,补提利息为:

(USD 900 000＋USD 12 761.25＋USD 14 757.32)×8×6.43%÷360＝USD 1 325.32。

收回贷款本息,会计分录为:

借:吸收存款——单位活期存款——××单位　　USD 928 843.89

　贷:贷款——短(中)期外汇贷款——××单位　　USD 927 518.57

　　利息收入——短期现汇贷款利息收入　　USD 1 325.32

三、现汇贷款偿还的核算

借款单位使用现汇贷款必须按期偿还,也可以提前偿还或分批偿还。借款单位在归还贷款时,应填具还款凭证交付商业银行,经银行核对无误后,连同应收利息办理转账。

银行在收回贷款时,按规定计算出利息后,应将最后一个结息日至还款日尚未计收的利息进行补提,然后办理本息收回手续。补提利息的会计分录与资产负债表日计提利息的会计分录相同。收回贷款本息时,区分不同情况进行处理:

● 借款单位用外汇存款偿还贷款本息,会计分录为:

借:吸收存款——单位活期存款——××单位　　(外币)

　贷:贷款——短(中)期外汇贷款——××单位　　(外币)

　　应收利息——短期现汇贷款应收利息　　(外币)

● 借款单位经批准用人民币购买外汇偿还贷款本息,会计分录为:

借:吸收存款——单位活期存款——××单位　　(人民币)

　贷:货币兑换——汇卖价　　(人民币)

借:货币兑换——汇卖价　　(外币)

　贷:贷款——短(中)期外汇贷款——××单位　　(外币)

　　应收利息——短期现汇贷款应收利息　　(外币)

● 借款单位用非原贷款外币存款偿还贷款本息,会计分录为:

借:吸收存款——单位活期存款——××单位　　(还款外币)

　贷:货币兑换——汇买价　　(还款外币)

借:货币兑换——汇买价　　　　(人民币)

　贷:货币兑换——汇卖价　　　　(本币)

借:货币兑换——汇卖价　　　　(贷款外币)

　贷:贷款——短(中)期外汇贷款——××单位　　　　(贷款外币)

　　应收利息——短期现汇贷款应收利息　　　　(贷款外币)

【例3-9】 某进出口公司2016年6月5日向开户银行申请60万美元贷款,期限半年,贷款直接转入该单位外汇活期存款账户,12月5日贷款到期后从该存款账户偿还本息。该笔贷款采用3个月浮动利率,利息按季结计并转入贷款本金。借款日美元3个月浮动利率为5.35%,6月22日调整为5.43%,8月20日调整为4.57%,9月3日调整为5.68%,11月12日调整为5.54%。

开户行编制的会计分录如下:

● 6月5日发放贷款时。

借:贷款——短(中)期外汇贷款——某进出口公司　　　　USD 600 000

　贷:吸收存款——单位活期存款——某进出口公司　　　　USD 600 000

● 6月20日结计利息,计息期为6月5日至6月20日,利率为5.35%。

利息=USD 600 000×16×5.35%÷360=USD 1 426.67。

借:应收利息——短期现汇贷款应收利息　　　　USD 1 426.67

　贷:利息收入——短期现汇贷款利息收入　　　　USD 1 426.67

6月21日将利息转为贷款本金:

借:贷款——短(中)期外汇贷款——某进出口公司　　　　USD 1 426.67

　贷:应收利息——短期现汇贷款应收利息　　　　USD 1 426.67

● 6月30日计提贷款利息。

利息=(USD 600 000+USD 1 426.67)×10×5.35%÷360=USD 893.79。

借:应收利息——短期现汇贷款应收利息　　　　USD 893.79

　贷:利息收入——短期现汇贷款利息收入　　　　USD 893.79

● 7月31日计提贷款利息。

利息=(USD 600 000+USD 1 426.67)×31×5.35%÷360=USD 2 770.74。

会计分录略。

● 8月31日计提贷款利息。

利息=(USD 600 000+USD 1 426.67)×31×5.35%÷360=USD 2 770.74。

会计分录略。

● 9月20日结计利息。由于利率变化,需分段计息。

6月21日至9月4日,适用利率为5.35%。计算的利息为:

利息=(USD 600 000+USD 1 426.67)×76×5.35%÷360=USD 6 792.78。

9月5日至9月20日,适用利率为5.68%。计算的利息为:

利息=(USD 600 000+USD 1 426.67)×16×5.68%÷360=USD 1 518.27

9月20日利息合计为:

利息合计=(USD 6 792.78+USD 1 518.27)=USD 8 311.05。

因此,9月20日先补提利息,补提利息计算为:

补提利息=USD 8 311.05-USD 893.79-USD 2 770.74-USD 2 770.74=USD 1 875.78。

补提利息的会计分录略。

9月21日将利息转为贷款本金。

借:贷款——短(中)期外汇贷款——某进出口公司　　USD 8 311.05

　贷:应收利息——短期现汇贷款应收利息　　USD 8 311.05

● 9月30日计提贷款利息。

利息=(USD 600 000+USD 1 426.67+USD 8 311.05)×10×5.68%÷360=USD 962.03。

会计分录略。

● 10月31日计提贷款利息。

利息=(USD 600 000+USD 1 426.67+USD 8 311.05)×31×5.68%÷360=USD 2 982.29。

会计分录略。

● 11月30日计提贷款利息。

利息=(USD 600 000+USD 1 426.67+USD 8 311.05)×30×5.68%÷360=USD 2 886.09。

会计分录略。

● 12月5日贷款到期。

9月21日至12月4日,适用利率为5.68%。计算的利息为:

利息=(USD 600 000+USD 1 426.67+USD 8 311.05)×75×5.68%÷360=USD 7 215.23。

因此,12月5日先补提利息,补提利息计算为:

补提利息=USD 7 215.23-USD 962.03-USD 2 982.29-USD 2 886.09=USD 384.82。

补提利息的会计分录略。

12月5日，偿还贷款本息：

借：吸收存款——单位活期存款——某进出口公司　　USD 616 952.95

　　贷：贷款——短(中)期外汇贷款——某进出口公司　　USD 609 737.72

　　　　应收利息——短期现汇贷款应收利息　　USD 7 215.23

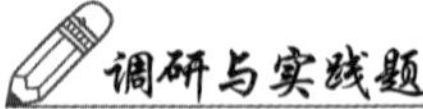

调研与实践题

组织学生调研某一家商业银行贷款业务，对不同的贷款业务进行比较分析，启发学生从中把握商业银行不同贷款业务的账务处理流程。

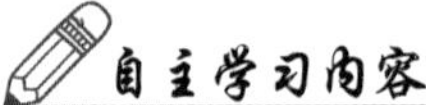

自主学习内容

1. 什么是票据贴现？票据贴现与质押贷款有何不同？
2. 票据贴现息与贴现票据的到期值如何计算？
3. 如何进行票据贴现的账务处理？

复习思考题

1. 银行贷款可以分为哪几类？与票据贴现的区别在哪里？
2. 如何进行贷款的确认与计量？
3. 贷款业务核算的基本原则有哪些？
4. 贷款损失准备有哪几种类型？如何计提不同的贷款损失准备？
5. 什么是呆账？如何核销呆账？
6. 如何计量贷款减值损失？
7. 贷款利息的计算有哪些规定？如何进行核算？
8. 什么叫现汇贷款？现汇贷款的核算包括哪几个环节？如何核算？

账务处理题

1. 20×8年3月1日，某修理厂向开户银行申请信用贷款60 000元，期限6个月，贷款利率4.5%，到期还本付息。经审查后，银行于3月3日发放贷款60 000元。修理厂于20×9年9月1日足额归还银行的贷款本息(假设修理厂采取按月预提利息的方法，且合同利率和实际利率差异较小，采用合同利率计算确定利息收入)。

要求：编制上述业务开户银行的会计分录。

2. 20×9年1月31日，某银行为客户东华科技公司办理票据贴现业务。东华科技公司申请贴现的商业汇票票面金额为1 000万元,6个月后到期。该银行办好贴现业务,将实付贴现金额转入东华科技公司账户。20×9年7月31日贴现汇票到期,该银行收到票款1 000万元。该月贴现率为1.4‰。

要求:编制20×9年1月31日办理贴现、确认各月贴现利息及到期收到款项的会计分录。

3. 20×9年1月3日,ICBC银行花园街支行向其开户单位金鹰集团发放1年期贷款,贷款本金150万元,合同利率5%,按季度收息,并于到期日收回本金。假设不考虑其他因素,而且合同利率和实际利率差异较小。

要求:编制发放贷款、结息日确认利息收入和收取利息以及到期收回本金的会计分录。

4. 20×1年1月1日,ICBC银行向尚品制革有限责任公司发放一笔5年期贷款1 000万元(实际发放给尚品制革有限责任公司的款项为950万),合同利率为10%,利息按年收取,初始确认该贷款时确定的实际利率为10.5%,假设ICBC银行于每年年末计提利息。20×3年12月31日,有客观证据表明,尚品制革有限责任公司发生严重财务困难,ICBC银行据此认定对尚品制革有限责任公司的贷款发生了减值,并预期20×4年12月31日将收到利息100万,20×5年12月31日将收到本金500万。

要求:计算贷款减值损失,编制贷款发放、计提利息以及收回本息的会计分录。

5. 20×9年3月10日,开户单位先锋公司持带息商业承兑汇票到ICBC银行××分行申请办理贴现,该商业承兑汇票于20×9年3月5日签发并承兑,期限4个月,票面金额100万元,票面利率3%,贴现利率4.5%。付款人开户行在异地,20×9年7月8日,ICBC银行××分行收到付款人开户行寄来的付款人未付款项通知书以及退回的托收凭证、汇票。从申请贴现人先锋公司账户收取票款,但先锋公司账户上只有60万元。

要求:编制ICBC银行××分行办理贴现、月末摊销贴现利息调整、确认利息收入、到期收回票款的会计分录。

6. A进出口公司20××年3月10日向开户银行申请100万美元贷款,期限半年,贷款直接转入其外汇活期存款账户。9月10日贷款到期后从该存款账户偿还本息。该笔贷款执行3个月浮动利率,利息按季结计并转入贷款本金。借款日美元3个月浮动利率为5.35%,3月22日变为5.43%,5月20日变为4.57%,6月3日变为5.68%,8月12日变为5.54%。

要求:编制开户行发放贷款、结计利息、补提利息、偿还本息的会计分录。

第四章 银行业金融机构往来业务的核算

在现代市场经济社会中，时时刻刻都发生着因商品交易、劳务供应等引发的货币收付与债权债务结算。银行业金融机构通过一定的技术手段和流程设计，为客户之间完成货币收付与结清债权债务提供了便利的支付结算功能。银行业金融机构支付结算功能的发挥，很大程度上依赖于建立一个多层次、全覆盖、功能完备的资金汇划与支付清算系统。资金汇划与支付清算系统可分为系统内与跨系统两个层次，本质上反映了银行业金融机构之间因往来业务而引起的资金账务往来。

银行业金融机构往来包括商业银行系统内部的往来、商业银行与中央银行之间的往来、各商业银行之间的往来，以及中国现代化支付系统。其中，商业银行系统内部的往来、商业银行与中央银行之间的往来、各商业银行之间的往来等亦被称为狭义的金融机构往来。本章将系统阐明狭义的金融机构往来。

知识目标

1. 了解银行业金融机构往来与资金清算的含义和内容。

2. 熟悉系统内资金汇划清算系统的业务范围及处理流程。

3. 熟悉商业银行再贷款、再贴现、转贴现、同城票据交换与同业拆借的概念。

4. 理解系统内汇划款项与资金清算业务、同城票据交换的基本原理和汇差清算流程。

5. 掌握系统内备付金存款的核算、系统内借款及其利息的核算，以及向中央银行存贷款、向中央银行借款、再贴现、转贴现、同城票据交换、同业拆借等业务的核算。

对应能力与要求

1. 能够正确设置银行业金融机构往来业务的会计科目并填制与审核会计凭证。

2. 能够正确理解银行业金融机构系统内汇划款与资金清算、同城票据交换与汇差清算的流程。

3. 能够正确确认银行业金融机构系统内与跨系统往来业务并进行计量。

4. 能够正确核算备付金存款、向中央银行存款、向中央银行借款、再贴现、转贴现、同城票据交换、同业拆借等银行业金融机构往来业务并进行账务处理。

5. 具备银行业金融机构往来业务会计信息的确认、计量与账务处理的实践能力。

第一节　商业银行系统内往来的核算

一、系统内往来概述

1. 系统内往来的含义、特点和构成要素

(1)系统内往来的概念

社会经济活动中所发生的商品交易、劳务供应和资金调拨等经济往来款项，几乎都需要通过商业银行办理转账结算来实现收付款双方之间的货币给付与资金清算。银行在办理转账结算业务时需要在两个不同的行处之间进行。这两个行处有可能隶属于同一个总行，也可能分属于不同的总行。隶属于同一个总行的两个不同行处之间的资金往来称为系统内往来，亦称联行往来，是银行同一系统内各行处在资金上具有往来关系的业务处理，是系统内银行的资金账务往来的一部分，是由于系统内银行间办理资金的货币支付结算、相互间代收、代付款项和行内资金调拨等而引起的资金账务往来，包括商业银行系统内往来和中国人民银行系统内往来。

系统内往来是银行办理社会支付和银行内部资金汇划的基础，也是加速社会资金流动的有力工具。及时、准确、快捷、安全地组织系统内账务往来核算是银行会计的重要任务，系统内往来的实质是系统内各行处之间的应收款与应付款关系。目前我国各大商业银行都建立有全国联行、省辖联行、县辖联行组成的隶属于同一个总行的网内系统和管理制度，以及处理同一数据中心内的往账行与来账行之间本币、外币的资金汇划、查询查复等业务的应用系统。

(2)系统内往来的特点

商业银行系统内往来具有以下三个特点：

① 系统内往来必定发生在两个行处之间。资金划拨业务的发生行称为发报行，资金划拨业务的接收行称为收报行。

② 系统内往来的账务系统划分为来账和往账两个系统。发报行办理往账，收报行办理来账。某一个经办行既有发报的往账业务，又有收报的来账业务，各行应对往账、来账业务分别核算，严格划分。

③ 系统内往来采用特定的往账、来账核对方法。从一个联行系统来看，在一定时期内，系统内往账之和一定等于来账之和。但就某一个行处而言，系统内往账一般不等于来账。这是因为系统内往来会受到如发报行与收报行之间的距离、信息传输的手段等因素的影响从而形成联行间的未达账项。上年联行间的未达账项，一般在下一年的年初3个月内清查完毕。

(3)系统内往来的基本要素

系统内往来的基本要素有联行行号、发报行与收报行、联行专用章、联行密押等。

① 联行行号。联行行号是指办理系统内往来业务的行处使用的行名代码。

② 发报行与收报行。发报行与收报行是指受理客户业务并负责清算往来资金的行处。发报行是联行业务的发生行；收报行是联行业务的接收行。一个银行机构既可以是发报行又可以是收报行。

③ 联行专用章。联行专用章是指用于系统内往来业务的专用印章，用以证明联行往来凭证的有效、真实。联行专用章由总行统一制作并分发给各个经办行使用。

④ 联行密押。联行密押是办理系统内往来，用以辨认汇划款项的真伪、保障资金安全的机要密码。联行密押的编码方法由总行统一规定，密押号码的发送、启用、变更和使用，按总行统一规定办理。

2. 系统内往来核算的管理体制

(1)系统内往来核算的管理体制

我国商业银行系统内往来实行“全国联行往来、分行辖内往来、支行辖内往来”三级管理体制。

全国联行往来适用于总行与所属各级分、支行处之间以及不同省、自治区、直辖市各行处之间的资金账务往来。全国联行往来业务由总行负责监督管理。

分行辖内往来适用于省、自治区、直辖市分行与所辖各分、支行处之间以及同一省、自治区、直辖市辖内各银行机构之间的资金账务往来。分行辖内联行往来账务由分行负责监督管理。

支行辖内往来适用于县(市)支行与所属各机构之间以及同一县(市)支行内各机构之间的资金账务往来，所涉及的账务由县(市)支行管理监督。

(2)系统内往来核算的对账方法

我国各大银行对于系统内往来业务采用的对账方法并不完全相同。中国农业银行、中国银行、建设银行对账方法:集中监督,集中对账。中国人民银行电子联行对账方法:集中监督,当时对账。中国工商银行对账方法:实存资金,同步清算,头寸控制,集中监督。中国境外联行对账方法:互设往来账户,逐笔核对与定期复对相结合。各大银行省辖行、县辖行对账方法:集中监督,定日报告,总行对账。

3. 系统内往来的资金清算

系统内往来业务发生时,系统内不同行处之间并没有进行往来资金的实际划拨,而是通过相互记录往来账以反映往来行处间的应收、应付资金,从而实现收付款方的资金划拨。由于各行处均为独立核算单位,因系统内往来而导致的相互资金存欠必须进行及时清算。

系统内资金清算是指对由于系统内资金调拨、划拨支付结算款项等业务引起的系统内行处间的资金往来按照一定的清算模式进行实际资金划转的过程。系统内资金清算通过各级行处在上级管辖行开立的备付金存款账户办理。

商业银行在办理系统内往来与资金清算时通常使用自己开发的系统内资金汇划清算系统。尚未建立系统内资金汇划清算系统的商业银行及非银行金融机构的资金划拨,通过中国人民银行的现代化支付系统或由建有系统内资金汇划清算系统的商业银行转汇办理。商业银行系统内资金汇划清算系统是办理系统内资金汇划与清算,通过电子计算机网络采用逐级传输方式来完成的划拨过程,是一套集汇划业务、清算业务、结算业务等于一体的综合性应用系统,在我国支付清算体系中处于基础性地位。

二、系统内资金汇划与清算的核算

1. 资金汇划清算系统的处理流程

资金汇划清算系统由汇划业务经办行、省区清算行、总行清算中心通过计算机网络组成。

资金汇划清算系统处理的汇划业务,其信息从发报经办行发起,经发报清算行、总行清算中心、收报清算行,至收报经办行止。

① 经办行,是指具体办理结算资金和内部资金汇划业务的行处。汇划业务的发生行是发报经办行;汇划业务的接收行是收报经办行。同一家经办行既办理发报业务,同时也办理收报业务,因此,每一家经办行均设有发报和收报两个系统,分别核算。

② 清算行,是指办理其辖属行处汇划资金清算的分行,包括直辖市分行、总行直属分行及二级分行(含省分行营业部)。清算分行在总行清算中心开立备付金存款账户,通过该账户办理管辖行和内部资金的汇划清算业务。各直辖市分行和二级分行(包括省区分行营业部)均为清算行,清算行负责办理辖属行处汇划款项的清算。清算行具有发报汇划清算和收报汇划清算两个系统,分别对发报业务和收报业务进行汇划清算。

省区分行也在总行清算中心开立备付金存款账户，但不用于汇划款项的清算，只用于办理系统内资金调拨和内部资金利息的汇划。

③ 总行清算中心，主要是办理系统内各经办行之间的资金汇划、各清算行之间的资金清算及资金拆借、账户对账等账务的核算与管理。

资金汇划清算系统处理汇划业务的流程为：各发报经办行根据发生的结算等资金汇划业务录入数据，全部及时发送至发报清算行；发报清算行将辖属各发报经办行的资金汇划信息传输给总行清算中心；总行清算中心对发报清算行传输来的汇划数据及时传输给收报清算行；收报清算行当天或次日将汇划数据传输给收报经办行，从而实现资金汇划业务。

其中，清算行处于信息中转的地位，既要向总行清算中心传输发报经办行的汇划信息，又要向收报经办行传输总行清算中心发来的汇划业务信息，资金汇划的出口、入口均反映在清算行，使其可以控制辖属经办行的资金汇划与清算。资金汇划清算系统处理汇划业务流程如图 4－1 所示。

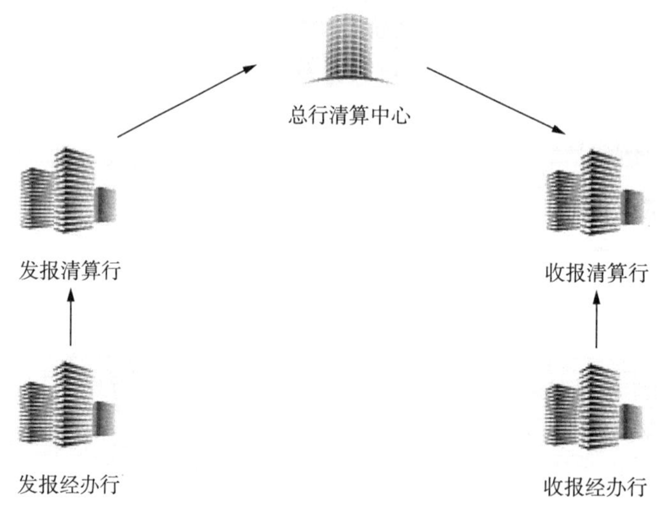

图 4－1　资金汇划清算系统处理汇划业务流程图

资金汇划清算系统以清算行为单位在总行清算中心开立备付金存款账户，用于汇划款项的资金清算。当发报经办行通过清算行经总行清算中心将款项汇划给收报经办行的同时，总行清算中心每天根据各行汇出汇入资金情况，从各清算行备付金存款账户付出资金或存入资金，从而实现各清算行之间的资金清算，各清算行在总行清算中心开立的备付金存款账户，应保证足额存款。同样，各支行应在上级管辖分行清算中心开立备付金存款账户,用于经办行与清算行或清算行辖内其他支行之间的资金清算。

2. 会计科目的设置

(1)上存系统内款项

该科目属于资产类科目,是下级行用以核算其存放在上级行的资金。各清算行和省区分行在总行开立的备付金账户以及二级分行在省区分行开立的调拨资金账户均使用该科目进行核算。

各清算行包括直辖市分行、总行直属分行和二级分行均应在该科目下设置"上存总行备付金"账户,用以核算资金调拨和清算辖属行处的汇划款项;二级分行还需设置"上存省区分行调拨资金"账户,用以核算辖内集中调拨资金。

(2)系统内款项存放

该科目属于负债类科目,与"上存系统内款项"科目相对应,是上级行用以核算其下级行上存的备付金存款和调拨资金。总行在该科目下按清算行和省区分行设置"××行备付金"账户,用以核算各清算行和省区分行在总行备付金存款的增减变动情况;省区分行在该科目下按二级分行设置"××行调拨资金"账户,用以核算二级分行调拨资金存款的增减变动情况。

(3)待清算辖内往来

该科目属于资产负债共同类科目,用以核算各发报经办行、收报经办行与清算行之间的资金汇划往来与清算情况,余额轧差反映。

(4)上存辖内款项

该科目属于资产类科目,是各支行、网点用以核算其存放在上级行的备付金存款。

(5)辖内款项存放

该科目属于负债类科目,是各分行、支行用以核算其所辖支行、网点上存的备付金存款。

3. 资金汇划与清算的核算

发报经办行是发起汇划业务、向发报清算行发送汇划信息的行处。发起的汇划业务分为两类:划收款业务和划付款业务。

划收款业务是发报经办行发起的代收报经办行向付款客户收款的汇划业务,主要包括信汇、电汇、托收承付划回、委托收款划回等资金结算业务以及系统内资金划拨业务等。发报经办行发起划收款业应记入"待清算辖内往来"科目的贷方,因此,划收款业务亦称贷方报单业务或贷报业务。

划付款业务是发报经办行发起的代收报经办行向收款客户付款的汇划业务,主要包括银行汇票的解付、信用卡的解付、系统内按规定扣划款项、特定的直接借记业务等。

发报经办行发起划付款业应记入“待清算辖内往来”科目的借方，因此，划付款业务亦称借方报单业务或借报业务。

(1)发报经办行的核算

发报经办行根据客户提交的原始凭证，将业务数据录入计算机，经复核、授权后实时或批量发送至发报清算行。如为贷报业务，会计分录为：

借：吸收存款——××存款——××户(付款人)

贷：待清算辖内往来——××行

如为借报业务，会计分录为：

借：待清算辖内往来——××行

贷：吸收存款——××存款——××户(付款人)

日终，对“待清算辖内往来”科目轧差，若为贷方余额，则为本行应付汇差，清算时应减少本行在上级清算行的备付金存款。会计分录为：

借：待清算辖内往来——××行

贷：上存辖内款项——存××行备付金

若为借方余额，则为本行应收汇差，清算时应增加本行在上级清算行备付金存款。会计分录为：

借：上存辖内款项——存××行备付金

贷：待清算辖内往来——××行

日终，发报经办行根据当天向发报清算行发出的汇划业务信息，打印辖内往来汇总凭证、资金汇划业务清单。资金汇划业务清单及有关原始凭证作为汇总记账凭证的附件。

(2)发报清算行的核算

① 跨清算行汇划业务的核算。发报清算行收到发报经办行传输来的跨清算行汇划业务的报文，系统自动进行账务处理，更新在总行清算中心的备付金存款账户，并将汇划数据加密押后传输至总行清算中心。如为贷报业务，会计分录为：

借：待清算辖内往来——××行

贷：上存系统内款项——上存总行备付金

如为借报业务，则会计分录相反。

日终，对“待清算辖内往来”科目按经办行轧差，若为贷方余额，则为本行应付汇差，日终清算时，应增加该经办行在本行的备付金存款。

借：待清算辖内往来——××行

贷：辖内款项存放——××行备付金

若为借方余额，则为本行应收汇差，日终清算时，应减少该经办行在本行的备付金存款。

借:辖内款项存放——××行备付金

贷:待清算辖内往来——××行

② 同一清算行汇划业务的核算。若发报清算行收到发报经办行传输来的本清算行汇划业务的报文,系统直接将汇划数据加密押后传输至收报经办行,并分别更新发报经办行和收报经办行在本行清算中心的备付金存款账户。如为贷报业务,会计分录为:

借:辖内款项存放——××发报经办行备付金

贷:待清算辖内往来——××收报经办行备付金

若为借报业务,则会计分录相反。

日终,发报清算行打印清算行辖内往来汇总记账凭证、清算行备付金汇总记账凭证、资金汇划业务清单等,并核对有关数据。

(3)总行清算中心的核算

总行清算中心收到各发报清算行上送的汇划业务报文,系统自动登记后,传输至收报清算行。日终,系统自动更新各清算行在总行清算中心的备付金存款账户。若为贷报业务,则会计分录为:

借:系统内款项存放——××发报清算行备付金

贷:系统内款项存放——××收报清算行备付金

若为借报业务,则会计分录相反。

日终,系统自动生成总行清算中心的资金汇划日报表和相应的对账信息,下发清算行和经办行对账。

(4)收报清算行的核算

收报清算行收到总行清算中心传输来的汇划业务报文,系统自动更新在总行清算中心的备付金存款账户,并自动进行账务处理。实时业务即时处理并传输至收报经办行,批量业务处理后次日传输至收报经办行。若为贷报业务,则会计分录为:

借:上存系统内款项——上存总行备付金

贷:待清算辖内往来——××行

若为借报业务,则会计分录相反。

日终,收报清算行打印清算行辖内往来汇总记账凭证、清算行备付金汇总记账凭证、资金汇划业务清单等,并核对有关数据。

(5)收报经办行的核算

收报经办行收到收报清算行传输来的实时、批量汇划业务报文,经确认无误后,由系统自动记账,打印资金汇划补充凭证。若为贷报业务,则会计分录为:

借:待清算辖内往来——××行

　　贷:吸收存款——××存款(收款人户)

若为借报业务,则会计分录相反。

日终,对“待清算辖内往来”科目轧差,若为贷方余额,则为本行应付汇差。日终清算时,应减少本行在上级清算行的备付金存款。会计分录为:

借:待清算辖内往来——××行

　　贷:上存辖内款项——存××行备付金

若为借方余额,则为本行应收汇差。日终清算时,增加本行在上级清算行备付金存款。会计分录为:

借:上存辖内款项——存××行备付金

　　贷:待清算辖内往来——××行

【例4-1】 CCB银行合肥市花园街支行收到开户单位天海地产公司提交的电汇凭证,向CCB银行上海市黄浦路支行开户单位瑞琪汽车公司汇出货款90 000元。CCB银行合肥市花园街支行审核无误后,通过资金汇划清算系统办理款项汇划业务,CCB银行上海市黄浦路支行收到汇划信息确认无误后,将货款收入开户单位瑞琪汽车公司账户。各经办行、清算行、总行清算中心账务处理如下:

● CCB银行合肥市花园街支行根据电汇凭证录入数据,经复核、授权后发送至CCB银行安徽省分行营业部。会计分录为:

借:吸收存款——单位活期存款——天海地产公司　　90 000

　　贷:待清算辖内往来——CCB银行安徽省分行营业部　　90 000

● CCB银行安徽分行营业部收到CCB银行合肥市花园街支行传输来的跨清算行汇划业务报文后,系统自动进行账务处理,并将汇划数据加密押后传输至CCB银行总行清算中心。会计分录为:

借:待清算辖内往来——合肥市花园街支行　　90 000

　　贷:上存系统内款项——上存总行备付金　　90 000

● CCB银行总行清算中心收到安徽省分行营业部上送的汇划业务报文,系统自动登记后,传输至CCB银行上海分行。日终,系统自动更新CCB银行安徽省分行营业部和CCB银行上海市分行在总行的备付金账户。会计分录为:

借:系统内款项存放——CCB银行安徽省分行营业部备付金　　90 000

　　贷:系统内款项存放——CCB银行上海市分行备付金　　90 000

● CCB银行上海市分行收到CCB银行总行清算中心传输来的汇划业务报文后,系统自动更新在总行清算中心的备付金存款账户,并进行账务处理。

借:上存系统内款项——上存总行备付金　　90 000

　　贷:待清算辖内往来——CCB银行上海市黄浦路支行　　90 000

● CCB银行上海市黄浦路支行收到CCB银行上海市分行传输来的汇划业务报文,确认无误后,系统自动记账。会计分录为:

借:待清算辖内往来——CCB银行上海市分行　　90 000

　　贷:吸收存款——单位活期存款——瑞琪汽车公司　　90 000

4. **系统内备付金存款的核算**

(1)备付金存款账户的开立与资金存入的核算

清算行和省区分行在总行清算中心开立备付金存款账户时,可以通过其在中国人民银行的备付金存款账户,以实汇资金的方式将款项存入总行清算中心。上存时,会计分录为:

借:其他应收款——待处理汇划款项

　　贷:存放中央银行款项——准备金存款

待接到总行清算中心返回的成功信息后,进行账务处理。会计分录为:

借:上存系统内款项——上存总行备付金

　　贷:其他应收款——待处理汇划款项

总行清算中心收到各清算行和省区分行上存的备付金后,进行账务处理。会计分录为:

借:存放中央银行款项——准备金存款

　　贷:上存系统内款项——上存总行备付金

支行在管辖的清算行开立备付金存款账户上存款项时,会计分录为:

借:其他应收款——待处理汇划款项

　　贷:存放中央银行款项——准备金存款

待接到管辖清算行返回的成功信息后,进行账务处理。会计分录为:

借:上存辖内款项——存××行备付金

　　贷:其他应收款——待处理汇划款项

管辖清算行收到所辖各支行上存的备付金后,进行账务处理。会计分录为:

借:存放中央银行款项——准备金存款

　　贷:辖内款项存放——××行备付金

各行在上级行的备付金存款不足时,通过中国人民银行汇款以补足的处理方法同上。

(2)通过中国人民银行调回备付金的核算

总行清算中心通过其在中国人民银行备付金存款账户,以实汇资金方式将款项调出时，会计分录为：

借：系统内款项存放——××行备付金

　　贷：存放中央银行款项——准备金存款

清算行和省区分行接到总行清算中心发来的信息，进行账务处理。会计分录为：

借：其他应收款——待处理汇划款项

　　贷：上存系统内款项——上存总行备付金

待收到调回的备付金后，进行账务处理。会计分录为：

借：存放中央银行款项——准备金存款

　　贷：其他应收款——待处理汇划款项

管辖清算行通过在中国人民银行备付金存款账户，以实汇资金方式将款项调出时，会计分录为：

借：辖内款项存放——××行备付金

　　贷：存放中央银行款项——准备金存款

支行接到管辖清算行发来的信息，进行账务处理。会计分录为：

借：其他应收款——待处理汇划款项

　　贷：上存辖内款项——存××行备付金

待收到调回的备付金后，进行账务处理。会计分录为：

借：存放中央银行款项——准备金存款

　　贷：其他应收款——待处理汇划款项

5. 系统内借款的核算

(1)一般性借入的核算

① 若清算行不能通过中国人民银行汇款补足在总行清算中心的备付金，经批准可以向管辖行申请借入资金。

省区分行接到二级分行的借款申请后，经批准向总行清算中心办理资金借出手续。会计分录为：

借：系统内借出——一般借出

　　贷：上存系统内款项——上存总行备付金

总行清算中心收到省区分行的借出资金信息后，进行账务处理。会计分录为：

借：系统内款项存放——××省区分行备付金

　　贷：系统内款项存放——××清算行备付金

清算行收到借款信息后，进行账务处理。会计分录为：

借：上存系统内款项——上存总行备付金

贷:系统内借入——一般借入

② 省区分行经批准可以向总行申请借入资金,总行收到省区分行的借款申请后,经批准办理资金借出手续。会计分录为:

借:系统内借出——一般借出

贷:上存系统内款项——上存总行备付金

省区分行收到借款信息后,进行账务处理。会计分录为:

借:上存系统内款项——上存总行备付金

贷:系统内借入——一般借入

(2)强行借入的核算

若二级分行在总行备付金不足,日终又不能立即借入资金补足,总行清算中心有权主动代省区分行强行向二级分行借出资金,同时通知二级分行和省区分行。

① 若省区分行在总行清算中心的备付金存款账户有足够余额,则总行清算中心在日终批量处理时代省区分行强拆二级分行。会计分录为:

借:系统内款项存放——××省区分行备付金

贷:系统内款项存放——××清算行备付金

省区分行收到总行清算中心代本行强拆的信息后,进行账务处理。会计分录为:

借:系统内借出——强行借出

贷:上存系统内款项——上存总行备付金

二级分行收到总行清算中心代省区分行强拆的信息后,进行账务处理。会计分录为:

借:上存系统内款项——上存总行备付金

贷:系统内借入——强行借入

② 若省区分行在总行清算中心备付金存款账户的余额不足,则总行清算中心在日终批量处理时强拆省区分行,然后代省区分行强拆二级分行。会计分录为:

借:系统内借出——强行借出

贷:系统内款项存放——××省区分行备付金

借:系统内款项存放——××省区分行备付金

贷:系统内款项存放——××清算行备付金

省区分行收到总行清算中心强拆及代本行强拆的信息后,进行账务处理。会计分录为:

借:上存系统内款项——上存总行备付金

贷:系统内借入——强行借入

借:系统内借出——强行借出

　　贷:上存系统内款项——上存总行备付金

二级分行收到总行清算中心代省区分行强拆的信息后,进行账务处理。会计分录为:

借:上存系统内款项——上存总行备付金

　　贷:系统内借入——强行借入

第二节　商业银行与中央银行往来的核算

商业银行与中央银行往来是指商业银行与中央银行之间由于缴存与支取现金、缴存存款、融通资金、汇划款项以及通过中央银行存款账户进行资金清算等业务而引起的资金账务往来,主要包括向中央银行存取现金与缴存存款、向中央银行借款、向中央银行再贴现以及通过中央银行办理汇划款项等。

一、向中央银行存取现金及缴存存款的核算

1. 会计科目的设置

商业银行在中央银行开立账户,设置"存放中央银行款项"科目,该科目属于资产类科目,核算商业银行存放中央银行的各种款项,包括业务资金调拨、办理同城票据交换和异地跨系统资金汇划、提取或缴存现金等。商业银行按规定缴存的法定准备金和超额准备金存款,也通过该科目核算。

商业银行增加在中央银行的存款,借记"存放中央银行款项"科目,贷记"吸收存款""清算资金往来"等科目;减少在中央银行的存款做相反的会计分录。该科目期末余额在借方,反映商业银行存放在中央银行的各种款项。该科目可按存放款项的性质设置"准备金存款""缴存财政性存款"等科目进行明细核算。

(1)"存放中央银行款项——准备金存款"

该明细账户核算商业银行按规定缴存中央银行的法定存款准备金和超额存款准备金的增减变动情况。商业银行增加在中央银行的准备金存款时记入该账户的借方,减少在中央银行的准备金存款时记入该账户的贷方。期末余额在借方,反映商业银行存放在中央银行的准备金存款余额。

由于商业银行的法定存款准备金由其总行(法人)统一向中央银行缴存,中央银行按法人统一考核商业银行法定存款准备金的缴存情况。因此,商业银行总行在中央银行开立的准备金存款户,属于法定准备金存款与超额准备金存款合一的账户,除用以考

核法定存款准备金以外，还用于向中央银行存取现金、调拨资金、清算资金以及其他日常支付款项。该账户余额应大于、最低应等于规定的法定存款准备金余额。商业银行分支机构在中央银行开立的准备金存款户，为超额准备金存款账户，不用于考核法定存款准备金，仅用于向中央银行存取现金、调拨资金、清算资金和其他日常支付款项，不允许透支，如果账户资金不足，可以通过向上级行调入资金或向同业拆借补充。"存放中央银行款项——准备金存款"是核算商业银行与中央银行往来业务的基本账户。

(2)"存放中央银行款项——缴存财政性存款"

该明细账户核算商业银行按规定缴存中央银行的财政性存款的增减变动情况。商业银行向中央银行缴存或调增财政性存款时记入该账户的借方，调减财政性存款时记入该账户的贷方。期末借方余额反映商业银行缴存中央银行的财政性存款余额。

商业银行各级机构吸收的财政性存款采取全额就地缴存中央银行的办法，因此，商业银行各级行处均应在"存放中央银行款项"科目下设置该明细账户。各商业银行在中央银行开设的存款账户中存入的资金是中央银行的资金来源或负债，中央银行开设"××银行准备金存款"账户核算其增加、减少及余额。

2. 向中央银行存取现金的核算

根据货币发行制度的规定，商业银行需要核定各行处业务库必须保留的现金限额，并报开户中央银行发行库备案。当现金超过规定的库存现金限额时，需缴存开户中央银行发行库；当库存现金不足限额时，可以签发现金支票到中央银行发行库提取。

(1)向中央银行缴存现金的核算

商业银行向中央银行缴存现金时，填制现金缴款单一式两联，连同现金一并送缴开户中央银行发行库。商业银行根据中央银行退回的现金缴款单回单，使用相关交易进行处理，打印记账凭证，现金缴款单回单联作记账凭证附件。会计分录为：

借：存放中央银行款项——准备金存款

　　贷：库存现金

中央银行凭商业银行现金缴款单和发行基金入库凭证，填制发行基金往来科目现金付出传票，其现金缴款单和发行基金入库凭证作为附件。会计分录为：

借：发行基金往来

　　贷：××银行准备金存款——××银行

(2)向中央银行支取现金的核算

商业银行向中央银行支取现金时，签发现金支票，送交中央银行发行库。商业银行取回现金后，使用相关交易进行处理，打印记账凭证，现金支票存根作记账凭证附件。会计分录为：

借:库存现金

　　贷:存放中央银行款项——准备金存款

中央银行凭商业银行现金支票和发行基金出库凭证,填制发行基金往来科目现金收入传票,现金支票和发行基金出库凭证作为附件。会计分录为:

借:××银行准备金存款——××银行

　　贷:发行基金往来

3. 向中央银行缴存存款的核算

缴存存款是指商业银行将吸收的财政性存款和一般性存款按规定的比例上缴中央银行。

(1)缴存财政性存款的核算

① 缴存存款的比例和范围。商业银行吸收的财政性存款是中央银行的信贷资金,应及时全额即100%缴存当地中央银行。商业银行不能使用或转移财政性存款资金,更不能将其作为一般性存款处理。财政性存款主要有中央预算收入、地方财政金库存款和代理发行国债款项等。

财政性存款缴存范围:国家金库款轧减中央经费限额支出数;待结算财政款项轧减借方数;财政发行期票款项轧减应收期票款项;财政发行国库券及各项债券款项,轧减已兑付国库券及各项债券款项数。

② 缴存财政性存款的核算:

● 初次缴存财政性存款的核算。商业银行营业机构开业后,第一次向中央银行缴存财政性存款时,应根据有关科目余额,填制缴存财政性存款科目余额表一式两份,并按比例100%计算出应缴金额,向中央银行申请缴存。待收到中央银行回单后使用相关交易进行记账,打印记账凭证,中央银行退回的回单作为记账凭证附件,退回的一份缴存财政性存款科目余额表专夹保管。会计分录为:

借:存放中央银行款项——缴存财政性存款

　　贷:存放中央银行款项——准备金存款

● 调整缴存财政性存款的核算。商业银行初次缴存财政性存款后,还应根据其吸收的财政性存款余额的增减变动,对缴存的中央银行的财政性存款按旬调整。即每旬末根据缴存科目余额,按比例100%计算出应缴金额,与缴存财政性存款账户余额进行比较。若缴存财政性存款账户余额小于应缴金额,则应按差额调增补缴,否则应按差额调减退回。

初次缴存金额及调整缴存金额均以千元为单位,千元以下四舍五入。调整缴存应于旬后5日内办理,如遇调整日最后一天为节假日,则可顺延。调整缴存的处理手续与初次缴存基本相同，调增补缴的会计分录与初次缴存一致，调减退回的会计分录与初次缴存相反。

【例4-2】 CCB银行上海分行9月20日财政性存款科目余额为77 921 000元。经查，该行9月20日在中央银行的缴存财政性存款账户余额为85 467 000元。

本旬应缴金额=77 921 000-85 467 000=-7 546 000(元)

本旬应调减退回财政性存款为7 546 000元，会计分录为：

借：存放中央银行款项——准备金存款　　　　7 546 000

　　贷：存放中央银行款项——缴存财政性存款　　　　7 546 000

● 欠缴财政性存款的核算。商业银行调增补缴财政性存款时，若其准备金存款账户余额不足又没有按规定及时调入资金，其不足部分即为欠缴。商业银行发生欠缴时，应填制缴存财政性存款科目余额表，对本次能实缴的金额按前述调增补缴的手续办理。对欠缴金额应及时调入资金进行补缴。中央银行对欠缴金额按欠缴天数和规定比例扣收罚款，欠缴天数从最后调整日起算至欠款收回日的前一日止。

商业银行收到中央银行转来的扣收罚款的特种转账凭证，办理支付罚款转账。会计分录为：

借：营业外支出——罚款支出

　　贷：存放中央银行款项——准备金存款

(2)缴存一般性存款的核算

① 缴存存款的比例。缴存一般性存款亦称缴存法定存款准备金。商业银行吸收的除财政性存款以外的各项存款均为一般性存款。中央银行为了控制贷款规模和限制派生存款，规定商业银行应将吸收的一般性存款按比例即法定存款准备金率向中央银行缴存法定存款准备金。法定存款准备金率由中央银行规定，并根据银根紧缩或放松实际需要进行调整。目前大型金融机构法定存款准备金率为16.5%，中小型金融机构法定存款准备金率为13%。

② 缴存法定存款准备金。商业银行的法定存款准备金由总行统一向中央银行缴存。商业银行下级行向上级行缴存法定存款准备金。由于商业银行总行统一上缴的法定存款准备金与超额存款准备金同存于中央银行的准备金存款账户，因此，商业银行总行旬末只要法定存款准备金账户余额高于旬末应缴的法定存款准备金金额即可，不必进行账务处理。

商业银行各级行处在规定时间内缴存法定存款准备金。根据旬(月)末存款余额和缴存法定存款准备金率计算出本期应缴的法定存款准备金金额后，与上期已缴存的金额进行比较，大于上期止已缴存数额时，应调增；小于上期止已缴存数额时，应调减。

③ 存款准备金制度的有关规定：

● 商业银行法定存款准备金按旬调整，于旬后5日内办理。中央银行对商业银行法定存款准备金按旬按法人统一考核，商业银行当旬第五日至下旬第四日每日营业终了时，各行按统一法人存入的准备金存款余额与上旬末该行全行一般存款余额之比，不得低于法定准备金率。

● 商业银行日终按法人统一存入中央银行的法定准备金存款低于上旬末一般存款余额的法定准备金，中央银行对其不足部分按每日万分之六的利率处以罚息。

● 商业银行法人每日应将汇总的全系统一般存款余额表和日计表，报送中央银行。

● 商业银行法人旬后未按法定准备金率存入法定准备金和未及时向中央银行报送有关报表的，中央银行按有关规定予以处罚。

● 商业银行法人在中央银行的存款，中央银行于每日日终考核其存款准备金率；日间，只控制其存款账户的透支行为。商业银行分支机构在中央银行的存款，中央银行不考核存款准备金率，只控制其存款账户的透支行为。

● 商业银行分支机构在中央银行准备金存款账户出现透支，中央银行按有关规定予以处罚。

二、向中央银行借款的核算

商业银行在经营过程中资金头寸不足时，可以向中央银行借款。商业银行对中央银行的借款，亦称中央银行再贷款。中央银行通过对商业银行发放再贷款，既可以支持商业银行的业务发展，又可以达到实施金融宏观调控的目的。

1. 会计科目的设置

商业银行应设置“向中央银行借款”科目，核算向中央银行借入的款项。该科目属于负债类科目，可以按借款性质进行明细核算。

①“向中央银行借款——年度性借款”。因经济合理增长，引起年度性信贷资金不足，而向中央银行申请的贷款，用此账户核算。年度性贷款的期限一般为1年或1年以上，最长不超过2年。

②“向中央银行借款——季节性借款”。因存款季节性下降、贷款季节性上升或信贷资金先支后收等原因引起暂时资金不足而向中央银行申请的贷款，用此账户核算。季节性贷款的期限一般为2个月，最长不超过4个月。

③“向中央银行借款——日拆性借款”。因汇划款项未达和清算资金不足等原因发生的临时性资金短缺而向中央银行申请的贷款，用此账户核算。日拆性贷款的期限一般为7～10天，最长不超过20天。

商业银行向中央银行借入款项时，应按实际收到的金额，借记“存放中央银行款项”

科目，贷记“向中央银行借款”科目；归还借款做相反的会计分录。资产负债表日，应按计算确定的向中央银行借款的利息费用，借记“利息支出”科目，贷记“应付利息”科目。该科目期末贷方余额，反映商业银行尚未归还中央银行借款的余额。

2. 向中央银行借款的核算

(1)借入款项的处理。

① 商业银行向中央银行申请再贷款时，应提交再贷款申请书，经中央银行批准后，填制借款凭证提交中央银行。待收到中央银行退回的借款凭证回单及收账通知后，使用相关交易进行记账，打印记账凭证，中央银行退回的借款凭证回单及收账通知作记账凭证附件。会计分录为：

借：存放中央银行款项——准备金存款

　　贷：向中央银行借款——××借款

② 中央银行计划部门收到借款凭证签批后，留存第四联贷款记录卡，其余凭证转送中央银行会计部门。中央银行会计部门收到借款凭证并审查手续齐全，以第一联、第二联分别作为转账借方和贷方传票，办理转账，并登记借款银行的存贷款分户账。会计分录为：

借：××银行贷款——××行

　　贷：××银行准备金存款——××行

第三联借款凭证盖章后，退还借款银行。第五联借款凭证“贷款到期卡”按到期日顺序排列妥善保管，并定期与贷款分户账进行核对，以保证账据一致。

(2)在资产负债表日的核算

资产负债表日，商业银行应按计算确认的利息费用计提利息支出。会计分录为：

借：利息支出——向中央银行借款

　　贷：应付利息——××行

(3)利息支付的核算

① 中央银行对商业银行的再贷款一般按季结息，由中央银行于每季度末月 20 日结计利息并于次日转账收取。中央银行收取利息的会计分录为：

借：××银行准备金存款——××行

　　贷：利息收入——金融机构利息收入

② 每季收到中央银行的利息回单时，使用相关交易记账，打印记账凭证，利息回单作记账凭证附件。会计分录为：

借：应付利息

　　贷：存放中央银行款项——准备金存款

(4)到期归还的核算

① 中央银行的处理。贷款到期时，商业银行应填制转账支票或当地央行规定的转账凭证，提交中央银行主动办理借款归还手续。中央银行会计部门抽出原借款凭证第五联“贷款到期卡”核对一致后，以第一联、第二联还款凭证分别代转账借方和贷方传票，原借款凭证第五联“贷款到期卡”作为贷方传票附件，办理转账。会计分录为：

借:××银行准备金存款——××行

　　贷:××银行贷款——××行

　　　　利息收入——金融机构利息收入

② 商业银行的处理。商业银行收到中央银行退回的还款凭证第四联，以其代“存放中央银行款项”账户的贷方传票，同时另编制贷款账户的转账借方传票。会计分录为：

借:向中央银行借款——××借款

　　应付利息——××行

　　利息支出——向中央银行借款

　　贷:存放中央银行款项——准备金存款

借款到期，商业银行未主动办理还款手续时，若其存款账户有足够的资金，中央银行可以在征得商业银行同意后，填制特种转账凭证收回贷款；若商业银行存款账户余额不足，中央银行应于到期日将贷款转入逾期贷款户，并按规定计收逾期贷款利息。

【例 4-3】 CCB 银行合肥分行 4 月 3 日向中国人民银行申请季节性贷款250 000元，期限为 3 个月，经审查同意办理。7 月 3 日到期时办理贷款归还手续，月利率为 4.8‰。中国人民银行按季收取利息，本金到期一次性归还。

● CCB 银行合肥分行的账务处理：

◎ 4 月 3 日。

借:存放中央银行款项——准备金存款	250 000	
贷:向中央银行借款——季节性贷款		250 000

◎ 4 月 30 日，确认利息支出=250 000×28×4.8‰÷30=1 120(元)。

借:利息支出——再贷款利息支出	1 120	
贷:应付利息——中央银行		1 120

◎ 5 月 31 日，确认利息支出=250 000×1×4.8‰=1 200(元)。

借:利息支出——再贷款利息支出	1 200	
贷:应付利息——中央银行		1 200

◎ 6 月 21 日，收到中央银行收息通知单，确认利息支出=250 000×79×4.8‰÷30=3 160(元)。

借：应付利息——中央银行　　3 160
　　贷：存放中央银行款项——准备金存款　　3 160

◎ 6月30日，确认利息支出＝250 000×1×4.8‰＝1 200(元)。

借：利息支出——再贷款利息支出　　1 200
　　贷：应付利息——中央银行　　1 200

◎ 7月3日，归还贷款。贷款利息＝250 000×3×4.8‰＝3 600(元)。

借：向中央银行借款——季节性贷款　　250 000
　　应付利息——中央银行　　360(1 120＋1 200－3 160＋1 200)
　　利息支出——再贷款利息支出　　80(440－360)
　　贷：存放中央银行款项——准备金存款　　250 440

● 中国人民银行的账务处理

◎ 4月3日。

借：CCB银行贷款——合肥分行　　250 000
　　贷：CCB银行准备金存款——合肥分行　　250 000

◎ 6月21日，收到收取利息。确认利息收入＝250 000×79×4.8‰÷30＝3 160(元)。

借：CCB银行准备金存款——合肥分行　　3 160
　　贷：利息收入——中央银行利息收入　　3 160

◎ 7月3日，收回贷款。

借：CCB银行准备金存款——合肥分行　　250 440
　　贷：CCB银行贷款——合肥分行　　250 000
　　　　利息收入——中央银行利息收入　　440(3 600－3 160)

三、向中央银行再贴现的核算

商业银行因办理贴现业务而引起暂时资金不足，以未到期已贴现商业汇票向中央银行申请办理的贴现，称为再贴现。再贴现是中央银行实施的重要货币政策工具之一。中央银行通过适时调整再贴现总量及再贴现利率，调节货币供应量，达到实施金融宏观调控的目的。

1. 会计科目的设置

商业银行应设置"贴现负债"科目，用以核算其办理商业票据的再贴现、转贴现业务。该科目属于负债类科目，可按贴现类别和贴现金融机构，分别设置"面值""利息调整"进行明细核算。

商业银行持已贴现票据向中央银行再贴现或向其他金融机构转贴现，应按实际收到的金额，借记"存放中央银行款项"等科目，按贴现票据的票面金额，贷记"贴现负债

(面值)”科目,按其差额,借记“贴现负债(利息调整)”科目。

资产负债表日,商业银行应按计算确定的利息费用,借记“利息支出”科目,贷记“贴现负债(利息调整)”科目。贴现票据到期时,应按贴现票据的票面金额,借记“贴现负债(面值)”科目,按实际支付的金额,贷记“存放中央银行款项”等科目,按其差额,借记“利息支出”科目。存在利息调整的,应同时结转。该科目期末贷方余额,反映商业银行办理的再贴现、转贴现等业务融入的资金。

3. 再贴现的种类

中央银行办理再贴现的金额以再贴现的票据到期值为准,扣除再贴现利息后,将其差额作为实付再贴现额支付给申请再贴现的商业银行。再贴现期限从再贴现之日起至汇票到期日止,最长不超过 6 个月。

根据对再贴现票据的处理方式不同,再贴现可以分为买断式再贴现和回购式再贴现。

① 买断式再贴现是商业银行将未到期的已贴现商业汇票背书转让给中央银行融通资金的行为。再贴现利息按日计算,利率为中央银行发布的再贴现利率,再贴现天数从再贴现之日起至汇票到期的前一日止。汇票到期,中央银行作为票据的债权人向付款人收取票款。

② 回购式再贴现是商业银行将未到期的已贴现商业汇票质押给中央银行,并约定回购日及回购方式的融资行为。再贴现利息按日计算,利率为中央银行发布的再贴现利率,再贴现天数从再贴现之日起至汇票回购的前一日止。办理回购式再贴现,票据不作背书,不转移票据权利,商业银行于回购日将票据购回,并作为债权人向付款人收取票款。

4. 买断式再贴现的核算

(1)买断式再贴现的办理

商业银行向中央银行申请买断式再贴现时,应填制一式五联再贴现凭证,与商业承兑汇票或银行承兑汇票一并提交中央银行。中央银行审核后按规定再贴现率计算再贴现利息和实付再贴现额。

再贴现利息=再贴现汇票到期值×再贴现天数×(年再贴现率÷360)

实付再贴现额=再贴现汇票到期值－再贴现利息

商业银行收到中央银行再贴现款项及退回的第四联再贴现凭证后,使用相关交易记账,打印记账凭证,第四联再贴现凭证作记账凭证附件,并根据再贴业汇票是否带有追索权,分别采用不同方法:

① 不带追索权的商业汇票再贴现的处理。将不带追索权的商业汇票再贴现，商业银行在转让票据所有权的同时，也将票据到期不能收回票款的风险一并转给了中央银行，商业银行对票据到期无法收回的票款不承担连带责任，即符合金融资产终止确认的条件。在我国，商业银行将银行承兑汇票再贴现，基本上不存在到期不能收回票款的风险，商业银行应将银行承兑汇票再贴现视为不带追索权的票据再贴现业务，按金融资产终止确认的原则进行处理。会计分录为：

借：存放中央银行款项——准备金存款　　（实际收到的金额）
　　贴现资产——银行承兑汇票贴现——××户（利息调整）　　（账面余额）
　　利息支出　　（借贷方差额，贷方大于借方时）
　　贷：贴现资产——银行承兑汇票贴现——××户（面值）　　（票面金额）
　　　　利息收入　　（借贷方差额，借方大于贷方时）

② 带追索权的商业汇票再贴现的处理。将带追索权的商业汇票再贴现，商业银行并未转嫁票据到期不能收回票款的风险，商业银行因背书而在法律上负有连带偿还责任，并且直至中央银行收到票款后方可解除。因此，将带追索权的商业汇票再贴现，不符合金融资产终止确认的条件。在我国，商业银行将商业承兑汇票再贴现，是一种典型的带追索权的票据再贴现业务，会计上不应终止确认贴现资产，而应将实际收到的再贴现款确认为一项负债。会计分录为：

借：存放中央银行款项——准备金存款　　（实际收到的金额）
　　贴现负债——××行再贴现负债（利息调整）　　（借贷方差额）
　　贷：贴现负债——××行再贴现负债（面值）　　（票面金额）

（2）买断式再贴现利息的调整摊销

再贴现利息调整采用直线法于每月月末摊销，计算公式为：

当月摊销金额＝再贴现利息÷再贴现天数×本月应摊销天数

对于带追索权的商业汇票再贴现业务，商业银行应于资产负债表日和到期收回日，计算本期再贴现利息调整应摊销的金额，并确认为再贴现利息支出。会计分录为：

借：利息支出——再贴现利息支出
　　贷：贴现负债——××行再贴现负债（利息调整）

（3）买断式再贴现到期收回的处理

买断式再贴现汇票到期，再贴现中央银行作为持票人直接向付款人收取票款。中央银行填制委托收款凭证与汇票一并交付款人办理收款。付款人在异地的，应在汇票到期前，匡算付款人的邮程，提前办理委托收款。第二联委托收款凭证与再贴现凭证一并暂存，待款项划回后，据以处理账务。

对于不带追索权的商业汇票再贴现业务,由于商业银行于再贴现发放时已终止确认贴现资产,因此,汇票到期时商业银行无须进行账务处理。

对于带追索权的商业汇票再贴现业务,票据到期时商业银行应根据不同的情况进行账务处理。

① 票据付款人于到期日将票款足额付给再贴现中央银行,商业银行未收到有关追索债务的通知,则商业银行因票据再贴现而产生的负债责任解除,应将贴现负债和与之对应的贴现资产对冲。会计分录为:

借:贴现负债——××行再贴现负债(面值)　　(票面金额)
　贷:贴现资产——商业承兑汇票贴现——××户(面值)　　(票面金额)
借:利息支出——再贴现利息支出
　贷:贴现负债——××行再贴现负债(利息调整)

② 如果票据的付款人于汇票到期日未能向再贴现中央银行足额支付票款,再贴现中央银行收到付款人开户银行退回的委托收款凭证、汇票和拒付理由书或付款人未付票款通知书后,应追索票款,从申请再贴现的商业银行账户收取(若商业银行存款账户不足支付,则不足部分作为逾期贷款),办理转账后将收款通知连同汇票和拒付理由书或付款人未付票款通知书交给商业银行。商业银行收到中央银行从其存款账户中收取再贴现票款的通知,审核无误后进行账务处理。会计分录为:

借:贴现负债——××行再贴现负债(面值)　　(票面金额)
　贷:存放中央银行款项——准备金存款　　(可支付部分)
　　向中央银行借款——逾期贷款　　(不足支付部分)
借:利息支出——再贴现利息支出
　贷:贴现负债——××行再贴现负债(利息调整)

商业银行应继续向贴现申请人追索票款,先从其存款账户中收取,存款账户不足支付的,不足支付部分作逾期贷款处理。会计分录为:

借:吸收存款——单位活期存款——××单位　　(可支付部分)
　贷款——逾期贷款——××户　　(不足支付部分)
　贷:贴现资产——商业承兑汇票贴现——××户(面值)　　(票面金额)
借:贴现资产——商业承兑汇票贴现——××户(利息调整)
　贷:利息收入——贴现利息收入

5. 回购式再贴现的核算

(1)回购式再贴现的办理

商业银行办理回购式再贴现的处理手续与买断式再贴现基本相同。中央银行对商业银行的回购式再贴现申请审批同意后，应与申请再贴现的商业银行签订回购合同，约定票据回购日，票据回购日不得为法定节假日，且不得超过汇票到期日前7天。办理回购式再贴现，票据不需要背书给中央银行，票据权利人仍为申请再贴现的商业银行，因此，商业银行不应终止确认贴现资产，而应将实际收到的再贴现票款确认为一项负债。会计分录为：

借：存放中央银行款项——准备金存款　　　　　　（实际收到的金额）
　　贴现负债——××行再贴现负债（利息调整）　　　　（借贷方差额）
　　贷：贴现负债——××行再贴现负债（面值）　　　　（票面金额）

（2）再贴现利息的调整摊销

再贴现利息调整采用直线法于每月月末摊销，商业银行应于资产负债表日和到期收回日，计算本期再贴现利息调整应摊销的金额，确认为再贴现利息支出。会计分录为：

借：利息支出——再贴现利息支出
　　贷：贴现负债——××行再贴现负债（利息调整）

（3）回购式再贴现的回购

回购日，根据回购合同约定方式，由商业银行主动向中央银行送交转账支票及进账单，回购再贴现商业汇票，或由中央银行直接从再贴现商业银行准备金存款账户划收票款（商业银行未主动送交支票的，也可由中央银行从其存款账户直接扣收），并将再贴现票据交还商业银行。中央银行划（扣）收票款时，若商业银行存款账户余额不足，则不足部分作逾期贷款处理。商业银行回购再贴现票据会计分录为：

借：贴现负债——××行再贴现负债（面值）　　　　（票面金额）
　　贷：存放中央银行款项——准备金存款　　　　　（可支付部分）
　　　　向中央银行借款——逾期贷款　　　　　（不足支付部分）
借：利息支出——再贴现利息支出
　　贷：贴现负债——××行再贴现负债（利息调整）

【例4-4】 2018年4月1日，ICBC银行持已贴现尚未到期的银行承兑汇票向中央银行申请办理买断式再贴现，汇票面额为1 000 000元，7月5日到期，再贴现率为3.6%，承兑银行在异地。ICBC银行办理再贴现时，该银行承兑汇票"贴现资产（面值）"账户借方余额为1 000 000元，"贴现资产（利息调整）"账户贷方余额为12 250元。

再贴现天数应从2018年4月1日算至7月4日，再另加3天的划款期，共98天。

再贴现利息＝1 000 000×98×3.6%÷360＝9 800（元）。

实付再贴现金额＝1 000 000－9 800＝990 200（元）。

ICBC银行办理买断式再贴现,会计分录为:

借:存放中央银行款项——准备金存款　990 200

　贴现资产——银行承兑汇票贴现——××公司(利息调整)　12 250

　贷:贴现资产——银行承兑汇票贴现——××公司(面值)　1 000 000

　　利息收入　2 450

【例4-5】 沿用例4-4的资料,假设2018年4月1日,ICBC银行持已贴现尚未到期的商业承兑汇票向中央银行申请办理买断式再贴现,中央银行到期收回票款,其他资料不变。

● 2018年4月1日,ICBC银行办理买断式再贴现,会计分录为:

借:存放中央银行款项——准备金存款　990 200

　贴现负债——××行再贴现负债(利息调整)　9 800

　贷:贴现负债——××行再贴现负债(面值)　1 000 000

● 2018年4月30日,ICBC银行摊销再贴现利息调整,会计分录为:

当月摊销金额=9 800÷98×30=3 000(元)。

借:利息支出——再贴现利息支出　3 000

　贷:贴现负债——××行再贴现负债(利息调整)　3 000

● 2018年5月31日,ICBC银行摊销再贴现利息调整,会计分录为:

当月摊销金额=9 800÷98×31=3 100(元)。

借:利息支出——再贴现利息支出　3 100

　贷:贴现负债——××行再贴现负债(利息调整)　3 100

● 2018年6月30日,ICBC银行摊销再贴现利息调整,会计分录为:

当月摊销金额=9 800÷98×30=3 000(元)。

借:利息支出——再贴现利息支出　3 000

　贷:贴现负债——××行再贴现负债(利息调整)　3 000

● 2018年7月8日,中央银行到期收回票款,ICBC银行因票据再贴现而产生的负债责任解除,应将贴现负债和与之对应的贴现资产对冲。会计分录为:

借:贴现负债——××行再贴现负债(面值)　1 000 000

　贷:贴现资产——商业承兑汇票贴现——××公司(面值)　1 000 000

同时,摊销再贴现利息调整。

当月摊销金额=9 800÷98×7=700(元)。

借:利息支出——再贴现利息支出　700

　贷:贴现负债——××行再贴现负债(利息调整)　700

【例 4－6】 沿用例 4－5 的资料，假设 2018 年 4 月 1 日，ICBC 银行持已贴现尚未到期的商业承兑汇票向中央银行申请办理买断式再贴现。2018 年 7 月 8 日，中央银行收到付款人开户行寄来的付款人未付款项通知书及退回的托收凭证、汇票，从再贴现申请人 ICBC 银行账户收取票款，但 ICBC 银行准备金存款账户只有 80 万元。其他资料不变。

ICBC 银行编制会计分录如下：

● 前四个日期核算的会计分录分别同例 4－5 中的前四种。

● 2018 年 7 月 8 日，ICBC 银行收到中央银行收取再贴现票款通知，会计分录为：

借：贴现负债——××行再贴现负债(面值)　　1 000 000
　　贷：存放中央银行款项——准备金存款　　800 000
　　　　向中央银行借款——逾期贷款　　200 000

同时，摊销再贴现利息调整：

当月摊销金额＝9 800÷98×7＝700(元)。

借：利息支出——再贴现利息支出　　700
　　贷：贴现负债——××行再贴现负债(利息调整)　　700

【例 4－7】 沿用例 4－4 的资料，假设 2018 年 4 月 1 日，ICBC 银行持已贴现尚未到期的商业承兑汇票向中央银行申请办理回购式再贴现，双方约定票据回购日为 2018 年 6 月 21 日，ICBC 银行于票据回购日，主动向中央银行回购再贴现的商业承兑汇票。其他资料不变。

回购天数从 2018 年 4 月 1 日算至 6 月 20 日，共 81 天。

回购利息＝1 000 000×81×3.6％÷360＝8 100(元)。

实付票据回购金额＝1 000 000－8 100＝991 900(元)。

HKB 银行编制会计分录如下：

● 2018 年 4 月 1 日，ICBC 银行办理回购式再贴现，会计分录为：

借：存放中央银行款项——准备金存款　　991 900
　　贴现负债——××行再贴现负债(利息调整)　　8 100
　　贷：贴现负债——××行再贴现负债(面值)　　1 000 000

● 2018 年 4 月 30 日，ICBC 银行摊销再贴现利息调整，会计分录为：

当月摊销金额＝8 100÷81×30＝3 000(元)。

借：利息支出——再贴现利息支出　　3 000
　　贷：贴现负债——××行再贴现负债(利息调整)　　3 000

● 2018 年 5 月 31 日，ICBC 银行摊销再贴现利息调整，会计分录为：

当月摊销金额=8 100÷81×31=3 100(元)。

借:利息支出——再贴现利息支出　　3 100

　　贷:贴现负债——××行再贴现负债(利息调整)　　3 100

● 2018 年 6 月 21 日,ICBC 银行回购再贴现的商业承兑汇票,会计分录为:

借:贴现负债——××行再贴现负债(面值)　　1 000 000

　　贷:存放中央银行款项——准备金存款　　1 000 000

同时,摊销再贴现利息调整:

当月摊销金额=8 100÷81×20=2 000(元)。

借:利息支出——再贴现利息支出　　2 000

　　贷:贴现负债——××行再贴现负债(利息调整)　　200

第三节　商业银行跨系统往来的核算

商业银行跨系统往来亦称同业往来,是指商业银行跨系统行处之间由于办理汇划款项、同业拆借、代理同城票据交换及清算等业务而引起的资金账务往来,主要包括同业间存放款项、同业拆借、同城票据交换、跨系统汇划款项以及跨系统转移贴现等业务。

随着中国现代化支付系统不断推广应用,商业银行系统内和跨系统的支付清算业务,最终都有可能全部通过中国人民银行的现代化支付系统完成汇划,同步实时清算资金。目前,对于商业银行之间小额款项的汇划(即行内 50 万元以下和跨行 10 万元以下),仍可采用银行业金融机构行内支付系统和跨行同业往来系统进行汇划清算。

一、同业间存放款项的核算

1. 会计科目的设置

(1)存放同业

该科目属于资产类科目,核算商业银行存放于境内、境外金融机构的款项。商业银行存放于中央银行的款项,在“存放中央银行款项”科目核算。商业银行增加在同业的存款,借记“存放同业”科目,贷记“存放中央银行款项”等科目;减少在同业的存款做相反的会计分录。该科目期末借方余额,反映商业银行存放在同业的各种款项。该科目可按存放款项的性质和存放的金融机构进行明细核算。

(2)同业存放

该科目属于负债类科目,核算商业银行吸收的境内、境外金融机构的存款。同业增加在商业银行的存款时,商业银行应按实际收到的金额,借记“存放中央银行款项”等科目，贷记“同业存放”科目；同业减少在商业银行的存款时，商业银行做相反的会计分录。该科目期末贷方余额，反映商业银行吸收的同业存放款项。该科目可按存放的金融机构进行明细核算。

2. 存放同业款项的核算

商业银行因办理跨系统资金结算、理财投资或其他资金往来等业务需要，而存入境内、境外金融机构的款项称为存放同业款项。

① 存出款项的处理。商业银行存出款项，在资金划拨后进行账务处理。会计分录为：

借：存放同业——存放××行××款项

　　贷：存放中央银行款项——准备金存款

② 利息的处理。资产负债表日、结息日及销户时，商业银行应计提利息收入。会计分录为：

借：应收利息——××行

　　贷：利息收入——存放同业利息收入

结息日次日及销户，实际收到存放同业款项利息，会计分录为：

借：存放同业——存放××行××款项

　　贷：应收利息——××行

③ 支取款项的处理。商业银行支取款项，在收到划来的资金后进行账务处理。会计分录为：

借：存放中央银行款项——准备金存款

　　贷：存放同业——存放××行××款项

3. 同业存放款项的核算

境内、境外金融机构因办理跨系统资金结算、理财投资或其他资金往来等业务需要，而存入商业银行的款项称为同业存放款项。

① 同业存入款项的处理。商业银行收到同业存入资金后进行账务处理。会计分录为：

借：存放中央银行款项——准备金存款

　　贷：同业存放——××行存放××款项

② 利息的处理。资产负债表日、结息日及销户时，商业银行计提利息支出。会计分录为：

借：利息支出——同业存放利息支出

　　贷：应付利息——××行

结息日次日及销户时，实际支付同业存放款项利息，会计分录为：

借：应付利息——××行

　　贷：同业存放——××行存放××款项

③ 同业支取款项处理。同业支取款项，商业银行在资金划拨后进行账务处理。会计分录为：

借：同业存放——××行存放××款项

　　贷：存放中央银行款项——准备金存款

二、同业拆借的核算

1. 同业拆借的有关规定

同业拆借是商业银行之间临时融通资金的一种短期资金借贷行为，是解决短期资金不足的一种有效方法。同业拆借的主体是经中央银行批准具有法人资格的银行和非银行金融机构，以及经全国性商业银行法人授权的一级分支机构。商业银行用于拆出的资金只限于交足准备金、留足5%备付金、归还中央银行到期贷款之后的闲置资金，拆入的资金只能用于弥补票据交换差额清算、先支后收等临时性资金周转的需要，禁止利用拆入资金发放固定资产贷款或用于投资。

同业拆借交易必须在全国银行间同业拆借中心的电子交易系统、中国人民银行分支机构的拆借备案系统等中国人民银行认可的全国统一同业拆借网络中进行。同业拆借双方应商定拆借条件，如拆借利率、金额、期限等，并逐笔订立交易合同。同业拆借利率、金额、期限由交易双方自行商定，但同业拆借资金余额不能超过中国人民银行核定的最高限额，同业拆借期限也不能超过中国人民银行规定的拆借资金最长期限，且同业拆借到期后不得展期。其中，商业银行拆入资金的最长期限为1年。

同业拆借的资金清算涉及不同银行的，应直接或委托开户银行通过中国人民银行大额支付系统办理。同业拆借的资金清算可以在同一银行完成的，应以转账方式办理。任何同业拆借清算均不得使用现金支付。

2. 会计科目的设置

(1)拆出资金

该科目属于资产类科目，核算商业银行拆借给境内、境外其他金融机构的款项。商业银行拆出资金时，借记“拆出资金”科目，贷记“存放中央银行款项”“银行存款”等科目；收回资金时做相反的会计分录。该科目期末借方余额，反映商业银行按规定拆放给其他金融机构的款项。该科目可按拆放的金融机构进行明细核算。

(2)拆入资金

该科目属于负债类科目，核算商业银行从境内、境外金融机构拆入的款项。商业银行拆入资金时，应按实际收到的金额，借记“存放中央银行款项”“银行存款”等科目，贷记“拆入资金”科目；归还拆入资金时做相反的会计分录。资产负债表日，应按计算确定的拆入资金的利息费用，借记“利息支出”科目，贷记“应付利息”科目。该科目期末贷方余额，反映商业银行尚未归还的拆入资金余额。该科目可按拆入资金的金融机构进行明细核算。

3. 同业拆借的核算

（1）通过大额支付系统拆借的核算

同业拆借市场的资金清算采取由拆借双方全额直接清算的方式，即由拆出方或归还方在规定时间主动发送单笔汇划业务支付指令，通过大额支付系统办理资金汇划和清算。支付系统赋予同业拆借业务特定报文和标识，每天营业终了向同业拆借中心下载拆借和归还资金支付信息。

① 拆借的账务处理。

● 拆出行的处理。拆借双方签订合同后，拆出行主动发送银行间同业拆借支付报文，通过大额支付系统办理资金汇划。会计分录为：

借：拆出资金——××行

　　贷：存放中央银行款项——准备金存款

● 中央银行的处理。大额支付系统国家处理中心收到同业拆借支付报文后，逐笔确认无误，提交支付系统的清算账户管理系统；由清算账户管理系统代理中央银行进行账务处理。

◎ 清算账户管理系统代理拆出行开户的中央银行进行账务处理，会计分录为：

借：××存款——××拆出行

　　贷：大额支付往来——××拆出行开户央行

◎ 清算账户管理系统代理拆入行开户的中央银行进行账务处理，会计分录为：

借：大额支付往来——××拆入行开户央行

　　贷：××存款——××拆入行

● 拆入行的处理。拆入行收到清算成功同业拆借支付报文后，办理转账。会计分录为：

借：存放中央银行款项——准备金存款

　　贷：拆入资金——××行

② 利息的处理。

● 计提利息。资产负债表日，拆入行和拆出行应计提利息，确认利息支出和利息收入。

◎ 拆入行计提利息，会计分录为：

借：利息支出——拆入资金

  贷：应付利息——××行

◎ 拆出行计提利息，会计分录为：

借：应收利息——××行

  贷：利息收入——拆出资金

● 实际支付和收到利息。

◎ 拆入行实际支付利息时，会计分录为：

借：应付利息——××行

  贷：存放中央银行款项——准备金存款

◎ 拆出行实际收到利息时，会计分录为：

借：存放中央银行款项——准备金存款

  贷：应收利息——××行

③ 到期归还的处理。

● 拆入行的处理。拆借资金到期，拆入行主动发送银行间同业拆借支付报文，通过大额支付系统办理拆借资金的本息汇划。会计分录为：

借：拆入资金——××行　　（拆入资金的本金）

  应付利息——××行　　（已计提未支付的利息）

  利息支出——拆入资金　　（借贷方差额）

  贷：存放中央银行款项——准备金存款　　（实际归还的金额）

● 中央银行的处理。大额支付系统国家处理中心收到同业拆借支付报文后，逐笔确认无误，提交支付系统的清算账户管理系统，由清算账户管理系统代理中央银行进行账务处理。

◎ 清算账户管理系统代理拆入行开户的中央银行进行账务处理的会计分录为：

借：××存款——××拆入行

  贷：大额支付往来——××拆入行开户央行

◎ 清算账户管理系统代理拆出行开户的中央银行进行账务处理的会计分录为：

借：大额支付往来——××拆出行开户央行

  贷：××存款——××拆出行

● 拆出行的处理。拆出行收到清算成功同业拆借支付报文后，办理转账。会计分录为：

借：存放中央银行款项——准备金存款　　（实际收到的金额）

  贷：拆出资金——××行　　（拆出资金的本金）

应收利息——××行　　（已计提未收到的利息）

利息收入——拆出资金　　（借贷方差额）

(2)通过转账方式拆借的核算

以转账方式进行拆借时，可以直接由拆出行向中央银行提交其备付金存款账户的转账支票，办理资金划转。中央银行收到拆出行提交的转账支票，审核无误办理划款。会计分录为：

借：××存款——××拆出行

　贷：××存款——××拆入行

拆借资金到期，由拆入行主动向中央银行提交其备付金存款账户的转账支票，归还借款。中央银行收到拆入行提交的转账支票，审核无误办理划款。会计分录为：

借：××存款——××拆入行

　贷：××存款——××拆出行

其他账务处理与通过大额支付系统拆借相同。

【例4-8】 2018年3月9日，CCB银行苏州分行因临时性资金周转需要，通过大额支付系统从ICBC银行上海分行拆入资金10 000 000元，双方约定拆借期限为1个月，拆借利率为5.4%。CCB银行苏州分行到期归还拆借资金本息。

● 2018年3月9日，拆出行和拆入行进行资金拆借。会计分录为：

◎ ICBC银行上海分行：

借：拆出资金——CCB银行苏州分行　　10 000 000

　贷：存放中央银行款项——准备金存款　　10 000 000

◎ 大额支付系统国家处理中心（清算账户管理系统代理中央银行进行账务处理）：

清算账户管理系统代理ICBC银行上海分行开户的中央银行进行账务处理：

借：商业银行存款——ICBC银行上海分行　　10 000 000

　贷：大额支付往来——中国人民银行上海分行　　10 000 000

清算账户管理系统代理CCB银行苏州分行开户的中央银行进行账务处理：

借：大额支付往来——中国人民银行苏州中心支行　　10 000 000

　贷：商业银行存款——CCB银行苏州分行　　10 000 000

◎ CCB银行苏州分行：

借：存放中央银行款项——准备金存款　　10 000 000

　贷：拆入资金——ICBC银行上海分行　　10 000 000

● 2018年3月31日，拆出行和拆入行计提利息。会计分录为：

◎ ICBC银行上海分行：

应提利息＝10 000 000×23×5.4%÷360＝345 000(元)。

借:应收利息——CCB银行苏州分行 34 500

　贷:利息收入——拆出资金 34 500

◎ CCB银行苏州分行:

借:利息支出——拆入资金 34 500

　贷:应付利息——ICBC银行上海分行 34 500

● 2018年4月9日,拆入行归还拆借资金。会计分录为:

◎ CCB银行苏州分行:

利息＝10 000 000×1×5.4%÷12＝45 000(元)。

已提未支付利息34 500元,确认利息支出10 500元(＝45 000元－34 500元)。会计分录为:

借:拆入资金——ICBC银行上海分行 10 000 000

　应付利息——ICBC银行上海分行 34 500

　利息支出——拆入资金 10 500

　贷:存放中央银行款项——准备金存款 10 045 000

◎ 大额支付系统国家处理中心:

借:商业银行存款——CCB银行苏州分行 10 045 000

　贷:大额支付往来——中国人民银行苏州中心支行 10 045 000

借:大额支付往来——中国人民银行上海分行 10 045 000

　贷:商业银行存款——ICBC银行上海分行 10 045 000

● ICBC银行上海分行:

借:存放中央银行款项——准备金存款 10 045 000

　贷:拆出资金——CCB银行苏州分行 10 000 000

　　应收利息——CCB银行苏州分行 34 500

　　利息收入——拆出资金 10 500

三、同城票据交换的核算

同城票据交换是同一票据交换区内各商业银行之间相互代收、代付票据,按规定时间到指定地点集中进行交换并当场轧算的业务活动。同城各行处之间的资金账务往来都采用集中交换票据的办法,即定时、定点,集中交换代收、代付的票据,然后轧计差额,结清存欠。集中交换票据的场所称为票据交换所,各商业银行之间的票据交换所由中央银行主办,参加票据交换的各商业银行须经中央银行批准并办理交换行号,方可按规定时间参加票据交换。

目前，由于交通、计算机和网络的飞速发展，票据无纸化的应用，同城票据交换的区域已经扩展到周边地区，并向“区域票据交换中心”转变，如京津票据交换区包括北京、天津、唐山等城市，上海票据交换区包括上海和苏州等周边地区。

1. 同城票据交换的基本原理

同城票据交换业务采用票据自动清分系统在同城票据清算中心进行资金清算。同城票据清分清算系统经过了从最初的手工清算系统发展为同城跑盘清算系统、同城网络清算系统和同城清分机清算系统几个阶段，虽然清算工作中的数据收集、传递及票据清分、传递的方式发生了变化，同城资金清算的效率和质量显著提高，但其票据清分的基本原理并没有改变。

参加同城票据交换的商业银行均应在中央银行开立备付金存款账户，由中央银行负责对各商业银行的资金存欠进行清算。票据交换分为提出票据和提入票据两个系统，通过票据交换所向他行提出票据的银行为提出行，通过票据交换所从他行提入票据的银行为提入行。参加票据交换的银行一般既是提出行又是提入行。

商业银行提出交换的票据可分为两类：

① 代收票据，亦称贷方凭证，是指以本行开户单位为付款人，向他行开户单位付款的各种结算凭证。如持票人将以本行开户单位为出票人的支票提示付款时提交给本行的进账单，以本行开户单位为付款人的代发工资凭证、划转税款凭证等。

② 代付票据，亦称借方凭证，是指以本行开户单位为收款人，向他行开户单位收款的各种结算凭证。如以本行开户单位为收款人解入的支票、银行本票、银行汇票等。

提出行提出代收票据(贷方凭证)表示本行应付款项，提入行提入代收票据则表示本行应收款项；提出行提出代付票据(借方凭证)表示本行应收款项，提入行提入代付票据则表示本行应付款项。由于参加票据交换的商业银行一般既是提出行又是提入行，因此，在每场票据交换中，各行应收款项和应付款项合计分别为：

应收金额合计＝提出的代付票据(借方凭证)金额＋提入的代收票据(贷方凭证)金额

应付金额合计＝提出的代收票据(贷方凭证)金额＋提入的代付票据(借方凭证)金额

各家商业银行在每场交换中应当场加计应收款项和应付款项合计，并轧计出应收或应付差额，如应收款项合计大于应付款项合计，则其差额为应收差额；如应付款项合计大于应收款项合计，则其差额为应付差额。最后由票据交换所汇总轧平各行的应收、应付差额，并转交中央银行办理转账，清算差额。

2. 同城票据交换的核算

(1)会计科目的设置

商业银行应设置“清算资金往来”科目，核算商业银行间业务往来的资金清算款项。

该科目属于资产负债共同类科目，可按资金往来单位，分别设置“同城票据清算”“信用卡清算”等进行明细核算。收到清算资金时，借记“存放中央银行款项”等科目，贷记“清算资金往来”科目；划付清算资金时做相反的会计分录。该科目期末借方余额，反映商业银行应收的清算资金；期末贷方余额，反映商业银行应付的清算资金。

(2)提出行的核算

提出行提出的票据，按代收票据、代付票据清分，分别登记“代收票据交换登记簿”和“代付票据交换登记簿”，并结出金额合计数。然后按代收票据、代付票据所属行别的交换号整理、汇总，加计票据的张数、金额，填制“提出交换借、贷方凭证计算表”，并将代收、代付票据附在后面。同时根据计算登记“清算总数表”的“提出代收款”和“提出代付款”栏。由交换员将“清算总数表”，连同提出的代收、代付票据带到票据交换所进行交换。

① 提出贷方凭证(如进账单)，会计分录为：

借：吸收存款——××存款——××付款人

　　贷：清算资金往来——同城票据清算

② 提出借方凭证，根据“收妥入账”的原则，分别不同情况进行处理。

对于见票即付的票据，如银行本票、银行汇票等，应及时将资金划入客户账内。会计分录为：

借：清算资金往来——同城票据清算

　　贷：吸收存款——××存款——××收款人

对于收妥抵用的票据，如转账支票等，先将应收票款计入“其他应付款”账户。会计分录为：

借：清算资金往来——同城票据清算

　　贷：其他应付款——同城清算提出

若超过规定的退票时间，未发生退票，再将资金划入客户账内。会计分录为：

借：其他应付款——同城清算提出

　　贷：吸收存款——××存款——××收款人

(3)提入行的核算

票据交换员提回交换包，将提入票据、交换差额报告单及清单等移交柜员。柜员审核无误后使用相关交易进行处理，打印记账凭证，系统自动登记同城票据入登记簿。

① 对提入的贷方凭证，经审核正确无误，则办理转账。会计分录为：

借：清算资金往来——同城票据清算

　　贷：吸收存款——××存款——××收款人

② 提入的借方凭证,经审核正确无误,可以付款,则办理转账。会计分录为:

借:吸收存款——××存款——××付款人

贷:清算资金往来——同城票据清算

(4)票据交换所的处理

票据交换所收到各提出行的提出票据后,由票据清分机自动按提入行进行清分,将票据放入各提入行的箱夹,并对通过票据清分机的票据进行数据清算,轧计出各行本场次票据交换中应收款项的金额合计和应付款项的金额合计以及应收或应付差额,并汇总轧平各行的应收、应付差额后,编制"交换差额报告单",打印出各交换行的提回明细清单。然后,票据交换所将各提入行箱夹中的票据连同"交换差额报告单"和提回明细清单,按提入行整理并封装交换包,待交换行在规定时间提回。

(5)交换轧差资金清算的核算

柜员将提入的票据头寸与提出的票据头寸进行轧差,并与当地中央银行清算差额。

① 若本次交换为应收差额,应向票据交换所填制中央银行存款账户送款单。会计分录为:

借:存放中央银行款项——准备金存款

贷:清算资金往来——同城票据清算

② 若本次交换为应付差额,应向票据交换所填制中央银行转账支票。会计分录为:

借:清算资金往来——同城票据清算

贷:存放中央银行款项——准备金存款

③ 中央银行根据参加票据交换各行的应收、应付差额情况进行转账。会计分录为:

借:××银行准备金存款——应付差额行

贷:××银行准备金存款——应收差额行

(6)退票行的核算

票据交换中难免会出现错误。当提入行误提他行票据、提入有错误的票据(如账号与户名不符、大小写金额不一致等)、提入付款人账户资金不足支付的票据等情况,均需要办理退票。

① 提入票据退票的核算。

提入行提入的票据由于各种原因不能办理转账,需要退票时,应在规定的退票时间内电话通知原提出行,等下次票据交换时进行实物退票,并将待退票据视同提出票据,列入下次清算。由于待退票据款项已列入本次清算差额,为保持本次"清算资金往来"余额与清算差额一致,便于账务平衡和核查,对待退票款项应列入应收或应付科目核算。

● 对提入的贷方凭证(如进账单)需要退票,会计分录为:

借:清算资金往来——同城票据清算

　　贷:其他应付款——同城清算退票

● 下次交换提出退票,会计分录为:

借:其他应付款——同城清算退票

　　贷:清算资金往来——同城票据清算

● 对提入的借方凭证(如空头支票)需要退票,会计分录为:

借:其他应收款——同城清算退票

　　贷:清算资金往来——同城票据清算

● 下次交换提出退票,会计分录为:

借:清算资金往来——同城票据清算

　　贷:其他应收款——同城清算退票

② 提出票据退票的核算。

提出行接到退票通知后,如查明确属本行提出的票据,在登记簿中注明退票的理由和时间,下次票据交换时将退回的票据视同提入票据处理。

● 提出的贷方凭证发生退票,下次交换提入退票,会计分录为:

借:清算资金往来——同城票据清算

　　贷:吸收存款——××存款——××付款人

● 提出的借方凭证发生退票,下次交换提入退票,会计分录为:

借:其他应付款——同城清算提出

　　贷:清算资金往来——同城票据清算

【例4-9】 2018年8月6日,H市同城票据交换所纳入当日第一场票据交换轧差的各交换行提出和提入票据如下(假设未发生退票):

① CCB银行某分行提出转账支票金额567 000元,提出进账单金额216 000元;提入银行本票金额127 000元,提入进账单金额438 000元。

② HSCB银行某分行提出银行本票金额7 200元,提出进账单金额33 800元;提入转账支票金额21 600元,提入进账单金额8 600元。

③ ICBC银行某分行提出银行汇票金额243 200元,提出进账单金额249 900元;提入转账支票金额738 600元,提入进账单金额122 900元。

假设各交换行均为清算行,且在中央银行的备付金存款账户有足够的资金清算票据交换差额。根据上述资料,编制各交换行的会计分录,计算各交换行应收(付)差额并与中央银行清算差额。

各交换行有关账务处理如下：

● 编制各交换行的会计分录。

◎ CCB银行某分行：

提出转账支票(借方票据、代付票据，收妥抵用)时：

借：清算资金往来——同城票据清算　　567 000

　　贷：其他应付款——同城清算提出　　567 000

超过退票时间，未发生退票时：

借：其他应付款——同城清算提出　　567 000

　　贷：吸收存款——××存款——××收款人　　567 000

提出进账单(贷方票据、代收票据)时：

借：吸收存款——××存款——××付款人　　216 000

　　贷：清算资金往来——同城票据清算　　216 000

提入银行本票(借方票据、代付票据)时：

借：吸收存款——××存款——××付款人　　127 000

　　贷：清算资金往来——同城票据清算　　127 000

提入进账单(贷方票据、代收票据)时：

借：清算资金往来——同城票据清算　　438 000

　　贷：吸收存款——××存款——××收款人　　438 000

◎ HSCB银行某分行：

提出银行本票(借方票据、代付票据，即时抵用)时：

借：清算资金往来——同城票据清算　　7 200

　　贷：吸收存款——××存款——××收款人　　7 200

提出进账单(贷方票据、代收票据)时：

借：吸收存款——××存款——××付款人　　33 800

　　贷：清算资金往来——同城票据清算　　33 800

提入转账支票(借方票据、代付票据)时：

借：吸收存款——××存款——××付款人　　21 600

　　贷：清算资金往来——同城票据清算　　21 600

提入进账单(贷方票据、代收票据)时：

借：清算资金往来——同城票据清算　　8 600

　　贷：吸收存款——××存款——××收款人　　8 600

◎ ICBC银行某分行：

提出银行汇票(借方票据、代付票据,即时抵用)时:

借:清算资金往来——同城票据清算　243 200

　贷:吸收存款——××存款——××收款人　243 200

提出进账单(贷方票据、代收票据)时:

借:吸收存款——××存款——××付款人　249 900

　贷:清算资金往来——同城票据清算　249 900

提入转账支票(借方票据、代付票据)时:

借:吸收存款—××存款——××付款人　738 600

　贷:清算资金往来——同城票据清算　738 600

提入进账单(贷方票据、代收票据)时:

借:清算资金往来——同城票据清算　122 900

　贷:吸收存款——××存款——××收款人　122 900

● 计算各交换行的应收(付)差额。

◎ CCB 银行某分行应收差额计算如下:

应收款项金额合计=567 000+438 000=1 005 000(元)。

应付款项金额合计=216 000+127 000=343 000(元)。

应收差额=1 005 000-343 000=662 000(元)。

◎ HSCB 银行某分行应付差额计算如下:

应收金额合计=7 200+8 600=15 800(元)。

应付金额合计=33 800-21 600=55 400(元)。

应付差额=55 400-15 800=39 600(元)。

◎ ICBC 银行某分行应付差额计算如下:

应收金额合计=243 200+122 900=366 100(元)。

应付金额合计=249 900+738 600=988 500(元)。

应付差额=988 500-366 100=622 400(元)。

● 各交换行与中央银行清算差额。

◎ CCB 银行某分行与中央银行清算差额,会计分录为:

借:存放中央银行款项——准备金存款　662 000

　贷:清算资金往来——同城票据清算　662 000

◎ HSCB 银行某分行与中央银行清算差额,会计分录为:

借:清算资金往来——同城票据清算　39 600

　贷:存放中央银行款项——准备金存款　39 600

◎ 中国工商银行某分行与中央银行清算差额，会计分录为：

借：清算资金往来——同城票据清算　　622 400

　贷：存放中央银行款项——准备金存款　　622 400

四、跨系统小额汇划款的核算

跨系统小额汇划款是指异地的同业银行之间，因为客户办理异地结算等原因而相互转汇划的款项。各商业银行间的跨系统大额（规定额度以上）的汇划款项，应通过现代化支付系统进行汇划和资金清算。实际工作中，在限额以下的异地跨系统汇划款项采用“相互转汇”的办法进行，即汇出行通过一定的方式将款项转入当地跨系统商业银行办理系统内资金划拨，并在处理过程中随时清算资金。

根据商业银行机构设置的不同情况，异地跨系统小额款的汇划采用下列不同的转汇方式。

1. 汇出行所在地为双设机构地区

汇出行所在地有与汇入行相同系统的银行机构作为转汇行，采用“先横后直”方式转汇。也就是汇出行先通过同城票据交换（或直接同业往来）将款项划至汇入行的转汇行，然后再由转汇行再通过其系统内往来将款项划给异地的汇入行。

【例 4-10】 CCB 银行北京分行营业部开户单位（某科技公司）要向 ICBC 银行上海分行的开户单位（某进口公司）汇款50 000元。汇划过程是：CCB 银行北京分行营业部填写转汇清单和划款专用凭证，将款项划至 ICBC 银行北京分行，再由 ICBC 银行北京分行划至 ICBC 银行上海分行，如图 4-2 所示。

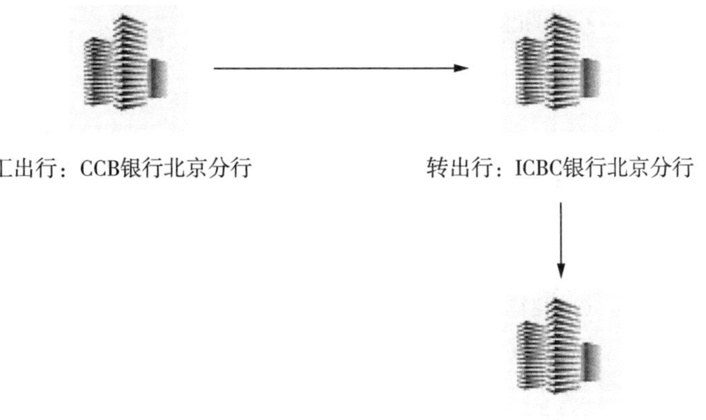

图 4-2 “先横后直”款项汇划示意图

● CCB银行北京分行将款项划至ICBC银行北京分行,会计分录为:

借:吸收存款——活期存款(某科技公司)　　50 000

　贷:清算资金往来——同城票据清算——ICBC银行北京分行　　50 000

● ICBC银行北京分行转汇时,会计分录为:

借:清算资金往来——同城票据清算——CCB银行北京分行　　50 000

　贷:待清算辖内往来——ICBC银行上海分行　　50 000

● ICBC银行上海分行收到款项,会计分录为:

借:待清算辖内往来——ICBC银行北京分行　　50 000

　贷:吸收存款——活期存款(某进口公司)　　50 000

2. 汇出行所在地为单设机构地区,汇入行所在地为双设机构地区

汇出行所在地为单设机构地区,汇入行所在地为双设机构地区,采用“先直后横”方式转汇。也就是先由汇出行将款项通过系统内往来将款项转入异地的汇入地联行,再由汇入地联行通过“同城票据交换(或直接同业往来)向跨系统的汇入行办理汇划和资金清算。

【例4-11】 某县只有ICBC银行某支行,该银行开户单位(某土产贸易公司)将一笔款项汇给BOC银行北京分行营业部开户单位(某进出口公司),金额50 000元。汇划过程如图4-3所示。

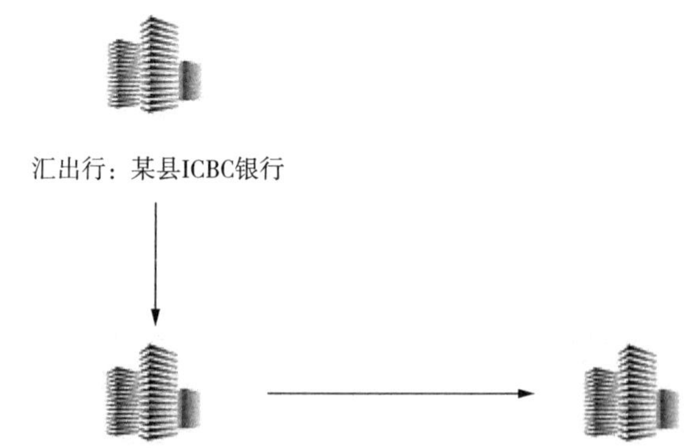

图4-3 “先直后横”款项汇划示意图

● 某县ICBC银行办理联行划款,会计分录为:

借:吸收存款——活期存款(某土产贸易公司)　　50 000

　贷:待清算辖内往来——ICBC银行北京分行　　50 000

● ICBC 银行北京分行办理转，会计分录为：

借：待清算辖内往来——ICBC 银行某县支行　　50 000

　　贷：清算资金往来——同城票据清算——BOC 银行北京分行　　50 000

● BOC 银行北京分行收到汇划款，会计分录为：

借：清算资金往来——同城票据清算——BOC 银行北京分行　　50 000

　　贷：吸收存款——活期存款（某进出口公司）　　50 000

3. 汇出行和汇入行均在单设机构地区

汇出行和汇入行均在单设机构地区，且两行为非同一系统银行，发生款项汇划时，采用“先直后横再直”方式转汇。也就是汇出行将款项通过系统内往来划转附近双设机构地区联行；再由联行向同城的跨系统银行转汇及清算资金；然后由该跨系统银行通过系统内往来将转汇款项划入本系统汇入地联行。汇划过程如图 4－4 所示。

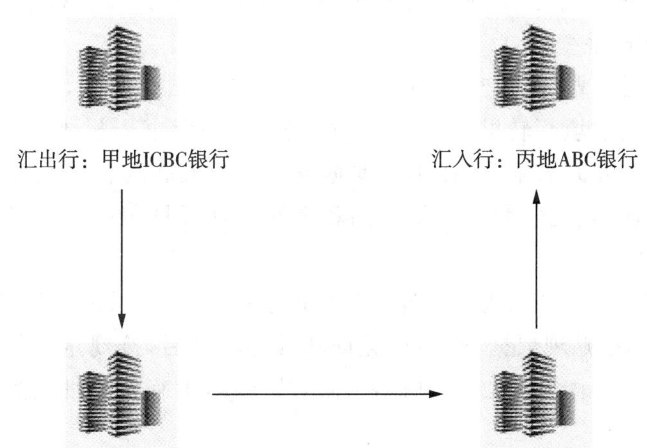

图 4－4　“先直后横再直”款项汇划示意图

① 汇出行汇划款项，会计分录为：

借：吸收存款——活期存款（汇款单位）

　　贷：待清算辖内往来——××行

② 代转行（即汇出行附近双设机构地区联行）转汇，会计分录为：

借：待清算辖内往来——××行

　　贷：清算资金往来——同城票据清算

③ 转汇行（即双设机构地区的跨系统银行）转汇，会计分录为：

借:清算资金往来——同城票据清算

　　贷:待清算辖内往来——××行

④ 汇入行收到汇划款项,会计分录为:

借:待清算辖内往来——××行

　　贷:吸收存款——活期存款(收款单位)

五、转贴现业务的核算

转贴现是指贴现银行将已办理贴现的尚未到期的银行承兑汇票或经总行批准办理贴现的商业承兑汇票,转让给其上一级行的票据行为以及总行与其他商业银行总行之间、分行与其他商业银行分行之间相互转让票据的行为。

1. 系统内转贴现的核算

① 下级行向上级行申请转贴现的处理。转贴现申请行(下级行)的计划部门出具借据,将已贴现的票据暂时借出,加计总数填制转贴现申请书,经有权审批人的签章批准后,交会计部门办理手续。

会计部门接到计划部门交来的转贴现申请书和已贴现票据,应在票据上作"转让背书",在被背书人栏填写转贴现行(上级行)名称,在背书人栏加盖汇票专用章和法定代表人或授权经办人名章,并按单张票据填写一式五联的转贴现凭证(用贴现凭证代替),连同已贴现的票据、商品交易合同和增值税发票复印件,一并送交转贴现银行(上级行)。

② 转贴现银行办理转贴现的处理。转贴现银行(上级行)计划部门接到转贴现申请行(下级行)送交的已贴现票据、转贴现凭证和其他单证后,按规定进行审查,对符合条件的,在转贴现凭证"银行审批"栏中签署"同意"字样,由有权审批人签章后,送本行会计部门。

会计部门接到计划部门交来经背书转让的贴现票据和转贴现凭证,按照有关规定审核无误,确认贴现凭证的填写与票据相符后,按单张票据内容计算出转贴现利息和实付转贴现金额。

计算方法如下:

汇票到期值=汇票票面金额×(1+汇票到期天数×年利率÷360)

转贴现利息=汇票到期值×转贴现天数×(转贴现年利率÷360)

实付转贴现金额=汇票到期值-转贴现利息

承兑人在异地的,计算转贴现天数时,应另加 3 天的划款日期。其后,会计部门在转贴现凭证有关栏内填上转贴现利率、利息和实付金额,并按照实付转贴现金额填写

(信)电汇凭证，通过当地中国人民银行向转贴现申请行汇款。第一联贴现凭证作贴现科目借方凭证，第二联作存放中央银行款项科目贷方凭证，人民银行退回的汇款回单作其附件，第三联作利息收入贷方凭证，第五联和汇票按申请行和到期日顺序排列，专夹保管。会计分录：

借：贴现资产——××行(本金)

贷：存放中央银行款项——准备金存款

借或贷：贴现资产——××行(利息调整)

资产负债日：

借：贴现资产——××行(利息调整)

贷：利息收入——转贴现利息收入

根据已办理转贴现凭证的第四联填制转贴现票据清单，连同加盖转讫章的转贴现第四联凭证退交转贴现申请行。

③ 转贴现申请银行收到转贴现款项的处理。转贴现申请银行收到当地中国人民银行的汇款收账通知，在与上级行退回的第四联贴现凭证及转贴现票据清单核对相符，审查无误后，填制两联特种转账借方凭证，以中国人民银行收账通知单作其附件，作为存放中央银行款项科目的借方凭证；另一联特种转账借方凭证，以贴现凭证第四联作其附件，作为往来支出科目的借方凭证，以计划部门的借据作其附件，作为贴现科目的贷方凭证。会计分录为：

借：存放中央银行款项——准备金存款

借或贷：贴现负债——××行(利息调整)

贷：贴现负债——××行(本金)

待票据到期后，收回票款，再作以下分录：

借：贴现负债——××行

贷：贴现资产——××行

④ 转贴现到期收回票款的处理。转贴现银行作为持票人，按单张汇票到期日收款时，应在汇票"背书人"栏加盖结算专用章和授权经办人名章，注明"委托收款"字样，填制委托收款凭证，在委托收款凭证名称栏注明"商业承兑汇票"或"银行承兑汇票"及其号码，连同汇票向付款人或承兑人办理委托收款。对付款人在异地的，应在汇票到期前，匡算至付款人的邮程提前办理委托收款，将第五联贴现凭证作为第二联委托收款凭证的附件存放，其余手续比照发出委托收款凭证的手续处理。

转贴现银行在收到票款划回时，按照委托收款款项划回的有关手续处理。会计分录：

借：有关科目

　贷：贴现资产——××行

⑤ 转贴现到期未收回的处理。转贴现银行收到付款人开户行或承兑行退回的委托收款凭证、汇票和拒绝付款理由书，直接向转贴现申请行收取。

2. 跨系统转贴现的核算

① 受理转贴现的处理。商业银行持未到期的贴现汇票向其他商业银行转贴现时，应根据汇票填制一式五联的转贴现凭证(用贴现凭证代)，在第一联上按照规定签章，将汇票做成转让背书，一并交给转贴现银行。转贴现银行信贷部门接到汇票和转贴现凭证后，按照有关规定审查，符合条件的，在转贴现凭证"银行审批"栏签注"同意"字样，经有权人签章后送交会计部门。

② 跨系统转贴现的核算。转贴现银行会计部门接到做成转让背书的汇票和转贴现凭证，审查无误后，计算出转贴现利息和实付转贴现金额，通过当地中国人民银行向转贴现申请行划款。第一联贴现凭证作贴现科目借方凭证，第二联作存放中央银行款项科目贷方凭证，中国人民银行退回的汇款回单作其附件，第三联作利息收入贷方凭证，第四联是银行给持票人的收账通知，第五联和汇票，按申请行和到期日顺序排列，并专夹保管。会计分录为：

借：贴现资产——××行

　贷：存放中央银行款项——准备金存款

　　利息收入——转贴现利息收入

申请转贴现银行收到转贴现银行交给的转贴现通知和中国人民银行的收账通知后，应填制两联特种转账借方凭证和一联特种转账贷方凭证，收账通知作存放中央银行款项借方凭证的附件。会计分录为：

借：存放中央银行款项——准备金存款

　利息支出——转贴现利息支出

　贷：贴现负债——××行

待票据到期后，收到票款，再作如下处理：

借：贴现负债——××行

　贷：贴现资产——××行

③ 转贴现到期收回的处理。转贴现汇票到期后，转贴现银行作为持票人向承兑人提示付款，具体手续比照上述有关内容。

④ 转贴现到期未收回的处理。转贴现银行收到付款人开户行或承兑行退回的委托收款凭证，汇票和拒绝付款理由书，直接向转贴现申请行收款。

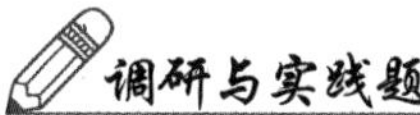

调研与实践题

组织学生实地调研两家商业银行之间发生的资金汇划与清算业务，启发学生思考并从中把握银行业金融机构之间往来业务的核算流程。

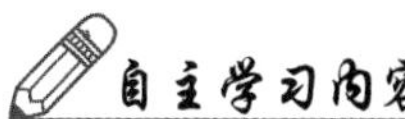

自主学习内容

1. 什么是转贴现？如何进行转贴现的账务处理？
2. 什么是跨系统小额资金汇划？
3. 什么是“先横后直”？什么是“先直后横”？什么是“先横后直再横”？
4. 在跨系统小额资金汇划的过程中，汇出行、汇入行和转汇行如何进行账务处理？

复习思考题

1. 简述资金汇划清算系统的业务范围与处理流程。
2. 简述银行业金融机构往来的具体内容。
3. 什么是存款准备金？商业银行如何进行存款准备金缴存的账务处理？
4. 什么是同业拆借？如何进行账务处理？
5. 什么叫买断式贴现？商业银行在办理买断式贴现时如何进行账务处理？
6. 什么叫回购式贴现？商业银行在办理回购式贴现时如何进行账务处理？
7. 什么是划收款（贷报）业务和划付款（借报）业务？分别列举2～3种具体业务予以说明。
8. 什么是同城票据交换？简述同城票据交换的基本原理。

账务处理题

1. HSCB银行合肥市新华路支行收到HSCB银行芜湖市长江西路支行寄来的委托收款凭证和商业承兑汇票，金额为45 000元，系本行开户单位天蓝公司向芜湖市雅阁公司支付的货款。经该公司同意，通过资金汇划清算系统办理款项汇划。HSCB银行芜湖市长江西路支行收到电子汇划信息，确认无误后，将划回的货款收入开户单位雅阁公司账户。

要求：编制各经办行、清算行和总行清算中心的会计分录。

2. 3月5日，ICBC银行南京分行通过中国人民银行向ICBC银行总行存入备付金1 500 000元；5月8日，ICBC银行南京分行通过中国人民银行从ICBC银行总行调回备付金500 000元。

要求：编制ICBC银行南京分行和ICBC银行总行的会计分录。

3. 4月5日，ICBC银行安徽省分行营业部（合肥市）签发转账支票提交中国人民银行，以转账的方式向本市CCB银行安徽省分行营业部（合肥市）拆出资金8 000 000元，双方约定拆借期限为7天，拆借年利率为5.1%。假设ICBC银行安徽省分行营业部和CCB银行安徽省分行营业部均在本市中国人民银行开立准备金存款账户。

要求:编制ICBC银行安徽省分行营业部、CCB银行安徽省分行营业部和中国人民银行的会计分录。

4. 7月6日,HSCB银行合肥市五里井支行持已贴现尚未到期的商业承兑汇票向中国人民银行申请办理买断式再贴现,汇票面额为360 000元,9月17日到期,再贴现率为4.5%,付款人开户行在同城,中国人民银行到期收回票款。

要求:(1)计算再贴现利息及实付再贴现金额。(2)编制HSCB银行合肥市五里井支行办理再贴现、月末摊销再贴现利息调整以及汇票到期的会计分录。

5. 3月20日,ICBC银行合肥支行纳入当日第一场票据交换轧差的提出和提入票据为:提出代收票据10张,金额为63 000元;提出代付票据(为收妥抵用票据)2张,金额为21 000元;提入代收票据5张,金额为95 000元;提入代付票据3张,金额为42 000元。在规定的退票时间内,ICBC接到CCB银行温州支行的退票电话,被告之本行开户单位华兴科技公司为收款人的一张提出代付票据(转账支票),由于CCB银行温州支行开户单位的安盟商贸公司为付款人的存款账户无款支付(空头支票)发生退票,金额为10 000元,待下场票据交换退回。

3月20日,ICBC银行合肥支行纳入当日第二场票据交换轧差的提出和提入票据为:提出代收票据6张,金额为78 000元;提出代付票据(为收妥抵用票据)3张,金额为36 000元;提入代收票据8张,金额为79 000元;提入代付票据2张,金额为12 000元,其中1张为退回的收款人为华兴科技公司的代付票据,金额为10 000元。

要求:(1)计算ICBC银行合肥支行应收(付)差额并与中国人民银行清算差额。(2)编制ICBC银行合肥支行的会计分录。(3)编制CCB银行温州支行提入空头支票及退票的会计分录。

第五章 现代化支付系统的核算

本章导读

现代化支付系统是中国人民银行根据支付清算的需要，利用现代计算机技术和通信网络技术开发建设并高效、安全处理商业银行办理的异地、同城各种支付业务及其资金清算与货币市场交易资金清算的应用系统。我国目前已建成了以现代化支付系统为核心、银行业金融机构行内业务系统为基础、票据支付系统和银行卡支付系统等系统为重要组成部分的支付清算体系，中国现代化支付系统是支付清算体系的中枢。面对当今奔腾汹涌的金融浪潮，商业银行作为支付清算的参与主体，以提供支付服务、保障交易安全为宗旨，为促进社会经济的发展做出了重要贡献。现代化支付系统为商业银行忠实履行其责任和义务提供了重要的保障。

知识目标

1. 了解中国现代化支付系统的主要应用系统及支付结算工具。
2. 熟悉大额、小额支付系统及网上支付跨行清算系统的体系结构、参与者。
3. 理解大额、小额支付系统及网上支付跨行清算系统处理的支付结算业务范围和流程。
4. 掌握大额、小额支付系统的普通贷记业务，小额支付系统的借记业务、轧差与资金清算的核算。

对应能力与要求

1. 能够正确设置大额、小额支付系统及网上支付跨行清算系统的会计科目。
2. 能够正确把握大额、小额支付系统及网上支付跨行清算系统的业务范围和流程。

3. 能够正确确认大额、小额支付系统及网上支付跨行清算系统的相关业务并进行计量。

4. 能够正确核算大额实时支付业务、小额批量支付业务、网银业务并进行账务处理。

5. 具备现代化支付系统所涉及的相关业务的会计信息确认、计量与账务处理的实践能力。

第一节　现代化支付系统的应用系统与支付结算工具

一、中国现代化支付系统的应用系统

中国现代化支付系统的应用系统是以清算账户管理系统(SAPS)为核心，大额支付系统(HVPS)、小额支付系统(BEPS)、支票影像交换系统(CIS)、网上支付跨行清算系统(IBPS)为业务应用子系统，支付管理信息系统(PMIS)为辅助支持系统。其架构如图5-1所示。

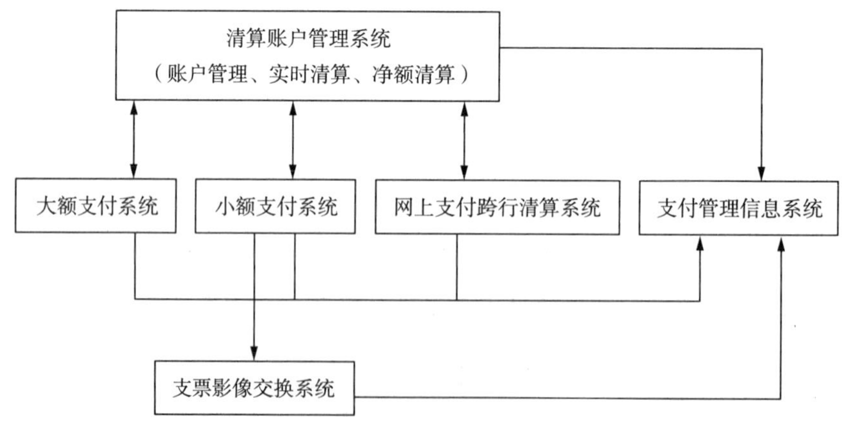

图5-1　中国现代化支付系统应用系统架构图

① 清算账户管理系统(SAPS)是现代化支付系统的核心支持系统，通过集中存储和管理清算账户，处理大额支付系统、小额支付系统、网上支付跨行清算系统等业务系统的资金清算，以及中央银行会计核算系统发起的现金存取、再贷款、再贴现等单边业务

和同城轧差净额业务。

② 大额支付系统(HVPS)采取逐笔实时发送支付指令,全额清算资金。该系统处理同城和异地商业银行跨行之间和行内的每笔金额在规定起点以上的大额贷记支付业务和紧急的小额贷记支付业务、中央银行会计和国库部门办理的贷记支付业务,以及公开市场操作、债券交易等即时转账业务。

③ 小额支付系统(BEPS)采取批量发送支付指令,轧差净额清算资金。该系统处理同城和异地纸质凭证截留的商业银行跨行之间的借记支付业务以及每笔金额在规定起点以下的小额贷记支付业务、中央银行会计和国库部门办理的借记支付业务。

④ 网上支付跨行清算系统(IBPS)即网银互联系统(俗称超级网银),采取逐笔实时发送支付指令,轧差净额清算资金。该系统处理跨行(同行)网上支付、电话支付、手机支付等新兴电子支付业务、跨行账户信息查询以及在线签约等业务。网银互联系统实现了各商业银行网银系统互联互通,为社会提供更为高效、便捷的电子支付清算服务,同时作为大额、小额支付系统运行时序上的有益补充。

⑤ 支票影像交换系统(CIS)综合运用影像技术和支付密码等技术,将纸质支票转换为影像和电子信息,实现纸质支票截留,利用网络技术将支票影像和电子清算信息传递至出票人开户行进行提示付款,付款回执通过小额支付系统返回,由小额支付系统统一纳入轧差并提交清算,实现支票的全国通用。该系统处理银行机构跨行和行内的支票影像信息交换。

⑥ 支付管理信息系统(PMIS)是现代化支付系统的辅助支持系统,主要负责管理行名行号、统计分析、统计报表、监控业务运行、集中存储支付系统的基础数据和计费服务等。对支付信息和系统基础数据进行管理和统计监测,并进行数据挖掘和加工,为制定货币政策和维护金融稳定等提供可靠的信息支持和决策依据。

二、中国现代化支付系统支撑的支付结算工具

支付结算工具是资金转移的载体,人们形象地称支付结算工具为资金流通的"车",称支付系统为资金流通的"路"。中国现代化支付系统的建成和在全国的推广应用,搭建了银行间跨行资金清算的"高速公路",为各银行及清算服务组织提供了业务发展和创新的平台。目前,我国已基本形成了以支票、汇票、本票和银行卡等非现金支付工具为主体,以汇兑、托收承付、委托收款、定期借记、定期贷记等结算方式为补充,以网上支付、手机支付等电子支付方式为新兴发展方向的非现金支付工具体系,为社会提供高效、便捷、安全、灵活的支付清算服务。

中国现代化支付系统支撑的国内使用的支付结算工具,主要有贷记支付工具、借记支付工具和其他支付工具,如表 5-1 所示。

表 5-1 现代化支付系统支撑的支付结算工具(国内)分类表

类　别	支付工具名称	适用范围和特点
贷记支付	汇兑	用于企业、政府、银行间及个人消费者异地、同城资金划拨和支付。
	委托收款	主要用于同城、异地的商业性支付,资金划回收款人时通过支付系统处理。
	托收承付	用于异地的商业性支付,资金划回收款人时通过支付系统处理。
	定期贷记	用于同城、异地的定期支付,如个人工资、保险金发放的支付。
	实时贷记	用于同城、异地通存业务、代收付中心发起的实时代付业务等。
	网银贷记	用于同城、异地客户或第三方支付服务组织依照客户委托,依托互联网发起的电子支付业务。
借记支付	银行汇票	用于异地的商业、个人消费或其他支付。
	国内信用证	用于异地商业性支付。
	银行本票	用于票据交换区域内的商业和个人消费性支付。
	支票	用于全国范围内的商业和个人消费性支付。
	旅行支票	未来提供给个人用于异地旅行时的消费性支付。
	定期借记	用于同城、异地的支付,如房租、水电费、电话费、税款的收取。
	实时借记	用于同城、异地通兑业务、代收付中心发起的实时代收业务等。
	网银借记	用于同城、异地客户依托互联网发起的电子支付业务。
其他工具	商业汇票	用于同城、异地的商业性支付,通过银行委托收款,资金划回时通过支付系统处理。
	银行卡	主要用于同城、异地的小额商业、消费性支付。

第二节　大额支付系统的核算

一、大额支付系统的体系结构

大额支付系统采取“两级两层”结构:第一层为国家处理中心(NPC),第二层为城市处理中心(CCPC),NPC 分别与各 CCPC 连接。其中,中央银行会计核算数据集中系统(ACS)和中央银行国库核算数据集中系统(TCBS)一点接入大额支付系统 NPC 处理相关支付业务。中央银行会计集中核算系统(ABS)和中央银行国库会计核算系统(TBS)在向 ACS、TCBS 切换前(即过渡期间)仍通过当地 CCPC 分散接入大额支付系统处理相关支付业务。大额支付系统的体系结构如图 5-2 所示

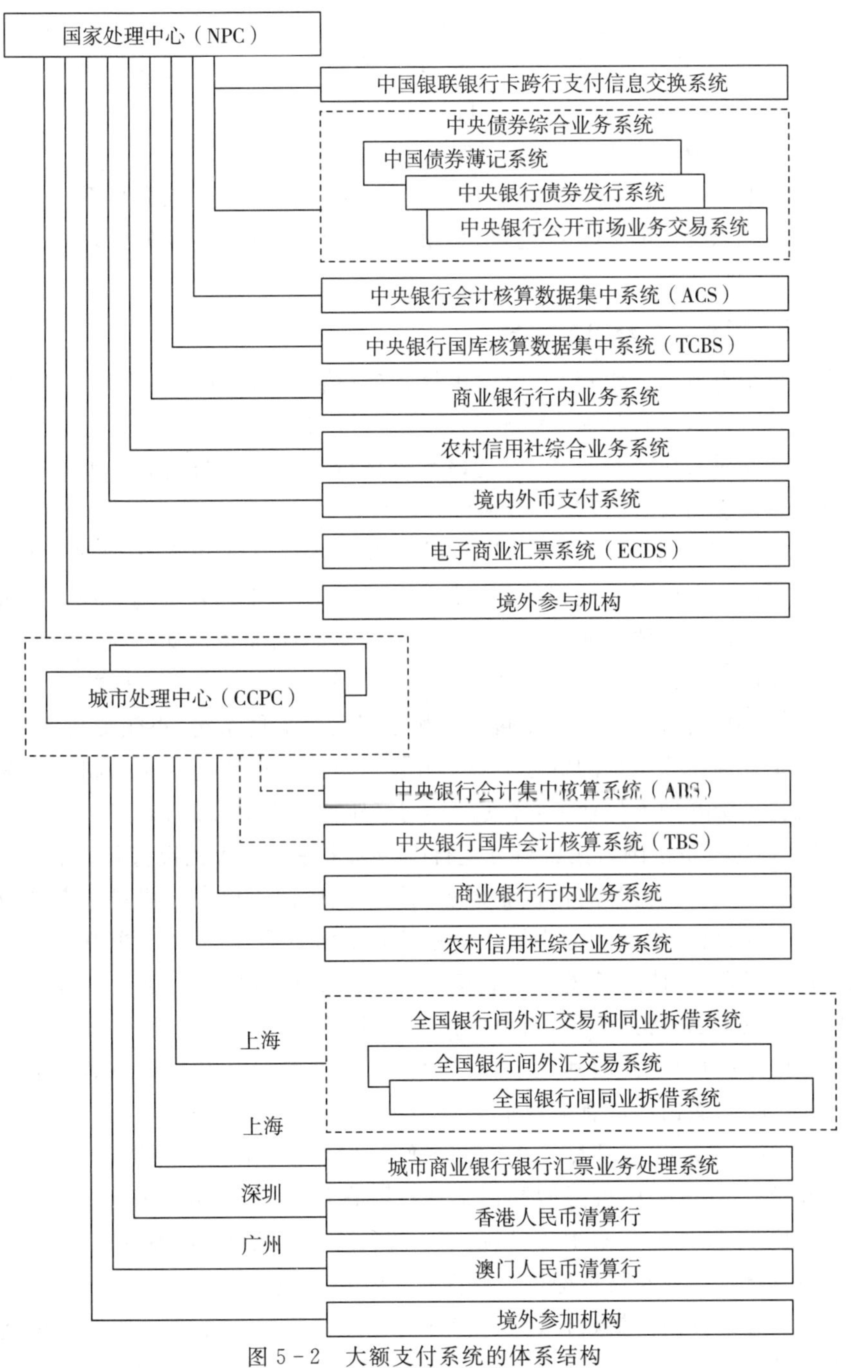

图 5－2 大额支付系统的体系结构

商业银行行内业务系统由商业银行根据业务发展和系统数据集中情况，选择由其法人（总行、总部）一点接入大额支付系统 NPC 或所在地 CCPC，也可由其分支机构分散接入所在地 CCPC，处理商业银行的支付清算业务。

中央债券综合业务系统、中国银联银行卡跨行支付信息交换系统、电子商业汇票系统（ECDS）分别与大额支付系统 NPC 一点连接，全国银行间外汇交易系统和同业拆借系统与大额支付系统上海 CCPC 连接，城市商业银行银行汇票业务处理系统与大额支付系统上海 CCPC 连接。

二、大额实时支付系统的参与者

办理支付结算业务的银行、城市信用社、农村信用社以及其他特许机构，经中央银行批准并申请支付系统行号后（大额支付系统行号与小额支付系统行号为同一行号），可以作为大额支付系统的参与者，通过该系统进行款项划拨与清算。大额支付系统的参与者分为直接参与者、间接参与者和特许参与者。

① 直接参与者是中国人民银行总行（库）、尚未实现向 ACS 系统数据集中的中国人民银行分支行以及在中国人民银行开设清算账户的银行业金融机构。银行业金融机构在中国人民银行开设的清算账户是指经中国人民银行批准经营支付结算业务的银行业金融机构在当地中国人民银行开设的准备金存款账户，该账户集中摆放在清算账户管理系统（SAPS）中，由 SAPS 集中存储管理和处理大额支付系统、小额支付系统、网上支付跨行清算系统等业务系统的资金清算。开设清算账户的银行业金融机构作为直接参与者通过支付系统办理支付业务，并使用其清算账户进行资金清算。

② 间接参与者是中国人民银行分支行（库）和未在中国人民银行开设清算账户而委托直接参与者办理资金清算的银行业金融机构。经中国人民银行批准经营支付结算业务的银行业金融机构，未在当地中国人民银行开设清算账户的，作为间接参与者通过支付系统办理支付业务，使用其委托的直接参与者的清算账户进行资金清算。作为间接参与者的银行业金融机构可以在当地中国人民银行开设专用账户，该账户物理上不摆放在 SAPS 中，专门用于办理其现金存取业务和同城票据交换轧差净额的清算。专用账户的开设、使用、撤销遵从有关规定。

③ 特许参与者是经中国人民银行批准通过大额支付系统办理特定业务的机构，如中国银联股份有限公司、中央国债登记结算有限责任公司、公开市场操作室、电子商业汇票运营机构、中国外汇交易中心、城市商业银行资金清算中心、香港人民币清算行、澳门人民币清算行及境外参与机构等。特许参与者在当地中国人民银行开设的专门用于办理人民币资金结算的存款账户，称为特许清算账户或特许账户。如中国银联股份有限公司作为特许参与者，在中国人民银行上海总部开立特许账户，用于人民币银行卡跨

行交易资金结算;中央国债登记结算有限责任公司在中国人民银行北京营业管理部开立特许账户,用于债券发行、兑付和交易中人民币资金结算等。特许账户物理上集中摆放在 SAPS 中,用于通过大额支付系统办理相关业务。

直接参与者和特许参与者在当地中国人民银行会计营业部门开设的清算账户物理上均在 SAPS 集中存储和处理资金清算,逻辑上仍由当地中国人民银行会计营业部门进行管理。SAPS 日终后将各清算账户处理的账务数据下载至中国人民银行会计营业部门,将其纳入日终的平账和核算。

三、大额实时支付系统的业务流程

大额实时支付系统由发起行、发起清算行、发报中心、国家处理中心、收报中心、接收清算行、接收行构成。信息传递从发起行发起,经发起清算行、发报中心、国家处理中心、收报中心、接收清算行,传至接收行止。业务流程如图 5-3 所示。

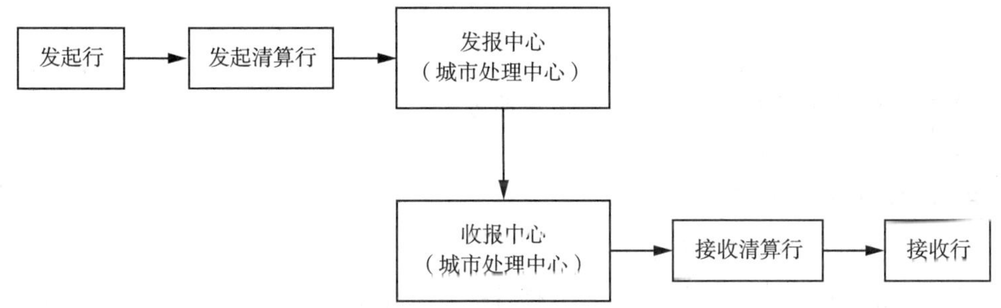

图 5-3　大额实时支付系统的业务流程

① 发起行(发报行)是向发起清算行提交支付业务的参与者。

② 发起清算行(清算账户行)是向支付系统提交支付信息并在中国人民银行开设清算账户的直接参与者或特许参与者。发起清算行也可作为发起行向支付系统发起支付业务。

③ 发报中心(城市处理中心)是向国家处理中心转发发起清算行支付信息的城市处理中心。

④ 国家处理中心是接收、转发支付信息并进行资金清算处理的机构。

⑤ 收报中心(城市处理中心)是向接收清算行转发国家处理中心支付信息的城市处理中心。

⑥ 接收清算行(清算账户行)是向接收行转发支付信息并在中国人民银行开设清算账户的直接参与者。

⑦ 接收行(收报行)是从清算行接收支付信息的参与者。接收清算行也可作为接收行接收支付信息。

四、大额实时支付系统的业务范围

大额实时支付系统(简称大额支付系统)采用逐笔实时方式处理支付业务,全额清算资金。目前,大额支付系统的参与者已覆盖香港和澳门地区的商业银行,并逐步向境外其他地区扩展,对于收款人、付款人开户银行均为大额支付系统参与者的跨境人民币支付业务,也可直接通过大额支付系统办理。该支付系统已成为银行跨地区、跨行间结算的主渠道,大额支付系统处理的支付业务主要有:

① 规定金额起点以上的跨行贷记支付业务(目前为5万元以上);

② 规定金额起点以下的紧急跨行贷记支付业务;

③ 各银行行内需要通过大额支付系统处理的贷记支付业务;

④ 中国人民银行会计营业部门和国库部门发起的贷记业务;

⑤ 城市商业银行银行汇票资金的移存和兑付资金的汇划业务;

⑥ 特许参与者发起的即时转账业务;

⑦ 中国人民银行规定的其他支付清算业务。

其中,第①至第④项为普通贷记业务。

五、会计科目设置

1. 清算账户行涉及的会计科目

①"大额支付系统往账待清算"。本科目核算清算账户行发出的支付业务以及代理下属机构发出的支付业务。清算账户行受理贷记支付业务时,贷记本科目;日终收到中国人民银行清算资金对账报文,其中所列往账总金额在借方时,借记本科目,贷记"存放中央银行款项";往账总金额在贷方时,贷记本科目,借记"存放中央银行款项"。本科目余额通常在贷方,表示未发出款项。

②"大额支付系统来账待清算"。本科目核算清算开户行接收的支付业务以及代理下属机构接收的支付业务。清算账户行受理汇入贷记业务时,借记本科目;日终收到中国人民银行对账报文,其中所列来账总金额在贷方时,贷记本科目,借记"存放中央银行款项";来账总金额在借方时,借记本科目,贷记"存放中央银行款项"。本科目余额通常在借方,表示未转账或未转发款项。

③"支付系统应付结算款项"。本科目核算各网点接收的来账中收款人账号户名与本网点实际账号户名不符的来账,由系统中等待手工解付的款项自动转入本科目,再由经办人员检查确认后手工处理。

④"支付系统手续费暂收款项"。本科目核算各网点办理支付业务的结算收费及划

缴。当收取手续费时，借记“库存现金”或有关科目，贷记本科目；当划缴手续费时，借记本科目，贷记“库存现金”或“存放中央银行款项”等科目。

2. 城市处理中心和国家处理中心涉及的会计科目

(1)存款类科目

城市处理中心和国家处理中心按参与大额实时支付系统的金融机构类别，分别设置“工商银行准备金存款”“农业银行准备金存款”“中国银行准备金存款”“建设银行准备金存款”“交通银行准备金存款”“政策性银行准备金存款”“其他商业银行准备金存款”“城市信用社准备金存款”“农村信用社准备金存款”“其他金融机构准备金存款”“外资银行准备金存款”“外资其他金融机构准备金存款”“其他存款”等存款科目。各准备金存款科目核算各金融机构存放在中国人民银行的法定准备金和超额准备金。“其他存款”科目核算特许参与者用于清算的资金和支付业务收费的归集、划拨等。

此类科目贷方核算各银行业金融机构在人民银行准备金存款的增加金额，借方核算各银行业金融机构在人民银行准备金存款的减少金额，余额通常在贷方。此类科目需按直接参与者(不包括人民银行机构)、特许参与者分设清算账户。

(2)清算类科目

① “大额支付往来”。本科目核算支付系统发起清算行和接收清算行通过大额支付系统办理的支付结算往来款项，余额轧差反映。年终，本科目余额全额转入“支付清算资金往来”科目，余额为零。

② “支付清算资金往来”。本科目核算支付系统发起清算行和接收清算行通过大额支付系统办理的支付结算汇差款项。年终，“大额支付往来”科目余额对清后，结转至本科目，余额轧差反映。

③ “汇总平衡”(国家处理中心专用)。本科目是为平衡国家处理中心代理人民银行各行(库)账务处理而设置的。该科目用于核算三类业务：发起行或接收行为人民银行不通过清算账户核算的支付清算业务，如国库资金汇划业务、会计营业部门自身汇划业务等；为人民银行会计营业部门发起的只涉及一个清算账户的单边业务，如现金存取、缴存款、再贷款业务等；为同城票据交换轧差净额的清算等业务。

六、大额实时支付业务的会计核算

1. 一般普通贷记业务的核算

(1)发起(清算)行的处理

① 银行业金融机构发起业务的处理。

● 发起行的处理。发起行受理客户提交的一般普通贷记业务，审核无误进行账务

处理后，将支付信息通过行内系统发送发起清算行。发起行账务处理按行内系统往来的规定办理。会计分录为：

借：吸收存款——××存款——××户

　　贷：待清算辖内往来——××行

● 发起清算行的处理。发起清算行收到后，审核无误按系统内往来进行账务处理。会计分录为：

借：待清算辖内往来——××行

　　贷：存放中央银行款项——准备金存款

● 若发起清算行本身就是发起行，则其对自身发起的一般普通贷记业务，进行账务处理：

借：××科目

　　贷：存放中央银行款项——准备金存款

完成账务处理后，发起清算行行内业务处理系统未与前置机直联的，银行根据发起人提交的原始凭证和要求，确定普通、紧急的优先级次（救灾战备款为特急；低于规定的大额金额起点的，应设定为紧急），手工录入或从磁介质导入前置机系统，系统自动逐笔加编地方密押后发送发报中心。待 SAPS 清算资金后接收回执。发起清算行行内业务处理系统与前置机直联的，根据发起人提交的原始凭证和要求，行内业务处理系统将规定格式标准的支付报文发送前置机系统，系统自动逐笔加编地方密押后发送发报中心。待 SAPS 清算资金后接收回执。

其中，前置机是将银行业金融机构行内系统、ACS、TCBS、清算组织业务处理系统接入现代化支付系统的计算机系统。ABS 和 TBS 不通过前置机直接与当地 CCPC 连接。

● 中国人民银行（库）发起业务的处理。中国人民银行会计营业部门和国库部门对发起的普通贷记业务进行账务处理后，分别由中央银行会计核算数据集中系统（ACS）和国库核算数据集中系统（TCBS）将规定格式标准的支付报文发送前置机系统，系统自动逐笔加编全国密押后发送 NPC；或由中央银行会计集中核算系统（ABS）和中央银行国库会计核算系统（TBS）逐笔加编地方密押后发送 CCPC。待 SAPS 清算资金后接收回执。

② 发报中心（CCPC）的处理

发报中心收到发起清算行发来的支付信息，确认无误后，逐笔加编全国密押，实时发送国家处理中心。

③ 国家处理中心（NPC）的处理

国家处理中心收到发报中心发来的支付报文，逐笔确认无误后，提交 SAPS 进行资金清算。SAPS 分不同情况进行账务处理：

● 发起清算行、接收清算行均为银行业金融机构，会计分录为：

借：××存款——××行

　　贷：大额支付往来——中国人民银行××行(即发起清算行所在地人行)

借：大额支付往来——中国人民银行××行(即接收清算行所在地人行)

　　贷：××存款——××行

● 发起清算行为银行业金融机构，接收清算行为人民银行会计营业部门或国库部门，会计分录为：

借：××存款——××行

　　贷：大额支付往来——中国人民银行××行

借：大额支付往来——中国人民银行××行(库)

　　贷：汇总平衡科目——中国人民银行××行(库)

● 发起清算行为人民银行会计营业部门或国库部门，接收清算行为银行业金融机构，会计分录为：

借：汇总平衡科目——中国人民银行××行(库)

　　贷：大额支付往来——中国人民银行××行(库)

借：大额支付往来——中国人民银行××行

　　贷：××存款——××行

● 发起清算行、接收清算行均为人民银行会计营业部门或国库部门，会计分录为：

借：汇总平衡科目——中国人民银行××行(库)

　　贷：大额支付往来——中国人民银行××行(库)

借：大额支付往来——中国人民银行××行(库)

　　贷：汇总平衡科目——中国人民银行××行(库)

● 发起清算行为银行业金融机构，其清算账户头寸不足时，SAPS 将该笔支付业务进行排队处理。SAPS 账务处理完成后，将支付信息转发国家处理中心。国家处理中心收到后转发收报中心。

④ 收报中心(CCPC)的处理

收报中心接收国家处理中心发来的支付信息，确认无误后，逐笔加编地方密押，实时发送接收清算行。

(2)接收(清算)行的处理

银行业金融机构接收业务的处理：

● 接收清算行的处理。银行行内业务处理系统与前置机直联的，前置机收到收报中心发来的支付信息，逐笔确认后发送至行内系统进行账务处理；银行行内业务处理系统未与前置机直联的，前置机收到收报中心发来的支付信息，逐笔确认后，银行将支付信息转存磁介质或使用支付系统专用凭证打印支付信息，送行内系统进行账务处理。会计分录为：

借：存放中央银行款项——准备金存款

贷：待清算辖内往来——××行

若接收清算行本身就是接收行，则会计分录为：

借：存放中央银行款项——准备金存款

贷：××科目

● 接收行的处理。接收行收到接收清算行通过行内系统发来的支付信息，逐笔确认无误后，按各银行系统内往来的规定进行账务处理并通知接收人。会计分录为：

借：待清算辖内往来——××行

贷：吸收存款——××存款——××户

● 中国人民银行（库）接收业务的处理。ACS 和 TCBS 收到 NPC 发来的支付信息，或 ABS 和 TBS 收到 CCPC 发来的支付信息，逐笔确认并核押无误后进行账务处理。

【例 5－1】 4 月 7 日，ICBC 银行深圳 A 支行（间接参与者）收到开户单位久佳服装厂提交的电汇凭证，要求向 CCB 银行北京 B 支行（间接参与者）开户单位华丽丝绸公司汇出货款82 000元。ICBC 银行深圳 A 支行审核无误后，将支付信息经行内系统发往其所属的 ICBC 银行深圳分行（直接参与者），ICBC 银行深圳分行收到后通过大额支付系统汇出资金。CCB 银行北京 B 支行收到其所属的 CCB 银行北京分行（直接参与者）通过行内系统发来的支付信息，确认无误后，将货款收入开户单位华丽丝绸公司账户。

各银行业金融机构的账务处理如下：

● ICBC 银行深圳 A 支行：

借：吸收存款——单位活期存款——久佳服装厂　　82 000

贷：待清算辖内往来——ICBC 银行深圳分行　　82 000

● ICBC 银行深圳分行：

借：待清算辖内往来——ICBC 银行深圳 A 支行　　82 000

贷：存放中央银行款项——准备金存款　　82 000

● SAPS：

借：商业银行存款——ICBC 银行深圳分行　　82 000

贷：大额支付往来——中国人民银行深圳中心支行　　82 000

借:大额支付往来——中国人民银行北京营业管理部　　82 000

　　贷:商业银行存款——CCB银行北京分行　　82 000

● CCB银行北京分行:

借:存放中央银行款项——准备金存款　　82 000

　　贷:待清算辖内往来——CCB银行北京B支行　　82 000

● CCB银行北京B支行:

借:待清算辖内往来——CCB银行北京分行　　82 000

　　贷:吸收存款——单位活期存款——华丽丝绸公司　　82 000

2. **城市商业银行银行汇票业务的核算**

城市商业银行银行汇票业务处理系统与大额支付系统上海CCPC连接,依托大额支付系统处理城市商业银行银行汇票资金移存和兑付资金清算业务。

(1)银行汇票资金移存业务的核算

① 发起行(发起清算行)的处理。签发行签发银行汇票,进行账务处理,登记"银行汇票签发登记簿"后,生成汇票资金移存报文,逐笔加编地方密押发送发报中心。在汇票资金移存报文中,收报中心为上海城市处理中心,接收行为汇票处理中心。汇票处理中心作为大额支付系统特许参与者在中国人民银行上海分行开立特许清算账户。

② 发报中心的处理。发报中心收到银行汇票资金移存报文,确认无误后,逐笔加编全国密押,实时发送国家处理中心。

③ 国家处理中心的处理。国家处理中心收到发报中心发来的银行汇票资金移存报文,逐笔确认无误后,提交SAPS进行账务处理。会计分录为:

借:××存款——××行

　　贷:大额支付往来——中国人民银行××行(即××行所在地人行)

借:大额支付往来——中国人民银行上海分行

　　贷:××存款——汇票处理中心

SAPS账务处理完成后,将清算回执、报文转发国家处理中心。国家处理中心收到后将清算回执发送发起行,并将报文转发收报中心。

如清算账户头寸不足支付,SAPS将该笔支付业务作排队处理。

④ 收报中心的处理。收报中心收到国家处理中心发送的银行汇票资金移存报文,确认无误后,逐笔加编地方密押,发送汇票处理中心。

⑤ 汇票处理中心的处理。汇票处理中心收到收报中心转发的银行汇票移存资金报文,确认无误后,进行账务处理。如发现重复移存的信息,使用银行汇票未用退回资金报文退回发起清算行(发起行)。

(2)银行汇票兑付业务的核算

① 兑付申请的处理。

代理兑付行收到兑付银行汇票申请,暂不作账务处理,生成申请清算银行汇票资金报文,发送发报中心(其中收报中心为上海城市处理中心,接收行为汇票处理中心),经国家处理中心、上海城市处理中心,转发汇票处理中心。

汇票处理中心收到报文,核验汇票密押,并分不同情况进行处理:

● 密押相符的,自动进行配对处理,若配对相符,进行资金划拨;如配对不符,唤醒人工界面,经查询确认后,属重复兑付或超过汇票有效期的,向代理兑付行发出拒绝兑付通知;属汇票资金未移存的,汇票处理中心应向代理兑付行办理资金划拨。

● 密押不符的,向代理兑付行发出拒绝兑付通知。

② 汇票兑付资金清算的处理。

● 汇票处理中心的处理。汇票处理中心办理资金划拨时,应分不同情况进行处理:全额兑付的,自动生成清算银行汇票资金报文及银行汇票全额兑付通知报文,将清算银行汇票资金报文逐笔加编地方密押,发送上海城市处理中心;部分兑付的,自动生成清算银行汇票资金报文和银行汇票多余资金划回报文,逐笔加编地方密押,发送上海城市处理中心。

● 发报中心的处理。发报中心收到报文,确认无误后,逐笔加编全国密押,实时发送国家处理中心。

● 国家处理中心的处理。国家处理中心收到发报中心发来的清算银行汇票资金报文和银行汇票全额兑付通知报文、汇票多余款划回报文,确认无误后,提交 SAPS 进行账务处理。

对清算银行汇票资金报文进行账务处理,会计分录为:

借:××存款——汇票处理中心　　　　(兑付款)

　贷:大额支付往来——中国人民银行上海分行

借:大额支付往来——中国人民银行××行(即兑付行所在地人行)

　贷:××存款——××行(兑付行)　　　　(兑付款)

对汇票多余款划回报文进行账务处理,会计分录为:

借:××存款——汇票处理中心　　　　(多余款)

　贷:大额支付往来——中国人民银行上海分行

借:大额支付往来——中国人民银行××行(即签发行所在地人行)

　贷:××存款——××行(签发行)　　　　(多余款)

SAPS 账务处理完成后,将报文转发国家处理中心。国家处理中心收到后转发收报中心。

● 收报中心的处理。签发行所在地的收报中心收到银行汇票全额兑付通知或汇票多余款退回报文，逐笔确认后，转发签发行。

兑付行所在地的收报中心收到清算银行汇票资金报文，逐笔确认后，转发兑付行。

● 接收清算行（接收行）的处理：

接收清算行（接收行）为签发行的，收到银行汇票全额兑付通知或汇票多余款退回报文，逐笔确认后，进行账务处理。

接收清算行（接收行）为代理兑付行的，收到清算银行汇票资金报文，逐笔确认后，进行账务处理。

（3）银行汇票未用退回的核算

① 银行汇票未用退回申请的处理。发起行（发起清算行）收到未用退回申请，生成银行汇票未用退回申请报文，发送发报中心（其中收报中心为上海城市处理中心，接收行为汇票处理中心），经国家处理中心、上海城市处理中心，转发汇票处理中心。

汇票处理中心收到报文，逐笔确认、配对成功、账务处理完毕后，进行资金划拨。对已兑付的汇票，向签发行发出拒绝退回通知。

② 汇票未用退回资金清算的处理。汇票处理中心根据汇票出票金额生成银行汇票未用退回资金报文，加编地方密押，发送发报中心。发报中心将其转发国家处理中心。

国家处理中心收到收报中心发来的银行汇票未用退回报文，逐笔确认无误后，提交SAPS进行账务处理，会计分录为：

借：××存款——汇票处理中心

　　贷：大额支付往来——中国人民银行上海分行

借：大额支付往来——中国人民银行××行

　　贷：××存款—××行（签发行）

SAPS账务处理完成后，将银行汇票未用退回资金报文转发国家处理中心。国家处理中心收到后发送收报中心，转发接收清算行（接收行），经逐笔确认后，进行账务处理。

③ 银行汇票逾期主动退回的处理。汇票处理中心定期对汇票移存登记信息进行检索，对期满一个月后未解付的汇票，经查询确需退回的进行账务处理，同时生成银行汇票未用退回报文发送发报中心。发报中心、国家处理中心、收报中心将其退回签发行。具体处理手续比照银行汇票未用退回资金清算的处理。

④ 银行汇票挂失的处理。按照《支付结算办法》规定，填明“现金”字样和代理付款人的银行汇票丧失，持票人可以向签发行和代理兑付行申请挂失，办理公示催告，票据权利人届时凭法院裁定书向签发行申请退款，签发行按汇票未用退回处理，代理兑付行不能办理挂失的银行汇票的解付。

第三节 小额支付系统的核算

一、小额批量支付系统与大额实时支付系统的关系

小额支付系统实行 7×24 小时不间断运行，主要处理跨行同城、异地纸质凭证截留的借记支付业务以及每笔金额在规定起点以下的小额贷记支付业务，可以支撑各种支付工具的应用。它主要为社会提供低成本、大业务量的支付清算服务，满足社会各种经济活动的需要。银行业金融机构行内直接参与者之间的支付业务也可以通过小额支付系统办理。

小额支付系统和大额支付系统二者均属于中国人民银行现代化支付系统的应用系统，运作原理相同，参与者相同，运用的清算账户管理系统相同，并共享在中国人民银行清算账户的清算资金。二者的区别主要包括：

① 清算金额起点不同。大额支付系统规定金额起点为 5 万元以上；小额支付系统为 5 万元以下。

② 业务范围不同。大额支付系统处理大额贷记支付业务和紧急小额贷记支付业务；小额支付系统则处理银行业行内直接参与者之间的支付业务以及跨行普通、定期和实时的贷记和借记业务。

③ 处理模式不同。大额支付系统实时处理支付指令，全额清算资金；小额支付系统一般批量发送支付指令，轧差净额清算资金。

二、小额批量支付系统的参与者和业务流程

小额批量支付系统的参与者与大额实时支付系统参与者的定义相同。小额支付系统处理的业务主要包括贷记业务和借记业务。

1. **贷记业务**

① 同城贷记业务。同城贷记支付业务的信息从付款行发起，经付款清算行、城市处理中心、收款清算行，至收款行止。其业务流程如图 5－4 所示。

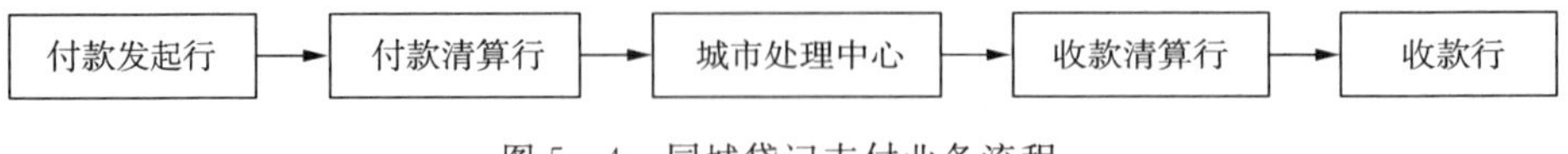

图 5－4 同城贷记支付业务流程

② 异地贷记业务。异地贷记支付业务的信息从付款行发起，经付款清算行、付款行城市处理中心、国家处理中心、收款行城市处理中心、收款清算行，至收款行止。其业务流程如图 5－5 所示。

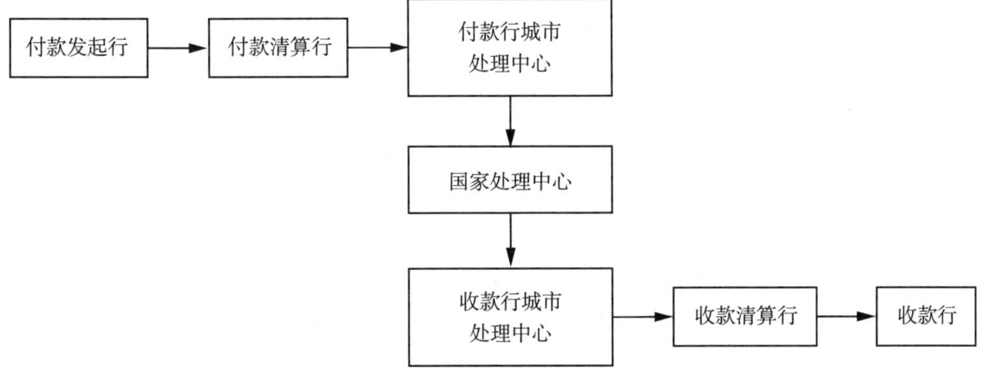

图 5－5　异地贷记支付业务流程

2. **借记业务**

① 同城借记业务。同城借记支付业务的信息从收款行发起，经收款清算行、城市处理中心、付款清算行、付款行后，付款行按规定时限发出回执信息，经原路径返回至收款行止。其业务流程如图 5－6 所示。

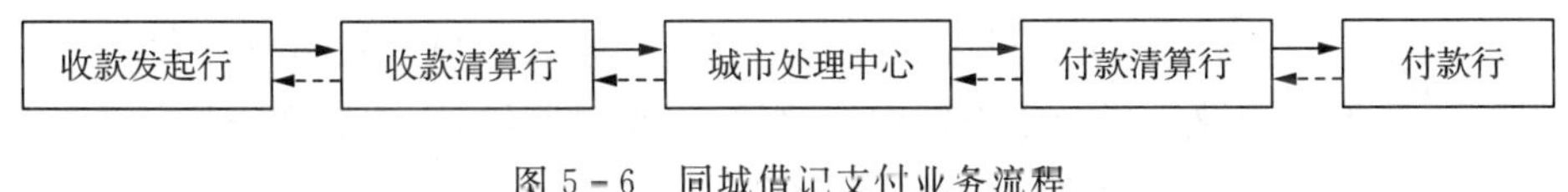

图 5－6　同城借记支付业务流程

② 异地借记业务。异地借记支付业务的信息从收款行发起，经收款清算行、收款行城市处理中心、国家处理中心、付款行城市处理中心、付款清算行、付款行后，付款行按规定时限发出回执信息，经原路径返回至收款行止。其业务流程如图 5－7 所示。

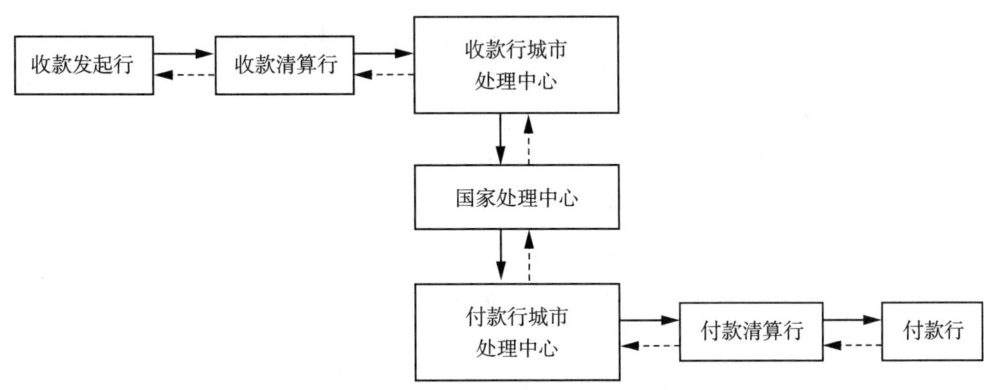

图 5－7　异地借记支付业务流程

三、小额批量支付系统的业务范围

小额支付系统处理的支付业务主要有：

① 普通贷记业务。指付款行向收款行主动发起的付款业务，包括规定金额起点以下（目前为5万元及以下）的汇兑、委托收款（划回）、托收承付（划回）、国库贷记汇划业务、网银贷记支付业务及中国人民银行规定的其他普通贷记支付业务。

② 定期贷记业务。指付款行依据当事各方事先签订的协议，定期向指定收款行发起批量付款业务，包括规定金额起点以下（目前为5万元及以下）代付工资业务、代付保险金及养老金业务、中国人民银行规定的其他定期贷记支付业务。其特点是单个付款人同时向多个收款人发起付款指令。

③ 实时贷记业务。指付款行接受付款人委托发起的、将确定款项实时贷记指定收款人账户的业务，包括个人储蓄通存业务、中国人民银行规定的其他实时贷记支付业务。

④ 普通借记业务。指收款行向付款行主动发起的收款业务，包括中国人民银行机构间的借记业务、国库借记汇划业务、支票截留业务和中国人民银行规定的其他普通借记支付业务。

其中，支票截留业务是指持票人开户行收到客户提交的纸质支票后，不再将支票提出交换至出票人开户行，而是通过小额支付系统向出票人开户行发起一笔借记业务，出票人开户行根据借记业务指令中提供的支票信息、支付密码、支票影像等确认支票真实性，并通过小额支付系统完成跨行资金清算的业务。

⑤ 定期借记业务。指收款行依据当事各方事先签订的协议，定期向指定付款行发起的批量收款业务，包括代收水、电、煤气等公用事业费业务，国库批量扣税业务，中国人民银行规定的其他定期借记支付业务。其特点是单个收款人同时向多个付款人发起收款指令。

⑥ 实时借记业务。指收款行接受收款人委托发起，将确定款项实时借记指定付款人账户的业务，包括个人储蓄通兑业务、对公通兑业务、国库实时扣税业务及中国人民银行规定的其他实时借记支付业务。

⑦ 非金融支付服务组织发起的代收付业务。收付款单位通过集中代收付中心等非金融支付服务组织办理代收付业务时，需将收付款业务清单提交集中代收付中心业务处理系统；系统将代收、代付信息按收付款单位开户银行清分后，通过小额支付系统发送各收付款单位开户银行；开户银行根据业务要求通过小额支付系统分别发起定期、实时借贷记支付业务，待资金清算完成后，开户银行将收付款单位收、付款结果通过小额支付系统通知集中代收付中心。集中代收付中心不在支付系统开立清算账户，代收付业务的资金清算通过各收付款单位的开户行办理。

⑧ 信息服务业务。指支付系统接收发起参与者发起的不需要支付系统提供清算服务的信息数据，经由所在地 CCPC（同城业务）或 NPC（异地业务）实时转发接收参与者的业务，主要包括处理支票圈存信息、接收转发清算组织提交给商业银行的代收代付信息等非支付类信息。

四、会计科目设置

1. 清算账户行涉及的会计科目*

①“小额支付系统往账待清算”。清算账户行向支付系统发出或代理下属机构发出贷记支付业务或借记支付业务回执，记入本科目贷方；日终收到中国人民银行资金清算对账报文时，将贷方发生额从借方转出，清算后本科目无余额。

②“小额支付系统来账待清算”。清算账户行接收或代理下属机构接收支付系统发来的贷记支付业务或借记支付业务回执，记入本科目借方；日终收到中国人民银行资金清算对账报文时，将借方发生额从贷方转出，清算后本科目无余额。

③“小额支付系统待发报”。清算账户行辖属机构已复核或授权的小额贷记支付业务或借记业务回执在等待组包发出时，记入本科目贷方；等待发出的支付业务组包发出时，记入本科目借方，发出后本科目无余额。

2. 国家处理中心和城市处理中心涉及的会计科目

中国人民银行所设国家处理中心和城市处理中心核算小额批量支付业务的存款类科目与大额实时支付系统所使用的科目相同；联行类科目中，“支付清算资金往来”和“汇总平衡”科目与大额实时支付系统相同，另设置“小额支付往来”科目，核算支付系统清算账户行通过小额支付系统所办理的支付结算往来款项，余额轧差反映。年终，该科目余额全额转入“支付清算资金往来”科目，结转后余额为零。

五、小额支付系统的核算

1. 普通贷记业务的核算

（1）付款（清算）行的处理

① 银行业金融机构发起业务的处理。

● 付款行的处理。付款行受理客户提交的普通贷记业务，审核无误进行账务处理，将支付信息通过行内系统发送付款清算行。付款行的账务处理按各银行系统内往来的规定办理。会计分录为：

注：* 在人民银行发布的《小额支付系统业务处理手续（试行）》中，清算账户行使用的科目为“待清算支付款项”，未区分往账和来账。与中国人民银行清算时，直接将该科目余额与“存放中央银行款项”对转。各商业银行可按需要设置相应的账户。

借:吸收存款——××存款——××户
　　贷:待清算辖内往来——××行

● 付款清算行的处理。付款清算行收到后,审核无误按系统内往来进行账务处理。会计分录为:

借:待清算辖内往来——××行
　　贷:待清算支付款项

● 若付款清算行本身就是发起行,则对自身发起的普通贷记业务进行账务处理。会计分录为:

借:××科目
　　贷:待清算支付款项

完成账务处理后,付款清算行行内业务处理系统与前置机直联的,行内系统按收款清算行组包后发送前置机,前置机收到业务包审核无误后,逐包加编地方密押发送CCPC;付款清算行行内业务处理系统与前置机不直联的,则手工录入或从磁介质导入前置机,前置机对提交的业务按收款清算行组包并加编地方密押后发送 CCPC。

小额支付系统采取“实时双边轧差,定时清算”的资金清算模式。清算行将业务包发送小额支付系统后,小额支付系统并不实时提交 SAPS 进行资金清算,而是由 SAPS 进行付款清算行的净借记限额检查后,NPC 将检查通过的业务包进行轧差处理并转发给收款清算行。待每一个清算时点,小额支付系统按照直接参与者(即清算银行)计算上一清算时点至本清算时点的轧差净额后,提交 SAPS 进行资金清算。由于小额支付系统业务转发在前、资金清算在后,因此,清算行需设置“待清算支付款项”科目,用于核算通过小额支付系统办理支付业务尚未提交 SAPS 进行清算的资金。

待付款清算行收到已清算通知,进行相应的账务处理。会计分录为:

借:待清算支付款项
　　贷:存放中央银行款项——准备金存款

若付款清算行收到已拒绝通知,则会计分录为:

借:××科目　　(红字)
　　贷:待清算支付款项　　(红字)

② 中国人民银行(库)发起业务的处理。中国人民银行会计营业部门和国库部门对发起的普通贷记业务进行账务处理后,分别在 ACS 和 TCBS 按收款清算行组包后发送前置机,前置机收到业务包审核无误后,逐包加编全国密押发送 NPC,或在 ABS 和 TBS 按收款清算行组包后,加编地方密押发送 CCPC。

③ 付款清算行的 CCPC 处理。CCPC 收到业务包,检查核押无误后,加编全国密押

后转发国家处理中心。

④ NPC 的处理。NPC 收到业务包后，对检查核押无误的业务包提交 SAPS 进行净借记限额检查。将检查通过的纳入轧差处理并对业务包标记“已轧差”状态，转发收款清算行的 CCPC，同时向付款清算行的 CCPC 返回已轧差信息；检查未通过的，将业务包作排队处理并向付款清算行的 CCPC 返回已排队信息。

⑤ 收款清算行的 CCPC 的处理。CCPC 收到 NPC 发来业务包，核验全国密押无误后，加编地方密押转发收款清算行。

⑥ 收款（清算）行的处理。

● 银行业金融机构接收业务的处理。

◎ 收款清算行的处理。银行行内业务处理系统与前置机直联的，前置机收到 CCPC 发来的业务包，逐包确认并核押无误后，发送至行内系统拆包并进行账务处理；银行行内业务处理系统与前置机不直联的，前置机收到 CCPC 发来的业务包，逐包确认并核押无误拆包后，银行将业务明细转存磁介质或使用支付系统专用来账凭证打印支付信息，送行内系统进行账务处理。会计分录为：

借：待清算支付款项

　　贷：待清算辖内往来——××行

若收款清算行本身就是收款行，会计分录为：

借：待清算支付款项

　　贷：××科目

待收款清算行收到已清算通知，进行相应的账务处理。会计分录为：

借：存放中央银行款项——准备金存款

　　贷：待清算支付款项

◎ 收款行的处理。收款行收到收款清算行通过行内系统发来的支付信息，确认无误后，按各银行系统内往来的规定进行账务处理并通知收款人。会计分录为：

借：待清算辖内往来——××行

　　贷：吸收存款——××存款——××户

● 中国人民银行（库）接收业务的处理。

ACS 和 TCBS 收到 NPC 发来的业务包，或 ABS 和 TBS 收到 CCPC 发来的业务包，逐包确认并核押无误后进行相应的账务处理。

【例 5-2】 8 月 10 日，ICBC 银行天津分行（直接参与者）收到开户单位友谊商场提交的电汇凭证，要求向 HSCB 银行合肥分行（直接参与者）开户单位光明乳业公司汇出货款12 000元。ICBC 银行天津分行审核无误办理转账后，行内系统按收款清算行组包，通过小额支付系统汇出资金。HSCB银行合肥分行收到业务包，经确认无误，由行内系统拆包，将货款收入开户单位光明乳业公司账户。ICBC银行天津分行和HSCB银行合肥分行均收到小额支付系统发来的已清算通知。

● ICBC银行天津分行的账务处理。

◎ 发起业务时：

借：吸收存款——单位活期存款——友谊商场　　12 000

　贷：待清算支付款项　　12 000

◎ 收到已清算通知时：

借：待清算支付款项　　12 000

　贷：存放中央银行款项——准备金存款　　12 000

● HSCB银行合肥分行的账务处理。

◎ 接收业务时：

借：待清算支付款项　　12 000

　贷：吸收存款——单位活期存款——光明乳业公司　　12 000

◎ 收到已清算通知时：

借：存放中央银行款项——准备金存款　　12 000

　贷：待清算支付款项　　12 000

2. 定期贷记业务的核算

办理定期贷记业务前，付款(清算)行需与企事业单位签订合同。付款(清算)行办理定期贷记业务时，受理企事业单位以联机或磁介质方式提交的业务数据，依据合同审核无误后作相应账务处理。付款(清算)行、CCPC、NPC、收款(清算)行的其他业务处理手续比照普通贷记业务办理。

3. 实时贷记业务的核算

(1)发起实时业务的处理

① 付款(清算)行的处理。根据客户提交的实时贷记业务，审核无误后进行账务处理。会计分录为：

借：库存现金或吸收存款——××存款——××户

　贷：待清算支付款项

完成账务处理后，付款(清算)行行内业务处理系统与前置机直联的，行内系统按收款清算行单笔组包发送前置机。前置机对业务包进行检查后，登记实时业务登记簿并加编地方密押后发送CCPC。

② 付款清算行CCPC的处理。CCPC收到业务包，检查核押无误，加编全国密押后

实时转发 NPC。

③ NPC 的处理。NPC 收到业务包，检查核押无误后，登记实时业务登记簿并将业务包实时转发收款清算行的 CCPC。

④ 收款清算行 CCPC 的处理。CCPC 收到 NPC 发来的业务包，核验全国密押无误后，将业务包加编地方密押后转发收款清算行。

⑤ 收款（清算）行的处理。收款（清算）行前置机收到业务包，逐包确认并核押无误后，登记实时业务登记簿，并实时转发行内系统作相应处理。

（2）实时业务回执的处理

① 收款（清算）行的处理。收款（清算）行行内系统对实时贷记业务的收款人账号、户名进行检查后，形成受理成功或拒绝受理的实时业务回执包发往前置机。前置机收到回执包，检查核对无误后，加编地方密押实时发送 CCPC。

待收款（清算）行收到已轧差通知，进行相应的账务处理。会计分录为：

借：待清算支付款项

　　贷：吸收存款——××存款——××户

待收款（清算）行收到已清算通知，进行相应的账务处理。会计分录为：

借：存放中央银行款项——准备金存款

　　贷：待清算支付款项

② 收款清算行 CCPC 的处理。CCPC 收到回执包，检查核押无误，加编全国密押后发送 NPC。

③ NPC 的处理。NPC 收到回执包，检查核押无误后销记登记簿。其中，拒绝受理的回执包实时转发付款清算行的 CCPC；受理成功的回执包提交 SAPS 进行付款清算行的净借记限额检查。检查通过的实时纳入轧差处理，对包标记“已轧差”状态后转发付款清算行的 CCPC，同时向收款清算行的 CCPC 返回已轧差信息；检查未通过的做拒绝处理，并将处理结果发送付款清算行的 CCPC。

④ 付款清算行 CCPC 的处理。CCPC 收到 NPC 发来的回执包，核验全国密押无误，加编地方密押后实时转发付款（清算）行。

⑤ 付款（清算）行的处理。付款（清算）行前置机收到回执包，逐包确认并核押无误后销记登记簿，将回执包发送至行内系统进行相应处理，并通知付款人。付款（清算）行收到拒绝受理的回执包时，进行账务处理。会计分录为：

借：库存现金或吸收存款——××存款——××户　　（红字）

　　贷：待清算支付款项　　（红字）

对已轧差回执包，待付款清算行收到已清算通知时，进行相应的账务处理。会计分录为：

借:待清算支付款项

　　贷:存放中央银行款项——准备金存款

4. 普通借记业务的核算

(1)发起借记业务的处理

① 收款(清算)行的处理。收款(清算)行业务处理系统与前置机直联的,根据客户提交的普通借记业务确定每笔业务借记回执信息最长返回时间 N 日(借记回执信息返回基准时间≤N≤5),按规定组包后发送前置机。前置机对业务包进行检查核对后,登记借记业务登记簿并加编地方密押后发送 CCPC。

② 收款清算行 CCPC 的处理。CCPC 收到业务包,检查核押无误,加编全国密押后发送 NPC。

③ NPC 的处理。NPC 收到业务包,核押无误后,登记借记业务登记簿并将转发付款清算行 CCPC。

④ 付款清算行 CCPC 的处理。CCPC 收到业务包核押无误加编地方密押后转发付款(清算)行。

⑤ 付款(清算)行的处理。付款(清算)行前置机收到业务包,逐包确认并核押无误后,登记借记业务登记簿并发送至行内系统拆包和处理。

(2)借记业务回执的处理

① 付款(清算)行的处理。付款(清算)行收到借记业务后执行扣款。会计分录为:

借:吸收存款——××存款——××户

　　贷:待清算支付款项

付款(清算)行应在规定时间内,对扣款成功或失败的形成受理成功或拒绝受理借记业务回执包发送前置机。前置机收到后,检查核对无误,加编地方密押发送 CCPC。

待付款清算行收到已清算通知时,进行相应的账务处理。会计分录为:

借:待清算支付款项

　　贷:存放中央银行款项——准备金存款

若付款清算行收到已拒绝通知,则会计分录为:

借:吸收存款——××存款——××户　　(红字)

　　贷:待清算支付款项　　(红字)

② 付款清算行 CCPC 的处理。CCPC 收到回执包,检查核押无误,加编全国密押后发往 NPC。

③ NPC 的处理。NPC 收到回执包,对检查核押无误的回执包中成功金额提交 SAPS 进行净借记限额检查。检查通过的实时纳入轧差处理,销记登记簿,并对包标记

"已轧差"状态后转发收款清算行的CCPC;检查未通过的,进行排队处理并向付款清算行的CCPC返回已排队信息。

④ 收款清算行CCPC的处理。CCPC收到回执包,核验密押无误,加编地方密押后转发收款行。

⑤ 收款(清算)行的处理。收款(清算)行前置机收到回执包,逐包确认并核押无误后销记登记簿,发送行内系统拆包并进行账务处理。会计分录为:

借:待清算支付款项

　　贷:吸收存款——××存款——××户

待收款(清算)行收到已清算通知,进行相应的账务处理。会计分录为:

借:存放中央银行款项——准备金存款

　　贷:待清算支付款项

5. **定期借记业务的核算**

办理定期借记业务前,付款(清算)行、付款人、收费单位需要签订办理代扣某类费用的三方合同或协议。定期借记业务分为发起业务阶段和处理借记回执阶段。在发起业务阶段,收款(清算)行收到收费单位以联机或磁介质方式提交的业务数据,检查无误后按规定组包。收款(清算)行、CCPC、NPC、付款(清算)行的其他业务处理手续比照普通借记业务办理。

6. **实时借记业务的核算**

收款(清算)行根据客户提交的实时借记业务凭证或信息,按实时借记业务报文单笔组包。付款(清算)行对扣款成功或失败的需实时返回受理成功或拒绝受理的回执包。NPC将受理成功的回执包提交SAPS进行净借记限额检查。检查通过纳入轧差处理,并标记"已轧差"状态后转发收款清算行;检查未通过的直接拒绝付款(清算)行,并将处理结果发送收款(清算)行,不做排队处理。收款(清算)行、CCPC、NPC、付款(清算)行的其他业务处理手续比照普通借记业务办理。

7. **跨行通存通兑业务的核算**

小额支付系统跨行通兑业务包括个人储蓄通兑业务和对公通兑业务;小额支付系统跨行通存业务仅指个人储蓄通存业务。银行办理跨行通存通兑业务,应按规定向客户收取手续费;对个人储蓄通存通兑,应逐笔实时实现代理行与开户行的手续费分配;代理行应向客户提供完整的交易金额和手续费信息。

(1)个人储蓄通兑业务的核算

① 客户不用现金支付代理行手续费的处理。代理行收到客户取款凭条,按规定组实时借记业务包,金额为客户取款金额(交易金额)和代理行手续费之和。开户行收到

实时借记业务包，会计分录为：

借：吸收存款——××存款——××户

（交易金额＋代理行手续费＋开户行手续费）

贷：待清算支付款项　　（交易金额＋代理行手续费）

手续费及佣金收入　　（开户行手续费）

账务处理完成后，开户行返回实时借记业务回执包。代理行收到回执后，为客户打印凭证，记载通兑业务发生额（交易金额＋代理行手续费＋开户行手续费），付现金（交易金额）给客户；同时打印手续费回单（代理行手续费＋开户行手续费）交与客户。

② 客户用现金支付代理行手续费的处理。代理行收到客户取款凭条，按规定组实时借记业务包，金额为客户取款金额（交易金额）。开户行收到实时借记业务包，会计分录为：

借：吸收存款——××存款——××户　　（交易金额＋开户行手续费）

贷：待清算支付款项　　（交易金额）

手续费及佣金收入　　（开户行手续费）

账务处理完成后，开户行返回实时借记业务回执包。代理行收到回执后，为客户打印凭证，记载通兑业务发生额（交易金额＋开户行手续费），付现金（交易金额－代理行手续费）给客户；同时打印手续费回单（代理行手续费＋开户行手续费）交与客户。

（2）对公通兑业务的核算

代理行收到客户取款凭条，按规定组实时借记业务包，金额为客户取款金额（交易金额）。开户行收到实时借记业务包，会计分录为：

借：吸收存款——××存款——××户　　（交易金额＋开户行手续费）

贷：待清算支付款项　　（交易金额）

手续费及佣金收入　　（开户行手续费）

账务处理完成后，开户行返回实时借记业务回执包。代理行收到回执包后，为客户打印进账回单，记载存款账户贷方发生额，同时打印手续费回单交与客户。

（3）个人储蓄通存业务的核算

① 客户不用现金支付代理行手续费的处理。代理行收到客户存款凭条，按规定组实时贷记业务包，金额为客户存款金额（交易金额）和代理行手续费之差。开户行收到实时贷记业务包，会计分录为：

借：待清算支付款项　　（交易金额－代理行手续费）

贷：吸收存款——××存款——××户

（交易金额－代理行手续费－开户行手续费）

手续费及佣金收入　　　　　　　　　　　　　　　　（开户行手续费）

账务处理完成后，开户行返回实时贷记业务回执包。代理行收到回执后，为客户打印存款回单，记载个人储蓄通存业务发生额（交易金额－代理行手续费－开户行手续费）；同时打印手续费回单（代理行手续费＋开户行手续费）交与客户。

② 客户用现金支付代理行手续费的处理。代理行收到客户存款凭条，按规定组实时贷记业务包，金额为客户存款金额（交易金额）。开户行收到实时贷记业务包，会计分录为：

借：待清算支付款项　　　　　　　　　　　　　　　　（交易金额）

　贷：吸收存款——××存款——××户　　　　　（交易金额－开户行手续费）

　　手续费及佣金收入　　　　　　　　　　　　　　（开户行手续费）

开户行返回实时贷记业务回执包。代理行收到回执后，为客户打印存款回单，记载个人储蓄通存业务发生额（交易金额－开户行手续费）；同时打印手续费回单（代理行手续费＋开户行手续费）交与客户。

收款（清算）行、CCPC、NPC、付款（清算）行的其他业务处理手续比照实时贷记业务和实时借记业务办理。

8. 非金融支付服务组织代收、代付业务的核算

非金融支付服务组织办理定期借记业务，需与付款（清算）行、付款人、收费单位签订办理代扣某类费用的四方合同（协议）；办理定期贷记业务，需与付款（清算）行、付款人签订三方合同（协议）。

① 发起代收、代付业务的处理。非金融支付服务组织根据委托人提交的代收、代付业务信息，分别代收业务、收款清算行或代付业务、付款清算行组信息包，加编密押发送 CCPC。

② CCPC 的处理。CCPC 收到信息包，检查无误后，经 NPC、收报 CCPC 转发收款清算行或付款清算行。

③ 收（付）款清算行的处理。收款清算行或付款清算行收到信息包，检查核押无误后，向非金融支付服务组织返回确认信息。收款清算行或付款清算行将信息包拆包，并按规定重新组包，发起普通贷记、定期贷记、实时贷记、普通借记、定期借记、实时借记业务。其业务处理手续如前所述。

④ 代收、代付业务信息的核对。收款清算行和付款清算行完成代收、代付业务后，将业务处理结果通过信息包经 CCPC、NPC 转发非金融支付服务组织。

9. 轧差和资金清算的核算

① 净借记限额检查的处理。小额支付系统对收到的贷记支付指令和借记及实时贷记业务回执，均需以付款清算行为对象提交 SAPS 进行净借记限额检查。SAPS 将贷记

支付指令、借记及实时贷记业务回执中的成功金额与付款清算行的净借记限额可用额度进行比较。贷记支付指令、借记业务回执或实时贷记业务回执金额小于等于净借记限额可用额度的，该业务通过净借记限额检查，实时纳入轧差并转发；大于净借记限额可用额度的，净借记限额检查失败，该业务作排队或退回处理。

其中，净借记限额是指为开立清算账户的直接参与者设定的、对其发生支付业务的净借记差额进行控制的最高额度。净借记限额为直接参与者提供质押品所获取的质押额度、中国人民银行授予的信用额度和为保证支付业务的清算而在其清算账户中圈存的作为担保的资金之和。

付款清算行净借记限额可用额度

＝付款清算行净借记限额－付款清算行已提交未清算业务净借记差额－付款清算行本场轧差场次的当前净借记差额＋付款清算行本场轧差场次的当前净贷记差额

小额支付系统和网上支付跨行清算系统共享净借记限额和可用额度。

② 轧差处理。NPC 对支付业务进行轧差时，普通贷记、定期贷记支付业务以贷记批量包为轧差依据，实时贷记、借记支付业务以回执包中的成功交易为轧差依据。NPC 对通过净借记限额检查的贷记支付指令和借记及实时贷记业务回执，按付款清算行和收款清算行双边实时轧差。轧差公式为：

某清算行提交清算的贷方净额(＋)[或借方净额(－)]

＝贷记来账金额＋他行返回借记回执成功交易金额－贷记往账金额－发出借记回执成功交易金额

小额支付系统处理的支付业务一经轧差即具有支付最终性，不可撤销。银行业金融机构收到已轧差的贷记支付业务信息或已轧差的借记支付业务回执信息时，应当贷记确定收款人账户

③ 资金清算的处理。NPC 根据中国人民银行的规定，设置日间轧差净额提交清算的场次和时间，在提交时点对本场轧差净额进行试算平衡检查，检查无误后自动提交 SAPS 进行资金清算。SAPS 收到轧差净额清算报文，进行试算平衡检查无误后，自动完成相关账务处理。

● 属于中国人民银行(库)轧差净额处理。属于中国人民银行(库)贷方差额的，会计分录为：

借：小额支付往来——中国人民银行××行(库)

　　贷：汇总平衡科目——中国人民银行××行(库)

属于中国人民银行(库)借方差额的,会计分录相反。

● 属于清算行轧差净额的处理。属于清算行贷方差额的,会计分录为:

借:小额支付往来——中国人民银行××行

贷:××存款——××行

● 属于清算行借方差额的,如清算账户可用头寸足以支付,则会计分录相反;如清算账户可用头寸不足支付,作排队处理。

完成账务处理后,小额支付系统自动生成清算通知发送至各参与者。各参与者根据清算通知变更业务状态,完成相应的账务处理。

【例 5-3】 6月5日,小额支付系统NPC的一场轧差净额为:ICBC银行深圳分行贷方差额1 000 000元,CCB银行北京分行借方差额500 000元,HSCB银行合肥分行借方差额700 000元,中国人民银行武汉分行贷方差额200 000元。NPC进行试算平衡检查无误,生成轧差净额清算报文,提交SAPS进行资金清算。SAPS的账务处理如下:

● 对ICBC银行深圳分行贷方差额进行处理:

借:小额支付往来——中国人民银行深圳中心支行　1 000 000

贷:商业银行存款——ICBC银行深圳分行　1 000 000

● 对CCB银行北京分行借方差额进行处理:

借:商业银行存款——CCB银行北京分行　500 000

贷:小额支付往来——中国人民银行北京营业管理部　500 000

● 对HSCB银行合肥分行借方差额进行处理:

借:商业银行存款——HSCB银行合肥分行　700 000

贷:小额支付往来——中国人民银行合肥中心支行　700 000

● 对中国人民银行武汉分行贷方差额进行处理:

借:小额支付往来——中国人民银行武汉分行　200 000

贷:汇总平衡科目——中国人民银行武汉分行　200 000

第四节　网上支付跨行清算系统的核算

一、网上支付跨行清算系统的体系结构

网上支付跨行清算系统以网银互联处理中心为核心,各参与者以直联方式通过前置机集中一点接入网银互联处理中心。网银互联处理中心与大额支付系统国家处理中

心、小额支付系统国家处理中心同位摆放，共享基础数据。网上支付跨行清算系统体系结构，如图 5-8 所示。

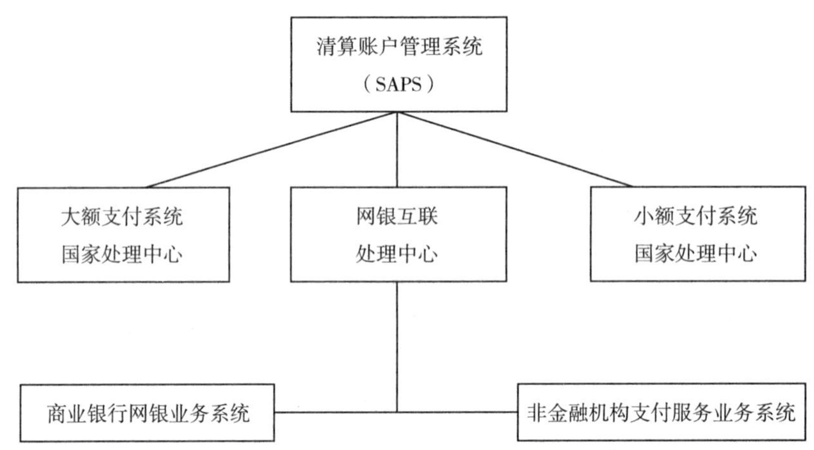

图 5-8　网上支付跨行清算系统体系结构

二、网上支付跨行清算系统的参与者

网上支付跨行清算系统参与者分为直接接入银行机构、直接接入非金融机构和代理接入银行机构。

① 直接接入银行机构是指与网上支付跨行清算系统连接，并在中国人民银行开设清算账户，直接通过网上支付跨行清算系统办理业务的银行业金融机构。银行业金融机构在中国人民银行开设的清算账户为小额支付系统、大额支付系统和网上支付跨行清算系统共享清算账户。

② 直接接入非金融机构是指与网上支付跨行清算系统连接，直接通过网上支付跨行清算系统办理业务的非金融支付服务组织。直接接入非金融机构不开设清算账户，而是在支付系统开设收费专户核算其业务费用收支。

③ 代理接入银行机构是指委托直接接入银行机构通过网上支付跨行清算系统代为收发业务和清算资金的银行机构。

三、网上支付跨行清算系统处理的业务和流程

网上支付跨行清算系统实行 7×24 小时不间断运行，采取逐笔发送、实时轧差、定时清算机制，发起方可实时获知业务的最终处理结果。其主要处理规定金额（目前为 5 万元及以下）的网上支付业务和账户信息查询等业务，对畅通电子支付资金汇划清算渠道，满足社会公众最新支付需求及促进电子商务的健康发展具有重要意义。网上支付

跨行清算系统处理的具体支付业务主要有网银贷记业务、网银借记业务、第三方贷记业务和中国人民银行规定的其他支付业务。

① 网银贷记业务，指付款人通过付款行向收款行主动发起的付款业务。网银贷记业务支持网银汇兑、网络购物、商旅服务、网银缴费、贷款还款、实时代付、投资理财、交易退款、慈善捐款等资金支付。

网上支付跨行清算系统处理的贷记支付业务，其信息从付款清算行发起，经网银中心转发收款清算行；收款清算行实时向网银中心返回回执，网银中心轧差后分别通知付款清算行和收款清算行。

② 网银借记业务，指收款人根据事先签订的协议，通过收款行向付款行发起的收款业务。网银借记业务可支持实时代收、贷款还款等资金支付。

网上支付跨行清算系统处理的借记支付业务，其信息从收款清算行发起，经网银中心转发付款清算行；付款清算行实时向网银中心返回回执，网银中心轧差后分别通知付款清算行和收款清算行。

③ 第三方贷记业务，指第三方机构接受付款人或收款人委托，通过网上支付跨行清算系统通知付款行向收款行付款的业务。第三方贷记业务可支持网络购物、商旅服务、网银缴费、贷款还款、实时代收、实时代付、投资理财、交易退款、慈善捐款等资金支付。

网上支付跨行清算系统处理的第三方支付业务，其信息从第三方机构发起，经网银中心转发付款清算行；付款清算行实时向网银中心返回回执，经网银中心转发收款清算行；收款清算行实时向网银中心返回回执，网银中心轧差后分别通知第三方机构、付款清算行和收款清算行。其中，第三方机构是指提供第三方支付服务的直接接入银行机构和直接接入非金融机构。

四、会计科目的设置

1. 存款类科目

①“政策性银行存款”“商业银行存款”“信用社存款”及“其他金融机构存款”。由中国人民银行分支行用于按直接接入银行机构分设账户进行明细核算。

②“其他存款”科目。由中国人民银行分支行用于核算直接接入非金融机构的业务费用收支，该科目按直接接入非金融机构分设账户进行明细核算。

2. 联行类科目

①“大额支付往来”。该科目属于资产负债共同类科目，中国人民银行分支行用于核算网上支付跨行清算系统参与者应缴纳的汇划费用，按中国人民银行分支机构的会计营业部门分设账户进行明细核算。年终，该科目余额全额由 SAPS 自动转入“支付清算资金往来”科目，结转后余额为零。

②“小额支付往来”。该科目属于资产负债共同类科目，中国人民银行分支行用于核算网上支付跨行清算系统付款清算行和收款清算行通过网上支付跨行清算系统办理的支付结算往来款项，按中国人民银行分支机构的会计营业部门分设账户进行明细核算。余额轧差反映，年终，该科目余额全额由 SAPS 自动转入“支付清算资金往来”科目，结转后余额为零。

③“支付清算资金往来”。该科目属于资产负债共同类科目，中国人民银行分支行用于核算网上支付跨行清算系统付款清算行和收款清算行通过网上支付跨行清算系统办理的支付结算汇差款项，按中国人民银行分支机构的会计营业部门分设账户进行明细核算。年终，“大额支付往来”“小额支付往来”科目余额核对准确后，结转至本科目，余额轧差反映。

五、网银业务的核算

1. 网银贷记业务的核算

网银贷记业务核算包括两个阶段：发起业务阶段和处理业务回执阶段。

(1)发起网银贷记业务的核算

① 付款(清算)行的处理。付款(清算)行受理付款人的付款请求，检查付款人账户状态、余额，检查通过后进行账务处理。会计分录为：

借：吸收存款——××存款——××户

　　贷：待清算支付款项

付款清算行组网银贷记业务报文，加编数字签名后发送网银中心，并标记该业务状态为“已发送”。

② 网银中心的处理。网银中心收到付款清算行发来的网银贷记业务报文，检查报文格式、业务权限、收(付)款清算行清算账户状态并核验数字签名无误后，转发收款清算行，同时标记该业务状态为“已转发”；检查未通过的，做拒绝处理。

③ 收款清算行的处理。收款清算行前置机收到网银中心转发的网银贷记业务报文，检查报文格式并核验数字签名无误后，转发行内业务系统；检查未通过的，做拒绝处理。

④ 收到拒绝通知的处理。付款清算行、网银中心收到“已拒绝”通知，修改相应业务状态。付款清算行应对已拒绝的业务作相应处理。

(2)网银贷记业务回执的核算

① 收款清算行的处理。收款清算行行内业务系统收到网银贷记业务报文，实时核验数字签名并检查收款人账号、户名及账户状态，根据检查结果组“已确认”或“已拒绝”的网银贷记业务回执报文，加编数字签名后实时发送网银中心。

② 网银中心的处理。网银中心收到收款清算行发来的网银贷记业务回执报文，进行合法性检查并核验数字签名。核验无误且业务状态为"已确认"的，立即进行净借记限额检查；核验失败的做拒绝处理。

净借记限额检查通过的，实时纳入轧差处理，并标记该业务状态为"已轧差"后组轧差通知报文，加编数字签名，发送至付款清算行、收款清算行；净借记限额检查未通过的，做拒绝处理。

网银中心收到业务状态为"已拒绝"的网银贷记业务回执报文，标记该业务状态为"已拒绝"，通知付款清算行。

网银中心检查回执报文格式有误或核验数字签名失败的，标记该业务状态为"已拒绝"，同时通知付款清算行和收款清算行。

③ 各节点对各类通知的处理。网银中心、付款清算行、收款清算行收到"已拒绝""已轧差"和"已清算"通知后，修改业务状态，并作相应处理。

● 网银中心收到轧差净额"已清算"通知，标记该业务状态为"已清算"，并通知付款清算行和收款清算行。

● 付款清算行收到各类通知时应进行如下处理：

付款清算行收到"已拒绝"通知时，进行账务处理。会计分录为：

借：吸收存款——××存款——××户　　　　（红字）

　　贷：待清算支付款项　　　　（红字）

标记该业务状态为"已拒绝"，并通知付款人付款失败。

付款清算行收到"已轧差"通知时，标记该业务状态为"已轧差"，并通知付款人付款成功。

付款清算行收到"已清算"通知时，标记该业务状态为"已清算"，并进行账务处理。会计分录为：

借：待清算支付款项

　　贷：存放中央银行款项——准备金存款

● 收款清算行收到各类通知应进行如下处理：

收款清算行收到"已轧差"通知时，标记该业务状态为"已轧差"，并进行账务处理。会计分录为：

借：待清算支付款项

　　贷：吸收存款——××存款——××户

收款清算行收到"已清算"通知时，标记该业务状态为"已清算"，并进行账务处理。会计分录为：

借：存放中央银行款项——准备金存款

贷：待清算支付款项

2. **网银借记业务的账务处理**

网银借记业务处理包括两个阶段：发起业务阶段和处理业务回执阶段

(1)发起网银借记业务的核算

① 收款(清算)行的处理。收款(清算)行受理收款人的收款请求，检查业务要素无误后组网银借记业务报文，加编数字签名发送网银中心，并标记该业务状态为“已发送”。

② 网银中心的处理。网银中心收到收款清算行发来的网银借记业务报文，检查报文格式、业务权限、收(付)款清算行账户状态并核验数字签名无误后，转发付款清算行，同时标记该业务状态为“已转发”；检查未通过的，做拒绝处理。

③ 付款清算行的处理。付款清算行前置机收到网银中心发来的网银借记业务报文，检查报文格式并核验数字签名无误后，转发行内业务系统；检查未通过的，做拒绝处理。

④ 收到拒绝通知的处理。收款清算行、网银中心收到“已拒绝”通知，修改相应业务状态。收款清算行应对已拒绝的业务作相应处理，并通知收款人收款失败。

(2)网银借记业务回执的核算

① 付款清算行的处理。付款清算行行内业务系统收到网银借记业务报文，核验签名无误后立即进行协议核验。协议核验成功的，检查付款人账户状态及余额，检查通过的立即进行账务处理。会计分录为：

借：吸收存款——××存款——××户

贷：待清算支付款项

账务处理成功后，付款清算行组网银借记业务回执报文(业务状态为“已付款”)，加编数字签名后实时发送网银中心。

付款清算行核验数字签名、协议不成功或检查账户状态及余额未通过的，组网银借记业务回执报文(业务状态为“已拒绝”)，加编数字签名后实时发送网银中心。

② 网银中心的处理。网银中心收到付款清算行发来的网银借记业务回执报文，进行合法性检查并核验数字签名。核验无误且业务状态为“已付款”的，立即进行净借记限额检查；核验失败的做拒绝处理。

净借记限额检查通过的，实时纳入轧差处理，并标记该业务状态为“已轧差”后组轧差通知报文，加编数字签名，发送至付款清算行、收款清算行；净借记限额检查未通过的，做拒绝处理。

网银中心收到业务状态为“已拒绝”的网银借记业务回执报文，标记该业务状态为

"已拒绝",通知收款清算行。

网银中心检查网银借记业务回执报文格式有误或核验数字签名失败的,标记该业务状态为"已拒绝",并通知付款清算行和收款清算行。

③ 各节点对各类通知的处理。网银中心、付款清算行、收款清算行收到"已拒绝""已轧差"和"已清算"通知后,修改业务状态,并作相应处理。

● 网银中心收到轧差净额"已清算"通知,标记该业务状态为"已清算",并通知付款清算行和收款清算行。

● 付款清算行收到各类通知时应进行如下处理:

付款清算行收到"已拒绝"通知时,标记该业务状态为"已拒绝",并进行账务处理。会计分录为:

借:吸收存款——××存款——××户　　(红字)

　　贷:待清算支付款项　　(红字)

付款清算行收到"已轧差"通知时,标记该业务状态为"已轧差"。

付款清算行收到"已清算"通知时,标记该业务状态为"已清算",并进行账务处理。会计分录为:

借:待清算支付款项

　　贷:存放中央银行款项——准备金存款

● 收款清算行收到各类通知时应进行如下处理:

收款清算行收到"已轧差"通知时,标记该业务状态为"已轧差",并进行账务处理。会计分录为:

借:待清算支付款项

　　贷:吸收存款——××存款——××户

账务处理完成后,通知收款人收款成功。

收款清算行收到"已清算"通知时,标记该业务状态为"已清算",并进行账务处理。会计分录为:

借:存放中央银行款项——准备金存款

　　贷:待清算支付款项

收款清算行收到"已拒绝"通知时,标记该业务状态为"已拒绝",并通知收款人收款失败。

3. 第三方贷记业务的核算

第三方贷记业务处理包括三个阶段:第三方机构发起业务阶段、付款清算行发出回执阶段、收款清算行发出回执阶段。

(1)发起第三方贷记业务的核算

① 第三方机构的处理。第三方机构受理客户的付款或收款请求，组第三方贷记业务报文，加编数字签名后发送网银中心，并标记该业务状态为“已发送”。

② 网银中心的处理。网银中心收到第三方机构发来的第三方贷记业务报文，检查报文格式、业务权限并核验数字签名无误后，转发付款清算行，同时标记该业务状态为“已转发”；检查未通过的，做拒绝处理。

③ 付款清算行的处理。付款清算行前置机收到网银中心发来的第三方贷记业务报文，检查报文格式并核验数字签名无误后，转发行内业务系统；检查未通过的，做拒绝处理。

④ 收到拒绝通知的处理。第三方机构、网银中心收到“已拒绝”通知，修改相应业务状态。第三方机构对已拒绝的业务作相应处理。

(2)付款清算行发出回执的核算

① 付款清算行的处理。付款清算行行内业务系统收到第三方贷记业务报文，核验数字签名无误后根据报文中的“认证方式”做相应处理。

对于在线方式认证的，付款清算行通过网银中心、第三方机构提示客户进行在线身份验证。经付款人确认付款后，付款清算行检查付款人账户状态及余额，检查通过的立即进行账务处理。

对于协议方式认证的，付款清算行立即进行协议核验。核验成功的，检查付款人账户状态及余额，检查通过的立即进行账务处理。会计分录为：

借：吸收存款——××存款——××户

　　贷：待清算支付款项

账务处理成功后，付款清算行组第三方贷记业务回执报文（业务状态为“已付款”），加编数字签名后实时发送网银中心。

付款清算行核验数字签名、协议不成功或账户状态及余额检查未通过的，组第三方贷记业务回执报文（业务状态为“已拒绝”），加编数字签名后实时发送网银中心。

② 网银中心的处理。网银中心收到付款清算行发来的第三方贷记业务回执报文，进行合法性检查并核验数字签名。检查通过的，将第三方贷记业务报文（业务状态为“已付款”）转发收款清算行；检查未通过的，标记业务状态为“已拒绝”，并通知付款清算行和第三方机构。

③ 收款清算行的处理。收款清算行前置机收到网银中心转发的第三方贷记业务报文，检查报文格式并核验数字签名无误后，转发行内业务系统；检查未通过的，做拒绝处理。

④ 收到拒绝通知的处理。网银中心、付款清算行、收款清算行、第三方机构收到"已拒绝"通知,修改相应业务状态。付款清算行和第三方机构应对已拒绝的业务作相应处理。

(3)收款清算行发出回执的核算

① 收款清算行的处理。收款清算行行内业务系统收到第三方贷记业务报文,实时核验数字签名并检查收款人账号、户名及账户状态,根据检查结果组"已确认"或"已拒绝"的第三方贷记业务回执报文,加编数字签名后实时发送网银中心。

② 网银中心的处理。网银中心收到收款清算行发来第三方贷记业务回执报文,进行合法性检查并核验数字签名。核验无误且业务状态为"已确认"的,立即进行净借记限额检查;核验失败的做拒绝处理。

净借记限额检查通过的,实时纳入轧差处理。如果第三方机构未通过网上支付跨行清算系统代收付款人手续费,网银中心对收、付款清算行进行双边轧差;如果第三方机构通过网上支付跨行清算系统代收付款人手续费,网银中心分别对收、付款清算行和第三方机构进行轧差。轧差完成后,标记该业务状态为"已轧差",并组轧差通知报文,加编数字签名发送至付款清算行、收款清算行和第三方机构。净借记限额检查未通过的,做拒绝处理。

网银中心收到业务状态为"已拒绝"的第三方贷记业务回执报文,标记该业务状态为"已拒绝",通知付款清算行和第三方机构。

网银中心检查回执报文格式有误或核验数字签名失败的,做拒绝处理,标记该业务状态为"已拒绝",同时通知付款清算行、收款清算行和第三方机构。

③ 各节点对各类通知的处理。

网银中心、付款清算行、收款清算行、第三方机构收到"已拒绝""已轧差"和"已清算"通知后,修改业务状态,并作相应处理。

● 网银中心收到轧差净额"已清算"通知,标记该业务状态为"已清算",并通知付款清算行、收款清算行和第三方机构。

● 付款清算行收到各类通知时应进行如下处理:

付款清算行收到"已拒绝"通知时,标记该业务状态为"已拒绝",并进行账务处理。会计分录为:

借:吸收存款——××存款——××户　　(红字)

　　贷:待清算支付款项　　(红字)

付款清算行收到"已轧差"通知时,标记该业务状态为"已轧差"。

付款清算行收到"已清算"通知时,标记该业务状态为"已清算",并进行账务处理。

会计分录为：

借：待清算支付款项

贷：存放中央银行款项——准备金存款

● 收款清算行收到各类通知时应进行如下处理：

收款清算行收到“已轧差”通知时，标记该业务状态为“已轧差”，并进行账务处理。会计分录为：

借：待清算支付款项

贷：吸收存款——××存款——××户

收款清算行收到“已清算”通知时，标记该业务状态为“已清算”，并进行账务处理。会计分录为：

借：存放中央银行款项——准备金存款

贷：待清算支付款项

● 第三方机构收到各类通知时应进行如下处理：

第三方机构收到“已拒绝”通知时，标记该业务状态为“已拒绝”，并通知客户业务处理失败。

第三方机构收到“已轧差”通知时，标记该业务状态为“已轧差”，并通知客户业务处理成功。

第三方机构收到“已清算”通知时，标记该业务状态为“已清算”，如通过网上支付跨行清算系统代收付款人手续费，进行账务处理。会计分录为：

借：存放中央银行款项——准备金存款

贷：手续费及佣金收入

4. 轧差和资金清算的核算

(1)轧差的计算

网银中心对通过净借记限额检查的网银贷记业务回执、网银借记业务回执和第三方贷记业务回执，实时轧差。轧差公式为：

某清算行提交清算的贷方净额(＋)[或借方净额(－)]

＝网上支付跨行清算系统贷记来账金额＋他行返回网上支付跨行清算系统借记回执成功交易金额－网上支付跨行清算系统贷记往账金额－发出网上支付跨行清算系统借记回执成功交易金额

网上支付跨行清算系统处理的支付业务一经轧差即具有支付最终性，不可撤销。收款行收到支付业务已轧差通知后应实时贷记指定收款人账户。

(2)资金清算的核算。

网银中心根据中国人民银行的规定，设置日间轧差净额提交清算的场次和时间，在提交时点对本场轧差净额进行试算平衡检查，检查无误后自动提交SAPS进行资金清算。SAPS收到轧差净额清算报文，进行试算平衡检查无误后，自动完成相关账务处理。

① 属于清算行轧差净额的处理。属于清算行贷方差额的，会计分录为：

借：小额支付往来——中国人民银行××行

贷：××存款——××行

属于清算行借方差额的，如清算账户可用头寸足以支付，则会计分录相反；如清算账户可用头寸不足支付，作排队处理。

完成账务处理后，网上支付跨行清算系统自动生成清算通知发送至各参与者。各参与者根据清算通知变更业务状态，完成相应的账务处理。

② 属于第三方机构轧差净额的处理。属于第三方机构轧差净额的，会计分录为：

借：小额支付往来——中国人民银行××行

贷：××存款——××机构收费专户

调研与实践题

组织学生调研当地中国人民银行的CCPC中心，启发学生从中把握现代化支付系统的业务流程。

自主学习内容

1. 简述小额批量支付系统与大额实时支付系统的关系。
2. 小额批量支付系统的参与者有哪些？
3. 小额批量支付系统主要处理哪些业务？业务流程如何？
4. 小额批量支付系统的核算需要设置哪些会计科目？

复习思考题

1. 简述中国现代化支付系统的主要应用系统。
2. 中国现代化支付系统的支付结算工具分为几类？
3. 大额支付系统的参与者有哪些？分别描述其含义。
4. 大额支付系统主要处理哪些业务？
5. 什么叫清算账户？清算账户是由哪个机构设置和管理？
6. 比较大额、小额支付系统和网上支付跨行清算系统的业务流程。

7. 大额、小额支付系统的业务种类和处理方式有何不同?

8. 网上支付跨行清算系统处理的支付业务种类有哪些?

账务处理题

1. 9月2日,CCB银行A支行(间接参与者)收到ICBC银行B分行(直接参与者)寄来的委托收款凭证,金额为100 000元,向本行开户单位武威电器有限公司收取货款,承付期已到,经审核无误后将支付信息经行内系统发往其所属的CCB银行N分行(直接参与者),CCB银行N分行收到后通过大额支付系统办理划款。ICBC银行B分行收到划回的托收款项,经确认无误后收入开户单位京华新材料有限公司账户。

要求:根据上述资料,编制CCB银行A支行及N分行,SAPS,ICBC银行B分行的会计分录。

2. 3月19日,ICBC银行北京分行收到CCB银行重庆分行寄来的委托收款凭证和商业承兑汇票,金额8 000元,向本行开户单位曙光箱包厂收取货款,经该公司同意办理转账后,行内系统按收款清算行组包,通过小额支付系统汇出资金。CCB银行重庆分行收到业务包,经确认无误,由行内系统拆包,将划回的货款收入开户单位南岸皮革厂账户。ICBC银行北京分行和中国农业银行分行均收到支付系统发来的已清算通知。

要求:(1)根据上述资料,编制ICBC银行北京分行和CCB银行重庆分行的会计分录。(2)若ICBC银行北京分行收到小额支付系统发来的已拒绝通知,编制有关会计分录。

3. 11月3日,小额支付系统NPC的一场轧差净额为:HSCB银行合肥分行借方差额600 000元,中国人民银行杭州中心支行借方差额100 000元,CCB银行重庆分行贷方差额200 000元,ICBC银行天津分行贷方差额500 000元。NPC进行试检查无误,生成轧差净额清算报文,提交SAPS进行资金清算。

要求:根据上述资料,编制SAPS进行账务处理的会计分录。

4. 6月20日,中国人民银行A分行受理以下现金存取业务:

(1)HSCB银行某分行支取现金800 000元;

(2)CCB银行某分行缴存现金300 000元;

(3)ICBC银行某分行支取现金650 000元。

中国人民银行A分行将有关单边业务报文加编密押后发送SAPS,并收到SAPS返回的成功信息。

要求:根据上述资料,编制中国人民银行A分行、SAPS进行账务处理的会计分录。

第六章 支付结算业务的核算

本章导读

支付结算是单位、个人在社会经济活动中使用票据、信用卡等结算方式进行货币给付及资金清算的行为。支付结算建立在银行信用和商业信用的基础之上，商业银行是办理支付结算和资金清算的中介机构。随着我国信用体系的逐步完善，商业银行作为支付结算的中介机构，已深入到企业和个人的经济活动各个角落。如何高效完成单位与单位之间、单位与个人之间、个人与个人之间的货币给付与资金清算，是当今商业银行最重要的服务职能，也是其主要的利润来源。本章将详细阐述商业银行支付结算方式、业务流程及其账务处理，以此深刻反映商业银行支付结算活动的经济实质。

知识目标

1. 了解支付结算的概念、种类以及支付结算的原则。
2. 熟悉支付结算方式的适用范围和支付核算的纪律要求。
3. 理解支付结算与资金清算的联系与区别。
4. 掌握“三票、一卡、三式、一证”等国内支付结算的流程。
5. 掌握国际贸易结算(国际信用证、托收、汇兑)的流程。

对应能力与要求

1. 能够正确填制和审核“三票、一卡、三式、一证”的支付结算凭证。
2. 能够正确设计和审核“三票、一卡、三式、一证”的支付结算流程。
3. 能够正确确认和计量“三票、一卡、三式、一证”并进行账务处理。
4. 能够正确核算国际进出口信用证业务、进出口托收业务和汇兑业务。
5. 具备支付结算业务的会计信息的确认、计量与账务处理的实践能力。

第一节　支付结算业务概述

一、支付结算的种类

支付结算即转账结算，是指单位、个人在社会经济活动中使用票据、信用卡和汇兑、托收承付、委托收款等结算方式进行货币给付及资金清算的行为。各单位经济活动中的往来款项，除少数按照国家现金管理制度规定可以使用现金外，其余都必须通过银行办理转账结算，即采用一定的支付结算工具，通过银行将款项从付款单位账户划转到收款单位账户，以实现收付款方之间的货币给付。支付结算业务是商业银行的中间业务，主要收入来源于手续费。

按使用的支付结算工具不同，支付结算分为票据结算、银行卡结算、结算方式结算和国内信用证结算，简称"三票、一卡、三式、一证"。"三票"是指汇票(银行汇票、商业汇票)、银行本票和支票；"一卡"是指银行卡；"三式"是指汇兑、托收承付、委托收款；"一证"是指国内信用证。

按适用的区域范围不同，支付结算分为同城支付结算和异地支付结算。属于同一票据交换区域的货币给付称为同城支付结算，否则为异地支付结算。其中，银行本票用于同城支付结算；银行汇票、托收承付、国内信用证用于异地支付结算；商业汇票、支票、银行卡、汇兑、委托收款既可用于同城支付结算，也可用于异地支付结算。

二、支付结算与资金清算

单位、个人之间的资金往来通过银行进行划转，称为支付结算；银行之间由于单位、个人资金转移而引起的相互资金账务往来和资金存欠进行结清称为资金清算。支付结算与资金清算紧密联系、相辅相成，银行为单位、个人办理资金转移即支付结算业务的同时又引起了银行之间资金账务往来和资金存欠的清算。

支付结算的资金转移及其所引起的资金清算，需要借助一定的汇划渠道即支付清算系统实现。我国商业银行办理支付结算与资金清算业务主要通过中国现代化支付系统、商业银行行内系统以及同城票据交换系统等进行资金的划转和清算。在具体选择划转渠道时，应考虑结算对方银行所在地、是否为同系统银行、汇款金额大小、时限要求及资费高低等因素。

三、支付结算的原则

根据《支付结算办法》的规定，银行在办理支付结算的过程中必须遵守下列基本原则：

① 恪守信用，履约付款。办理支付结算业务的单位和个人，必须依照共同约定的民事法律关系内容，享受相应的权利并承担相应的义务。结算当事人应严格遵守信用，按照事先的承诺，履行资金结算义务。按照规定的付款金额和付款日期完成款项的支付。该原则强调结算双方办理款项收付完全建立在自觉自愿和相互信任的基础之上。

② 谁的钱进谁的账，由谁支配。银行作为资金结算的中介机构，必须按照委托人的意志行事，对存款人的资金，除国家法律另有规定外，必须由其自主支配。其他任何单位、个人及银行本身都不得对其资金进行干预和侵犯。客户委托银行把资金转给谁，银行就把资金转入谁的账户。该原则主要是维护存款人对存款资金的所有权，保证其对资金支配的自主权。

③ 银行不垫款。银行只是承担办理支付结算的职责，根据客户的委托进行账户资金的转移。在支付结算业务处理过程中，银行必须坚持"先付后收，收妥抵用"。客户委托银行代收款项，在款项尚未收妥入账之前，不得支用；客户委托银行代付款项，必须在账户上有足够的存款余额。该原则旨在划清银行资金和存款人资金的界限，有利于保护银行资金的所有权和经营权，也有利于促使客户以自己所有或经营的财产直接对自己的债务承担责任，保证银行资金的安全。

四、支付结算的纪律

(1)客户应遵守的支付结算纪律

① 不准签发没有资金保证的票据或远期支票，套取银行信用；

② 不准签发、取得和转让没有真实交易和债权债务的票据，套取银行和他人资金；

③ 不准无理由拒绝付款，任意占用他人资金；

④ 不准违反规定开立账户、出租、出借、转让账户和使用账户。

(2)银行应遵守的支付结算纪律

① 不准以任何理由压票、任意退票、截留挪用客户和他行资金；

② 不准无理由拒绝支付应由银行支付的票据款项；

③ 不准无理由受理拒付、不扣或少扣滞纳金；

④ 不准违章签发、承兑、贴现票据，套取银行资金；

⑤ 不准签发银行空头汇票、银行空头本票和办理空头汇款；

⑥ 不准在支付结算制度之外规定附加条件，影响汇路畅通；

⑦ 不准违反规定为单位和个人开立账户；

⑧ 不准拒绝受理、代理他行正常结算业务；

⑨ 不准改变对企事业单位和个人违反结算纪律的制裁；

⑩ 不准逃避向人民银行转汇大额汇划款项。

第二节　票据结算业务的核算

根据我国《票据法》规定，票据包括支票、银行本票、银行汇票和商业汇票。

一、支票业务的结算

支票是出票人签发并委托办理支票存款业务的商业银行在见票时无条件支付确定的金额给收款人或持票人的票据。支票建立在商业信用的基础上，为即期票据，收妥抵用。主要用于单位和个人在同一票据交换区域的各种款项结算。2007 年，全国支票影像交换系统建成运行后，支票成为全国通用的支付结算工具。

支票是一种委托式信用证券，分为现金支票、转账支票和普通支票。票面上印有“现金”字样的为现金支票，现金支票只能用于支取现金；票面上印有“转账”字样的为转账支票，转账支票只能用于转账(样式如图 6 - 1 所示)；票面上未印有“现金”或“转账”字样的为普通支票，普通支票既可支取现金，也可转账；在普通支票左上角划两条平行线的为划线支票，划线支票只能用于转账，不得支取现金。

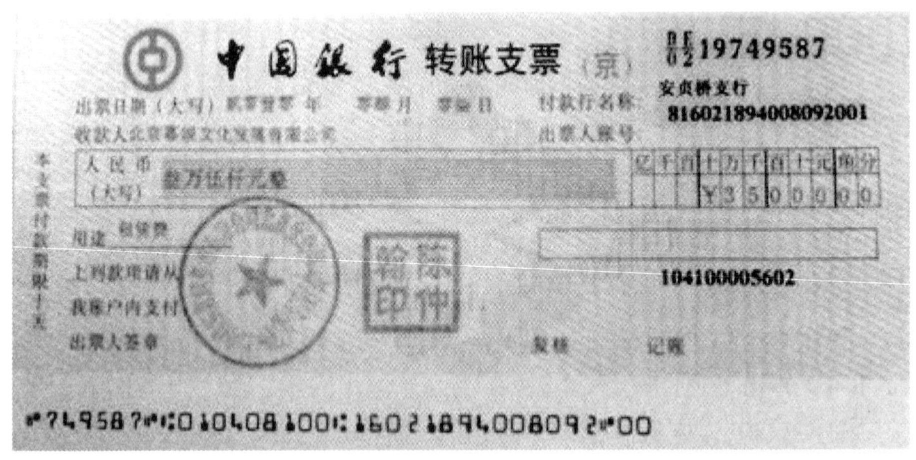
中国银行 转账支票 (京) 19749587
出票日期（大写）　年　月　日　付款行名称：安贞桥支行
收款人：　出票人账号：816021894008092001
人民币（大写）叁万伍仟元整　¥3500000
用途
上列款项请从我账户内支付
出票人签章　复核　记账
104100005602
本支票付款期限十天

图 6 - 1　转账支票

1. 支票的基本规定

① 支票的出票人，为在经中国人民银行当地分支行批准办理支票业务的银行机构开立可以使用支票存款账户的单位或个人。

② 支票付款人为支票上记载的出票人开户银行。

③ 支票的金额、收款人名称由出票人授权补记。未补记前不得背书转让和提示付款。

④ 签发支票应使用碳素墨水或墨汁填写。大小写金额、日期和收款人不能更改，否则支票无效。对于支票上除绝对事项以外的事项，原记载人可以更改，但必须签章证明。

⑤ 支票金额无起点限制，提示付款期自出票日起 10 日，到期日遇法定节假日顺延。

⑥ 出票人签发空头支票、签章以及预留银行签章不符的支票、支付密码错误的支票，银行应予以退票，并按票面金额处以 5%但不低于1 000元的罚款；持票人有权要求出票人赔偿支票金额 2%的赔偿金。对屡次签发空头支票的单位或个人，银行应停止其签发支票。

⑦ 持票人可以委托开户银行收款或向付款人提示付款。现金支票持票人只能直接向付款人提示付款，转账支票持票人委托银行收款时，应作委托收款背书，开户行收妥后入账。

⑧ 转账支票可以背书转让，已转让的支票背书应当连续。支票丧失，失票人可以向付款行挂失止付，挂失前已经支付的，银行不予受理。

2. 转账支票的核算

(1)持票人与出票人在同一行处开户的账务处理

银行受理持票人交来的支票和两联进账单时，应对其内容进行严格审查，主要包括：支票是否为统一规定印制，是否真实，提示付款期是否超过，填明的持票人是否在本行开户，持票人的名称是否为持票人，与进账单上的名称是否一致；出票人账户是否有足够支付的款项；出票人的签章是否符合规定，与预留银行的签章是否一致；使用密码支付的支票，密码是否正确；大小写金额是否一致，与进账单的金额是否相符；必须记载的事项是否齐全，出票金额、出票日期、收款人名称是否更改，其他事项的更改是否由原记载人签章证明；背书转让的支票是否按规定的范围转让，背书是否连续，签章是否符合规定，背书使用的粘单是否按照规定在粘接处签章；背书人是否在支票背面做委托收款背书。

经审核无误后，银行将支票作为借方凭证，以进账单第二联作为贷方凭证办理转账。会计分录为：

借：吸收存款——××存款(出票人)

　　贷：吸收存款——××存款(持票人)

进账单第一联加盖转讫章交持票人作为收账通知。

出票人向银行送交支票时，应填写三联进账单，连同支票一并送交开户银行。银行

审查无误后进行账务处理，会计分录与受理持票人交存支票时相同。转账后，进账单第一联加盖转讫章后交出票人作为回单，进账单第三联加盖转讫章后作为收账通知，转交收款人。

(2)持票人与出票人不在同一行处开户的账务处理

① 持票人开户银行受理持票人提交支票的处理。持票人开户行收到持票人交存的支票和两联进账单，在第二联进账单上加盖"收妥后入账"戳记，将第一联进账单加盖转讫章交持票人。按照同城票据交换规定，及时提出支票交换，待退票时间过后以第二联进账单作为贷方凭证办理转账。会计分录为：

● 提出交换前：

借：清算资金往来——同城票据清算

或借：待清算辖内往来——××行

　　贷：其他应付款——××收款人

● 待退票时间过后，入账：

借：其他应付款——××收款人

　　贷：吸收存款——活期存款——××收款人

② 出票人开户行通过票据交换提回票据的处理。出票人开户行收到交换提入的支票后，应按照上述规定对支票的内容进行审查。经审查无误后，以支票作为借方凭证，办理转账，会计分录为：

借：吸收存款——活期存款——××付款人

　　贷：清算资金往来——同城票据清算

　　或贷：待清算辖内往来——××行

若支票发生退票，出票人开户银行应将其作为"其他应收款"处理；持票人开户银行则作为"其他应付款"处理。

【例6-1】 2018年4月1日，ICBC银行黄山路支行收到开户单位招远公司送交转账支票和进账单，金额为28 000元，系招远公司销售的材料款。该支票的签发人(光华科技公司)在同城HSCB银行城南支行开户。ICBC银行黄山路支行审查无误后，将该转账支票提出交换，超过退票时间未收到退票通知。会计分录为：

● ICBC银行黄山路支行提出支票时：

	借	贷
借：清算资金往来——同城票据清算	28 000	
贷：其他应付款——招远公司		28 000

● ICBC银行黄山路支行待退票时间过后未发生退票时：

	借	贷
借：其他应付款——招远公司	28 000	

贷:吸收存款——活期存款——招远公司 28 000

● HSCB 银行城南支行提入票据时::

借:吸收存款——活期存款——光华科技公司 28 000

贷:清算资金往来——同城票据清算 28 000

若出票人签发空头支票、签章与预留银行签章不符的支票、支付密码错误的支票,银行予以退票并对出票人予以罚款。

【例 6-2】 2018 年 4 月 1 日,在第一场交换提回票据时,ICBC 银行黄山路支行发现其开户单位远博开发公司签发的一张金额为7 500元的转账支票,因存款账户余额不足做退票处理,计收罚金1 000元,并于下场交换时提出退票。该票据为 ICBC 银行城南支行提出的票据。

借:其他应收款——远博开发公司 7 500

贷:待清算辖内往来——城南支行 7 500

借:吸收存款——活期存款——远博开发公司 1 000

贷:营业外收入——罚金收入 1 000

借:待清算辖内往来——城南支行 7 500

贷:其他应收款——××公司 7 500

③ 出票人开户行受理出票人提交支票的处理。出票人开户银行接到出票人交来的转账支票和三联进账单,经审查无误后,以支票作为借方凭证办理转账,会计分录为:

借:吸收存款——活期存款——出票人

贷:清算资金往来——同城票据清算

或贷:待清算辖内往来——××行

第一联进账单加盖转讫章,交出票人作为回单;第二联、第三联进账单盖章后,按照同城票据交换的有关规定,及时提出交换。

收款人开户银行收到交换提入的第二联、第三联进账单,审查无误后,以第二联进账单作为贷方凭证,办理转账,会计分录为:

借:清算资金往来——同城票据清算

或借:待清算辖内往来——××行

贷:吸收存款——活期存款——××收款人

第三联进账单加盖转讫章交收款人作为收账通知。

3. 支票的领购和挂失

银行存款人需领购支票时,应填写“票据和结算凭证领用单”,加盖与预留银行签章

相同的签章。银行审核后，收取支票工本费和手续费，在“重要空白凭证领用登记簿”上注明领用日期、存款人名称、支票起止号码等以备核查，然后将支票交存款人。支票账户的存款人结清账户时，必须将全部剩余空白支票交回银行，由银行统一处理。

如果发生支票丢失，失票人应及时到支票付款行办理挂失手续，提交支票挂失止付通知书，银行审核无误并确定票款未付后，登记“支票挂失登记簿”，并在出票人分户账做出标记，凭以止付。

二、银行本票的核算

银行本票是指银行签发并承诺在见票时无条件支付确定的金额给收款人或者持票人的票据。银行本票由银行签发、保证兑付且见票即付。银行本票可以分为定额和不定额本票，定额银行本票的面额分为1 000元、5 000元、10 000元和50 000元四种。银行本票为见票即付，相对于支票而言，收款人更希望收到银行本票。单位和个人在同一票据交换区域支付各种款项，均可使用银行本票。不定额本票的样式如图 6－2 所示。

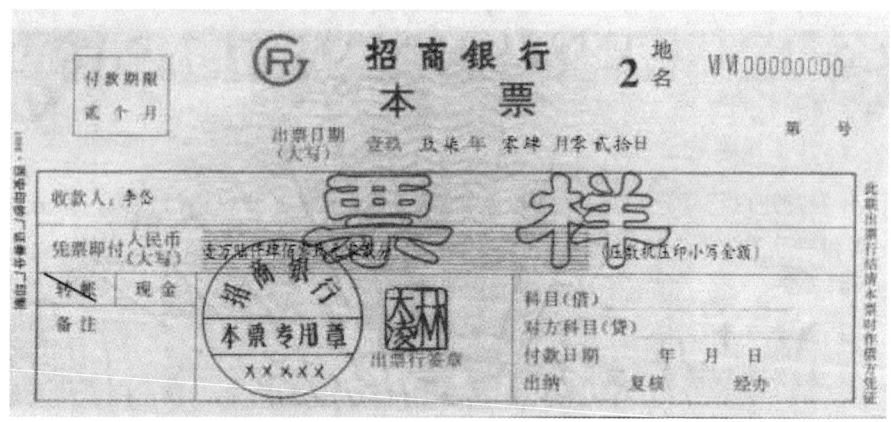

图 6－2　不定额银行本票

1. 银行本票的基本规定

① 银行本票出票人是经中国人民银行当地分支行批准办理银行本票业务的商业银行。

② 银行本票可以用于转账，注明“现金”字样的银行本票可以用于支取现金。

③ 银行本票的提示付款期自出票日起最长不得超过 2 个月，超过提示付款期付款的，代理付款人不予受理。代理付款人是代理出票银行审核支付银行本票款的商业银行。

④ 银行本票为不定额本票的，无金额起点限制。

⑤ 银行本票见票即付，但填写“现金”字样的银行本票不得背书转让，转账银行本票

可以在同一票据交换区域内背书转让。申请人和收款人均为个人的,可以签发现金银行本票;申请人和收款人均为单位的,不得签发现金银行本票。

⑥ 申请人因本票超过提示付款期限或其他原因要求退款时,应将银行本票提交到出票银行,并提交单位证明或个人身份证明。出票银行对于在本行开有存款账户的申请人,只能将款项转入其存款账户;未在银行开立存款账户的申请人,应退付现金。

⑦ 银行本票丧失时,失票人可以凭人民法院为其出具的享有票据权利的证明,向出票银行请求付款或退款。

2. 银行本票的核算

(1)银行本票支付结算的流程图

银行本票支付结算的基本流程如图 6－3 所示。

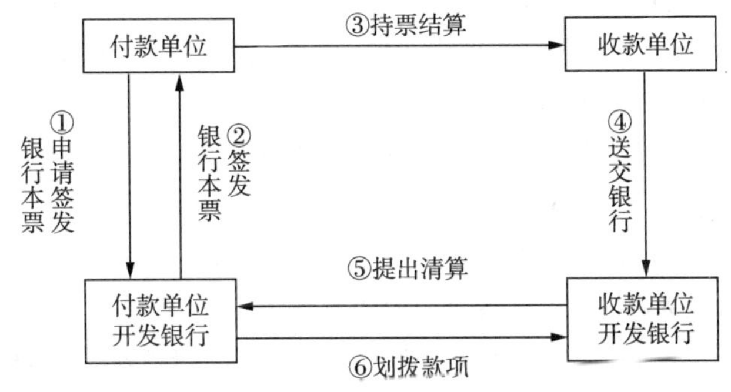

图 6－3 银行本票的支付结算流程

(2)出票行签发银行本票的核算

申请人使用银行本票的单位、个人,应填写"银行本票申请书",填写内容包括收款人名称、申请人名称、支付金额、申请日期等事项并签章。银行本票申请书一式三联,第一联存根,第二联借方凭证,第三联贷方凭证。交现金办理本票的,第二联注销。另外,申请人和收款人均为个人的,应在"支付金额"栏先填写"现金"字样,后填写支付金额。

出票银行受理银行本票申请书,应认真审查其填写内容是否齐全、清晰,申请书填明"现金"字样的,要审查申请人和收款人是否均为个人。审查无误后,收妥款项并签发银行本票。

● 转账交付的,以第二联申请书作为借方凭证,第三联作为贷方凭证,会计分录为:

借:吸收存款——××存款——××申请人

　　贷:吸收存款——开出本票——××银行本票

● 现金交付的，以第三联作为贷方凭证，会计分录为：

借：库存现金——××申请人

　　贷：吸收存款——开出本票——××银行本票

“开出本票”科目应按定额银行本票和不定额银行本票分户进行核算。

不定额银行本票凭证一式两联：第一联卡片，第二联本票；定额银行本票凭证分为存根联和正联。出票银行在本票上签章后将定额本票正联交申请人，不定额本票第二联交申请人。第一联卡片或存根联盖章后留存，并专夹保管。

(3)银行本票兑付的核算

申请人取得银行本票后，将其转给收款人，用于债权债务的结算。收款人受理银行本票时应审查下列事项：收款人是否确为本单位或个人；银行本票是否在提示付款期限内；必须记载的事项是否齐全；出票人签章是否符合规定；不定额银行本票是否有压数机压印的出票金额，并与大写出票金额一致；出票金额、出票日期、收款人名称是否更改；更改的其他记载事项是否由原记载人签章证明。收款人可以将银行本票背书转让给被背书人，收款人或被背书人需在付款期内持本票向银行兑付。

① 代理付款行兑付银行本票的处理。代理付款行接到本行开户的持票人交来的本票和两联进账单时，应认真审查本票是否真实，提示付款期是否超过，与进账单上的名称是否相符等。审核无误后，当持票人与原申请人在同一行处开户时，代理兑付行兑付的是本行签发的本票。此时，以本票第一联代借方凭证，进账单第二联代贷方凭证办理转账，会计分录为：

借：吸收存款——开出本票——××银行本票

　　贷：吸收存款——××存款——××申请人

第一联进账单加盖转讫章交持票人作收账通知。

当持票人与原申请人不在同一行处开户时，代理兑付行以进账单第二联代贷方凭证办理转账，会计分录为：

借：清算资金往来——同城票据清算

或借：待清算辖内往来——××行

　　贷：吸收存款——××存款——××申请人

第一联进账单加盖转讫章交持票人作收账通知，本票加盖转讫章，通过同城票据交换将其转给出票银行。

② 出票行兑付本行签发的银行本票的处理。

● 出票行兑付本行签发的转账本票。出票行受理本行签发的转账本票，除不需要提出票据交换外，其审查内容同上。经审核无误后，办理转账。会计分录为：

借:吸收存款——开出本票——××银行本票

　　贷:吸收存款——××存款——××持票人

● 出票行兑付本行签发的现金本票。按照规定,现金本票,在提示付款期内只能由出票银行办理。出票行受理收款人交来的注明"现金"字样的银行本票时,抽出原专夹保管的银行本票存根,核对是否确属本行签发的,同时审核银行本票上填写的申请人、收款人是否均为个人。审核无误后,以银行本票作为借方凭证、本票存根联作为附件,办理付款。会计分录为:

借:吸收存款——开出本票——××银行本票

　　贷:库存现金

(4)银行本票结清的核算

出票银行收到交换提入的本行签发他行付款的银行本票,抽出专夹保管的本票卡片或存根,经核对确属本行出票,审核无误后,以本票作为借方凭证,本票卡片或存根作为附件,办理本票的结清,会计分录为:

借:吸收存款——开出本票——××银行本票

　　贷:清算资金往来——同城票据清算

　　或贷:待清算辖内往来——××行

(5)银行本票的退款、超期付款和挂失的核算

① 银行本票退款的处理。申请人因本票超过提示付款期限或其他原因要求出票行退款时,应填制一式二联的进账单,连同本票一并交给出票银行。出票银行经与原专夹保管的卡片或存根核对无误后,在本票上注明"未用退回"字样。出票银行将第二联作为贷方凭证,本票作为借方凭证,本票卡片或存根作为附件,办理转退款。会计分录为:

借:吸收存款——开出本票——××银行本票

　　贷:吸收存款——××存款——××申请人　　(转账退付)

　　　　库存现金　　(支付现金)

第一联进账单加盖转讫章交原申请人作为收账通知。

② 超期付款的处理。持票人超过付款期不付款的,在票据权利时效期内请求付款时,应向出票银行说明原因,并将本票交给出票银行。出票银行经与原专夹保管的本票卡片或存根核对无误,即在本票上注明"逾期付款"字样,办理付款手续。

持票人在出票银行开户的,应填制两联进账单(现金本票免填)。出票银行以进账单第二联作为贷方凭证,本票作为借方凭证,本票卡片或存根作为附件,办理转账,会计分录为:

借:吸收存款——开出本票——××银行本票

贷:吸收存款——××存款——××申请人　　　　　　　　　　　　（转账退付）

库存现金　　　　　　　　　　　　　　　　　　　　　　　　　（支付现金）

第一联进账单加盖转讫章交持票人作为收账通知。

持票人未在出票银行开户的,应填制三联进账单(现金本票免填)。出票银行将第二联、第三联进账单提出交换给持票人开户行,第一联进账单作为回单退给持票人。会计分录为:

借:吸收存款——开出本票——××银行本票

贷:清算资金往来——同城票据清算

或贷:待清算辖内往来——××行

持票人开户行收到交换提入的进账单,以第二联进账单作为贷方传票,办理转账。第三联进账单作为收账通知单交持票人。会计分录为:

借:清算资金往来——同城票据清算

或借:待清算辖内往来——××行

贷:吸收存款——××存款——××持票人

③ 银行本票的挂失。填明"现金"字样的银行本票丢失,失票人到出票银行挂失时,应提交第一、第二联挂失止付通知书,经出票银行审核无误后方可受理。出票银行将第一联挂失止付通知书加盖业务公章作为回单交给失票人,第二联登记本票挂失登记簿后,与原本票卡片或存根一并专夹保管,凭以控制付款或退款。

④ 丢失银行本票付款或退款。丢失本票,失票人凭人民法院出具的享有票据权利的证明,向出票银行请求退款或付款时,出票银行经审查确未付款的,分情况做如下处理:

出票银行向持票人付款时,应抽出原专夹保管的本票卡片或存根进行核对,核对无误后比照超期付款的处理手续将款项付给收款人。

出票银行向原申请人退款,应抽出原专夹保管的本票卡片或存根进行核对,核对无误后比照银行本票退款的有关手续处理。

【例 6-3】 A 地 ICBC 银行开户单位华盛公司提交银行本票委托书,金额为80 000元,银行审核无误后,同意签发银行本票。4 日后,本市 HSCB 银行开户单位机电公司兑付该银行本票,通过同城票据交换将本票交给 A 地 ICBC 银行。

● ICBC 银行签发银行支票:

借:吸收存款——单位活期存款——华盛公司　　　　　　80 000

贷:吸收存款——开出本票——A 地 ICBC 银行　　　　　　80 000

● HSCB 兑付银行本票：

借：清算资金往来——同城票据清算　　80 000

　　贷：吸收存款——单位活期存款——机电公司　　80 000

● A 地 ICBC 银行结算银行本票：

借：吸收存款——开出本票——A 地 ICBC 银行　　80 000

　　贷：清算资金往来——同城票据清算　　80 000

三、银行汇票

银行汇票是出票银行签发的，由其在见票时按照实际结算金额无条件支付给收款人或持票人的票据。银行汇票建立在银行信用基础上，为即期票据，其出票银行即为银行汇票的付款人。系统内银行汇票可即时抵用，跨系统银行汇票须收妥抵用。单位和个人异地款项结算，均可使用银行汇票。银行汇票的票样见图 6－4 所示。

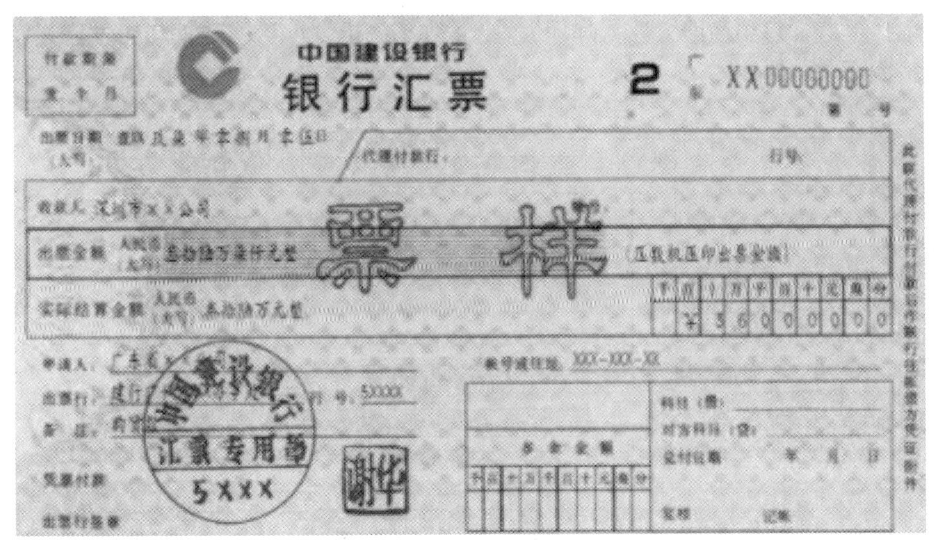

中国建设银行

银行汇票　2　XX00000000

票样

¥ 3 6 0 0 0 0 0 0

汇票专用章

5XXX

谢华

图 6－4　银行汇票

1. 银行汇票的基本规定

① 单位和个人的各种转账结算，均可使用银行汇票。

② 银行汇票的出票和付款，全国范围限于中国人民银行和各商业银行参加“全国联行往来”的银行机构办理。跨系统银行签发的转账银行汇票的支付，应通过同城票据交换将银行汇票和解讫通知提交给同城有关银行支付后抵用。银行汇票的代理付款人是代理本系统出票银行或跨系统签约审核支付汇票款项的银行。

③ 银行汇票的提示付款期限自出票日起一个月，持票人超过付款期限提示付款的，代理付款人不予受理。

④ 银行汇票的实际结算金额不得更改，更改实际结算金额的银行汇票无效。

⑤ 申请人和收款人均为个人可以签发现金银行汇票，银行不得为单位签发现金银行汇票。银行汇票可以用于转账，填明“现金”字样的银行汇票可以用于支取现金。

⑥ 收款人可以将银行汇票背书转让给被背书人，但填明“现金”字样的银行汇票不得转让。未填写实际结算金额或实际结算金额超过出票金额的银行汇票也不得背书转让。

⑦ 银行汇票丧失。失票人可以凭人民法院出具的其享有票据权利的证明，向出票银行请求付款或退款。银行汇票为记名式，收款人可将银行汇票背书转让给被背书人。

2. 银行汇票的核算

(1)银行汇票的支付流程。

银行汇票支付结算的一般流程如图 6 - 5 所示。银行汇票的处理程序分为出票、付款和结清三个阶段。

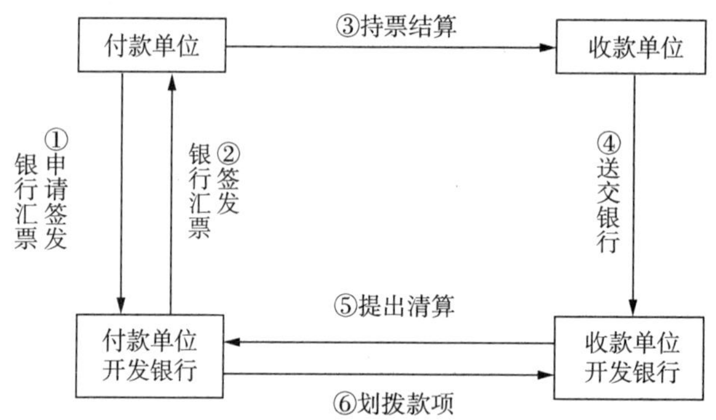

图 6 - 5　银行汇票的支付结算流程

(2)出票行签发银行汇票的核算

单位或个人需要使用银行汇票时，应向银行填写一式三联的“银行汇票申请书”(第一联是存根，第二联是借方凭证，第三联是贷方凭证)。出票银行受理申请人提交的第二联、第三联银行汇票申请书时，需详细审查其内容是否填写齐全、清晰，汇票的签章是否为预留银行的签章；申请书载明“现金”字样的，要看申请人和收款人是否均为个人。对银行汇票申请书的有关内容审查无误后，出票行才可予以受理。

审核无误后，出票行以第二联申请书作为借方凭证，第三联作为贷方凭证，办理转账。会计分录为：

借：库存现金或吸收存款——××存款——××申请人

　　贷：吸收存款——汇出汇款——××银行汇票

出票行办好转账或收妥现金后，即可签发银行汇票。签发的银行汇票必须记载的事项包括表明“银行汇票”的字样、无条件支付的承诺、出票金额(必须大写)、付款人名称、收款人名称、出票日期(必须大写)和出票人签章。

银行汇票凭证一式四联，第一联是卡片，第二联是汇票，第三联是解讫通知，第四联是多余款收账通知。填写的汇票经审核无误后，在第二联上加盖汇票专用章，并由授权的经办人签名或盖章，在实际结算金额栏的小写金额上端用总行统一制作的压数机压印出票金额，然后连同第三联一并交给申请人。第一联上加盖经办、复核名章，在逐笔登记汇出汇款账并注明汇票号码后，连同第四联一并专夹保管。

(3)持票人向银行兑付汇票的核算

① 持票人在代理付款行开立账户。持票人向开户银行提示付款时，应在汇票背面“持票人向银行提示付款签章”处签章，签章须与预留银行签章相同。然后，将银行汇票和解讫通知及两联进账单一并送交开户银行。

开户银行接到汇票、解讫通知和两联进账单后，应认真进行审查。经审查无误后，进行银行汇票解付交易处理。通过行内系统向出票行发起划付款业务，交易成功打印记账凭证。代理付款行将银行汇票、解讫通知及进账单贷方凭证联作记账凭证附件，进账单回单(即收账通知单)退给持票人，办理转账。会计分录为：

借：待清算辖内往来——××行　　　　(实际结算金额)

　　贷：吸收存款——××存款——××持票人　　　　(实际结算金额)

② 持票人未在代理付款行开户。若持票人未在代理付款行开户，代理付款行除按上述要求审查汇票等凭证外，还必须审查持票人的身份证件，汇票背面“持票人向银行提示付款签章”处是否有持票人的签章和注明身份证件名称、号码和发证机关，并要求提交持票人身份证件复印件留存备查。对现金汇票持票人委托他人向代理付款行提示付款的，代理付款行必须查验持票人和被委托人的身份证件，在汇票背面是否作委托收款背书，以及是否注明持票人和被委托人身份证件名称、号码及发证机关，并要求提交持票人和被委托人身份证件复印件留存备查。审查无误后，以持票人姓名开立应解汇款账户，并在该分户账上填明汇票号码以备查考，第二联进账单作贷方凭证，办理转账。会计分录为：

借：待清算辖内往来——××行

　　贷：吸收存款——应解汇款——××持票人

借:吸收存款——应解汇款——××持票人

贷:吸收存款——活期存款——××收款人

“应解汇款”账户只付不收,付完清户,不计付利息。转账支取的,该账户的款项只能转入单位或个体工商户的存款账户,严禁转入个人储蓄账户和信用卡账户。

原持票人需要支取现金。代理付款行经审查汇票上填写的申请人和收款人确为个人,并按规定填明“现金”字样,以及填写的代理付款行名称确为本行,可以办理现金支付手续;未填明“现金”字样需要支取现金的,由代理付款行按照现金管理规定审查支付,另填一联现金借方凭证。会计分录为:

借:吸收存款——应解汇款——××持票人

贷:库存现金

持票人超过汇票期限则不能向代理付款行提示付款。持票人须在票据权利时效内向出票银行作出说明,并提供本人身份证件或单位证明,持银行汇票和解讫通知向出票银行请求付款。出票行将汇票款从“汇出汇款”科目转入“应解汇款”科目,再由持票人重新办理申请汇票手续或办理汇兑结算方式将款项汇出。

(4)银行汇票的结清核算

出票行收到代理付款行寄来联行报单及解讫通知后,抽出原专夹保管的汇票卡片,经核对确属本行出票,借方报单与实际结算金额相符,多余金额结计正确无误后,按不同情况分别做如下处理:

① 汇票全额解付。出票行在汇票卡片的实际结算金额栏填入全部金额,在多余款收账通知的多余金额栏填写“—O —”,汇票卡片作借方凭证,解讫通知和多余款收账通知作借方凭证的附件。会计分录为:

借:吸收存款——汇出汇款

贷:待清算辖内往来——××行

同时销记汇出汇款账。

② 汇票有多余款。出票行应在汇票卡片和多余款收账通知上填写实际结算金额,汇票卡片作借方凭证,解讫通知作多余款贷方凭证。会计分录为:

借:吸收存款——汇出汇款　　(汇票金额)

贷:待清算辖内往来——××行　　(实际结算金额)

吸收存款———××存款——××申请人　　(多余款金额)

同时销记汇出汇款账,在多余金额栏填写多余金额,加盖转讫章,通知申请人。

③ 申请人未在出票行开立账户。出票行应将多余金额先转入其他应付款科目,以解讫通知代其他应付款科目作贷方凭证。会计分录为:

借:吸收存款——汇出汇款

贷:待清算辖内往来——××行

其他应付款———××存款——××申请人

同时销记汇出汇款账,并通知申请人持申请书存根及本人身份证件来行办理领取手续。领取时,以多余款收账通知代其他应付款科目借方凭证。会计分录为:

借:其他应付款——申请人户

贷:库存现金

(5)银行汇票退款、挂失和丧失的核算

① 退款的处理。申请人由于超过付款期限或其他原因要求退款时,应交回汇票和解讫通知,并向出票行提交证明或身份证。出票行经与原专夹保管的汇票卡片核对无误后,即在汇票和解讫通知的实际结算金额大写栏填写"未用退回"字样,汇票卡片作借方凭证,汇票作附件,解讫通知作贷方凭证(如退付现金,即作为借方凭证的附件)办理转账。会计分录为:

借:吸收存款——汇出汇款

贷:吸收存款———××存款——××申请人 (转账退付)

或贷:库存现金 (现金退付)

同时销记汇出汇款账。收账通知多余金额栏填入原出票金额并加盖转讫章作收款通知,交给申请人。申请人由于短缺收账通知要求退款的,应当备函向出票银行说明短缺原因,并交回持有的汇票,出票行于提示期满1个月后比照退款手续办理退款。

② 挂失。填明"现金"字样及代理付款行的汇票丧失,失票人到代理付款行或出票行挂失时应当提交"挂失止付通知书",由代理付款行或出票行相互通知,以控制付款或退款。

③ 丧失。失票人凭人民法院出具的享有该汇票权利以及实际结算金额的证明,可以向出票银行请求付款或退款。

(6)银行汇票转汇的核算

持票人若要求转汇的,应在票据的提示付款期内将汇票和解讫通知提交兑付行或出票行。银行审核无误后,通过"吸收存款——应解汇款"科目核算。

① 提交出票行的处理。出票行以汇票卡片作为借方传票,解讫通知作贷方传票,多余款收账通知作贷方传票附件,办理转账。会计分录为:

借:吸收存款——汇出汇款

贷:吸收存款——应解汇款——××持票人

同时,由持票人填写银行汇票申请书或电(信)汇凭证,委托银行签发银行汇票或办理汇款。会计分录为：

借：吸收存款——应解汇款——××持票人

　贷：吸收存款——汇出汇款

　或贷：待清算辖内往来——××行

若持票人提交的是现金汇票，处理手续同上。

② 提交兑付行的处理。

借：待清算辖内往来——××行(出票行)

　贷：吸收存款——应解汇款——××持票人

借：吸收存款——应解汇款——××持票人

　贷：吸收存款——汇出汇款

　或贷：待清算辖内往来——××行

【例6-4】 A地ICBC银行开户单位胜利公司提交银行汇票委托书，金额为98 000元，银行审核无误后，同意签发银行汇票。15天后，B地ICBC银行开户单位机械公司向开户行提交该汇票，实际结算金额为90 000元。代理兑付该银行汇票的资金后，通过系统内电子汇划系统将汇票款项与A地ICBC银行结清资金。

● A地ICBC银行签发银行汇票：

借：吸收存款——单位活期存款——胜利公司　98 000

　贷：吸收存款——汇出汇款　98 000

● B地ICBC银行代理付款：

借：待清算辖内往来——A地ICBC银行　90 000

　贷：吸收存款——单位活期存款——机械公司　90 000

● A地ICBC银行结清银行汇票款：

借：吸收存款——汇出汇款　98 000

　贷：待清算辖内往来——B地ICBC银行　90 000

　　吸收存款——单位活期存款——胜利公司　8 000

四、商业汇票的核算

商业汇票是出票人签发并委托付款人在指定付款日期无条件支付确定金额给收款人或持票人的票据。商业汇票签发后，必须经过承兑。承兑是指承兑人同意按汇票载明事项到期付款而在票据上做文字记载或签章的票据行为。商业汇票按承兑人不同可分为银行承兑汇票和商业承兑汇票。银行承兑汇票由银行承兑。银行承兑汇票的票样如图6-6所示。

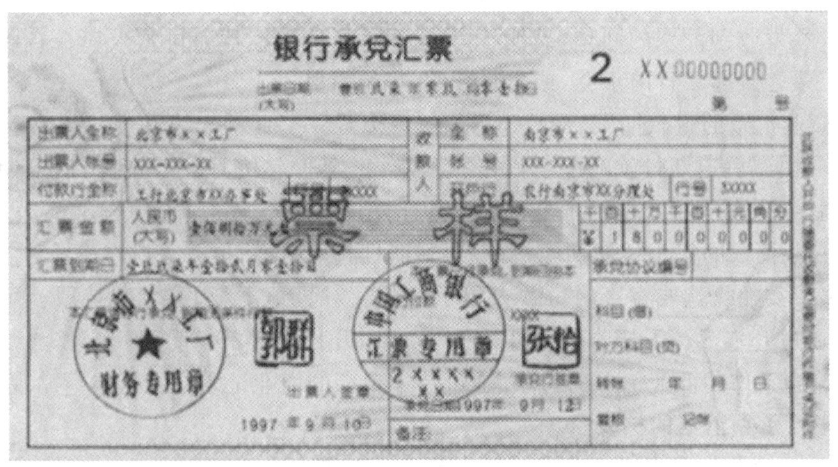

银行承兑汇票　2　XX00000000

出票人全称：北京市××工厂
出票人账号：XXX-XXX-XX
收款人 全称：南京市××工厂
账号：XXX-XXX-XX
开户行：农行南京市XX分理处　行号：XXXXX
汇票金额：人民币（大写）
汇票到期日
承兑协议编号
科目（借）
对方科目（贷）
转账　年　月　日
复核　记账
出票人签章
1997年9月10日
备注
票样

图 6－6　银行承兑汇票

商业承兑汇票由银行以外付款人承兑。商业承兑汇票的票样如图 6－7 所示。

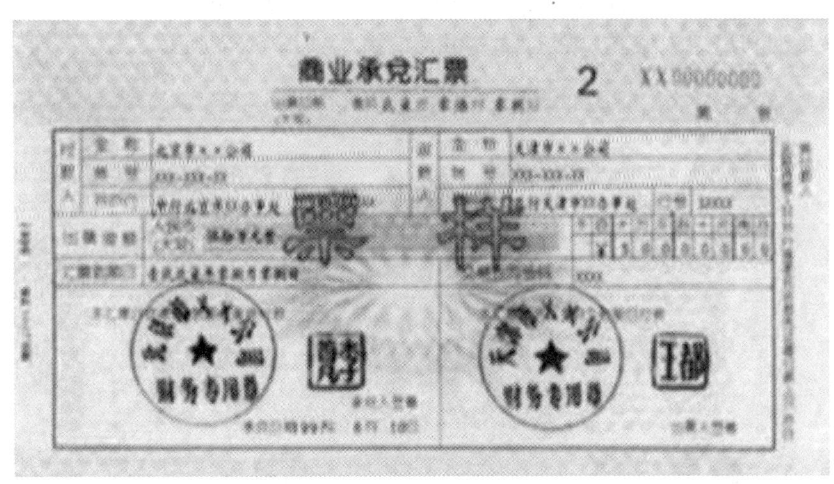

商业承兑汇票　2　XX00000000

付款人 全称：北京市××公司
账号：XXX-XXX-XX
收款人 全称：天津市××公司
账号：XXX-XXX-XX
行号：XXXXX
出票金额：人民币（大写）
汇票到期日
票样
财务专用章
承兑人签章
出票人签章

图 6－7　商业承兑汇票

1. 商业汇票的基本规定

① 商业汇票的使用必须是在银行开立存款账户的法人与其他组织之间，且必须具有真实的交易关系或债权债务关系。

② 定日付款或出票后定期付款的商业汇票，持票人应在汇票到期日前向付款人提示承兑；见票后定期付款的汇票，持票人应当自出票日起一个月内向付款人提示承兑。

③ 商业汇票的付款人接到出票人或持票人向其提示承兑的汇票时，应当向出票人或持票人签发收到汇票的回单，载明汇票提示承兑日并签章。付款人应在自收到提示承兑的汇票之日起 3 日内承兑，或出具证明，拒绝承兑。

④ 商业汇票的付款期限，最长不得超过 6 个月。定日付款的汇票，付款期限自出票日起计算；出票后定期付款的汇票，付款期限自出票日起按月计算；见票后定期付款的汇票，付款期限自承兑或拒绝承兑日起按月计算；

⑤ 商业汇票的提示付款期限，自汇票到期日起 10 日。持票人应在提示付款期内通过开户银行委托收款或直接向付款人提示付款。对异地委托收款的，持票人可匡算邮程，提前通过开户银行委托收款超过提示付款期，开户银行不予受理。

⑥ 符合条件的商业汇票的持票人，可持未到期的商业汇票向银行申请贴现。

2. 银行承兑汇票的核算

(1)银行承兑汇票由在承兑银行开户的存款人签发

该汇票一式三联：第一联汇票卡片，由承兑行留存备查；第二联汇票联，由收款人持有，待到期时交开户行办理托收；第三联存根，由出票人存查。银行承兑汇票必须记载表明“银行承兑汇票”的字样、无条件支付的委托、确定的金额、付款人和收款人的名称以及出票日期和出票人签章。银行承兑汇票的流程如图 6－8 所示。

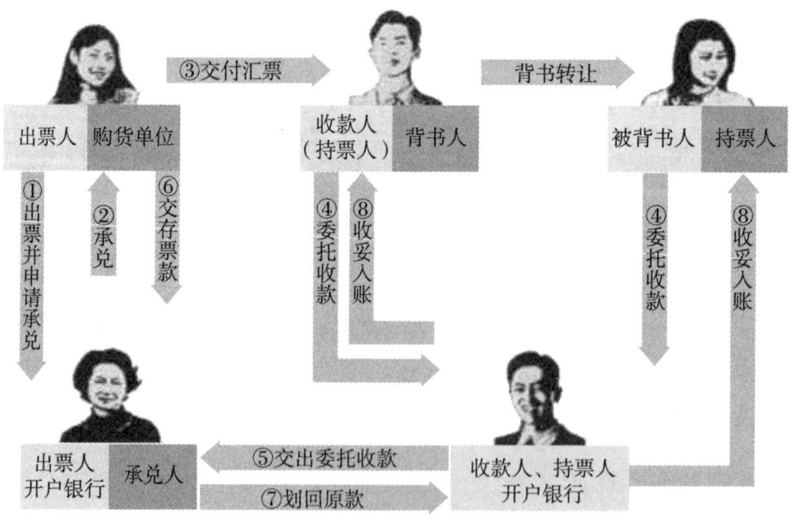

图 6－8　银行承兑汇票流程图

(2)银行承兑汇票的承兑核算

出票人或持票人持银行承兑汇票向银行承兑时，银行信贷部门须对出票人的资格、资信、购销合同和汇票记载的内容进行认真审查。符合规定和承兑条件，与出票人签署一式二联的承兑协议，一联留存，另一联及副本和第一联、第二联汇票一并交会计部门。会计部门审核无误后，在第一联、第二联汇票上注明承兑协议编号，并在第二联汇票“承兑人签章”处加盖汇票专用章，并由授权的经办人签名或盖章。由出票人申请承兑的，将第二联汇票连同第一联承兑协议交给出票人；由持票人提示承兑的，将第二联汇票交给持票人，第一联承兑协议交给出票人，同时还要按票面金额向出票人收取万分之五的手续费。收取手续费的会计分录为：

借：吸收存款——活期存款——承兑申请人户

　　贷：手续费及佣金收入

承兑银行将留存的第一联汇票卡片及承兑协议副本专夹保管，并在登记簿上进行登记。

(3)持票人委托开户银行收取汇票款的处理

持票人在提示付款期内委托开户银行向承兑银行收取票款时，应填制异地邮划或电划委托收款凭证，注明“银行承兑汇票”及其汇票号码，连同汇票一并送交开户行。开户银行按规定审查无误后，在委托收款凭证各联加盖“银行承兑汇票”戳记，委托收款凭证第一联加盖业务公章交持票人，第二联专夹保管，第三联、第四联和第五联连同汇票一并寄交承兑银行。

(4)承兑银行到期收取汇票款的处理

① 到期足额支付。承兑银行应每天查看汇票的到期情况，对到期汇票应于到期日(法定节假日顺延)向承兑申请人收取票款。填制两联特种转账借方凭证，一联特种转账贷方凭证，并在“转账原因”栏注明“根据××号汇票划转票款”。会计分录为：

借：吸收存款——活期存款——承兑申请人

　　贷：吸收存款——应解汇款——承兑申请人

特种转账借方凭证加盖转讫章后作付款通知交给出票人。

② 出票人账户无款支付。应在特种转账凭证的“转账原因”栏注明“××号汇票无款支付转入逾期贷款账户”，每日按万分之五计收利息。会计分录为：

借：贷款——承兑申请人逾期贷款户

　　贷：吸收存款——应解汇款——承兑申请人

特种转账借方凭证加盖业务公章转交出票人。

③ 出票人账户存款余额不足的，应在特种转账凭证的“转账原因”栏注明“××号汇票划转部分票款”，不足部分转入逾期贷款户。会计分录为：

借：吸收存款——承兑申请人户

贷款——承兑申请人逾期贷款户

贷:吸收存款——应解汇款——承兑申请人

特种转账借方凭证加盖转讫章作付款通知交给承兑申请人。

(5)承兑银行支付汇票款的处理

承兑银行收到持票人开户行寄来的汇票和委托收款凭证后,应抽出专夹保管的汇票卡片和承兑协议副本,审查相关事项。审查无误后应于汇票到期日或到期日之后的见票日,按照委托收款划款阶段的处理手续。会计分录:

借:吸收存款——应解汇款——承兑申请人

贷:待清算辖内往来——××银行

或贷:清算资金往来——同城票据清算

在委托收款凭证第四联上填注支付日期后,连同联行报单一并寄持票人开户行,或向持票人开户行拍发电报。

(6)持票人开户行收款的处理

持票人开户行接到承兑银行寄来的联行报单及委托收款凭证或拍来的电报,按照委托收款款项划回的手续处理,将留存的第二联委托收款凭证抽出,与收到的第四联凭证相核对,核对无误后,在第二联凭证上填注转账日期,并以之作为贷方凭证。会计分录为:

借:待清算辖内往来——××银行

或借:清算资金往来——同城票据清算

贷:吸收存款——活期存款——××存款人

转账后,第四联委托收款凭证加盖转讫章后,作为收账通知交给持人。

(7)已承兑的银行承兑汇票的注销、挂失和丧失

出票人对未使用已承兑的银行承兑汇票应申请注销。注销时交回第二联、第三联汇票,银行从专夹中抽出该份第一联汇票和承兑协议副本核对相符后,在第一联、第三联汇票备注栏和承兑协议副本上注明“未用注销”字样,将第二联汇票加盖业务公章退交出票人。

已承兑的银行承兑汇票丢失时,失票人应到承兑银行挂失。挂失时提交三联挂失止付通知书。承兑银行接到挂失止付通知书,应从专夹中抽出第一联汇票卡片和承兑协议副本,核对相符确未付款时予以受理。在第一联挂失止付通知上加盖业务公章作为受理回单。第二联、第二联于登记汇票挂失登记簿后,与第一联汇票卡片一并另行保管,凭以控制付款。

已承兑的银行承兑汇票丧失时,失票人凭人民法院出具的享有票据权利的证明向

承兑银行请求付款。银行经审查确未支付的，应根据人民法院出具的证明，抽出原专夹保管的第一联汇票卡片，核对无误后，将款项付给失票人。

【例6-5】 甲地CCB银行A支行接到客户辛明公司的承兑申请，承兑其开出银行承兑汇票，金额为200 000元，经审核签署承兑协议，并按票面额的0.3%收取手续费。数月后，乙地CCB银行B支行收到开户单位华源商场提交的银行承兑汇票和托收凭证，为其收取即将到期的银行承兑汇票款。

● 甲地CCB银行A支行与辛明公司签署承兑协议，并收取承兑手续费：

	借	贷
借：吸收存款——单位活期存款——辛明公司	600	
贷：手续费及佣金收入		600

● 银行承兑汇票到期，甲地CCB银行A支行支付汇票款：

	借	贷
借：吸收存款——单位活期存款——辛明公司	200 000	
贷：吸收存款——应解汇款——辛明公司		200 000
借：吸收存款——应解汇款——辛明公司	200 000	
贷：待清算辖内往来——乙地CCB银行B支行		200 000

● 银行承兑汇票到期，乙地CCB银行B支行收取汇票款账：

	借	贷
借：待清算辖内往来——甲地CCB银行A支行	200 000	
贷：吸收存款——活期存款——华源商场		200 000

3. 商业承兑汇票的核算

(1)商业承兑汇票的签发

使用商业承兑汇票结算的交易双方按合同约定，由收款人或付款人出票，由银行以外的付款人承兑。商业承兑汇票一式三联：第一联汇票卡片，由承兑人留存备查；第二联汇票联，由持票人保管；第三联存根，由出票人存查。商业承兑汇票必须载明“商业承兑汇票”的字样、无条件支付的委托、确定的金额、付款人的名称、收款人的名称、出票日期和出票人的签章等，否则汇票无效。商业承兑汇票到期时，持票人填写委托收款凭证，商业承兑汇票作为附件，采用委托收款方式委托开户行收款。商业承兑汇票流程如图6-9所示。

持票人凭商业汇票委托开户行收款时，应填制一式五联委托收款凭证，连同汇票一并交开户行。银行按规定审核盖章并登记“发出委托收款凭证登记簿”后，将第一联委托收款凭证作回单退交持票人；第二联专夹保管；第三联、第四联、第五联连同汇票寄付给付款人开户行。

(2)商业承兑汇票的承兑

付款人开户行收到寄来的委托收款凭证和汇票，审核无误后，登记“收到委托收款

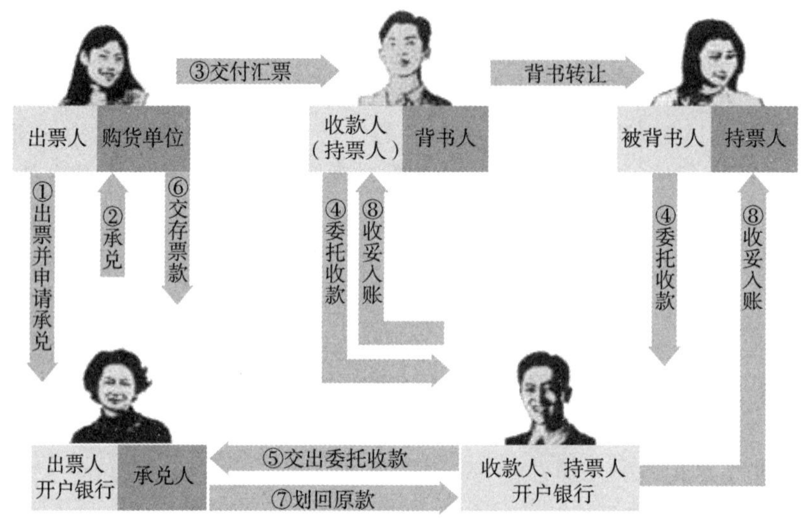

图 6－9　商业承兑汇票流程图

凭证登记簿”后，将第五联委托收款凭证交付付款人通知其付款。

付款人接到开户银行的付款通知，应在当日通知银行付款；次日起三日内未通知银行付款的，视同付款人承诺付款，银行应于第四日上午开始营业时将票款划给持票人。付款人若提前收到由其承兑的商业汇票并同意付款的，银行应于汇票到期日将票款划给持票人。

① 付款人银行账户有足够款项支付汇票款的处理。付款人开户行将商业承兑汇票、第三联、第四联委托收款凭证作记账凭证附件，同时销记“收到委托收款凭证登记簿”。

● 通过行内系统划款的，付款人开户行向持票人开户行发起划收款（贷记）业务。会计分录为：

借：吸收存款——单位活期存款——××付款人

　　贷：待清算辖内往来——××行

● 通过大小额支付系统划款的，付款人开户行（间接参与者、非清算账户）应将贷记业务通过行内系统发往其所属的直接参与者（即清算账户行），由直接参与者通过大小额支付系统发往持票人开户行所属的直接参与者转持票人开户行。

付款人开户行的会计分录为：

借：吸收存款——单位活期存款——××付款人

　　贷：待清算辖内往来——××行

付款人开户行所属直接参与者的会计分录为：

借：待清算辖内往来——××行

贷：存放中央银行款项——准备金存款　　（大额支付系统）

或贷：待清算支付款项　　（小额支付系统）

● 通过同城票据交换划款时，付款人开户行将委托收款凭证第四联交给持票人开户行。会计分录为：

借：吸收存款——单位活期存款——××付款人

贷：清算资金往来——同城票据清算

② 付款人银行账户无款支付或不足支付的处理。付款人银行账户无款支付或不足支付的，银行在委托收款凭证备注栏注明“付款人无款支付”，填制三联付款人未付票款通知书，连同汇票一并寄回持票人开户行并转交给持票人。

③ 付款人拒绝付款的处理。付款人对已承兑的商业汇票，如果存在合法抗辩事项，应于接到通知的次日起3日内向银行提交四联拒付理由书，连同第五联委托收款凭证一并交开户行。银行收到付款人拒绝付款证明，经审核无误后，在委托收款凭证上注明“拒绝付款”，将第一联拒付理由书退还付款人，第二联拒付理由书和第三联委托收款凭证一并留存备查，第三、四联拒付理由书连同第四、五联委托收款凭证及汇票一并寄持票人开户行转交持票人。

(3)持票人开户银行收到划回票款或退回凭证的处理

持票人开户行收到通过同城票据交换提入的第四联委托收款凭证或根据接收的行内系统、大小额支付系统的支付信息打印汇款来账专用凭证附件，与留存的第二联委托收款凭证进行核对。同时，持票人开户行进行委托收款销记交易处理，录入相关信息，登记“发出委托收款登记簿”。会计分录为：

① 收到通过行内系统划回的票款：

借：待清算辖内往来——××行

贷：吸收存款——单位活期存款——××持票人

② 收到其所属的直接参与者由行内系统转来的通过大、小额系统划回的票款：

持票人开户行所属直接参与者的会计分录：

借：存放中央银行款项——准备金存款　　（大额支付系统）

或借：待清算支付款项　　（小额支付系统）

贷：待清算辖内往来——××行

持票人开户行的会计分录：

借：待清算辖内往来——××行

贷:吸收存款——单位活期存款——××付款人

③ 收到通过同城票据交换划款:

借:清算资金往来——同城票据清算

贷:吸收存款——单位活期存款——××付款人

【例6-6】 CCB银行甲支行凭客户中原材料公司提交的商业承兑汇票及尾货收款凭证,向同城的ICBC银行乙支行收取即将到期的商业承兑汇票款55 000元。ICBC银行乙支行收到交换提入的票据后,向汇票付款单位鑫源公司提示付款。汇票到期后,ICBC银行乙支行将汇票款划转CCB银行甲支行付款。

● ICBC银行乙支行将汇票款划转CCB银行甲支行付款:

借:吸收存款——单位活期存款——鑫源公司　　55 000

贷:清算资金往来——同城票据清算　　55 000

● CCB银行甲支行收到凭证,为中原材料公司入账:

借:清算资金往来——同城票据清算　　55 000

贷:吸收存款——单位活期存款——中原材料公司　　55 000

第三节　信用卡结算业务的核算

信用卡是指商业银行向个人和单位发行,凭以向特约单位购物、消费和向银行存取现金且具有消费信用的特制载体卡片,包括银行卡、支票卡、自动出纳机卡、记账卡和灵光卡等。信用卡广泛运用于商品经济的支付与结算,具有“电子货币”功能。

一、信用卡结算的基本规定

① 凡在中华人民共和国境内的金融机构开立基本存款账户的单位均可申领单位卡。单位卡账户资金必须从其基本存款户转入,不得交存现金,不得将销售收入存入信用卡账户。

② 凡具有完全民事行为能力的公民均可申领个人卡。个人账户资金以其持有的现金存入,严禁将单位款项存入个人卡账户。

③ 信用卡主要用于消费性支付,单位卡不得用于10万元以上的大额商品交易、劳务供应款项的结算;一律不得支取现金。

④ 信用卡的透支额度,普通卡透支最高为5 000元;金卡最高不超过1万元;透支期限最长为60天。

⑤ 信用卡透支利息,自签单日或银行记账日起,15日内按日息万分之五计算,超过

15 日按日息万分之十计算，超过 30 日或透支金额超过规定限额的，按日息万分之十五计算。透支利息不分段，按最后期限或者最高透支额的最高利率档次计算。

⑥ 无论是单位或个人，禁止信用卡恶意透支。

二、发行信用卡的核算

1. 发行单位卡的核算

单位申请信用卡，应按规定填写“信用卡申请表”，连同有关资料一并交发卡行。发卡行审查同意后，及时通知申请人前来办理领卡手续，并按规定向其收取备用金和手续费，申请人从其基本存款账户支付以上款项。

① 申请人已在发卡银行机构开立基本存款账户。申请人开具支票、填写三联进账单，交发卡行经办人员。经办人员审查无误后，支票作借方凭证，第二联进账单作贷方凭证，另填制一联特种转账贷方凭证，作为收取手续费贷方凭证。会计分录为：

借：吸收存款——单位活期存款——（××单位）

　　贷：吸收存款——银行卡存款（××单位）

　　　　手续费及佣金收入

银行经办人员将第一联进账单加盖转讫章，作为回单交给申请单位。

② 申请人未在发卡银行机构开立基本存款账户。申请人开具支票、填写二联进账单，交发卡银行经办人员。发卡银行经办人员审核无误后，在二联进账单上加盖“收妥后入账”戳记，将第一联加盖转讫章交给持票人，支票按票据交换的规定及时提出交换。待退票时间过后，第二联进账单作贷方凭证，另填制一联特种转账贷方凭证，作收取手续费贷方凭证。会计分录为：

借：清算资金往来——同城票据清算

　　贷：吸收存款——银行卡存款（××单位）

　　　　手续费及佣金收入

2. 发行个人卡的核算

个人申请信用卡，申领手续同单位卡。申请人缴存现金的，银行收妥后发给其信用卡。会计分录为：

借：库存现金

　　贷：吸收存款——银行卡存款（××户）

　　　　手续费及佣金收入

申请人转账存入的，银行收到申请人交来的转账支票及进账单，认真审核其个人资金来源，审核无误后，比照单位卡的有关手续处理。

发卡行在办理信用卡发卡手续时，应登记“信用卡账户开销户登记簿”和发卡清单，并在主卡清单上记载领卡人身份证号码，并由领卡人签收。

三、凭信用卡存取现金的核算

持卡人凭信用卡存取现金的，银行应审核其信用卡的真伪及有效期限，核对信用卡号码是否是已付卡的号码，核对当面签字与预留签字是否一致。审核无误后，办理存取款手续。

1. 同城存取现金的核算

① 持卡人凭信用卡存入现金时，银行经审核无误后，填制一式四联存款单，第一联是回单，第二联是贷方凭证，第三联是贷方凭证附件，第四联是存根。

● 持卡人在发卡行直接存入现金的，由持卡人在存款单上签名，并应核对其签名与信用卡签名是否相符。如为持卡人的代理人交存现金的，应由代理人签名。审核无误后，办理收款手续。会计分录为：

借：库存现金

　　贷：吸收存款——应解汇款（××户）

借：吸收存款——应解汇款（××户）

　　贷：吸收存款——银行卡存款（××户）

第一联存款单交持卡人，第四联存款单留存。

● 持卡人在非发卡行存入现金的，则收款行办理收款手续。会计分录为：

借：库存现金

　　贷：吸收存款——应解汇款（××户）

记账后，应将第二联存款单通过票据交换交给发卡行。会计分录为：

借：吸收存款——应解汇款（××户）

　　贷：清算资金往来——同城票据清算

发卡行收到划来款项，会计分录为：

借：清算资金往来——同城票据清算

　　贷：吸收存款——银行卡存款（××户）

② 持卡人凭信用卡支取现金，需填制取现单并应提交身份证，银行审核其信用卡的真伪及有效期限，核对身份证照片或卡片上的照片是否与其本人相符，该卡是否为止付卡。审核无误后，在取现单上压印取现金额、身份证号码等，办理取现手续。会计分录不再详述。

2. 异地存取现金的核算

持卡人持异地发卡行发行的信用卡存取现金时，银行应按规定标准收取手续费，并将手续费金额填在存款单和取现单上。经办行对持卡人持异地发卡行发行的信用卡存取现金的，以取现单代传票，并另行填制传票收取手续费。经办行支付现金并收取手续费，会计分录为：

借：清算资金往来——××行

　贷：吸收存款——应解汇款(××户)

借：吸收存款——应解汇款(××户)

　贷：库存现金

　　手续费及佣金收入

发卡行收到报单或清算行发来的电子汇划凭证，审核无误后办理转账。会计分录为：

借：吸收存款——银行卡存款(××行)

　贷：清算资金往来——××行

如为异地存入现金，会计分录相反。

四、凭信用卡消费的核算

1. 特约单位接受信用卡

特约单位受理客户信用卡，经审查无误后，在签购单上压卡，填写实际结算金额、用途、持卡人身份证件号码、单位名称和编号。如超过支付限额，应向发卡银行索权并填写授权号码，交持卡人签名确认，同时核对其签名与卡片背面签名是否一致，审核无误后，由持卡人在签购单上签名确认，并将信用卡、身份证件和第一联签购单交还给持卡人。

每日营业终了，特约单位应将当日受理的信用卡签购单汇总，并按规定比率计算出应交给银行的手续费用，在交易总额中扣除后得出净额，然后将总额、银行手续费、净额、签购单张数、结算日期等记入“汇计单”，并将汇计单(一式三联)、签购单(第二联、第三联)、进账单(一式二联)一并送交银行办理进账。

2. 特约单位开户行的核算。

特约单位开户行接到特约单位的汇计单、签购单及进账单，按不同情况分别进行处理。

① 发卡行为本行的，会计分录为：

借：吸收存款——信用卡存款——单位(个人)卡存款(××持卡人)

　贷：吸收存款——单位活期存款——××特约单位户

　　手续费及佣金收入

② 发卡行为他行的，根据情况选择相应的渠道办理转账。会计分录为：

借：清算资金往来——同城票据清算

或借:待清算辖内往来——××行

贷:吸收存款——单位活期存款——××特约单位

手续费及佣金收入

3. **发卡行的核算**

发卡行收到交易信息,实时进行账务处理,打印记账凭证和交易流水清单,并将交易流水清单作记账凭证附件。会计分录为:

借:吸收存款——信用卡存款——单位(个人)卡存款(××持卡人)

贷:清算资金往来——同城票据清算

或贷:待清算辖内往来——××行

五、贷记卡使用额度及准贷记卡透支的核算

1. **贷记卡使用额度的处理**

① 持卡人使用贷记卡使用额度,比照有关取现(单位卡除外)等手续处理。会计分录为:

借:贷款——其他贷款——贷记卡实际使用额度(××持卡人)

贷:××科目

② 持卡人到期还款时,发卡行按各种费用、利息、取现金额、消费额等顺序扣款。扣除各种费用、利息后的剩余款项,若小于或等于实际使用额度,会计分录为:

借:××科目

贷:贷款——其他贷款——贷记卡实际使用额度(××持卡人)

若剩余款项大于实际使用额度,会计分录为:

借:××科目

贷:贷款——其他贷款——贷记卡实际使用额度(××持卡人)

吸收存款——信用卡存款——单位(个人)贷记卡存款(××持卡人)

③ 收取滞纳金、超限期收费。收取滞纳金或超限期收费时,打印业务收费凭证,收费凭证回单交持卡人。会计分录为:

借:库存现金或××科目

贷:营业外收入——罚款收入

2. **准贷记卡透支的处理**

① 若信用卡存款账户为贷方余额,则透支时,会计分录为:

借:吸收存款——信用卡存款——单位(个人)卡存款(××持卡人)

贷款——其他贷款——信用卡透支(××持卡人)

贷:库存现金或××科目

② 若信用卡存款账户为借方余额，或余额为零，则透支时，会计分录为：

借：贷款——其他贷款——信用卡透支（××持卡人）

　　贷：库存现金或××科目

③ 持卡人归还透支时，发卡行扣除应收利息、催收贷款利息及当期利息后，剩余款项偿还透支本金。会计分录为：

借：库存现金或××科目

　　贷：吸收存款——信用卡存款——单位（个人）卡存款（××持卡人）

　　　　贷款——其他贷款——信用卡透支（××持卡人）

【例6-7】 合肥市民张明使用CCB银行长城信用卡在合肥市HSCB银行支取现金5 000元，并另支付手续费50元。请进行相关账务处理。

● 合肥市HSCB银行受理此项业务：

借：清算资金往来——同城票据清算	5 000	
贷：吸收存款——应解汇款——张明户		5 000

● 张明支取现金，合肥市HSCB银行进行如下账务处理：

借：吸收存款——应解汇款——张明户	5 000	
现金		50
贷：库存现金		5 000
手续费及佣金收入		50

● CCB银行收到同城票据交换来的签购单和汇计单：

借：吸收存款——活期储蓄存款——张明户	5 000	
贷：清算资金往来——同城票据清算		5 000

第四节　国内其他结算业务的核算

根据《支付结算办法》的规定，国内其他结算业务主要包括汇兑、托收承付、委托收款及国内信用证业务。

一、汇兑业务的核算

汇兑是汇款人委托银行将其款项支付给收款人的结算方式。汇兑分为电汇和信汇。单位和个人的各种款项均可使用汇兑结算方式。

1. 汇兑结算的基本规定

① 汇兑无金额起点限制，同城或异地均可使用。

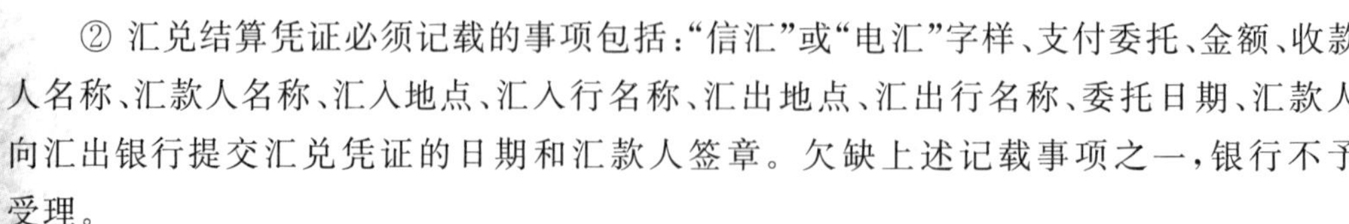

② 汇兑结算凭证必须记载的事项包括:“信汇”或“电汇”字样、支付委托、金额、收款人名称、汇款人名称、汇入地点、汇入行名称、汇出地点、汇出行名称、委托日期、汇款人向汇出银行提交汇兑凭证的日期和汇款人签章。欠缺上述记载事项之一,银行不予受理。

③ 汇兑凭证记载收款人若为个人,收款人需到汇入银行领取款项,汇款人应在汇兑凭证上注明“留行待取”字样;对于留行待取汇款,需指定某个收款人领取的,还应注明收款人单位名称;信汇凭证上注明凭收款人签章收取的,应在信汇凭证上预留收款人签章。

④ 汇款人限定汇款项不得进行转汇,应在汇兑凭证备注栏内写明“不得转汇”字样。

⑤ 汇款人和收款人均是个人的,需要在汇入行支取现金的,应在信汇或电汇凭证的“汇款金额”大写栏内,先填写“现金”字样,后填写汇款金额。

⑥ 汇款人对汇出银行尚未汇出的款项可以申请撤销。汇出银行查明确未汇出款项的,方可办理撤销。

⑦ 汇款人对汇出银行已经汇出的款项可以申请退汇。对在汇入行开立存款账户的收款人,由汇款人与存款人自行联系退汇;对未在汇入行开立存款账户的收款人,由汇出行通知汇入行,经汇入行核实确认未付的,将款项汇回给汇出行,方可办理退汇。

⑧ 汇入行对收款人拒绝接受的汇款,应立即办理退汇;对向收款人发出取款通知,经过 2 个月无法交付的汇款,应主动办理退汇。

汇兑结算的流程如图 6-10 所示。

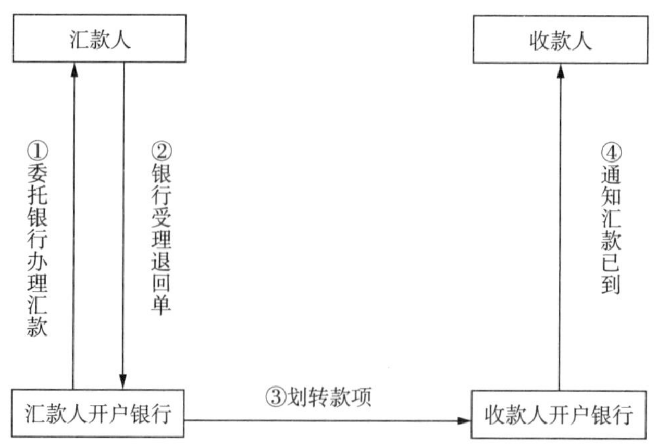

图 6-10　汇兑结算的流程

2. 电汇业务的核算

电汇是指汇款人委托银行以发送电子汇划信息的方式，通知汇入行解付汇款的一种结算表方式。电汇凭证如图 6-11 所示。

××银行 **电汇** 凭证(回单)

☐ 普通 ☐ 加急 委托日期 2007 年 8 月 25 日

<table>
<tr><td rowspan="3">汇款人</td><td>全 称</td><td>滨海机械厂</td><td rowspan="3">收款人</td><td>全 称</td><td colspan="11">上海西河电力钢材剪切配送有限公司</td></tr>
<tr><td>账 号</td><td>20100354</td><td>账 号</td><td colspan="11">436742121733</td></tr>
<tr><td>汇出地点</td><td>省 市 县</td><td>汇入地点</td><td colspan="11">省 市 县</td></tr>
<tr><td rowspan="2">金额</td><td colspan="4" rowspan="2">人民币
(大写)肆万零玫佰伍拾元整</td><td>亿</td><td>千</td><td>百</td><td>十</td><td>万</td><td>千</td><td>百</td><td>十</td><td>元</td><td>角</td><td>分</td></tr>
<tr><td></td><td></td><td></td><td></td><td>4</td><td>0</td><td>9</td><td>5</td><td>0</td><td>0</td><td>0</td></tr>
<tr><td colspan="3" rowspan="2">汇出行签章</td><td colspan="13">支付密码</td></tr>
<tr><td colspan="13">附加信息及用途
复核： 记账：</td></tr>
</table>

此联为汇出行给汇款人的回单

图 6-11 电汇凭证

(1)汇出行汇出汇款的核算

汇款人委托银行办理电汇时，应填制一式三联的电汇凭证，第一联为回单，第二联为借方凭证，第三联为发电依据。汇出行接到电汇凭证审核无误后，将第一联电汇凭证加盖转讫章后交汇款人，第二联信汇凭证作为借方凭证办理转账，第三联作为资金划转依据。

① 转账汇款时，会计分录为：

借：吸收存款——××存款——××汇款人

　　贷：待清算辖内往来——××行

② 现金汇款时，会计分录为：

借：库存现金

　　贷：吸收存款——应解汇款——××汇款人

借：吸收存款——应解汇款——××汇款人

　　贷：待清算辖内往来——××行

(2)汇入行解付汇款的核算

汇入行接到汇出行发来的电报,审核无误后,应填制三联电划贷方补充报单,第一联代联行凭证,第二联代贷方凭证,第三联代收款通知交收款人。

① 收款人在汇入行开立存款账户的,汇入行应将款项直接转入收款人账户。会计分录为:

借:待清算辖内往来——××行

　　贷:吸收存款——××存款——××收款人

转账后,将来账凭证收账通知联交给收款人。

② 收款人未在汇入行开立存款账户的,汇入行应将款项解入以收款人姓名开立的应解汇款账户。会计分录为:

借:待清算辖内往来——××行

　　贷:吸收存款——应解汇款——××收款人

收款人来行取款时,根据以下不同情况办理付款手续。

● 支取现金时,会计分录为:

借:吸收存款——应解汇款——××收款人

　　贷:库存现金

● 分次转账支付的,由原收款人填制支款单,并由本人交验身份证件在其应解汇款账户中办理分次转账支付手续。

● 需要转汇的,由原收款人填制汇兑凭证,并由本人交验身份证件,重新办理汇款手续。汇入行对收到的来账信息注明“不得转汇”的,不予办理转汇。转汇会计分录为:

借:吸收存款——应解汇款——××收款人

　　贷:待清算辖内往来——××行

3. 信汇业务的核算

信汇是汇款人委托银行以邮寄凭证的方式,通知汇入行解付汇款的一种结算方式。信汇的会计核算同电汇。由于信汇在现实中汇款到账速度慢,现在实务中较少采用,在此不赘述。

4. 退汇的处理手续

退汇包括汇款人申请退汇和汇入行主动退汇两种情况。

(1)汇款人申请退汇的核算

① 汇出行办理退汇。汇款人要求退款时,若收款人在汇入行开立账户,由汇款人与收款人自行联系退汇;若收款人未在汇入行开立账户,应由汇款人备函或出具本人身份证件,连同原信、电汇回单一并交汇出行办理退汇手续。

汇出行接到退汇函件或身份证件及回单，应填制四联“退汇通知书”，第一联交原汇款人，第二联、第三联寄交汇入行，第四联与函件和回单联一起保管。汇款人要求使用电报通知退汇时，退汇通知书只需两联，第一联同上，第二联凭以向汇入行拍发电报，然后与函件和回单联一起保管。

② 汇入行办理退汇。汇入行接到退汇通知书或电报，若该笔汇款已经转入“应解汇款”且尚未解付，应向收款人索回取款通知便条，并以第二联退汇通知书代借方凭证，第四联汇款凭证作为附件转账，会计分录为：

借：吸收存款——应解汇款——××收款人

　　贷：待清算辖内往来——××行

转账后，第三联退汇通知书随同联行报单寄回原汇出行或拍发电报通知原汇出行。

如果该笔款项已经解付，应在第一联、第三联退汇通知书或电报上注明解付情况及日期，留存第二联退汇通知单或电报，以第三联退汇通知书（或拍发电报）通知原汇出行。

③ 汇出行接到汇入行寄来的退汇通知书及报单或退汇电报，应以第三联退汇通知书代贷方凭证办理转账。会计分录为：

借：待清算辖内往来——××行

　　贷：吸收存款——××存款——××汇款人

若汇款人未在汇出行开立账户，另填制一联现金借方凭证，将现金退还汇款人，会计分录为：

借：待清算辖内往来——××行

　　贷：其他应付款——原汇款人户

借：其他应付款——原汇款人户

　　贷：库存现金

然后，第二联汇款凭证上注明“此款已于×月×日退汇”字样存档，以备查考。第四联退汇通知书上注明“退汇款退回已代进账”字样，加盖转讫章后作为收账通知交给汇款人。

（2）汇入行主动退汇

汇入行对于收款人拒绝接受的汇款应立即办理退汇。汇入行对向收款人发出取款通知，经两个月无法交付的汇款，也应主动办理退汇。

① 汇入行办理退汇时，应填制一联特种转账借方凭证和两联特种转账贷方凭证，在凭证上注明“退汇”字样，将第四联汇款凭证作为附件，办理转账，会计分录为：

借：吸收存款——应解汇款——××收款人

贷:待清算辖内往来——××行

两联特种转账贷方凭证连同联行报单一并寄交原汇出行,同时销记应解汇款登记簿。

② 原汇出行接到原汇入行寄来的联行报单和特种转账贷方凭证,对退回的款项办理转账,会计分录为:

借:待清算辖内往来——××行

贷:吸收存款——××存款——××汇款人

如汇款人未在银行开立账户,填制一联现金借方凭证,将现金退还汇款人,会计分录为:

借:待清算辖内往来——××行

贷:其他应付款——原汇款人户

借:其他应付款——原汇款人户

贷:库存现金

二、托收承付业务的核算

托收承付是收款人根据购销合同发货后,委托银行向异地付款人收取款项,并由收款人向银行承认付款的结算方式。办理结算的款项必须是商品交易以及因商品交易而产生的劳务供应款项。托收承付按款项划回方式的不同,分为邮划和电划;按承付货款的方式不同,分为验单付款和验货付款。

1. 托收承付的基本规定

① 使用托收承付结算方式的收付款单位,必须是国有企业、供销合作社以及经开户银行审查同意的城乡集体所有制工业企业。

② 采用托收承付结算方式,收付双方必须签有购销合同且注明使用托收承付结算方式。

③ 收款人办理托收时,必须出具商品确已发运的证件,包括铁路、航运、公路等运输部门签发的运单、运单副本和邮局包裹回执等。

④ 托收承付结算每笔的金额起点为10 000元,新华书店系统每笔金额起点为1 000元。

2. 托收承付的核算

托收承付结算方式的基本流程如图6-12所示。

(1)收款人开户银行受理托收承付的核算

全额支付的异地托收承付结算,其处理过程分为四个阶段:收款人开户行受理并发出托收凭证、付款人开户行通知承付、付款人开户行划款、收款人开户行收账。

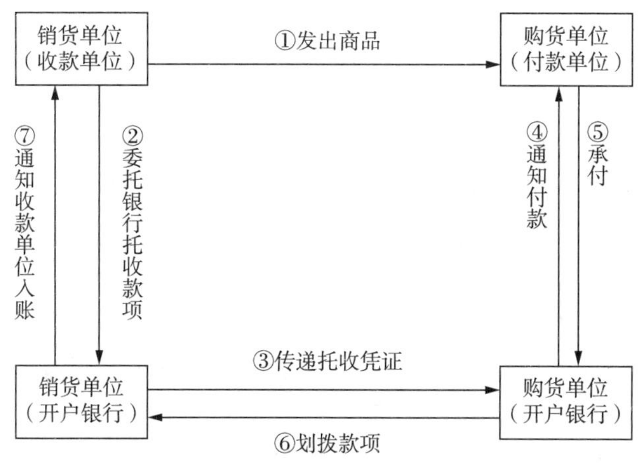

图 6 - 12　托收承付流程

收款人按照签订的购销合同发货后，即可填制托收凭证一式五联。第一联回单，第二联贷方凭证，第三联借方凭证，第四联收账通知，第五联付款通知。

托收凭证按要求的内容填妥并盖章后，连同发运单证或其他符合托收承付结算的有关证明和交易单证一并送交银行。开户银行接到托收凭证及其附件后，应当按照托收的范围、条件和托收凭证填写的要求进行审查，必要时还应查验收付款人签订的购销合同。审核无误后，开户银行将托收凭证第一联加盖业务公章退给收款人，第二联托收凭证据以登记"发出托收结算凭证登记簿"并留存保管，并据此编制表外科目的会计分录：

收入：发出托收承付凭证

第三联、第四联、第五联连同所附单证一并寄交付款人开户行。如为电划方式，托收凭证第四联为发电依据。

(2)付款人开户行受理承付的核算

付款人开户行收到托收承付凭证和所附单证，应在两天内审查无误后，在各联凭证上批注到期日及承付期限，第三联、第四联托收凭证按承付到期日顺序保管，编制表外科目会计分录：

收入：定期代收结算凭证

根据分录登记"定期代收结算凭证登记簿"，登记后，第五联连同所附单证送付款人，通知其准备到期付款。承付货款分为验单付款和验货付款两种，由收付款双方商量选用，并在合同中明确规定。

验单付款的承付期为 3 天，从付款人开户银行发出承付通知次日算起（遇节假日顺

延）。付款人在承付期内未向银行表示拒绝付款，银行即视作承付，并在承付期满的次日上午银行开始营业时，将款项主动从付款人账户内付出，按照收款人指定的划款方式划给收款人。

验货付款的承付期为10天，从运输部门向付款人发出提货通知次日算起，对收付双方在合同中明确规定并在托收凭证上注明验货付款期限的，银行从其规定。付款人收到提货通知后应立即向银行交验提货通知，若付款人在收到银行发出承付通知后10天内仍未收到提货通知，应在第10天将货物尚未到达情况通知银行，否则银行将视同已经验货，于10天期满的次日上午开始营业时将款项划给收款人。付款人在通知银行以后又收到提货通知，需及时送交银行，以免银行计扣逾期付款赔偿金。采用验货付款，收款人必须在托收凭证上加盖"验货付款"字样戳记，托收凭证未注明验货付款，经付款人提交合同证明是验货付款的，银行可按验货付款。

不论验单付款还是验货付款，付款人都可以在承付期内提前向银行表示承付，并通知银行提前付款，银行应立即办理划款；因商品价格、数额或地址变动，付款人需多付款项的，应在承付期内书面通知银行，银行据此随同当次托收款项划给收款人。

承付期满次日上午，付款人开户行主动将托收款项从付款人账户付出，以第三联托收凭证代借方传票办理转账。会计分录为：

借：吸收存款——××存款——××付款人

　　贷：待清算辖内往来——××行

　　付出：定期代收结算凭证

在第四联托收凭证上填明支付日期，并在"定期代收结算凭证登记簿"栏登记销账日期，凭证随同联行贷方报单寄收款人开户行，在电汇方式下开户行拍发电报划往收款人。

收款人开户行收到付款人开户行寄来的联行报单及所附第四联托收凭证后，与留存的第二联托收凭证核对相符，然后以第二联托收凭证代贷方传票办理转账。会计分录为：

借：待清算辖内往来——××行

　　贷：吸收存款——××存款——××收款人

销记"发出托收结算凭证登记簿"，并将第四联托收凭证代收账通知交收款人。

(3)逾期付款的处理

付款人在承付期满日银行营业终了时，如无足够资金支付，其不足部分即为逾期未付款项，按逾期付款处理：

① 逾期天数及赔偿金。逾期天数应从承付期满日算起。承付期满银行营业终了

时，付款人如无足够资金支付，其不足部分应当算作逾期1天；在承付期满次日（如遇节假日，逾期天数计算也相应顺延，但在以后遇到节假日算逾期天数），银行营业终了仍无足够资金支付，其不足部分应当算作逾期2天。赔偿金每天按逾期付款金额的万分之五计算。另外，银行审查拒绝付款期间不能算作付款人逾期付款，但对无理拒付而增加银行审查时间的，则要从承付期满日起计算逾期付款赔偿金，

逾期付款的赔偿金实行定期扣付，每月计算一次，于次月3日内单独划给收款人。在月内有部分付款的，其赔偿金随同部分支付的款项划给收款人，对尚未支付的款项，月终再计算赔偿金，于次月3日内划给收款人，次月又有部分付款时，从当月1日起计算赔偿金，随同部分支付的款项划给收款人，对尚未支付的款项，从当月1日起至月终再计算赔偿金，于第三个月3日内划给收款人。第三月仍有部分付款的，按照上述方法计扣赔偿金。

【例6-8】 CCB银行办理由新华集团付款的托收承付业务一项，金额为80万元，9月5日承付期满。9月6日上午开业划款时，由于付款人存款账户不足，只能支付24万元，逾期至9月23日开业时支付36万元，其余款项10月16日开业支付完毕。

● 9月6日划款24万元，会计分录为：

借：吸收存款——活期存款——新华集团　　240 000

　　贷：待清算辖内往来——××行　　240 000

● 9月23日支付36万元，会计分录为：

借：吸收存款——活期存款——新华集团　　363 060

　　贷：待清算辖内往来——××行　　363 060

注：3 060元为赔偿金。

● 9月30日计收赔偿金，会计分录为：

借：吸收存款——活期存款——新华集团　　2 600

　　贷：待清算辖内往来——××行　　2 600

● 10月16日支付全部余额20万元，会计分录为：

借：吸收存款——活期存款——新华集团　　201 400

　　贷：待清算辖内往来——××行　　201 400

注：1 400元为赔偿金。

赔偿金的扣付应列为企业销售收入扣款顺序的首位，如付款人账户余额不足全额支付时，应排列在工资之前，并对该账户采取“只收不付”的控制方法，待一次扣足赔偿金后才准予办理其他款项的支付，产生的经济后果由付款人自行负责。

② 付款人开户银行对付款人逾期未能付款的情况，应当及时通知收款人开户银行，

由其转告收款人。

③ 付款人开户银行应随时掌握付款人账户逾期未付资金情况，待账户有款时必须将逾期未付款项和应付赔偿金及时扣划给收款人，不得拖延扣划。

④ 付款人开户银行对不执行合同规定、三次拖欠货款的付款人，应当通知收款人开户银行转告收款人，停止对该付款人办理托收。若收款人不听劝告，继续对该付款人办理托收，付款人开户行对发出通知的次日起 1 个月之后收到的托收凭证，可以拒绝受理，退回原件。

⑤ 付款人开户银行对逾期未付的托收凭证，负责进行扣款的期限为 3 个月（从承付期满日算起）。在此期限内，银行必须按照扣款顺序继续扣款。期满时，如果付款人仍无足够资金支付该笔尚未付清的欠款，银行应于次日通知付款人将有关交易单证在两日内退回银行。银行将有关结算凭证连同交易单证或应付款项证明单证退回收款人开户银行转交收款人，并将应付的赔偿金划给收款人。对付款人逾期不退回单证的，开户银行应当自发出通知的第三天起，按照尚未付清欠款的金额，每天处以万分之五不低于 50 元的罚款，并暂停付款人向外办理结算业务，直到退回单证时止。

(4)拒绝付款的处理

符合下列情况，付款人在承付期内可向银行提出全部或部分拒绝付款：没有签订购销合同或未注明使用托收承付结算方式支付款项；未经双方事先达成协议，收款人提前交货或因逾期交货付款人不再需要该项货物的款项；未按合同规定的到货地址发货的款项；代销、寄销、赊销商品的款项；验单付款时发现所列货物的品种、规格、数量、价格与合同规定不符，或货物已到但货物与合同规定或发货清单不符的款项；货款已经支付或计算有错误的款项。除此以外，付款人不得向银行提出拒绝付款。

付款人拒付时必须填写“拒绝付款理由书”一式四联，加盖单位公章并注明拒付理由，涉及合同的应引证合同规定的有关条款：属于商品质量问题，需要提交商检部门的检验证明；属于商品数址问题，需要提交证明及有关数址的记录；属于外贸部门进口商品，应提交国家商品检验或运输部门出具证明，一并送交开户银行。

开户银行必须认真审查拒绝付款理由。对于付款人提出拒付的手续不全、依据不足、理由不符合规定和不属于前述 7 种拒付情况的，以及超过承付期拒付和应当部分拒付却为全部拒付的，银行均不同意拒付的，实行强制扣款。银行同意部分或全部拒付的，应在拒付理由书上签注意见。如果是部分拒付款，除办理部分付款外，应将拒付理由书连同拒付证明及拒付商品清单邮寄给收款人开户银行转交收款人；如果是全部拒付，则应将拒付理由书、拒付证明和有关单证邮寄给收款人开户银行转交收款人。付款人提出拒绝付款，银行经审查无法判明是非的，应由收付双方自行协商处理，或向仲裁机关、人民法院申请调整或裁决。

【例 6-9】 CCB银行A支行收到客户中外运公司提交的托收承兑结算凭证和发运单，向异地购货方康桥公司收取货款及代垫运费7 850 000元。CCB银行A支行审核无误后，发出托收凭证和交易单证。康桥公司开户行CCB银行C支行收到凭证后，通知康桥公司验单付款。承兑期满，康桥公司未提出异议，CCB银行C支行将款项划转给CCB银行A支行。

● CCB银行C支行划出款项，会计分录为：

借：吸收存款——单位活期存款——康桥公司　　7 850 000
　　贷：待清算辖内往来——A支行　　7 850 000

● CCB银行A支行收到划回款项，会计分录为

借：待清算辖内往来——C支行　　7 850 000
　　贷：吸收存款——单位活期存款——中外运公司　　7 850 000

三、委托收款业务的核算

委托收款是收款人委托银行向付款人收取款项的结算方式。

1. 委托收款结算的基本规定

① 在银行或其他金融机构开立账户的单位和个人的商品交易、劳务款项和其他应收款项的结算，均可使用委托收款结算方式。

② 委托收款不受金额起点的限制，在同城和异地均可使用。

③ 委托收款结算款项划转方式有邮寄和电报划回两种，由收款人根据需要选择使用。

④ 委托收款付款期为3天，付款期满时若付款人存款账户余额不足，则不予以延期；银行不负责审查拒付理由。

2. 委托收款的核算

委托收款结算的一般流程如图6-13所示。

(1)收款人开户银行受理委托收款

收款人办理委托收款时，填制一式五联委托收款凭证，第一联回单，第二联贷方凭证，第三联借方凭证，第四联收账通知，第五联付款通知。签发委托收款凭证必须记载事项包括：表明“委托收款”字样、确定金额、付款人名称、收款人名称、委托收款凭据名称及附寄单证张数、委托日期、收款人签章等。

填妥凭证后，收款人在委托收款凭证第二联加盖单位印章或个人签章后，将结算凭证和债务证明提交开户银行。开户银行按照委托收款凭证的填写要求审查无误后，比

照托收承付结算方式的会计处理方法，向付款人开户银行发出委托收款凭证，或通过同城票据交换提出委托收款凭证。

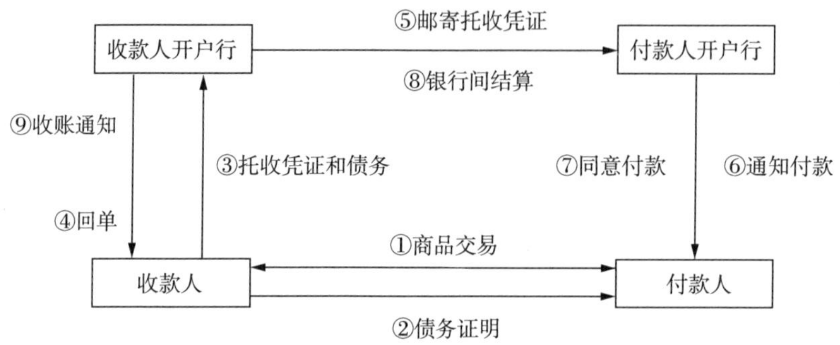

图 6－13　委托收款的流程

（2）付款人开户银行通知划款

付款人开户银行收到委托收款凭证及有关单证，审查是否确属本行受理，审查无误后，登记“收到委托收款凭证登记簿”，编制表外的会计分录为：

收入：收到委托收款凭证

付款人开户银行将第五联凭证加盖业务公章，连同其他有关单证一并交付款人签收。

（3）付款人开户银行划款

付款人接到通知后，应于当日书面通知银行付款。如付款人未在接到通知的次日起 3 日内通知银行付款，银行应于付款人接到通知的次日起第 4 日上午开始营业时（遇节假日顺延）将款项划给收款人。

① 付款人为银行的，以第三联委托收款凭证作为借方凭证，有关债务证明及第四联委托收款凭证（同城票据交换时需提出）作为其附件。会计分录为：

借：吸收存款——应解付款——××付款人

　　贷：待清算辖内往来——××行

　　付出：收到委托收款凭证

转账后，银行销记“收到委托收款凭证登记簿”。

② 付款人为单位的，银行将第五联委托收款凭证加盖业务公章，连同有关债务证明提交给付款人，由其签收。付款人应于接到通知的次日起 3 天内通知其开户行付款。

借：吸收存款——××存款——××付款人

　　贷：待清算辖内往来——××行

付款人在付款期满时，账户上如果没有足够资金支付全部款项，银行应索回全部单证，并填写付款人未付款通知书，连同第四联委托收款凭证一并退回收款人开户银行。付款人若提出全部或部分拒付，应填制拒付理由书，连同委托收款凭证及所附单证送交开户银行，由银行转交收款人开户银行。付款人开户银行不负责审查拒付理由，对部分支付的款项按全额划款的手续处理。

(4)收款人开户银行收款

收款人开户银行收到划款的凭证或电报，将原留存保管的委托收款凭证抽出进行核对，审核无误后办理转账，手续与托收承付基本相同。会计分录为：

借：待清算辖内往来——××行

　　贷：吸收存款——××存款——××收款人

对于无款支付和拒付等情况，收款人开户银行应将未付款通知书、拒付理由书及债务证明转交收款人。

【例6-10】 甲地HSCB银行收到客户单位—大华公司提交的委托收款凭证和债务证明，系向乙地HSCB银行开户的天亮公司收取账款100 000元。3日后，收到乙地HSCB银行通过电子汇划系统划回的款项。

● 甲地HSCB银行受理大华公司委托收款凭证和债务证明，经审核无误后，发出委托收款凭证，并销记"发出委托收款登记簿"

● 乙地HSCB银行收到委托收款凭证时，假定开户单位有足够款项支付：

借：吸收存款——单位活期存款——天亮公司　　100 000

　　贷：待清算辖内往来——甲地HSCB银行　　100 000

● 甲地HSCB银行收到划回款项：

借：待清算辖内往来——乙地HSCB银行　　100 000

　　贷：吸收存款——单位活期存款——大华公司　　100 000

四、国内信用证业务的核算

信用证是指开证银行根据申请人的申请开出的、凭符合信用证条款的单据支付的付款承诺。信用证属于银行信用，开证行是信用证的主债务人。

1. 国内信用证的基本规定

① 经中国人民银行批准经营结算业务的商业银行总行以及经商业银行总行批准开办信用证结算业务的分支机构，可以办理信用证结算业务。未经批准的银行机构和城市信用社、农村信用社以及非银行金融机构不得办理信用证结算业务。

② 信用证适用于国内企业之间商品交易的结算。

③ 信用证为不可撤销、不可转让的跟单信用证。

④ 信用证只限于转账结算,不得支取现金。

⑤ 受益人收取信用证款项,采取委托收款或申请议付两种方式。

⑥ 在信用证结算中,各有关当事人处理的只是单据,而不是与单据有关的货物及劳务。

2. 国内信用证业务的处理流程

① 买卖双方签订商品购销合同,合同注明采用信用证结算方式。

② 买方向开户行申请开立信用证。

③ 开证行开立信用证并发送给通知银行。

④ 通知行核对后,向受益人(卖方)通知信用证。

⑤ 卖方委托承运人向买方发货。

⑥ 发货后,受益人向开户行交单,委托开户行向开证行收款(或受益人向开户行交单并申请议付)。

⑦ 若受益人向开户行交单并申请议付的,议付行审查单证无误后付款。

⑧ 议付行或受益人开户行向开证行交付单据,索要货款。

⑨ 若为即期付款信用证,则开证行审查单证无误后付款;若为延期付款或议付信用证,则开证行先向受益人开户行(或议付行)发送到期付款确认书,于到期日付款。

⑩ 开证行向开证申请人交付单据,并发送付款通知。

⑪ 受益人开户行为受益人收款入账,并向其发出收账通知(或议付行办理转账)。

⑫ 买方凭收到的单据向承运人提货。

3. 国内信用证业务的核算

① 开证行开立信用证的处理。申请人申请开立信用证,应填制一式三联开证申请书并按规定签章后,连同有关购销合同交其开户行。开户行收到后,第一联申请书加盖业务章后交申请人;第二联作为开证依据,会计部门留存;第三联作为开证存查,信贷部门留存。开证行审核无误后同意开证的,应根据申请人的资信情况,确定收取保证金的比例,或同时要求申请人提供抵押、质押或保函等其他担保。

开证行收到申请人缴纳的保证金,会计分录为:

借:吸收存款——单位活期存款——××申请人

　　贷:存入保证金——信用证保证金——××申请人

开证行开立信用证后,根据第一联信用证作表外科目核算,并向申请人收取开证手续费(开证金额的0.15%但不低于100元)及电子汇划费。会计分录为:

借：吸收存款——单位活期存款——××申请人

贷：手续费及佣金收入——国内信用证开证收付费收入

收：开出国内信用证——××申请人

② 通知行通知信用证的处理。通知行收到开证行发来的信用证信息，核押无误后，系统自动打印信用证正本。打印成功后，按规定收取通知手续费。会计分录为：

借：吸收存款——单位活期存款——××受益人

贷：手续费及佣金收入——国内信用证开证收付费收入

通知行核押验信用证无误后，编制一式两联信用证通知书。第一联加盖业务章连同信用证正本交受益人；第二联连同信用证副本，专夹保管。

③ 受益人开户行对来单的处理。

● 议付来单的处理。受益人向开户行申请议付的，应填制一式两联的信用证议付/委托收款通知书和一式五联议付凭证。受益人在第一联信用证议付/委托收款通知书和第一联议付凭证上加盖预留银行签章后，连同信用证通知书、信用证正本以及单据一并提交议付行。

议付行审查后同意议付的，按规定计算议付利息、实付议付金额，打印记账凭证，办理转账，将第一联、第二联、第三联议付凭证作记账凭证附件。会计分录为：

借：议付信用证款项

贷：吸收存款——单位活期存款——××受益人

利息收入

同时，按议付单据金额的0.1%向受益人收取议付手续费。会计分录为：

借：吸收存款——单位活期存款——××受益人

贷：手续费及佣金收入——国内信用证开证收付费收入

议付行办理转账后，第五联议付凭证和第一联信用证/委托收款申请书专夹保管；第二联信用证/委托收款申请书、第四联议付凭证连同信用证通知书和信用证正本一并退受益人。

同时，议付行填制一式两联寄单通知书和一式五联委托收款凭证。第一联寄单通知书和第三联、第四联、第五联委托收款凭证及有关单据一并寄开证行办理收款；第二联寄单通知书和第一联、第二联委托收款凭证议付行留存，并按照前述发出委托收款的手续处理。

议付行经审查，若单证不符的，经受益人修改后相符并同意议付的，比照前述手续处理；经受益人修改后仍不符并拒绝议付的，制作一式两联拒绝议付/不符点通知书，一联留存，另一联加盖业务公章连同有关单证退受益人。

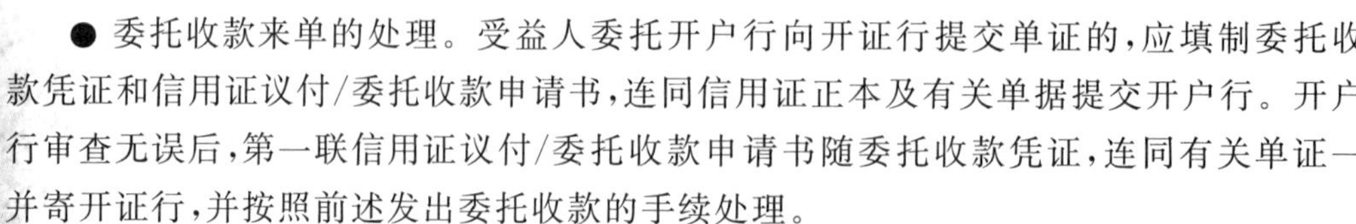

● 委托收款来单的处理。受益人委托开户行向开证行提交单证的，应填制委托收款凭证和信用证议付/委托收款申请书，连同信用证正本及有关单据提交开户行。开户行审查无误后，第一联信用证议付/委托收款申请书随委托收款凭证，连同有关单证一并寄开证行，并按照前述发出委托收款的手续处理。

④ 开证行对来单的处理。开证行收到议付行寄来的委托收款凭证、单据及寄单通知书或受益人开户行寄来的委托收款凭证、信用证正本、单据及信用证议付/委托收款申请书，经审查单证相符的，分不同情况进行处理。

● 即期信用证付款的处理。开证行应从开证申请人存款账户中支付，不足部分从其保证金账户中支付，若保证金账户仍不足支付的，则对开证申请人作逾期贷款处理，并根据情况选择行内汇划、大额支付或小额支付等渠道办理划款。会计分录为：

借：吸收存款——单位活期存款——××申请人

　　存入保证金——信用证保证金——××申请人

　　贷款——逾期贷款——信用证垫款——××申请人

　　贷：待清算辖内往来——××行

对申请人提供抵押或质押的，开证行按规定处理抵押物和质押物；提供保函的，向担保人收取款项。

开证行办妥付款手续后，填制一式两联信用证来单通知书，第一联加盖业务公章连同有关单据交开证申请人，第二联留存，并进行表外科目核算。会计分录为：

付：开出国内信用证——××申请人

有抵押物或质押物或保函的，应予以退还。

● 延期信用证付款的处理。开证行应在规定的时间内向受益人开户行（含议付行）发电，未议付的由其转告受益人，确认到期付款。开证行到期日付款比照上述即期信用证付款的手续进行处理。

开证行收到来单后，经审查单证不符的，应制作一式两联拒绝议付/不符点通知书，一联留存，另一联加盖业务公章，凭以在规定时间内向受益人开户银行（含议付行）发送电子信息，告知单证不符，拒绝付款。受益人开户行未议付的，由该行转告受益人。同时，开证行保留单据并转告开证申请人，若开证申请人同意付款，则开证行按前述单证相符时付款的手续进行处理；若开证申请人不同意付款，则开证行将单据退议付行或将信用证正本和单据退交受益人。

⑤ 受益人开户行（含议付行）收到划来款项的处理。受益人开户行（含议付行）收到开证行通过行内系统、大小额支付系统等渠道划来的款项后，按照委托收款划回的手续处理。会计分录为：

借:待清算辖内往来——××行

　　贷:议付信用证款项

　　或贷:吸收存款——单位活期存款——××受益人

属于受益人通过其开户行委托收款的,开户行应在委托收款收账通知联加盖转讫章通知受益人。

⑥ 信用证注销的处理。开证行在信用证有效期内未收到任何单据,在信用证满一个月后,应解除开证申请人信用证担保(退还保证金、抵押物、质押物或保函),注销信用证。

开证行收到开证申请人提出对未逾期有效信用证的注销申请和信用证正本时,应审查开证申请人与受益人同意注销的证明,无误后,解除开证申请人的信用证担保,并注销信用证。

第五节　国际贸易结算业务的核算

由国际间商品交易而引起的外汇收付或债权债务的结算称为国际贸易结算。国际贸易结算的方式主要有国际信用证、托收和汇兑。

一、国际信用证业务的核算

信用证(L/C)是开证银行根据申请人(进口商)要求向受益人(出口商)开立一定金额、在一定期限内凭议付行寄来规定单据付款或承兑汇票的书面承诺,是银行有条件保证付款凭证。国际信用证是国际贸易中使用最广泛的结算方式,包括进口商申请开证、进口方银行开证、出口方银行通知信用证、出口商受证出运、出口方银行议付及索汇、进口商赎单提货等六个环节。

● 进口商根据贸易合同的规定,向银行申请开立信用证,应填具开证申请书,并缴纳相应保证金。

● 银行审核同意后开出信用证,收取保证金,并通过其国外代理的出口地银行通知转递信用证给出口商。

● 出口方银行收到信用证后,认真核对与审查。若接受来证,应根据信用证的要求,将信用证通知或转递给出口商。

● 出口商收到信用证,与合同内容进行核对无误后,在信用证规定的装运期限内将货物装上运输工具,并编制和取得信用证所规定的装运单据,连同签发的汇票和信用证正本、修改通知书,送交规定的议付行。

● 出口方银行即议付行根据单证一致、单单一致的原别，对信用证项目单进行审核，然后分情况对外贸公司进行出口押汇或收妥结汇。

● 议付行付款后，开证行应立即通知进口商备款赎单，进口商将开证行所垫票款及发生的费用一并付清，并赎回单据后即可凭装运单据提货。

国际信用证结算过程分为进口信用证结算和出口信用证结算两个方面。

1. 进口信用证业务的核算

进口信用证结算，是银行根据国内进口商的开证申请，向国外出口商开立信用证或信用保证书，凭国外银行寄来信用证中规定的单据，按照信用证条款规定对国外出口商付款，并向国内进口商办理结汇的一种结算方式。进口信用证结算主要包括开立信用证、修改信用证以及审单付款三个环节。

(1)开立信用证

进口商根据与国外出口商签订的贸易合同规定，连同贸易合同和有关批文，向银行提出开证申请，并填具开证申请书。银行审核无误后，根据不同情况收取开证保证金。会计分录为：

借：吸收存款——单位活期存款——××申请人　　（人民币或外币）

　贷：存入保证金——信用证保证金——××申请人　　（人民币或外币）

开证行缮制一式两联信用证，向通知行发送信用证信息。第一联信用证副本留存，第二联开证通知加盖业务公章交申请人。开证行开立信用证后，根据第一联信用证作表外科目核算，并向申请人收取开证手续费。会计分录为：

借：吸收存款——单位活期存款——××申请人　　（人民币或等值外币）

　贷：手续费及佣金——信用证开证手续费及佣金　　（人民币或等值外币）

开证行在开证时需登记表外科目，若表外科目采用单式记账，则：

收：开出信用证　　（外币）

若采用复式记账，会计分录为：

借：应收开出信用证款项　　（外币）

　贷：应付开出信用证款项　　（外币）

(2)修改信用证

进口商如需修改信用证，应向银行提出申请。银行审核同意后，应及时将修改后的条款通知国外联行或代理行，转交出口商。修改信用证增减额的，应进行“应收开出信用证款项”和“应付开出信用证款项”表外核算。

(3)审单付款

开证行收到国外议付行寄来的信用证项下单据，与信用证条款进行核对，并通知进口商。经审核确认付款后，由银行根据信用证规定办理付款或承兑，对进口商办理进口结汇。

根据付款期限的不同，信用证付款分为即期信用证付款和远期信用证付款。

① 即期信用证付款的核算。即期信用证付款分为单到国内审单付款、国外审单主动借记、国外审单后电报向我账户行索汇、授权国外议付行向我账户行索汇等几种类型。目前大都采用单到国内审单付款。

单到国内审单付款是指开证行或指定付款行收到单据后，立即送交出口商审核，并约定进口商3日内通知银行对外付款或提出拒付理由办理拒付。开证行或指定付款行在进口商确认付款后，办理对外付款手续，先从保证金账户支付，不足部分再从结算账户支付。

若进口商以现汇付款，会计分录为：

借：吸收存款——单位活期存款——××申请人　　（外币）
　　存入保证金——信用证保证金——××申请人　　（外币）
　　贷：存放同业或其他科目　　（外币）
借：应付开出信用证款项　　（外币）
　　贷：应收开出信用证款项　　（外币）

若进口商以人民币购汇付款，会计分录为：

借：吸收存款——单位活期存款——××申请人　　（人民币）
　　存入保证金——信用证保证金——××申请人　　（人民外币）
　　贷：货币兑换　　（人民币）
借：货币兑换　　（外币）
　　贷：存放同业或其他科目　　（外币）
借：应付开出信用证款项　　（外币）
　　贷：应收开出信用证款项　　（外币）

【例6-11】 上海宝钢集团从澳大利亚FMG公司进口一批矿石，委托CCB银行上海分行于6月5日向澳大利亚FMG公司开出即期信用证一份，金额为AUD 1 600 000元。收取开证手续费AUD 2 400元。信用证由澳大利亚国民银行通知，规定支付方式为“单到国内审单付款”。7月2日，CCB银行上海分行收到澳大利亚国民银行寄来的全套单据，金额为AUD 1 602 000元，其中，贷款为AUD 1 600 000元，其他费用为AUD 2 000元，随即通知上海宝钢集团。7月15日，上海宝钢集团确认付款，CCB银行上海分行当即从该集团澳元现汇账户划款支付。

● CCB银行上海分行6月5日开出信用证，会计分录为：

借:应收开出信用证款项　　AUD 1 600 000

　　贷:应付开出信用证款项　　AUD 1 600 000

收取手续费:

借:吸收存款——单位活期存款——上海宝钢集团　　AUD 2 400

　　贷:手续费及佣金——信用证开证手续费及佣金　　AUD 2 400

● CCB银行上海分行7月5日对外付款,会计分录为:

借:吸收存款——单位活期存款——上海宝钢集团　　AUD 1 602 000

　　贷:存放同业——澳大利亚国民银行　　AUD 1 602 000

同时:

借:应付开出信用证款项　　AUD 1 600 000

　　贷:应收开出信用证款项　　AUD 1 600 000

② 远期信用证付款的核算。远期信用证是指开证行或其指定付款行收到受益人交来的远期汇票后,并不立即付款,而是先行承兑,等到汇票到期再付款的信用证。远期信用证付款方式分为由国外付款行承兑和国内开证行承兑,包括承兑汇票及到期付款两个环节。

● 承兑的处理。在国内开证行承兑方式下,开证行收到远期信用证项下议付行寄来单据后,送进口商确认并待进口商确认到期付款后即办理远期汇票承兑手续,并将承兑汇票寄国外议付行,由议付行到期凭以索汇。商业银行对承兑汇票进行核算。会计分录为:

借:应收承兑汇票款　　(外币、到期值)

　　贷:应付承兑汇票款　　(外币、到期值)

同时,

借:应付开出信用证款项　　(外币、开证金额)

　　贷:应收开出信用证款项　　(外币、开证金额)

● 到期付款的处理。承兑汇票到期,开证行即办理对外付款和对进口商扣款转账手续。会计分录为:

借:吸收存款——单位活期存款——××申请人

　　存入保证金——信用证保证金——××申请人

　　贷:存放同业或其他科目

借:应付承兑汇票款　　(外币,到期值)

　　贷:应收承兑汇票款　　(外币,到期值)

2. 出口信用证业务的核算

出口信用证业务是指出口商根据国外进口商通过国外银行开来的信用证和保证

书，按照其条款规定，待货物发出后，将出口单据及汇票送交国内银行，由银行办理审单议付，并向国外银行收取外汇后，向出口商办理结汇的业务。出口信用证结算主要包括受证与通知、审单议付、收汇与结汇三个环节。

(1)受证与通知

国内商业银行(通知行)接到国外银行开来的信用证时，首先应对开证银行的资信、进口商的偿付能力和保险条款进行全面审查，并明确表示信用证能否接受、如何修改。经审核并核对印鉴认为可以受理时，立即编列信用证通知流水号，将信用证正本通知有关出口商以便发货，然后将信用证副本及银行留底联严格保管，并及时登记"国外开来保证凭信"记录卡，填制"国外开来保证凭信"表外科目收入传票。会计分录为：

收：国外开来保证凭信

以后若接到开证行的信用证修改通知书，要求修改金额，或信用证受益人因故申请将信用证金额的一部分或全部转往其他行时，除按规定办理信用证修改和通知或转让手续外，其增减金额还应在表外科目"国外开来保证凭信"中核算。

若开证行在开证时已预先汇入信用证项下的部分或全部保证金，授权商业银行在议付单据后进行抵扣，则应在信用证以及其他有关凭证上做好记录。会计分录为：

借：存放同业或其他科目　　(外币)

　　贷：存入保证金——信用证保证金——××申请人　　(外币)

(2)审单议付

商业银行(议付行)收到出口商提交办理议付的信用证和全套单据，按信用证条款认真审核，保证单证一致、单单相符。审核无误后，填制出口寄单议付通知书向国外银行寄单索汇。会计分录为：

借：应收信用证出口款项　　(外币)

　　贷：代收信用证出口款项　　(外币)

付：国外开来保证凭信　　(外币)

同时，按议付单据金额的0.125%但每笔不低于RMB 200元向受益人收取议付手续费，会计分录为：

借：吸收存款——单位活期存款——××受益人　　(人民币或等值外币)

　　贷：手续费及佣金收入——信用证开证手续费及佣金　　(人民币或等值外币)

(3)收汇与结汇

商业银行(议付行)接到国外银行将票款收入商业银行账户的通知书("已贷记"或"请借记")时，应按当日外汇牌价买入外汇，折算成人民币支付给出口商，以结清代收妥的出口外汇。会计分录为：

借:存放同业或其他科目　　　　　　　　　　　　　　　　　　　　(外币)
　　贷:货币兑换(汇买价)　　　　　　　　　　　　　　　　　　　　(外币)
借:货币兑换(汇买价)　　　　　　　　　　　　　　　　　　　　(人民币)
　　贷:吸收存款——单位活期存款——××出口商　　　　　　　　　　(人民币)

同时为:

借:代收信用证出口款项　　　　　　　　　　　　　　　　　　　　(外币)
　　贷:应收信用证出口款项　　　　　　　　　　　　　　　　　　　(外币)

二、托收业务的核算

1. 托收的概念和种类

托收业务的结算是由收款人签发汇票或提供索汇凭据,委托银行通过其国外联行或代理行向债务人或付款人代为收款的一种结算方式。根据是否附有货运单据,托收分为跟单托收和光票托收两种。

跟单托收是委托人(收款人)将签发的汇票连同货运单据(如提单、保险单等),一并交给托收行办理的托收。跟单托收主要用于国际贸易结算。光票托收是收款人签发不附有货运单据的汇票,委托银行凭以收款的托收。虽有发票、收款清单等交易单据但无货运提单的,也属光票托收。光票托收广泛运用于非贸易结算。在贸易结算中,光票托收仅用于收取出口货款尾欠、样品费、各种佣金、代垫费用等各种贸易从属费用及进口索赔款项。

2. 托收业务的处理流程

① 委托人(出口商)备货发运后,填写托收委托书,开出汇票,连同全套货运单据交送托收行,委托银行代为收款。

② 委托行将汇票和货运单据以及委托人在委托书上的各项指示,交给代收行,委托其向付款人(进口商)代为收款。

③ 代收行收到汇票及货运单据后,向付款人作付款或承兑提示。

④ 付款行向代收行付款或承兑后,代收行将货运单据交给付款人。

⑤ 代收行将货款汇给托收行。承兑交单后待汇票到期付款人付款后,代收行将货款汇给托收行。

⑥ 托收行收妥代收行转来的款项后,将款项付给委托人。

3. 托收业务的核算

托收结算业务包括进口托收业务和出口托收业务。

(1)出口托收业务的核算

出口托收是出口商根据进出口双方签订的贸易合约,在规定期限内备货出运后,将全套货运单据连同以进口买方为付款人的汇票一并送交银行(托收行),由银行委托境外代理行向进口买方代为交单和收款的一种出口贸易结算方式。出口托收业务主要包括发出托收单证和收妥入账两个环节。

① 发出托收单证。出口商备货出运并取得货运单据后，应填写出口托收申请书一式两联，连同全套出口单据一并送交银行办理托收。银行审单后，将申请书其中一联退给出口商作为回单，另一联留存，并据以填制出口托收委托书。银行发出托收凭证时，会计分录为：

借：应收出口托收款项　　　　（外币）

　贷：代收出口托收款项　　　　（外币）

如出口托收寄单后，因情况变化需增加托收金额时，会计分录同上；需减少托收金额时，会计分录相反；如进口商拒付，则应反向注销托收金额。

银行办理出口托收业务，按规定向出口商计收托收手续费和邮费。会计分录为：

借：吸收存款——单位活期存款——××出口商　　　　（人民币）

　贷：手续费及佣金收入——出口托收手续费及佣金收入　　　　（人民币）

　　业务及管理费——邮费　　　　（人民币）

② 收妥进账。出口托收款项一律实行收妥进账。根据国外银行的贷记报单或授权借记通知书，经核实确认已收妥时，银行方能办理收汇或结汇。会计分录为：

借：代收出口托收款项　　　　（外币）

　贷：应收出口托收款项　　　　（外币）

同时，

借：存放同业或其他科目　　　　（外币）

　贷：货币兑换（汇买价）　　　　（外币）

借：货币兑换（汇买价）　　　　（人民币）

　贷：吸收存款——单位活期存款——××出口商　　　　（人民币）

(2)进口托收业务的核算

进口托收是指国外出口商根据贸易合同规定，在装运货物后，通过国外托收银行寄来单据，委托国内银行向进口商收取款项的一种结算方式。进口托收业务主要包括收到进口代收单据和对外付款两个环节。

① 收到进口代收单据。进口方银行收到国外银行寄来的托收委托书及有关单据，经审核无误后，如果同意受理即为代收行。代收行收到进口代收单据后，编制进口代收单据通知书，连同有关单据一并交给进口商。会计分录为：

借：应收进口代收款项　　　　（外币）

　贷：进口代收款项　　　　（外币）

进口商收到进口代收单据通知后，应到商业银行办理付款或承兑赎单手续，到期日付款。

② 办理对外付款。进口商对进口代收单据审核无误后确认付款，或者远期承兑汇票已到付款日，代收行即按有关规定办理对外付款手续。会计分录为：

借：吸收存款——单位活期存款——××出口商　(人民币)
　贷：货币兑换(汇卖价)　(人民币)
借：货币兑换(汇卖价)　(外币)
　贷：存放同业或其他科目　(外币)
同时，
借：应付进口代收款项　(外币)
　贷：应收进口代收款项　(外币)

【例6-12】 合肥乐海琴行从美国进口钢琴。6月5日，乐海琴行开户行ICBC银行合肥分行接到美国汇丰银行寄来的托收委托书及进口代收单据，采用付款交单方式，金额为USD 100 000元。经审核无误后，通知乐海琴行付款赎单。乐海琴行于6月10日确认付款，ICBC银行合肥分行当天为乐海琴行办理售汇付款手续，并根据托收委托书的规定向乐海琴行收取进口代收手续费RMB 500元。当日美元汇卖价为USD 100＝RMB 635。

ICBC银行合肥分行编制会计分录如下：

● 6月5日收到进口代收单据。

借：应收进口代收款项　USD 100 000
　贷：应付进口代收款项　USD 100 000

● 6月10日办理售汇付款

借：吸收存款——单位活期存款——乐海琴行　RMB 635 000
　贷：货币兑换(汇卖价)　RMB 635 000
借：货币兑换(汇卖价)　USD 100 000
　贷：存放同业或其他科目　USD 100 000
同时，
借：应付进口代收款项　USD 100 000
　贷：应收进口代收款项　USD 100 000

三、汇兑业务的核算

汇兑是指商业银行利用汇票或其他信用工具，对不同国家的债权人和债务人的债权债务进行清算的方式，汇兑结算主要包括汇出行汇出国外汇款和汇入行解付国外汇款两个环节。

1. **汇出行汇出国外汇款的核算**

汇款人要求汇款时，应填制汇款申请书一式两联，一联作为银行传票附件，一联加盖业务公章后作为回单退还汇款人。银行经办人员根据汇款申请书，计算手续费；根据汇款人申请的汇款方式，填制汇款凭证，并分情况进行账务处理。

① 以结汇项下汇出时，会计分录为：

借：吸收存款——活期存款——××汇款人　　（人民币）

　　贷：货币兑换（汇卖价）　　（人民币）

　　　　手续费及佣金收入——汇出汇款手续费收入　　（人民币）

借：货币兑换（汇卖价）　　（外币）

　　贷：汇出汇款　　（外币）

② 以外币存款汇出时，会计分录为：

借：吸收存款——活期存款——××汇款人　　（外币）

　　贷：汇出汇款　　（外币）

借：吸收存款——活期存款——××汇款人　　（人民币）

　　贷：手续费及佣金收入——汇出汇款手续费收入　　（人民币）

汇出行接到国外银行借记报单时，凭借记报单抽出"汇出国外汇款"科目借方传票，进行核销转账。会计分录为：

借：汇出汇款　　（外币）

　　贷：存放同业或其他科目　　（外币）

2. **汇入行解付国外汇款的核算**

应根据电汇、信汇、票汇等不同方式，分别办理解付手续。

① 信汇和电汇解付。接到国外汇出行电报，应首先核对密押。收到信汇支付委托书时，应核对印鉴。经核对相符后，填制一式五联汇款通知书，通知收款人领取汇款。第一联为国外汇入汇款通知书，第二联为正收条，第三联为副收条，第四联为国外汇入汇款科目贷方传票，第五联为国外汇入汇款科目卡片账。会计分录为：

借：存放同业或其他科目　　（外币）

　　贷：汇入汇款　　（外币）

② 解付汇款时，以原币入账的，会计分录为：

借：汇入汇款（外币）　　（外币）

　　贷：吸收存款—活期外汇存款——××户　　（外币）

③ 以结汇入账的，会计分录为：

借:汇入汇款　　　　　　　　　　　　　　　　　　　　　　　　　　　　　　　　　　　（外币）

　　贷:货币兑换(汇买价)　　　　　　　　　　　　　　　　　　　　　　　　　　　　　（外币）

借:货币兑换(汇买价)　　　　　　　　　　　　　　　　　　　　　　　　　　　　　　　（人民币）

　　贷:吸收存款——活期存款——收款人户　　　　　　　　　　　　　　　　　　　　　　（人民币）

④ 票汇解付。收到国外汇款行寄来的付款行票汇通知书以及汇款头寸,经核对印鉴等无误,凭以转入“汇入汇款”科目,待持票人前来兑取。会计分录为:

借:存放同业或其他科目　　　　　　　　　　　　　　　　　　　　　　　　　　　　　　（外币）

　　贷:汇入汇款　　　　　　　　　　　　　　　　　　　　　　　　　　　　　　　　　（外币）

当持票人持票来行取款时,须经持票人在柜面签字背书,并核对汇票通知书、出票行印鉴、付款金额、有效期、收款人姓名等后,才能办理人民币结汇或支付原币。

调研与实践题

选择某一家规模以上工业企业和学校所在地的某一家商业银行,组织学生实地调研企业支付结算与银行资金清算的方式、流程和账务处理,启发学生深刻理解支付结算的业务流程。

自主学习内容

1. 什么是商业承兑汇票?什么是银行承兑汇票?
2. 银行汇票与银行承兑汇票有何不同?
3. 什么是汇兑?什么是退汇?汇出行与汇入行如何进行核算?
4. 什么是银行卡?什么是信用卡?比较两者的异同。

复习思考题

1. 什么是支付结算?支付结算的方式主要有哪几种?
2. 什么是银行汇票?什么是银行本票?两者支付结算的手续有何不同?。
3. 银行卡有哪几种类型?什么是贷记卡?什么是准贷记卡?什么是借记卡?
4. 什么是托收承付?什么是委托收款?比较两者结算有何异同?
5. 什么是验单付款?什么是验货付款?
6. 什么是国际信用证结算?进出口信用证结算的环节有哪些?如何进行核算?

账务处理题

1. 20×8 年,ICBC 银行合肥市花园街支行为其开户单位办理下列支付结算业务:

(1)百脑汇商场提交电汇凭证一份，汇往ICBC银行南京市新街口支行开户的光大科技集团，金额385 000元，用途为购货款。

(2)收到ICBC银行苏州市长江路支行传来汇划信息：本行开户的华联超市收款的托收承付一笔，金额78 000元，属于正常汇划款项。

(3)开户单位苏果超市送来由在同一银行开户的第九中学签发的转账支票一张及进账单一份，金额13 500元，审核无误后转账。

(4)华联商厦提交银行汇票申请书，申请签发银行汇票，汇款为80 000元，系货款。银行审查后签发银行汇票。

(5)某加工厂提交银行承兑汇票一张与银行承兑协议，申请承兑，汇票面额35 000元，本行审查后统一承兑，并按票面金额的万分之五收取手续费。

(6)佳通集团持有承兑申请人的银行承兑汇票一张，面额180 000元，本日到期，从其开户行存款账户收取款项，由于存款不足，只收取了140 000元，其余作为逾期贷款。

(7)某加工厂提交银行本票申请书，申请签发不定额银行本票一张，票面金额26 000元，本行审查同意后签发银行本票。

(8)紫金大酒店向银行提交进账单、汇计单及签购单各一份，金额为4 860元，经审查无误后，本行为紫金大酒店办理入账，并以1%向收款人收取手续费；有关凭证提出交换给同城系统内某支行(发卡行)，信用卡的持卡人为宏达公司。

要求：根据上述经济业务，编制会计分录。

2. ICBC银行A支行收到开户单位兴隆酒店提交的电汇凭证，金额为15 000元，要求汇往异地CCB银行B支行的开户单位包河酒厂以偿还欠款，经审核无误后，选择小额支付渠道办理资金汇划。CCB银行B支行收到通过小额支付系统发来的支付信息，经审核无误后，将款项收入开户单位包河酒厂账户。

要求：编制ICBC银行A支行、CCB银行B支行的会计分录。

3. 20×8年4月8日，ICBC银行合肥分行收到开户单位宏图进出口公司出口押汇申请书及即期信用证项下全套单据，金额为500 000美元，经审核单证、单单完全一致，银行同意做出口押汇。出口押汇利率为4.6%，预计收汇日为20×8年5月14日，手续费为1 000美元，银行当天扣收出口押汇利息和手续费后，将余额折合为人民币，转入该公司人民币存款账户。假设实际押汇天数与预计押汇天数相同，当日美元汇买价为USD 100=RMB 668.25。

要求：编制ICBC银行合肥分行做出口押汇业务的会计分录。

4. 20×8年6月8日，ICBC银行安徽分行收到美国渣打银行寄来的托收委托书及进口代收票据，系本行开户单位安徽龙华科技公司从美国进口的电子产品，采用验单付款方式，金额为USD 600 000，经审核无误后，通知安徽龙华科技公司验单付款。安徽龙华科技公司于6月14日确认付款，ICBC银行安徽分行当天为该公司办理售汇付款手续，并收取进口代收手续费RMB 2 200，当日美元汇卖价为USD 100=RMB 658.30。

要求：编制ICBC银行安徽分行办理进口托收业务的会计分录。

第七章 商业银行年度决算与财务会计报告

本章导读

年度决算是会计工作的重要环节。商业银行的年度决算能够综合反映其财务收支与经营成果以及利润的实现情况。商业银行的年度决算是根据日常会计核算资料并通过财务会计报告形式展示出来。财务会计报告是对金融企业财务状况、经营成果和现金流量的结构性描述。金融企业需要按照规定定期对外报告财务状况、经营成果和现金流量,为外部信息的使用者提供决策所需的信息。同时,金融企业通过编制会计报表提供的信息,考核金融企业管理者的履职情况,加强企业内部经营管理并提高管理效率和经济效益。为此,本章将分别阐述年度决算、资产负债表、利润表、现金流量表、所有者权益变动表和附注等几部分内容。

知识目标

1. 了解年度决算的要求与内容、财务会计报表的内容与分类。
2. 熟悉年度决算前的准备工作和财务会计报表编制的要求。
3. 掌握年度决算日的工作和财务会计报表的编制内容和格式。
4. 掌握商业银行资产负债表、利润表、现金流量表、所有者权益变动表的编制方法。
5. 掌握商业银行财务情况说明书与财务会计报表附注应披露的内容。

对应能力与要求

1. 能够正确编制商业银行资产负债表、利润表、现金流量表和所有者权益变动表。
2. 能够正确披露商业银行财务情况说明书与财务会计报表附注的相关内容。
3. 能够读懂商业银行财务会计报告,学会挖掘深层次财务会计信息,服务企业决策。
4. 具备对商业银行会计信息的确认、计量、挖掘、分析与报告的实践能力。
5. 建立依据商业银行财务会计报表采集的会计信息进行决策分析的管理理念。

第一节　年度决算概述

商业银行年度决算是对其会计年度内经营状况及财务成果进行数字总结和文字说明的一项重要工作，也是考核其经营活动及其成果的重要手段。根据我国《会计法》的规定，会计年度自公历 1 月 1 日起至 12 月 31 日止，12 月 31 日为年度决算日，独立核算的商业银行(包括总行、分行、支行)必须在当天进行年度决算。

一、年度决算的要求和程序

商业银行年度决算是根据全年会计核算资料，将整个年度的业务经营活动和财务收支成果进行整理、汇总和总结，通过会计报表等形式对业务活动及经营成果进行数字总结和文字说明的、对外公布会计信息的一项综合性、基础性工作，也是考核银行业务经营活动及其财务收支的重要手段。因此，年度决算对于商业银行提高经营管理水平，向利益相关者提供真实、准确、完整的会计信息具有重要的现实意义

1. 年度决算的要求

商业银行年度决算是其会计工作的全面总结，涉及面广、政策性强、工作量大、质量要求高。因此，做好年度决算工作必须遵循下列基本要求：

① 坚持统一领导、各部门密切配合的原则。商业银行的年度决算是一项综合性工作，涉及各个职能部门。银行应成立年度决算领导小组，由主要领导负责，以会计部门为主，各职能部门密切配合，协调推进，保证年度决算有条不紊地进行。

② 坚持会计资料的真实性、准确性和可靠性。年度决算所使用的会计信息数字、资料必须真实、准确地反映其业务活动和经营成果，绝不能篡改会计数据，伪造会计资料，搞虚假的会计平衡。

③ 坚持财务会计报告的完整性、统一性和及时性。财务会计报告是会计信息的主要载体，是年度决算的文字和数字说明，必须按照会计制度的规定进行披露、编报、汇总和报送。年度决算必须坚持完整性，不能漏填；必须坚持统一性，上下级保持一致，按统一种类、格式内容进行编报、汇总；必须坚持及时性，按规定的时间编制完成，及时报送。

2. 年度决算的程序

商业银行年度决算工作不是决算日即 12 月 31 日这一天的工作，大量的工作是在决算日前完成的。因此，年度决算工作大体上可分为：决算前的准备工作、决算日的工作内容、决算报表的编审与汇总以及决算后的处理等四个阶段。

二、年度决算前的准备工作

商业银行年度决算的大部分工作内容是在决算日之前完成的。一般情况下，总行颁发办理当年决算的通知，提出当年决算中应注意的事项及相应的处理原则和要求；如遇会计准则等规范发生变更的情况，则要提出详细的处理方法，以便全行统一口径。各管辖分行应根据总行通知，结合辖内具体情况，提出决算要求，组织和监督各行处准确及时办理年度决算。各行处根据上级行有关决算工作的提要，明确本年决算工作的重点和各项内容，做出准备阶段的工作和日程安排，以及有关部门和人员的分工等，并规定工作质量要求

1. 全面核对内外账务

银行账务全面反映其各项资产、负债、业务经营、财务收支及内外往来等情况。在年终决算前，要对银行内部所有的据、账、薄、卡、表进行一次全年的检查和核对，做到账与账，账与款、账与据、账与实、账与表以及内外账务全面核对相符

① 账账核对相符。按照银行的综合核算与明细核算的账务组织要求，各科目总账与明细账以及卡片账、登记簿等发生额、余额都要做到账账相符、账卡相符。

② 账款核对相符。商业银行的现金科目总账余额与现金库存簿和库存现金核对相符。年终决算前更应按各类券别逐捆查对。经办外汇业务的行处，应将各类外币库存逐一核对相符。同时，应将未发行券与发行基金分户账核对相符。

③ 账据核对相符。这是会计核算的基本要求。决算前可做重点检查或抽样检查，同时，审阅核查凭证种类的使用，如填写的基本内容是否正确完整、附件是否齐全、大小写金额是否一致、有无涂改，以及有关人员的印章和有权审批人员的签章是否符合规定。

④ 账实核对相符。账实核对一般在年末前两个月内完成。根据账面记录对各项财产实物(含器具设备车辆等)逐一核对，对于大宗印刷品和低值易耗品，可做重点检查或抽查，盘点过程中发现账实不符的，应查明原因。正常损耗短缺，可列单报批核销，库存重要空白单证(成本、成捆的)应逐项盘点，与登记簿余额核对，如发现不符，应彻查原因，不能随意调整转销。

⑤ 账表核对相符。一般情况下，账表的数据应该是相符的。但有时因错账冲正、中途变更科目等原因，也会使账表发生脱节，出现金额不一致的情况。因此，在决算前，应核实确认各项报表与有关账簿的数据，特别注意以往月份的报表未变而账簿上有所变动的现象

⑥ 内外账务核对相符。银行与对外往来单位间的双方账务要核对相符，这是决算的一项重要任务。银行与企业、单位以及同业和联行往来(包括国际业务的收付往来)，

平时(或按月)以副联账单代对账单寄送对方核对,年底前还需全面发对账单,收回对账回单,并要核计复验单位在回单上填注的未达金额。发现不符的,应与对方单位联系并查明原因。

2. 清理资金

① 清理存款资金。银行应将一年以上没有收付往来的"久悬户"(包括个人储蓄存款和单位存款)、无收付的活期存款户,在年终转入集中开立的久悬账户。以后,客户持存折提取现金或结户时,应从久悬账户中支付。

② 清理到期贷款和逾期贷款。年终决算前,银行应对贷款账户进行审查,查实是否存在到期未还贷款和已经展期到期仍未归还的贷款未按规定转入逾期贷款。对各项呆滞资金,要进行具体分析,区别对待。

③ 清理其他业务资金。其他业务资金如各类投资资金、借入资金、拆出资金等,对这些资金要全面清理,发现问题应及时解决,暂时无法解决要注明原因,按规定处理。

④ 清理结算资金。对于各类结算资金,商业银行应根据使用票据和结算方式的不同进行全面清理,该划出的款项及时划出,应收回的款项要积极收回。对于没有解付的应解汇款以及汇出的汇票久未兑付的,年末前应查询清理并做相应处理。

⑤ 清理内部资金。银行内部暂时过渡性资金也是其资金清理的一个主要方面,包括其他应收应付款、待摊费用、呆账准备金、坏账准备金及投资风险准备金等。对这些资金要逐项清理,发现问题及时解决,暂时无法解决要注明原因,以备日后查考和处理。

3. 清点财产物资

商业银行除了拥有以货币资金反映的信贷资产外,还有实物财产,如库存现金、金银、各种外币、有价单证、固定资产及低值易耗品等。银行应对此类资产进行清点,与账面数进行核对相符。如发现短缺或溢余,要查明原因并按有关规定进行账务处理。

① 清点库存实物。对库存现金、金银、外币、有价单证和重要空白凭证等,进行实物清点并与账面数核对。

② 清点固定资产和低值易耗品。对房屋、器具、设备等固定资产以及各种低值易耗品,应根据有关账卡记录进行盘点。

4. 核实损益

(1)核实各项业务收支

① 利息收支是财务收支的主要部分。决算时,要对各季度的利息收支进行全面复查和计算,包括计息的范围、利率的适用、天数的计算以及账务调整所带来的积数调整等,并与有关凭证、账簿核对相符。

② 对金融机构往来的收入和支出、手续费及佣金收支、营业外收支等账户进行检查核实。

③ 核实业务及管理费开支。应按开支范围和费用标准进行复查，检查是否超过规定标准，应经有关主管审批，手续是否齐全。

此外，还要检查列账是否正确，有无错误列账；本年的收支是否转移到下年度列账；应列本年的收入是否转移至其他科目或转作账外。

(2)调整损益账户

① 计提应付利息。年末应提足本年应付利息数，并把实付利息从应付利息科目中冲销。

② 调整应收利息。计收贷款利息时，如单位存款不足并超过一定期限未收回，银行应将表内"应收利息"转至表外"未收贷款利息"列账。结算前，应检查相关账务调整是否正确。

(3)调整实物财产溢缺

根据盘点结果，进行分析，并按规定进行相关账务处理。

(4)调整应交税费

按照规定，税金及附加按季预缴，年终调整。年终前要计算第四季度应交税费额，统算全年应交税费。

(5)计提固定资产折旧和摊销无形资产、递延资产

年终应按各类固定资产规定的折旧率提足全年折旧金额，计算无形资产和递延资产本年应负担的摊销额，并进行相应的账务处理。

(6)计提各项资产减值准备金

年终应对包括贷款在内的资产进行减值测试，提足各种减值准备。

5. 试算平衡

为确保报表准确无误，每年 12 月份，检验从年初到 11 月底为止的总账各科目的累计发生额与 11 个月度报表发生额加计核对相符；根据 11 月底总账各科目上年底余额、年初累计发生额和月末余额，编制 11 个月试算表；根据 1 月至 11 月的 11 份月计表的借、贷发生额，按科目汇总，将各科目的借、贷方发生额合计数，与上述试算表各科目累计发生额逐一核对是否相符，并根据上年末余额加减本年借、贷方发生额，看其结果是否与 11 月末余额相符；上年末余额、本年发生额和 11 月末余额各栏的借方和贷方合计数是否各自平衡。加计核对中如发现问题，应查明原因，纠正差错。

三、年度决算日工作

我国银行以每年 12 月 31 日作为年度决算日，按规定该日即使适逢节假日，也不更

改调整。年度决算工作量大，很大部分是事前做好准备，分步进行：决算日是年度最后一个核算工作日，必须把应列入本年核算处理的各项账务调整、损益结转等全部纳入当日账。年度结算日工作内容如下：

① 当日业务全部入账。决算日当天，金融机构照常营业。这一天发生的全部账务应于当日全部入账。办妥票据交换及托收入账，及时处理异地结算业务，办妥交换差额清算和存放中央银行款项，现金收付全部入账并及时处理，轧平当日账务。

② 检查各项库存。结算日营业终了，应对库存现金、金银、外币、有价证券、实物进行一次全面核对，保证账款、账实相符。

③ 调整金银和外汇买卖记账价格。决算日，应将金银和各种外币买卖账户余额，根据年末日牌价折算成人民币余额，其差额以其他业务收支和汇兑损益科目列账处理。

④ 调整账务。将遗留的待处理账务在决算日全部调整入账，凡应计入本年收入、支出和费用的，必须列入本年账内。

⑤ 结转损益。决算日营业终了，应将各损益科目各账户最后余额，分别结转到本年利润账户。结账后，损益类各账户应无余额。"本年利润"科目余额在贷方表示盈利，反之为亏损。

⑥ 办理新旧账簿结转。各独立核算单位在结转全年损益后，应办理新旧账簿结转，结束旧账，建立新账。

年度终了，总账全部结转新账，把各科目年末余额过入次年各科日新账"上年末余额"栏。各科目分户账，除规定可以继续沿用外（包括卡片账、登记簿等），均应更新账页。在分户账（旧账页）最后一行余额下加盖"结转下年"截记；分户账（新账页）第一行写明新年度1月1日，填记上年末余额，并在摘要栏加盖"上年结转"截记。上年末余额过入新账后，应将各科目新账页余额加计与总账各科目核对相符。

各种表外科目和其他登记簿，年终也应根据其是否可继续使用而采用不同的处理方式。若登记簿可继续使用，则不需要结转，下年度继续使用；若按年设立的登记簿，则需要结转，比照明细账进行结转。

经过年度结算后，银行要编审年度决算报告。决算报告是反映全年业务活动、财务收支和经营成果的全面性、总结性的重要报表。银行一般在新年度开始后短期内完成编制决算报表，并按规定时间逐级审核，汇编上报。

此外，在年度决算后续处理中要做好以下三项工作：

① 上划损益。地市以下行处在决算日结出的损益，应于次年规定时间内上划地市行。

② 中央经费限额拨款的签证上划。年度终了，各用款单位应按规定编制"限额支出

签证单”，送开户银行核对相关数据，进行年终对账签证，并逐级上划中国人民银行总行。

③ 清查上年联行未达。次年初，须将上年报单与本年报单严格区分，处理好上年联行往来，直至清查全部未达账项为止。

第二节 财务会计报告的内容与编制要求

一、财务会计报告的内容

财务会计报告是指商业银行对外提供的反映其某一特定日期财务状况和某一会计期间的经营成果、现金流量等会计信息的书面文件。财务会计报告的核心是财务会计报表。财务会计报表是会计核算的最终成果，也是商业银行对外提供信息的主要手段。根据《企业会计准则》和《金融企业会计制度》的规定，商业银行应当按照《企业财务会计报告条例》的规定，定期编制和对外提供真实、完整的财务会计报告。一般而言，商业银行财务会计报告由会计报表、会计报表附注和财务情况说明书组成。

商业银行编制的财务会计报告至少应包括以下三方面内容：

① 对外提供的会计报表。包括资产负债表、利润表、现金流量表、利润分配表、所有者权益变动表以及其他有关附表。

② 会计报表附注。包括会计报表编制基准不符合会计核算基本前提的说明、重要会计政策和会计估计的说明、重要会计政策和会计估计变更的说明、或有事项和资产负债表日后事项的说明、关联方关系及交易的披露、重要资产转让及出售的说明、金融企业合并和分立的说明、会计报表中重要项目的明细资料以及有助于理解会计报表需要说明的其他事项。

③ 财务情况说明书。包括商业银行经营的基本情况、利润实现和分配情况、资金增减和周转情况以及对其财务状况、经营成果和现金流量有重大影响的其他事项。

二、财务会计报告的分类

按照不同的分类标准，商业银行财务会计报告可以有如下几种不同的分类：

(1)按编报内容的不同，分为财务会计报表、财务会计报表附注以及财务情况说明书

财务会计报表是根据账簿记录和有关资料，按照规定的报表格式总括反映金融企业财务状况、经营成果和现金流量的报告文件；财务会计报表附注是会计报表的补充说明，是为帮助理解金融企业会计报表的内容而对有关项目所做的解释；财务情况说明书是在会计报表所反映情况的基础上，对金融企业财务状况、经营成果、资金周转情况以

及发展前景所作的总括说明。

(2)按编报期间的不同,分为月度财务会计报告、季度财务会计报告、半年度财务会计报告和年度财务会计报告

月度财务会计报告、季度财务会计报告是指月度和季度终了提供的财务报告;半年度财务会计报告是指在每个会计年度前6个月结束后对外提供的财务报告;年度财务会计报告是指年度终了对外提供的财务报告。除年度报告以外,半年度、季度和月度财务会计报表统称为中期财务会计报告。年度、半年度财务会计报告应当包括财务会计报表、财务会计报表附注、财务情况说明书,而季度和月度财务会计报告则相对简单,一般只包括财务会计报表。上市商业银行的年度财务会计报告必须经过会计师事务所审计,而中期报告则无此强制性要求。

(3)按报告服务的对象不同,分为对外财务会计报告和对内财务会计报告

对外财务会计报告的内容、种类、格式由《金融企业会计制度》明确规定,并经过独立审计后对外报送;对内财务会计报告一般是因商业银行内部管理需要而编制,其内容、种类、格式等由商业银行自行规定。

此外,按《金融企业会计制度》的规定,对于财务会计报表,还可以按所反映的期间、时点多少的不同,分为单期财务会计报表和比较财务会计报表;按反映内容的不同、分为动态财务会计报表和静态财务会计报表等。

三、财务会计报告编制的要求

商业银行在编制财务会计报告过程中必须按照一定程序、方法和统一的要求进行编制。编制财务会计报告时必须符合以下要求:

① 商业银行应当以持续经营为基础,根据实际发生的交易或事项,依据各项会计准则确认和计量的结果编制财务会计报表。

② 依据重要性原则,在编制财务会计报表的过程中,对于性质或功能不同的项目要单独列报,但不具有重要性的项目除外;对于性质或功能相同的项目应予以合并。

③ 财务会计报表项目的列报在各个会计期间应保持一致,不得随意变更。下列情况除外:会计准则要求改变财务会计报表项目的列报;企业经营业务的性质发生重大变化后,变更财务会计报表项目的列报能够提供更可靠、相关的会计信息。

④ 财务会计报表项目应当以总额列报,资产和负债、收入和费用不能相互抵销,即不得以净额列报,但《企业会计准则》另有规定的除外。

⑤ 列报当期财务会计报表时,至少应当提供所有列报项目在上一可比会计期间的比较数据,以及与理解当期财务会计报表相关的说明,但《企业会计准则》另有规定的除外。

第三节　财务会计报告的编制方法

一、资产负债表

资产负债表是反映商业银行在某一特定时日的资产、负债、股东权益及其相关信息的报表。通过阅读资产负债表可以了解商业银行资产、负债、所有者权益的构成及其合理性；了解金融企业资产、负债的流动性；了解财务弹性，即金融企业应付例外情况，如意外灾害、意外机会的能力等。政策性商业银行、信托投资公司、租赁公司等应当执行商业银行资产负债表格式和附注规定，如有特别需要，可以结合本企业的实际情况进行必要调整和补充。

1. 资产负债表内容及格式

根据《企业会计准则第 30 号——财务报表列报应用指南》，资产负债表按照“资产＝负债＋所有者权益”的基本会计等式，分左右双方排列，左边列示资产，右边列示负债及所有者权益。我国商业银行资产负债表的格式和内容如表 7－1 所示。

表 7－1　资产负债表　　会商银 01

编制单位：　　年　月　日　　单位：元

资　产	期末	年初	负债及所有者权益	期末	期初
现金及存放中央银行款项			向中央银行借款		
存放同业款项			同业及其他金融机构存放款项		
贵金属			拆入资金		
拆出资金			交易性金融负债		
交易性金融资产			衍生金融负债		
衍生金融资产			卖出回笼金融资产款		
买入返售金融资产			吸收存款		
应收利息			应付职工薪酬		
发放贷款及垫款			成交税费		
可供出售金融资产			应付利息		
持有至到期投资			预计负债		
长期股权投资			应付债券		

（续表）

资　产	期末	年初	负债及所有者权益	期末	期初
投资性房地产			递延所得税负债		
固定资产			其他负债		
无形资产			负债合计		
递延所得税资产			所有者权益(或股东权益)		
其他资产			实收资本(或股本)		
			资本公积		
			盈余公积		
			一般风险准备		
			未分配利润		
资产总计			所有者权益(或股东权益)总计		

在资产负债表上，资产按其流动性分类分项列示，包括流动资产、固定资产、无形资产及其他资产。商业银行的各项资产有其特殊性，按照其性质分类分项列示。

在资产负债表上，负债按其流动性分类分项列示，包括流动负债、长期负债等。商业银行的各项负债有其特殊性，按照其性质分类分项列示。

在资产负债表上，所有者权益应当按照实收资本(或股本)、资本公积、盈余公积、未分配利润等项目分项列示。

2. 资产负债表项目及填列方法

资产负债表中，"年初余额"栏内各项数字，应根据上年末资产负债表"期末余额"栏内所列数字填列。如果本年度资产负债表规定的各个项目名称和内容同上年度不相一致时，应按照本年度的规定进行相应调整，并填入本表"年初余额"内。

资产负债表内主要项目的内容和期末余额填列方法如下：

①"现金及存放中央银行款项"项目，反映商业银行期末持有的库存现金、存放中央银行款项等总额。本项目应根据"库存现金""存放中央银行款项"等科目的期末余额合计填列。

②"存放同业款项"项目，反映商业银行与同业之间资金往来业务而存放于银行和非银行金融机构的资金。本项目应根据"存放同业款项"科目的期末余额和"法定存款准备金"的借方余额填列。

③"贵金属"项目，反映商业银行在国家允许范围内买入黄金、白银等贵金属。本项

目应根据“贵金属”科目期末余额填列，反映“贵金属”成本或市价。

④“拆出资金”项目，反映商业银行与其他商业银行之间进行的资金拆借减去“贷款损失准备”所属明细科目后的余额，反映银行拆借给其他金融机构的款项。本项目应根据“拆放同业”“拆放金融性公司”和“同业透支”等科目的期末余额填列。

⑤“交易性金融资产”项目，反映商业银行为短期获利目的而持有的债券投资、股票投资、基金投资等交易性金融资产的公允价值。本项目应根据商业银行“交易性金融资产”科目的余额填列，

⑥“衍生金融资产”项目，反映商业银行期末持有的衍生工具、套期工具、被套期项目中属于衍生金融资产的金额。本项目应根据“衍生金融资产”科目总账的期末余额填列。

⑦“买入返售金融资产”项目，反映商业银行与交易对手签订返售协议先买入再按固定价格返售的票据、证券和贷款等金融资产的摊余成本，再减去“坏账准备”科目所属相关明细科目的期末余额。本项目应根据“买入返售金融资产”科目的期末余额填列。

⑧“应收利息”项目，反映商业银行所持有的交易性金融资产、持有至到期投资、可供出售金融资产、发放贷款、存入中央银行款项、拆出资金、买入返售金融资产应收取而尚未收到的利息。本项目应根据“应收利息”科目的余额填列。

⑨“发放贷款和垫款”项目，反映商业银行发放的各类贷款和信用证、银行承兑汇票业务而垫付的款项减去“贷款损失准备”所属明细科目后的余额。本项目应根据“贴现”“短期贷款”“单位短期透支”“国际贸易融资”“短期个人消费贷款”“银行卡透支”“垫款”“中长期贷款”“中长期房地产贷款”“个人住房贷款”“中长期个人消费贷款”“质押贷款”“应收进出口押汇”“贷款损失准备”“开出信用证”“逾期贷款”等科目余额计算填列。

⑩“可供出售金融资产”项目，反映商业银行持有的可供出售金融资产的公允价值。本项目应根据“可供出售金融资产”科目余额减去“可供出售资产减值准备”后的金额填列。

⑪“持有至到期投资”项目，反映商业银行准备持有至到期投资的摊余成本，期末根据“持有至到期投资”科目余额减去“持有至到期投资减值准备”的余额计算填列。

⑫“长期股权投资”项目，反映商业银行持有的按成本法和权益法核算的长期股权投资，应根据“长期股权投资”科目余额减去“长期股权投资减值准备”科目的余额计算填列。

⑬“固定资产”项目，反映商业银行所有自用的各种固定资产包括使用的、未使用的固定资产净值减去“固定资产减值准备”的余额。本项目应根据“固定资产”账户的余额

减去“累计折旧”账户余额后填列，

⑭“在建工程”项目，反映尚未完工的在建工程。本项目应根据“在建工程”科目余额减去“在建工程减值准备”“在建工程”账户的期末余额后填列。

⑮“无形资产”项目，反映商业银行各项无形资产的原价扣除摊销后的净额。本项目应根据“无形资产”科目的期末余额减去“无形资产减值准备”科目的余额计算填列。

⑯“递延所得税资产”项目，反映商业银行按照资产负债表债务法确认的可抵扣暂时性差异产生的所得税资产。本项目应根据“递延所得税资产”科目的余额填列。

⑰“其他资产”项目，反映商业银行存出保证金、应收股利、其他应收款等资产减去相应减值准备。本项目应根据有关科目的期末余额填列。

⑱“向中央银行借款”项目，反映商业银行尚未归还中央银行借款余额。本项目应根据“向中央银行借款”科目的余额填列。

⑲“同业及其他金融机构存放款项”项目，反映商业银行吸收同业和其他金融机构的存款余额，本项目应根据“同业存款”“同业定期存款”“法定存款准备金”等科目的贷方余额和“联行存放款项”等科目填列。

⑳“拆入资金”项目，反映商业银行为了弥补头寸不足而从其他金融机构拆入的资金余额。本项目应根据“同业拆入”“拆入资金”等科目的期末余额填列。

㉑“交易性金融负债”项目，反映商业银行承担的交易性金融负债的公允价值。本项目根据“交易性金融负债”科目的余额填列。

㉒“衍生金融负债”项目，根据“衍生金融工具”科目的余额填列，如果“衍生金融工具”科目的余额在借方，则填入“衍生金融资产”项目。

㉓“卖出回购金融资产款”项目，反映商业银行与其他企业按合同或协议，卖给企业一批金融资产，到一定日期后再买回该批资产。卖出金融资产时收到的款项在本项目反映。本项目应根据“卖出回购金融资产款”科目的期末余额填列。

㉔“吸收存款”项目，反映商业银行吸收的各类存款包括吸收的单位存款、居民储蓄存款和财政性存款。本项目应根据“活期存款”“单位定期存款”“活期储蓄存款”“银行卡存款”“定期储蓄存款”“财政性存款”等科目的期末余额填列。

㉕“应付职工薪酬”项目，反映商业银行应支付给职工的薪酬，包括工资、福利、补贴、解除劳动关系的补偿和以现金结算的股份支付。本项目应根据“应付职工薪酬”科目的余额填列。

㉖“应交税费”项目，反映商业银行根据税法规定计算应交纳的各种税费，包括营业税、所得税、土地增值税、城市维护建设税、房产税、土地使用税、教育费附加和车船使用税等。本项目应根据“应交税费”科目的余额填列。

㉗“应付利息”项目，反映商业银行按照合同约定应支付的利息，包括吸收存款、分期付息到期还本的长期借款和金融债券利息。本项目应根据应付利息科目余额填列。

㉘“应付债券”项目，反映商业银行发行在外的债券余额，包括长期债券和短期债券。本项目应根据“应付债券”以及商业银行为了弥补资本不足而发行的“长期次级债券”科目余额直接填列。

㉙“递延所得税负债”项目，反映商业银行确认的应纳税暂时性差异产生的所得税负债。本项目应根据“递延所得税负债”科目余额填列。

㉚“其他负债”项目，根据“本票”“外汇买卖”(轧差后贷方余额)“应解汇款”“汇出汇款”等科目的余额计算填列。

㉛“实收资本(或股本)”项目，反映商业银行实际收到的资本(或股本)总额。本项目应根据“实收资本”科目及各明细科目的期末余额分析填列。

㉜“资本公积”项目和“盈余公积”项目，分别反映商业银行的资本公积和盈余公积的期末余额。本项目根据“资本公积”科目和“盈余公积”科目的期末余额填列。

㉝“库存股”项目，反映商业银行为减少注册资本、激励高级管理人员和与其他企业合并而回购尚未注销的本公司股份，根据“库存股”科目的借方余额填列。

㉞“一般风险准备”项目，反映商业银行根据金融监管规定提取的一般准备金的余额。本项目应根据“贷款损失准备——一般准备金”账户的余额分析填列。

㉟“未分配利润”项目，反映商业银行盈利尚未分配的部分。本项目根据“本年利润”科目和“利润分配”科目的余额计算填列，未弥补的亏损应在本项目内用“一”号表示。

3. 资产负债表的作用

资产负债表是最重要的财务报表，为管理层、投资者、债权人等报表使用者提供相关信息资料，对其做出相关决策具有重要的参考价值。

资产负债表主要反映商业银行以下几方面情况：

① 反映商业银行所拥有或控制的经济资源及其分布状况。

② 反映商业银行所承担的负债及其状况。

③ 反映商业银行所有者权益的构成及其状况。

④ 为商业银行未来财务状况变化趋势提供信息。

报表使用者可以据此分析商业银行资产结构及其资产质量总体情况，分析商业银行贷款质量及其内在风险，评价商业银行的经营业绩，预测其发展前景，进而做出合理的经济决策。

二、利润表

利润表又称损益表，反映商业银行在一定会计期间内的损益情况。商业银行通过编制利润表如实反映其在一定会计期间内实现的营业收入以及与收入相配比的成本费用等情况。政策性银行、信托投资公司、租赁公司、财务公司等均应执行商业银行利润表格式和附注的规定，如有特别需要，可以结合本企业的实际情况，进行必要调整和补充。

1. 利润表内容和格式

常见的利润表结构有单步式和多步式两种，我国企业会计制度规定，商业银行利润表的结构一般采用多步式，即通过对当期的收入、费用、支出项目按性质加以归类，按利润形成的主要环节列示一些中间性利润指标，分步计算当期净损益。具体而言，商业银行多步式利润表主要分为四部分内容：第一部分是反映主营业务的构成情况，包括利息收入、手续费收入、投资收益、公允价值变动损益、汇兑损益和其他业务收入；第二部分是营业支出，反映商业银行开展业务的成本和费用支出，包括营业税金及附加、业务及管理费、资产减值损失及其他业务成本；第三部分是营业外收支；第四部分是利润总额和净利润。商业银行利润表的格式和内容如表 7－2 所示。

表 7－2　利润表

编制单位：　　　　　　　　　　年　　月　　　　　　　　　　单位：元

项　目	本期金额	上期金额
一、营业收入		
利息净收入		
利息收入		
利息支出		
手续费及佣金净收入		
手续费及佣金收入		
手续费及佣金支出		
投资收益（损失以“－”号填列）		
其中：对联营企业和合营企业的投资收益		
公允价值变动收益（损失以“－”号填列）		
汇兑收益（损失以“－”号填列）		

（续表）

项　目	本期金额	上期金额
其他业务收入		
二、营业支出		
营业税金及附加		
业务及管理费		
资产减值损失		
其他业务成本		
三、营业利润(亏损以“－”号填列)		
加:营业外收入		
减:营业外支出		
四、利润总额(亏损总额以“－”号填列)		
减:所得税费用		
五、净利润(净亏损以“－”号填列)		
六、每股收益		
基本每股收益		
稀释每股收益		
七、其他综合收益		
八、综合收益		

2. 利润表的编制方法

利润表中的栏目分为“上期金额”和“本期金额”。“上期金额”栏反映各项目上期实际发生数;“本期金额”栏反映各项目本期实际发生数。在编制年度利润表时,应将“本期金额”栏改为“本年金额”,“上期金额”栏改为“上年金额”。年度利润表中“上年金额”栏内各项数字应根据上年度利润表中“本年金额”栏内所列数字填列。如果上年度利润表规定各个项目的名称和内容同本期不一致,应对上年度利润表各项目名称和数字按本年度规定进行调整,填入“上年金额”栏。“本期金额”栏反映各项目本期实际发生额。利润表各项目的填列方法如下:

①“利息净收入”项目，应根据“利息收入”科目金额减去“利息支出”科目金额后的余额计算填列；“利息收入”和“利息支出”项目，反映的是商业银行经营存贷款业务、与其他金融机构之间发生资金往来等确认的利息收入和发生的利息支出，分别根据“利息收入”和“利息支出”科目期末结转利润科目的数额填列。

②“手续费及佣金净收入”项目，应根据“手续费及佣金收入”科目金额，减去“手续费及佣金支出”科目金额后的余额计算填列；“手续费及佣金收入”和“手续费及佣金支出”项目，反映商业银行在经营活动中确认的各项手续费、佣金收入和发生的各项手续费、佣金支出，分别根据“手续费及佣金收入”“手续费及佣金支出”科目期末结转利润科目的数额填列。

③“投资收益”“公允价值变动收益”“汇兑收益”项目，反映商业银行以各种方式对外投资取得的收益、按照相关准则规定应计入当期损益的资产或负债公允价值变动收益、汇率变动形成的收益，如为损失，以“—”号列示，分别根据“投资收益”“公允价值变动损益”“汇兑损益”科目期末结转利润科目的数额分析填列。

④“其他业务收入”“其他业务成本”项目，反映商业银行经营的主营业务以外的其他业务中所取得的收入和发生的成本，根据期末结转利润科目的数额填列。

⑤“营业税金及附加”“业务及管理费”“资产减值损失”项目，反映商业银行交纳的营业税及附加税费、业务及管理费、资产减值损失等项目，分别根据“营业税金及附加”“业务及管理费”“资产减值损失”科目期末结转利润科目的数额填列。

⑥“营业外收入”“营业外支出”“所得税费用”等项目，反映商业银行发生与其经营活动无直接关系的各项收入和支出，以及根据所得税准则确认的从当期利润总额中扣除所得税费用，分别根据“营业外收入”“营业外支出”“所得税费用”期末结转利润科目的数额填列。

3. 利润表的作用

利润表提供的盈利或亏损的信息，是衡量商业银行管理效率高低的依据，对债权人、投资者等报表使用者具有重要的参考作用。通过阅读利润表可以了解：商业银行利润多少或亏损的程度及形成原因，据以分析、考核商业银行经营目标和利润计划的执行情况；商业银行经营业绩的主要来源和构成，据以判断净利润的质量及风险以及净利润的持续性；商业银行依法纳税情况；基于对商业银行投资的价值分析，据此判断商业银行资本保值增值情况。

另外，将利润表中的信息与资产负债表中的信息相结合，还可以对商业银行进行进一步财务分析提供相关资料，如资产收益率、存货周转率等财务指标，便于报表使用者判断商业银行未来的发展趋势，做出正确的经济决策。

三、现金流量表

现金流量表是以现金为基础,反映商业银行在一定时期内现金和现金等价物流入和流出的财务状况变动表。现金流量表能够综合反映商业银行获得现金和现金等价物的能力。

1. 现金流量表的内容和格式

现金流量表是以现金及现金等价物为基础,按照收付实现制原则编制,并将权责发生制下的盈利信息调整为收付实现制下的现金流量信息。

根据商业银行业务活动的性质和现金流量的来源不同,可以将商业银行在一定期间产生的现金流量分为以下三类:

① 经营活动产生的现金流量。主要包括吸收存款、发放贷款、同业存放、同业拆借、利息收入和利息支出、收回的已于前期核销的贷款等。

② 投资活动产生的现金流量。主要包括权益性证券的投资、债券投资、固定资产、无形资产和其他长期投资等。

③ 筹资活动产生的现金流量。主要包括吸收权益性资本、发行债券、借入资金、支付股利和偿还债务等。

商业银行现金流量表是由主表和附表(补充材料)两部分组成,分类反映其经营活动、投资活动和筹资活动产生的现金流量,并最后汇总反映商业银行某一会计期间现金及现金等价物的净增加额。现金流量表的主表要求用直接法编制,同时要求附表采用间接法来反映。商业银行现金流量表的主表及附表的格式和内容如表 7-3 和表 7-4 所示。

表 7-3 现金流量表

编制单位: ________年________月 单位:元

项 目	本期金额	上期金额
一、经营活动产生的现金流量		
客户存款和同业存放款项净增加额		
向中央银行借款净增加额		
向其他金融机构拆入资金净增加额		
收取利息、手续费及佣金的现金		
收到其他与经营活动有关的现金		
经营活动现金流入小计		

（续表）

项　目	本期金额	上期金额
客户贷款及垫款净增加额		
存放中央银行和同业款项净增加额		
支付手续费及佣金的现金		
支付给职工以及为职工支付的现金		
支付的各项税费		
支付其他与经营活动有关的现金		
经营活动产生的现金流量净额		
二、投资活动产生的现金流量		
收回投资收到的现金		
取得投资收益收到的现金		
收到其他与投资活动有关的现金		
投资活动现金流入小计		
投资支付的现金		
购建固定资产、无形资产和其他长期资产支付的现金		
支付其他与投资活动有关的现金		
投资活动现金流出小计		
投资活动产生的现金流量净额		
三、筹资活动产生的现金流量		
吸收投资收到的现金		
发行债券收到的现金		
收到其他与筹资活动有关的现金		
筹资活动现金流入小计		
偿还债务支付的现金		
分配股利、利润或偿付利息支付的现金		
支付其他与筹资活动有关的现金		
筹资活动现金流出小计		
筹资活动产生的现金流量净额		

（续表）

项　目	本期金额	上期金额
四、汇率变动对现金及现金等价物的影响		
五、现金及现金等价物净增加额		
加：期初现金及现金等价物余额		
六、期末现金及现金等价物余额		

表 7-4　现金流量表补充资料

补充资料	本期金额	上期金额
1. 将净利润调节为经营活动现金流量		
净利润		
加：资产减值准备		
固定资产折旧、油气资产折旧、生产性生物资产折旧		
无形资产摊销		
长期待摊费用摊销		
处置固定资产、无形资产和其他长期资产的损失（收益以“－”号填列）		
固定资产报废缺失（收益以“－”号填列）		
公允价值变动损益（收益以“－”号填列）		
财务费用（收益以“－”号填列）		
投资损失（收益以“－”号填列）		
递延所得税资产减少（增加以“－”号填列）		
递延所得税负债增加（减少以“－”号填列）		
存货的减少（增加以“－”号填列）		
经营性应收项目的减少（增加以“－”号填列）		
经营性应付项目的增加（减少以“－”号填列）		
其他		
经营活动产生的现金流量净额		
2. 不涉及现金收支的重大投资和筹资活动		

（续表）

补充资料	本期金额	上期金额
债务转为资本		
一年内到期的可转换公司债券		
融资租入固定资产		
3.现金及现金等价物净变动情况		
现金的期末余额		
减:现金的期初余额		
加:现金等价物的期末余额		
减:现金等价物的期初余额		
现金及现金等价物增加额		

2. 现金流量表的编制方法

商业银行现金流量表各项目的填制方法如下：

(1)经营活动产生的现金流量

①“客户存款和同业存放款项净增加额”项目，反映商业银行本期吸收的金融机构以及非同业存放意外的各种存款的增加额。本项目应根据“吸收存款”“存放同业”“其他金融机构存放”等科目的记录分析填列；商业银行也可以根据实际情况将本项目分解成更详细的项目来反映。

②“向中央银行借款净增加额”项目，反映商业银行本期向中央银行借入款项的净增加额，根据“向中央银行借款”科目记录分析填列。

③“向其他金融机构拆入资金净增加额”项目，反映商业银行向其他金融机构拆入款项所取得现金减去拆借给其他金融机构款项而支付的现金后的增加额。本项目根据“拆入资金”和“拆出资金”科目的记录分析填列。

④“收取利息、手续费及佣金的现金”项目，反映商业银行本期收到的利息、手续费及佣金减去支付的利息手续费及佣金的净额。本项目可以根据“利息收入、手续费及佣金收入”“应收利息”等科目的记录分析填列。

⑤“收到其他与经营活动有关的现金”项目，反映银行收到其他与经营活动有关的现金。

以上各项(①～⑤项)合计列入经营活动现金流入小计项目。

⑥“客户贷款及垫款净增加额”项目，反映商业银行本期发放的各种贷款、办理商业

票据贴现、转贴现的融入及融出资金等业务的净增加额。本项目根据“贷款”“贴现资产”“贴现负债”科目的记录分析填列。

⑦“存放中央银行和同业款项净增加额”项目，反映银行本期存放于中央银行及其他金融机构款项净增加额。本项目根据“存放中央银行款项”“存放同业”等科目的记录分析填列。

⑧“支付手续费及佣金的现金”项目，反映商业银行支付的利息、手续费及佣金。本项目可以根据“手续费及佣金支出”等科目的记录分析填列。

⑨“支付给职工以及为职工支付的现金”项目，反映商业银行为职工支付的各种费用，包括工资、养老金、医疗保险、失业保险以及工伤保险、解除劳动关系的补偿及其他福利费。本项目根据“现金”“银行存款”“应付职工薪酬”等科目的记录分析填列。

⑩“支付的各项税费”项目，反映商业银行按照规定支付的各种税费，包括本期发生本期支付的税费、本期支付以前各期发生的税费和预交的税费。本项目根据“银行存款”“应付税费”等科目的记录分析填列。

⑪“支付其他与经营活动有关的现金”项目，反映支付其他与经营活动有关的现金。

以上各项(⑥～⑪项)合计列入经营活动现金流出小计项目。经营活动现金流入小计与经营活动现金流出小计相减后得到经营活动现金流量净额。

(2)投资活动产生的现金流量

①“收回投资收到的现金”项目，反映商业银行出售、转让或到期收回除现金等价物以外的“持有至到期投资”“投资性房地产”“固定资产”“处置公司及其他营业单位收到的现金”净额；银行也可以根据实际情况将本项目细分。本项目可以根据“持有至到期投资”“投资性房地产”“固定资产”“长期股权投资”“现金”“银行存款”等科目记录分析填列。

②“取得投资收益收到的现金”项目，反映商业银行因股权投资而分得的现金股利以及因股权投资和其他投资以现金方式实际分得的利润。本项目应根据“应收股利”“应收利息”“投资收益”“现金”“银行存款”等科目记录分析填列。

③“投资支付的现金”项目，反映商业银行因对外投资而支付的现金。本项目根据“长期股权投资”“持有至到期投资”“现金”“银行存款”等科目记录分析填列。

④“购建固定资产、无形资产和其他长期资产支付的现金”项目，反映商业银行购买建造固定资产、取得无形资产和其他长期资产而支付的现金及税款。本项目根据“固定资产”“在建工程”“无形资产”“现金”“银行存款”等科目的记录分析填列。

(3)筹资活动产生的现金流量。

①“吸收投资收到的现金”项目，反映商业银行因发行股票方式筹集资金实际收列

的款项净额，其中发行过程中由银行直接支付的审计费用、咨询费用等直接费用在收到的款项中扣除。本项目根据“实收资本（或股本）”“资本公积”“无形资产”“现金”“银行存款”等科目记录分析填列。

②“发行债券收到的现金”项目，反映商业银行因发行债券方式筹集资金实际收到的款项净额，其中发行过程中由银行直接支付的审计费用、咨询费用等直接费用在收到的款项中扣除。本项目根据“应付债券”“现金”“银行存款”等科目记录分析填列。

③“偿还债务支付的现金”项目，反映商业银行偿还长期债务本金而支付的现金。本项目根据“应付债券”“现金”“银行存款”等科目记录分析填列。

④“分配股利、利润或偿付利息支付的现金”项目，反映商业银行因分配股利、利润或偿付债券利息支付的现金，根据“应付债券”“应付股利”“现金”“银行存款”等科目记录分析填列。

3. 现金流量表的作用

商业银行编制现金流量表，能够为报表使用者提供一定会计期间商业银行现金及等价物的流入和流出信息，有助于报表使用者能够正确判断和评价商业银行获取现金和现金等价物的能力，并据以预测商业银行未来的现金流量。现金流量表弥补了资产负债表和利润表提供信息的不足，有助于报表使用者分析商业银行收益质量及现金净流量的影响因素，有助于报表使用者正确评价商业银行支付能力、偿债能力和发展能力，便于其做出合理的经济决策。

四、所有者权益变动表

1 所有者权益变动表的内容和格式

所有者权益变动表是反映商业银行所有者权益的各个组成部分当期的增减变动及其影响因素的报表，它不仅要反映所有者权益总量的增减变动，还应反映所有者权益增加和减少变动情况的重要结构性信息，让报表使用者能够准确了解所有者权益增减的根源。

所有者权益变动表各项目应根据商业银行当期净利润、直接计入所有者权益的利得和损失、所有者投入资本和向所有者分配利润、从利润中提取盈余公积、一般风险准备金等情况分析填列。直接计入当期损益的利得和损失应包含在净利润中。直接计入所有者权益的利得和损失主要包括可供出售金融资产公允价值变动净额、现金流量套期工具公允价值变动净额等，应单列项目反映。

所有者权益变动表包括表头和正表两部分。其中，表头列示所有者权益变动表、编制单位、货币单位、会计分期等信息。正表以矩阵形式列示：一方面，列示导致所有者权益变动的交易或事项，对特定时期所有者权益变动情况进行全面反映；另一方面，按照所有者权益各组成部分（包括实收资本、资本公积、盈余公积、一般风险准备、未分配利

润和库存股)及其总额列示交易或事项对所有者权益的影响。为了比较所有者权益的变动情况,表中列示的项目分为“本年金额”和“上年金额”两栏,需要分别填列。商业银行所有者权益变动表的格式和内容如表 7－5 所示。

表 7－5　所有者权益变动表

编制单位:　　　　　　　　　　　　________年度　　　　　　　　　　　　单位:元

项　目	本年金额							上年金额						
	实收资本	资本公积	减:库存股	盈余公积	一般风险准备	未分配利润	所有者权益合计	实收资本	资本公积	减:库存股	盈余公积	一般风险准备	未分配利润	所有者权益合计
一、上年年末余额														
加:会计政策变更														
前期差错更正														
二、本年年初余额														
三、本年增减变动金额(减少以“－”号填列)														
(一)净利润														
(二)直接计入所有者权益的利得和损失														
1. 可供出售金融资产公允价值变动净额														
(1)计入所有者权益的金额														
(2)转入当期损益的金额														
2. 现金流量套期工具公允价值变动净额														
3. 其他														
(四)利润分配														
1. 提取盈余公积														

（续表）

项　目	本年金额							上年金额						
	实收资本	资本公积	减：库存股	盈余公积	一般风险准备	未分配利润	所有者权益合计	实收资本	资本公积	减：库存股	盈余公积	一般风险准备	未分配利润	所有者权益合计
2. 提取一般风险准备														
3. 对所有者(或股东)的分配														
4. 其他														
(五)所有者权益内部结转														
1. 资本公积转增资本(或股本)														
2. 盈余公积转增资本(或股本)														
3. 盈余公积弥补亏损														
4. 一般风险准备弥补亏损														
5. 其他														
四、本年年末金额														

2. 所有者权益变动表的编制方法

所有者权益变动表应根据所有者权益账户及其所属明细账户的发生额分析填列。“上年金额”栏内各项数字根据上年所有者权益变动表中的“本年金额”栏的数据填列；“本年金额”栏内各项数字应根据“实收资本”“资本公积”“盈余公积”“一般风险准备”“未分配利润”“库存股”“以前年度损益调整”等账户进行分析填列。

①“上年年末余额”项目，反映商业银行上年年末各所有者项目的余额。

②“会计政策变更”“前期差错更正”项目，反映商业银行由于会计政策变更或前期会计差错对以前年度所有者各项目的影响金额，主要涉及“盈余公积”“未分配利润”项目。

③“本年年初余额”项目，反映所有者权益各项目“上年年末余额”经过“会计政策变更”“前期差错更正”项目调整后的金额。

④“本年增减变动金额”项目，反映商业银行所有者权益增加或减少额，根据“净利

润”“直接计入当期所有者权益的利得和损失”等项目对所有者权益的影响金额合计填列。

⑤“净利润”项目，反映商业银行全年实现的净利润，根据“利润表”中的“净利润”项目金额填入本表“未分配利润”项目。

⑥“直接计入所有者权益的利得和损失”项目，反映商业银行当期直接计入所有者权益的利得和损失，根据“资本公积”账户的明细账分析计算填入本表的“资本公积”项目。

⑦“可供出售金融资产公允价值变动净额”项目，反映商业银行持有可供出售金融资产公允价值变动金额，对应填在“资本公积”栏，其中转入当期损益填入“未分配利润”栏。

⑧“权益法下被投资单位其他所有者权益变动的影响”，反映商业银行对权益法核算的长期股权投资，被投资单位除了实现净利润外其他所有者权益变动中应该享有的份额，并对应填在“资本公积”栏。

⑨“与计入所有者权益项目相关的所得税影响”项目，反映商业银行按企业会计准则第 18 号——所得税规定应计入所有者权益项目的所得税影响额，对应填在“资本公积”栏。

⑩“所有者投入资本”项目，反映所有者投资所形成的股本和股本溢价，并对应填在“股本”(“实收资本”)和“资本公积”栏。

⑪“股份支付计入所有者权益的金额”，反映商业银行处于等待期内权益结算的股份支付当年计入资本公积的金额，对应填在“资本公积”栏。

⑫“提取盈余公积”项目，对应填在“盈余公积”栏。根据“盈余公积”“利润分配”账户及其所属明细账本期发生额计算填入“盈余公积”和“未分配利润”项目。

⑬“对股东(所有者)的分配”项目，反映商业银行应付给股东(所有者)的利润，对应填在“未分配利润”栏。

⑭“资本公积转增资本(股本)”项目，反映商业银行用资本公积转增资本(股本)的金额，对应填在“资本公积”和“实收资本”栏

⑮“盈余公积转增资本(股本)”项目，反映商业银行用盈余公积转增资本(股本)的金额，对应填在“盈余公积”和“实收资本”栏。

3. 所有者权益变动表的作用

所有者权益变动表反映了商业银行各项交易和事项引起的所有者权益增减变动及其各组成部分增减变化的结构性信息，有助于报表使用者分析商业银行所有者权益的来源和构成。同时，该表不仅列示了直接计入所有者权益的利得和损失，也列示了归属

所有者权益变动的净利润，体现了商业银行综合收益的特点。

所有者权益变动表全面反映了商业银行所有者权益年度变化情况，综合揭示了商业银行当期经营活动对净资产的影响，便于报表使用者准确把握所有者权益增减变动情况，进而深入分析商业银行资本保值增值情况，从而做出理性的投资决策。

五、财务会计报表附注

附注是财务会计报表的重要组成部分。附注对报表中列示的项目的文字描述，以及对未能在这些报表中列示项目的说明，有助于报表使用者理解和使用会计信息。报表使用者要了解商业银行的财务状况、经营成果、现金流量和所有者权益变动情况，应当全面阅读附注。商业银行应按会计准则的要求，在财务会计报表附注中至少披露下列内容，非重要项目除外。

① 商业银行的基本情况。

- 商业银行注册地、组织形式和总部地址。
- 商业银行的业务性质和主要经营活动。
- 母公司以及集团母公司的名称。
- 财务会计报表的批准报出机构和日期。

② 财务会计报表的编制基础。

③ 遵循企业会计准则的声明。商业银行应声明编制的报表符合会计准则的要求，真实、完整地反映了商业银行的财务状况、经营成果和现金流量等有关信息。

④ 重要会计政策和会计估计的说明。商业银行应当披露的重要会计政策和会计估计；披露的重要会计政策包括会计政策确定的依据和财务会计报表项目的计量基础等，披露会计估计中采用的关键假设和不确定因素。

⑤ 会计政策和会计估计变更以及差错更正的说明。商业银行应按照《企业会计准则第 28 号——会计政策、会计估计及差错变更》的规定，披露会计政策、会计估计及差错变更的有关情况。

⑥ 报表重要项目的说明。商业银行对报表重要项目的说明，按照资产负债表、利润表、现金流量表、所有者权益变动表及其项目列示的顺序，采用文字或数字描述相结合的方式进行披露。披露内容主要有：

- 现金及存放中央银行款项的构成及期初、期末账面余额等信息。
- 拆出资金的期初、期末账面余额等信息。
- 交易性金融资产的构成及期初、期末账面价值等信息。
- 衍生工具的构成及期初、期末账面余额等信息。
- 买入返售金融资产的构成及期初、期末账面余额等信息。

● 发放贷款及垫款。

● 可供出售金融资产的构成及期初与期末的公允价值等信息。

● 持有至到期投资的构成及期初与期末账面余额等信息。

● 其他资产(存出保证金、应收股利、其他应收款、抵债资产)账面价值等信息。

● 企业应分别借入中央银行款项、外汇存款等披露期末账面余额和年初账面余额。

● 企业应分别同业、其他金融机构存放款项披露期末账面余额和年初账面余额。

● 企业应分别银行拆入、非银行金融机构拆入披露期末账面余额和年初账面余额。

● 交易性金融负债(不含衍生金融负债)的期初、期末公允价值。

● 卖出回购金融资产款的构成及其期初、期末账面余额等信息。

● 吸收存款的构成及其期初、期末账面余额。

● 应付债券的发行情况及其期初、期末账面余额。

● 其他负债(存入保证金、应付股利、其他应付款)期初、期末账面余额。

● 披露一般风险准备的期末、年初余额及计提比例。

● 利息收入与利息支出的构成及其本期、上期发生额等信息。

● 手续费及佣金收入与支出的构成及其本期、上期发生额等信息。

● 投资收益的构成及其本期、上期发生额等信息。

● 公允价值变动收益的构成及其本期、上期发生额等信息。

● 业务及管理费的构成及其本期、上期发生额等信息。

● 分部报告。以业务分部为主要报告形式,在主要报告形式基础上,对于次要报告形式,企业还应披露对外交易收入,分部资产总额。

● 担保物。按照《企业会计准则第 37 号——金融工具列报》相关规定进行披露。

● 金融资产转移(含资产证券化)。按照《企业会计准则第 37 号——金融工具列报》相关规定进行披露。

⑦ 或有事项。商业银行按照《企业会计准则第 13 号——或有事项》第 14 条、第 15 条的相关规定进行披露信贷承诺、经营租赁承诺、资本支出承诺、证券承销承诺以及债券承销承诺等相关情况。

⑧ 资产负债表日后事项。商业银行应当在报表附注中披露每项重要的资产负债表日后非调整事项的性质、内容及其对财务状况和经营成果的影响,无法做出估计的,应当说明原因。

⑨ 关联方关系及其交易。

⑩ 风险管理。按照《企业会计准则第 87 号——金融工具列报》对商业银行的信用风险、流动风险、外汇风险、套期保值等信息进行披露。

调研与实践题

组织学生解读学校所在地某一家商业银行的年度财务会计报表，使学生进一步理解其财务会计报表编制的方法、流程以及需要注意的事项。

自主学习内容

1. 什么是年度决算？年度决算的重要性表现在哪里？
2. 简述年度决算的要求和程序。
3. 商业银行财务会计报表反映的内容有哪些？

复习思考题

1. 年度决算前需要做哪些准备工作？
2. 年度决算日的工作内容有哪些？
3. 商业银行财务会计报表有哪些类型？如何进行分类？
4. 简述商业银行财务会计报告的编制要求。
5. 简述商业银行资产负债表、利润表、现金流量表的编制方法。
6. 简述商业银行所有者权益变动表的内容和格式。
7. 商业银行财务会计报表的附注披露的内容有哪些？

模块C

非银行金融机构业务核算

第八章 保险公司业务的核算

本章导读

保险公司是专门从事风险管理并为保险客户提供风险保障服务的金融机构。保险业务核算反映了保险公司经营活动状况，对于合理分配和使用保险基金、正确履行保险合同约定的赔偿或给付责任、保障保险基金的保值增值、促进社会稳定和国民经济持续协调发展具有重要的现实意义。保险业务核算所涉及的原保险与再保险的保费收入、赔款支出、准备金计提等内容，反映了保险公司这类经营活动的经济实质。

知识目标

1. 了解保险业务的意义和种类。
2. 理解保险业务核算的特点。
3. 掌握保险业务核算的会计要素及其核算对象。
4. 掌握财产保险业务、人身保险业务和再保险业务的会计核算。
5. 理解财产保险业务与人身原保险业务在会计核算上的区别。

对应能力与要求

1. 能够正确填制和审核保险业务的会计凭证，正确设置会计核算的科目。
2. 能够正确确认和计量财产保险业务、人身保险业务和再保险业务的保费收入、合同成本和损益。
3. 能够正确核算财产保险业务、人身保险业务和再保险业务并进行账务处理。
4. 能够正确计提财产保险业务、人身保险业务和再保险业务的各类准备金并进行账务处理。
5. 具备对保险业务的会计信息进行确认、计量以及会计处理的实践能力。

第一节 保险公司业务概述

保险是投保人为了应付特定的灾害事故或意外事件，通过支付保险费、订立保险合同，实现补偿或给付的一种经济形式，本质上是由全部投保人分摊部分投保人的经济损失。与其他经济业务相比，保险业务具有经济性、互助性、法律性和科学性的特点。

一、保险业务的种类

(1)按照保险保障范围的不同，保险业务分为财产保险和人身保险

① 财产保险是指以财产及其相关利益、责任为保险标的的保险，是与人身保险相对应的概念。财产保险主要包括：财产损失保险，即指以物质及有关利益为保险标的的保险，具体包括火灾险、货物运输险、工程保险等业务；责任保险，即指以被保险人对第三者依法承担的赔偿责任为标的的保险（根据法律规定，被保险人因疏忽或过失造成他人的人身伤害或财产损失应负的经济赔偿责任由保险人代为赔偿）；信用保险，即指保险人为被保险人向权利人提供的一种信用担保业务，如分期付款买卖合同中销货方担心买方不付款或不能按期付款而要求保险人保险，保证其在遇到上述情况而受到损失时，由保险人给予赔偿。

② 人身保险是指以人的身体、寿命或劳动能力作为保险标的，当被保险人在保险期内因保险事故导致伤、残、死亡或者生存至保险期满时，保险人给付保险金的保险。人身保险按保险内容、保险期限、交费方式、给付方式等标准，可分为：人寿保险，即指以被保险人的生命为保证对象的保险，如死亡保险、生存保险、两全保险、年金保险等；意外伤害保险，即指保险对被保险人在保险有效期内遭受严重意外伤害导致伤残或死亡而给付约定保险金的保险；健康保险，即指保险人对被保险人因疾病、分娩等所支出的诊断费、医药费及住院费，以及对被保险人在治疗、休养期间因不能工作而丧失的收入负责赔偿的保险。

(2)按照业务承保方式的不同，保险业务分为原保险、再保险和共同保险

① 原保险是指保险人向投保人收取保费，对约定可能发生的事故因其发生所造成的财产损失承担赔偿保险金责任，或者当被保险人死亡、伤残、疾病或者达到约定的年龄、期限时承担给付保险金责任的保险。原保险的保险人直接承保并与投保人签订保险合同，构成保险人权利和义务。投保人与保险人之间因签订保险合同而形成保险关系，即投保人将风险转嫁给保险人。

② 再保险是指一个保险人（再保险分出人）分出一定的保费给另一个保险人（再保

险接受人),再保险接受人对再保险分出人由原保险合同所引起的赔付成本及其他相关费用进行补偿的保险。因此,再保险也称分保险,是保险公司在直接承保合同的基础上,通过签订分保合同,将其所承保的部分风险和责任向其他保险公司进行保险的行为。

③ 共同保险也称共保,是由两个或两个以上的保险人联合承保同一保险标的、同一保险利益、同一保险事故,而保险金额之和不超过保险价值的保险。

(3)按赔付形式的不同,保险业务分为定额保险和损失保险

① 定额保险是指在保险合同签订时,由保险双方当事人协商确定一定的保险金额,当保险事故发生时,保险人依照预先确定的金额给付保险金的一种保险。定额保险一般适用于人身保险。

② 损失保险是指在保险事故发生后,由保险人根据保险标的实际损失额而支付保险金的一种保险。损失保险一般适用于财产保险。

除了上述分类以外,还有按保险实施方式的不同,分为自愿保险和强制保险;按保险经营目的不同,分为商业保险和社会保险;按保险保障主体的不同,分为团体保险和个人保险等。

二、保险业务核算的特点

保险公司作为金融机构组织体系的重要组成部分,其业务有别于一般的工商企业,而且与银行等其他金融企业也有很大的区别。具体来讲,保险公司业务核算有以下几个特点:

(1)实行分业经营,分别核算损益

保险业务主要有财产保险业务和人身保险业务两大类,保险公司对财产保险业务和人身保险业务应分开经营,分别进行会计核算,即分别建账、分别核算损益。例如,太平洋保险公司经营财产保险业务、中国平安保险公司经营人身保险业务等。

(2)实行按会计年度和按业务年度两种损益结算方法

保险业务按会计年度结算损益,即实行一年期结算损益,保险业务的各项收支,不分年度业务,均按权责发生制原则确认为当期收入和费用,并确认当期损益,大部分(除长期工程险、再保险业务外)保险业务均按这种方法结算损益。有些保险业务按业务年度结算损益,即实行多年期结算损益,年限根据业务性质确定,非结算年度的收支差额全额作为长期责任准备金提取,不确认利润,并于下年转回滚存到结算年度终止时结算损益,通常长期工程险、再保险等业务按这种方法结算损益。

(3)会计要素构成具有特殊性

① 资产构成。保险公司流动资产中实物形态资产占比很小,其保费所形成的保险

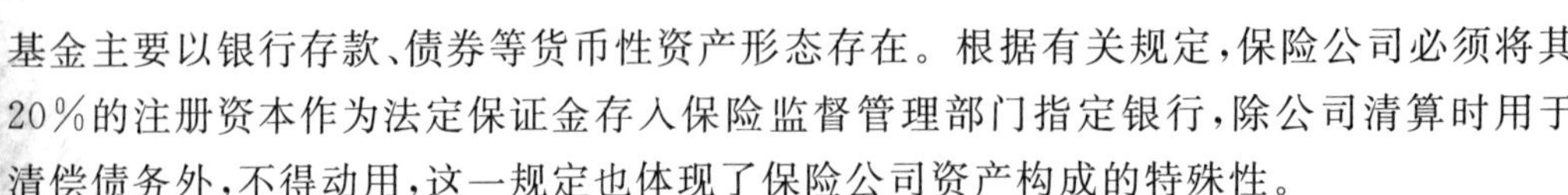

基金主要以银行存款、债券等货币性资产形态存在。根据有关规定，保险公司必须将其20%的注册资本作为法定保证金存入保险监督管理部门指定银行，除公司清算时用于清偿债务外，不得动用，这一规定也体现了保险公司资产构成的特殊性。

② 负债构成。保险公司负债项目中，除一般结算性、金融性负债外，还包括为履行其未来理赔或给付责任而从保费中提取的准备金。根据保险种类不同，准备金包括未决赔款准备金、未到期责任准备金、长期责任准备金、寿险责任准备金、长期健康险责任准备金、保险保障基金和存入分保准备金等多种形式。

③ 所有者权益项目的构成。保险公司所有者权益项目中，除和其他企业具有相同内容外，还包括总准备金。总准备金是按规定从税后利润中提取，在资产负债表中单独列示。说明随着保险公司经营业务活动的开展，各种准备金逐渐积累，使其资本性质发生了改变。

④ 营业利润的构成。一般企业营业利润是营业收入减营业成本和期间费用后的余额，而保险公司营业利润是营业收入减营业支出，营业收入和营业支出构成中含有提取的未到期责任准备金、提取保险责任准备金、摊回保险责任准备金等。由于准备金的估计与调整难以做到客观、准确，其估计的变动会对年度利润产生较大影响。

(4)年度决算的重点是估算负债

由于保险公司在会计年度末还承担着到期责任和未决赔款责任，这些责任要在以后年度内履行，因此，根据权责发生制要求，在年终决算时需估算未到期责任准备金和未决赔款准备金，从当年收益中提取，作为下年收入。因此，准备金估算正确与否，成为当年年度损益核算是否正确的重要影响因素。

第二节 财产保险业务的核算

一、财产保险业务核算的特点

财产保险是指以各种物质财产及其有关利益为保险标的的保险，具体包括：普通财产保险、运输工具保险、货物运输保险、农业保险、工程保险、责任保险、特殊风险保险、信用保险、意外伤害保险和短期健康保险等多种类型。

财产保险业务核算具有以下几个特点：

(1)保费收入在签订保单时确认

由于财产保险合同一般是签单时生效，即保险合同一经签订即告成立，保险公司开始承担保险责任。财产保险合同期限一般较短，通常短于一年，保费金额可以确定，收取保费的可能性也通常大于不能收取保费的可能性。因此,财产保险合同一般是在签单时确认保费收入,而不管确认保费收入时是否收到保费。

(2)只发生手续费支出,而没有佣金支出

财产保险公司除了依靠本公司职员直接招揽保险业务外,还广泛地利用保险代理人承揽保险业务。根据保险监管部门的要求,人寿保险公司可以发生手续费和佣金支出,财产保险公司只能发生手续费支出,而再保险业务不能发生上述的手续费和佣金支出。

(3)不涉及保单质押贷款核算

由于财产保险期限一般是在一年或一年以内,不具有储蓄性质和库存现金价值,因而不能向保户提供保单质押贷款。

(4)资产负债表日,未到期责任准备金核算与人寿保险业务不同

财产保险未到期责任准备金应在每期期末根据重新精算确定的金额与已计提金额的差额,调整未到期责任准备金及损益;寿险相关准备金则规定至少于每年年度终了,当保险精算重新确定的准备金金额超过已计提金额时,按照差额补提相关准备金,而当保险精算重新确定的准备金金额低于已计提金额时,则不需调整相关准备金。需要说明的是,财产保险的未决赔款准备金也要求至少在每年年度终了进行充足性测试,对其产生的差额采取与寿险相关准备金相同的处理方法。

二、财产保险业务核算的内容

保险人向投保人签发的承担金融风险的合同,适用《企业会计准则第 22 号——金融工具确认和计量》和《企业会计准则第 37 号——金融工具列报》。保险人与投保人签订的合同使保险人既承担保险风险又承担金融风险,应分别下列情况进行处理:

① 保险风险部分和其他风险部分能够区分以及单独计量的,可以将保险风险和其他风险进行分拆。保险风险部分确定为财产保险合同,其他风险部分则不确定为财产保险合同。

② 保险风险部分和其他风险部分不能够区分,或者虽能够区分但不能够单独计量的,应当将整个合同确定为财产保险合同。

财产保险业务核算的内容主要包括:财产保险业务营业收入的核算,包括各个险种的保费收入;财产保险业务营业支出的核算,包括各个险种的保险赔款支出、手续费支出、营业费用支出和营业税金及附加等;各种业务准备金的核算,包括未到期责任准备金、未决赔款准备金等的计提与调整;信用保险业务核算。

在财产保险业务核算中,除了上述一般业务的核算外,还需要关注下列业务的核算:

① 货物运输保险业务的核算。如果货物保险合同签订与生效日期不一致时,则保

险公司不能将收垫的保费作为保费收入处理，而应作为预收款处理，待符合确认保费收入的条件时再转作保费收入。

② 信用保险业务的核算。信用保险是以商品赊销和信用放贷中的债务人的信用作为保险标的，在债务人未能如约履行债务清偿而使债权人招致损失时，由保险人向被保险人提供风险保障，它是一种政策性保险险种。

③ 再保险业务的核算。新准则规定保险公司经营的再保险业务应分为分出业务与分入业务并分别进行核算。

④ 损余物资和代位追偿款的业务核算。保险人因承担赔付保险金责任而取得的损余物资和代位追偿款，应按照同类资产的市场价格确认为资产，并冲减当期赔付成本，并在期末对相关资产进行减值测试，计入当期损益。保险人签发的财产保险合同产生的应收款项、损余物资等资产的减值，适用《企业会计准则第 22 号——金融工具确认和计量》《企业会计准则第 37 号——金融工具列报》《企业会计准则第 1 号——存货》。处置损余物资或收回代位追偿款时，保险人应按照收到的金额与相关资产的账面价值的差额，调整当期赔付成本。

三、原保费收入的核算

保费收入包括原保费收入和分保费收入。原保费收入是根据原保险合同准则确认的原保险合同的保费收入，是保险公司的主要收入项目。保险公司依靠其收取的保费建立有关保险责任准备金，从而实现对被保险人因保险事故所受损失的经济补偿。保费收入的大小反映了保险公司承保能力的大小和保障责任的大小。

原保费收入的核算主要有原保费的计算、原保费收入的确认与计量以及原保费收入的账务处理等内容。

1. 原保费的计算

保费是购买保险产品的金额。保险公司通过收取保费建立保险基金，当被保险人遭受约定的灾害事故时，保险公司从该项基金支付赔款或给付保险金。投保人缴纳的保费通常分解为纯保费和附加费两部分。其中，纯保费是保险公司用来建立保险基金，将来用于赔付的那部分保费；而附加费主要用于保险公司各项开支和预期利润。

保险费率是保险产品的价格，是从事保险业务的保险公司按单位保险金额向投保人收取保费的标准。保险费率可分为纯费率和附加费率两部分。纯保费和附加费均是按保险金额乘以纯费率和附加费率确定的。因此，保险费率的高低与保费的多少成正比，保险费的计算关键在于确定保险费率。

(1)纯费率的确定

纯费率应当等于损失概率，反映未来保费损失的可能性。在实务中，通常选择一组历年保额损失率来确定平均保额损失率，以其近似代替损失概率。由于平均保额损失率是以往各年份保额损失率的平均值，势必会出现有些年份的保额损失率比其平均值高，而有些年份比其平均值低。因此，通常在平均保额损失率附加历史保额损失率的一个、两个或三个标准差（均方差）的方法来确定纯费率。附加均方差次数越多，赔偿金额超过纯保费的可能性就越小，即保险公司得到保障的安全程度就越大。相反，对于投保人来讲，其缴纳的保费数额越多，负担越重。

(2)附加费率的确定

附加费率可按以下几种方法确定。

① 按单位保险金额的附加费来确定：

附加费率＝单位保险金额的附加费/单位保险金额×100％

② 按保险费的一定比例提取附加费用来确定：

附加费率＝保险费率×按保险费提取附加费用的比例

③ 按纯费率的一定比例来确定：

附加费率＝纯费率×附加费占纯费用的比例

保险费率＝纯费率＋附加费率

财产保险业务保费按其收取方式的不同，可按下列三种方法来确定：

保费＝保险金额×保险费率

保费＝保险标的数×单位标的应交保费

保费＝保户储金×银行利率×储金期限

第三种方法适用于将投保人储金利息转作保费的保险业务，其中：

保户储金＝保额×保险费率/银行利率

2. 原保费收入的确认与计量

(1)原保费收入的确认

根据《企业会计准则第25号——原保险合同》之规定，原保费收入必须同时满足下列条件，才能予以确认：

① 原保险合同成立并承担相应的保险责任；

② 与原保险合同相关的经济利益很可能流入；

③ 与原保险合同相关的收入能够可靠地计量。

(2)原保费收入的计量

保险人应当按照下列规定计算确定保费收入金额：

① 对于非寿险原保险合同，应当根据原保险合同约定的保费总额确定；

② 对于寿险原保险合同，分期收取保费的，应当根据当期应收取的保费确定；一次性收取保费的，应当根据一次性应收取的保费确定。

原保险合同提前解除的，保险人应按照原保险合同约定计算确定应退还投保人的金额，作为退保费计入当期损益。由于财产保险合同一般是签单生效，即保险合同一经签订即成立，保险公司开始承担保险责任。因此在实际工作中，财产保险合同于签单时即确认保费收入。

(3)原保费收入核算使用的会计科目

原保费收入核算使用的会计科目主要有"保费收入""应收保费""应收保户储金""预收保费"和"保户储金"。

① "保费收入"科目，核算保险公司根据原保险合同准则确认的原保费收入。本科目按照险种进行明细核算。保险公司确认的原保费收入，借记"应收账款""预收账款""银行存款""库存现金""利息支出""投资收益"等科目，贷记本科目。期末，应将本科目余额转入"本年利润"结转后，本科目期末无余额。

② "应收保费"科目，核算保险公司按照原保险合同应向投保人收取但尚未收到的保险费。借方登记保险公司发生的应收保费及已确认为坏账并转销又收回的保费，贷方登记收回的应收保费及确认为坏账而冲销的应收保费。"应收保费"的期末借方余额反映保险公司尚未收回的保险费。本科目应按投保人设置明细账进行分类核算。

③ "应收保户储金"科目，核算保险公司向投保人收取但尚未收到的以储金本金增值作为保费收入的储金。核算保险公司应向投保人收取但尚未收到的保险业务投资款时，可将本科目改为"应收保户投资款"科目，并按投保人和险种进行明细核算。保险公司预收投保人储金也在本科目核算。保险公司应收投保人储金，借记本科目，贷记"保户储金"；收到投保人储金，借记"银行存款""库存现金"等科目，贷记本科目；预收投保人储金，借记"银行存款""库存现金"等科目，贷记本科目；转作保户储金，借记本科目，贷记"保户储金"科目。本科目期末借方余额，反映保险公司尚未收取的储金。

④ "预收保费"科目，核算保险公司按照原保险合同约定收到的尚未满足保费收入确认条件的在保险责任生效前向投保人预收的保险费。本科目借方登记保费收入实现时结转保费收入的金额，贷方登记"预收保费"。期末贷方余额反映公司向投保人预收的保险费。本科目应按投保人设置明细账进行分类核算。

⑤ "保户储金"科目，核算保险公司收到投保人以储金本金增值作为保费收入的储

金。保险公司收到投保人投资型保险业务的投资款，可将本科目改为“保户投资款”科目，并按照投保人和险种进行明细核算。保险公司向投保人支付的储金或投资款增值也在本科目核算。保险公司应收投保人储金，借记“应收保户储金”科目，贷记本科目；返还投保人储金，借记本科目，贷记“银行存款”“库存现金”等科目。本科目期末贷方余额反映保险公司收取的投保人储金结余。

(4)原保费收入的核算

① 直接缴纳保费。保险客户签发保险单并直接缴纳保费，会计部门根据业务部门交来的财产险保费日报表、保费收据存根和银行收账通知办理转账。

【例 8－1】 A 保险客户按原保险合同规定缴纳保费10 000元。会计分录为：

借：银行存款——活期存款——××户　　10 000

　　贷：保费收入——××险种　　10 000

② 预收保费。如果发生保险客户提前缴费或缴纳保费在前、承担保险责任在后的保险业务，保险公司应作为预收保费处理，到期再转入保费收入。会计部门根据业务部门交来的财产险保费日报表、保费收据存根以及银行收账通知进行账务处理。

【例 8－2】 B 财产保险公司 2 月 5 日收到保户交纳的保费30 000元，公司于 3 月 5 日起承担保险责任。会计分录为：

● 2 月 5 日收到保费时：

借：银行存款　　30 000

　　贷：预收保费——某公司　　30 000

● 3 月 5 日确认保费收入时：

借：预收保费——某公司　　30 000

　　贷：保费收入——××险种　　30 000

③ 分期缴纳保费。对于大客户或保额高的保户，经保险公司同意可以分期缴纳保费。保险单一旦签订，全部保费均应作为保费收入，未收款的部分则作为“应收保费”递延，待下期收到时再冲销。

【例 8－3】 某企业 1 月份投保财产综合险，与财产保险公司签订保险合同中约定保费为50 000元，双方协商共分 5 期支付。2 月份保险公司收到首期保费10 000元。会计分录为：

借：银行存款　　10 000

　　应收保费——某企业　　40 000

　　贷：保费收入——综合险　　50 000

以后各期收取保费时：

借：银行存款　　10 000

　贷：应收保费——某企业　　10 000

④ 保户储金收益转做原保费收入。对于财产保险业务中的两全保险，投保人在投保时按保险金额与保险公司规定的储金比例一次缴存保险储金，并将该保险储金存入银行或进行债券投资，以取得利息收入或投资收益作为保险费收入；保险期满，投保人到保险公司领回投保时所缴纳的全部保险储金。

【例 8-4】 C保险公司会计部门收到业务部门交来的3年期家财两全险保户储金日报、储金收据和银行储金专户收款凭证10 000元，年利率2%，3年后一次还本付息。会计分录为：

● 收到保户储金时：

借：银行存款——储金专户　　10 000

　贷：保户储金——家财两全险　　10 000

● 每年计算利息时：

借：应收利息　　200

　贷：保费收入——家财两全险　　200

● 第三年还本付息时：

借：银行存款——活期存款——××户　　600

　贷：应收利息　　400

　　　保费收入　　200

同时，

借：保户储金——家财两全险　　10 000

　贷：银行存款——活期存款——××户　　10 000

⑤ 中途加保或退保。保单签发后至期满前，由于保险标的升值、财产重估或企业关、停、并、转等原因，保户中途要求加保的，由保户提出书面申请，保险公司业务部门审查同意后签发批单。中途加保的保费收入核算与投保时保费收入核算相同。会计部门根据业务部门转来的批单、保费收据及银行收账通知转账。借记“银行存款”，贷记“保费收入——××险”。

中途退保或部分退保应按已保期限与剩余期限的比例计算退保费，退保费冲减保费收入。借记“保费收入——××险”，贷记“银行存款（或库存现金）”和“应收保费”。

四、原保险合同成本的核算

原保险合同成本是指原保险合同发生所导致所有者权益减少、与向所有者分配利润无关的经济利益的总流出，主要包括发生的手续费或佣金支出、赔付成本以及提取的未决赔款准备金、寿险责任准备金、长期健康险责任准备金等。

1. 理赔支出的核算

固定资产理赔款的计算主要包括遭受全部损失和遭受部分损失理赔款的计算：

第一，全部损失。保险金额高于或等于受险财产出险时重置价值的，其赔款金额以不超过出险时重置价值为限；否则，其赔款金额不得超过保险金额。

第二，部分损失。受损财产保险金额高于或等于出险时重置价值的，其赔偿金额按实际损失计算；否则，按比例赔付并扣除受损财产的残值。部分损失可按下列公式计算：

保险赔款＝保险金额÷出险时重置价值×实际损失（修复费用）－残值

流动资产赔款的计算包括全部损失和部分损失的赔款计算：

第一，全部损失。受损财产保险金额高于或等于出险时账面余额的，其赔款额以不超过出险时账面余额为限；否则，其赔款额不得超过该项财产的保险金额。

第二，部分损失。受损财产保险金额高于或等于出险时账面余额，按其实际损失计算赔款金额；受损财产保险金额低于账面余额，则按下列公式计算赔款金额：

保险赔款＝保险金额÷出险时账面价值×实际损失（修复费用）

（1）赔款支出核算使用的会计科目

①“赔付支出”科目，核算保险公司支付的原保险合同赔付款项和再保险合同赔付款项，也可以分别设置“赔款支出”“满期给付”“年金给付”“死伤医疗给付”“分保赔付支出”等科目，分别核算支付的赔款支出、满期给付、年金给付、死伤医疗给付或分保赔付支出。本科目应当按照险种和保险合同进行明细核算。

保险公司在确定支付赔付款项金额或实际发生理赔费用时，借记本科目，贷记“银行存款”“库存现金”等科目；承担赔付保险金责任应当确认的代位追偿款，借记“应收代位追偿款”，贷记本科目；收到应收代位追偿款时，应按实际收到的金额，借记“库存现金”“银行存款”等科目，已计提坏账准备的，借记“坏账准备”，按应收代位追偿款的账面余额，贷记“应收代位追偿款”，按其差额，借记或贷记本科目；承担赔偿保险金责任取得的损余物资，应按同类或类似资产市场价格计算确定其金额，借记“损余物资”，贷记本科目；处置损余物资，应按实际收到的金额，借记“库存现金”“银行存款”等科目，已计提跌价准备的，借记“损余物资——跌价准备”，按损余物资账面余额，贷记“损余物资”科目，按其差额，借记或贷记本科目；再保险接受人收到分保业务账单时，应按账单标明的分保赔付款项，借记本科目，贷记“应付分保账款”。期末，将本科目余额转入“本年利润”，结转后，本科目期末无余额。

② “应收代位追偿款”科目，核算保险公司按照原保险合同约定承担赔付保险金责任确认的应收代位追偿款。本科目应当按照对方单位（或个人）进行明细核算。应收代位追偿款的账务处理见“赔付支出”账务处理的有关内容。本科目期末借方余额，反映保险公司已确认但尚未收回的应收代位追偿款。

③ “损余物资”科目，核算保险公司按原保险合同约定承担赔偿保险金责任取得的损余物资。本科目应当按照损余物资种类进行明细核算。损余物资发生减值的，设置本科目的“跌价准备”明细科目进行核算，或“损余物资跌价准备”科目进行核算。

保险公司承担赔偿保险金责任取得损余物资，按同类或类似资产市场价格计算确定金额，借记本科目，贷记“赔付支出”；处置损余物资时，按实际收到金额，借记“库存现金”“银行存款”等科目，已计提跌价准备的，借记本科目（跌价准备），按其初始入账成本，贷记本科目，按其差额，借记或贷记“赔付支出”。本科目期末借方余额，反映保险公司承担赔偿保险金责任取得的损余物资价值。

(2)赔款支出的账务处理

理赔人员计算出赔偿金额后，应填制赔款计算书，连同被保险人签章的赔款收据送交会计部门。会计部门接到业务部门的理赔结算书，审查无误后，根据不同情况分别处理。

① 当时结案赔款支出的核算。对于保险赔案清楚，应通过“赔款支出”科目核算。

【例 8-5】 1月份，大华公司投保一台机器设备出险，承保的某保险公司会计部门收到赔款计算书和投保人签章的赔款收据，签发赔款200 000元转账支票给投保人，同时，支付理赔勘察费3 000元。会计分录为：

借：赔付支出——企业财产险　　203 000

　　贷：银行存款——大华公司活期存款户　　203 000

② 预付赔款的核算。在处理赔案过程中，有些赔偿损失较大且案情复杂，由于种种原因不能当时或短时间内核实损失、确定赔款金额，但为了尽快恢复受损单位和个人生产和生活，保险公司按估赔的比例先预付一部分赔款，待核实结案时再一次结清。一般来说，预付赔款金额不得超过估损金额的50%，且不能跨年度使用，结案率至少在85%以上。

【例 8-6】 某工厂厂房失火造成重大损失，一时不能结案，但为了使工厂尽快复生产，保险公司按预计损失的50%支付预付赔款800 000元。编制如下分录：

借：预付赔款——企业财产险　　800 000

　　贷：银行存款　　800 000

3个月后，保险公司调查核实确定该厂损失为2 000 000元，于是开出支票1 200 000元结清此案。编制如下会计分录：

借：赔付支出——赔款支出——企业财产险　　2 000 000
　　贷：预付赔款——企业财产险　　80 000
　　　　银行存款　　1 200 000

③ 损余物资的核算。保险财产遭受保险事故，多数情况下是部分受损，具有一定利用价值的"损余物资"一般应归被保险人，其价值在赔偿中予以扣除；如果被保险人不愿接受，保险公司可按全额赔付，损余物资归保险公司处理，处理损余物资的收入冲减赔款支出。损余物资在没有处理之前，要妥善保管并设"损余物资登记簿"，登记损余物资数量和金额。

保险人承担赔偿保险金责任取得的损余物资，应当按照同类或类似资产的市场价格计算确定的金额确认资产，并冲减当期赔付成本。处置损余物资时，保险人应当按照收到的金额与相关损余物资账面价值的差额，调整当期赔付成本。

【例8-7】 某商场发生火灾，经计算财产损失应赔偿1 600 000元，保险公司应得损余物资折价90 000元归商场所有，其余赔款由保险公司支付。编制会计分录如下：

借：赔付支出——赔款支出——财产综合险　　1 510 000
　　贷：银行存款　　1 510 000

对于损余物资，如果保险人不愿处理或者无法处理，可由保险公司收回，作为物料用品暂存。此时，应按估价95 000元入账。会计分录如下：

借：损余物资　　95 000
　　贷：赔付支出——赔款支出——财产综合险　　95 000

以后变卖损余物资，得到价款110 000元，并存入银行，会计分录如下：

借：银行存款　　110 000
　　贷：损余物资　　95 000
　　　　赔付支出——赔款支出——财产综合险　　15 000

若变卖损余物资的价款为80 000元，则会计分录为：

借：银行存款　　80 000
　　赔付支出——赔款支出——财产综合险　　15 000
　　贷：损余物资　　95 000

④ 追偿款收入的核算。追偿款收入是指公司向赔偿事故责任人追回的保险赔偿。追偿款是对赔款支出的一种抵减。保险人承担赔付保险金责任应收取的代位追偿款同

时满足下列条件的，应当确认为应收代位追偿款，并冲减当期赔付成本：与该代位追偿款有关的经济利益很可能流入；该代位追偿款的金额能够可靠地计量。

收到应收代位追偿款时，保险人应当按照收到的金额与相关应收代位追偿款账面价值的差额，调整当期赔付成本。承担赔付保险金责任应当确认的代位追偿款，借记“应收代位追偿款”，贷记本科目。

【例8-8】 亚太保险公司承保的货物运输险发生保险事故，货物损失100万元，但是船运公司负有直接责任，需要承担赔偿责任60万元，保险公司在赔付100万元的保险金后，享有向船运公司代位追偿款的权利，满足确认条件。会计分录为：

借：赔付支出——赔款支出——货运险　　1 000 000

　　贷：银行存款　　1 000 000

借：应收代位追偿款　　600 000

　　贷：赔付支出——赔款支出——货运险　　600 000

收到追偿款时：

借：银行存款　　600 000

　　贷：应收代位追偿款　　600 000

2. 手续费和佣金的核算

手续费及佣金支出是指保险公司向受其委托代理保险业务的代理人支付代理手续费。手续费支付比例不得超过实收保费的8%，通过“手续费及佣金收入”科目进行核算。发生手续费支出时，借记“手续费及佣金支出”，期末将该科目从其贷方转入“本年利润”，结转后，“手续费及佣金收入”科目期末无余额。

3. 保险准备金的核算

财产保险准备金是指保险公司为履行其承担的保险责任或者备付未来赔款，从收取的保险费中提取的资金准备。根据《企业会计准则第25号——原保险合同》和《企业会计准则第26号——再保险合同》的规定，原保险合同准备金包括未到期责任准备金、未决赔款准备金、寿险责任准备金和长期健康险责任准备金四种。

未到期责任准备金是指保险公司为承担一年期以内保险业务的未来保险责任，从本期尚未到期的保费中提取、以备下年度发生赔款的准备金。由于保险合同年度和会计年度通常不一致，因此在会计核算期末，不能把所收取保险费全部当作保费收入处理，对于保险责任尚未届满，应属于下年度部分保险费，必须以准备金的形式提存出来。

未决赔款准备金是指保险人为非寿险保险事故已发生尚未结案的赔偿提取的准备金。包括三种情况：①发生已报案未决赔款准备金，是指保险人为非寿险保险事故已发生并已向保险人提出索赔、尚未结案的赔案提取的准备金。已发生已报案未决赔款准备金可分别采用逐案估计法、平均值估计法和赔付率法三种方法估计。②已发生未报案未决赔款准备金，是指保险人为非寿险保险事故已发生，尚未向保险人提出索赔的赔案提取的准备金。已发生未报案未决赔款准备金数额的估计比较复杂，一般以过去的经验数据为基础。③理赔费用准备金，是指保险人为非寿险保险事故已发生尚未结案的赔案可能发生的律师费、诉讼费、损失检验费、相关理赔人员薪酬等费用提取的准备金。

(1)保险准备金核算使用的会计科目

① “未到期责任准备金”科目，核算公司为承担一年期以内(含一年)保险业务未来保险责任而提存的准备金，属于负债类科目，其贷方登记提存未到期责任准备金，借方登记转回的未到期准备金，余额在贷方，反映本期提存尚未转回的未到期责任准备金。

② “提取未到期责任准备金”科目，核算公司按照规定提存的未到期责任准备金，提存的分出分保业务未到期责任准备金也在本科目核算。本科目属于损益类科目，其借方登记提存的未到期责任准备金数额，贷方登记提存的分保未到期责任准备金和期末结转“本年利润”数额，结转后本科目期末无余额。本科目应按照险种设置明细核算。

③ “未决赔款准备金”科目，核算公司为已经发生非寿险保险事故并已提出保险赔款，已经发生非寿险保险事故但尚未提出保险赔款以及发生理赔费用按规定提取的未决赔款准备金，再保险接受人提取的再保险合同未决赔款准备金也在本科目核算。本科目属负债类科目，其贷方登记按规定提取的未决赔款准备金，借方登记按规定冲减的未决赔款准备金，期末余额在贷方，反映公司未决赔款准备金。本科目按保险合同进行明细核算。

④ “提取未决赔款准备金”科目，公司由于已发生非寿险保险事故并已提出保险赔款，已发生非寿险保险事故但尚未提出保险赔款以及发生的理赔费用按规定提取的未决赔款准备金。再保险接受人提取的再保险合同未决赔款准备金也在本科目核算。本科目属损益类科目，其借方登记按规定提取的未决赔款准备金，贷方登记按规定冲减的未决赔款准备金，期末应将本科目余额转入“本年利润”科目，结转后本科目无余额。

(2)保险准备金的账务处理

① 未到期责任准备金的账务处理。

● 保险人应当在确认非寿险保费收入当期，按照保险精算确定的金额，提取未到期责任准备金，作为当期保费收入的调整，并确认未到期责任准备金负债；编制会计分录为：借记“提取未到期责任准备金”，贷记“未到期责任准备金”。

● 资产负债表日，保险人应按保险精算重新计算确定的未到期责任准备金金额与已提取未到期责任准备金余额的差额，调整未到期责任准备金余额；编制会计分录为：借记“提取未到期责任准备金”，贷记“未到期责任准备金”，以增加未到期责任准备金的

余额;或做相反分录,以冲减未到期责任备金的余额。

● 保险合同提前解除,应按相关未到期责任准备金的余额,借记“未到期责任准备金”,贷记“提取未到期责任准备金”。

保险公司计提未到期责任准备金的方法是采用1/24法或1/365法,提取方法在开始实行前报主管财政机关及保险监督管理部门备案,一经采用不得随意变更,如需变动应报主管部门批准。

1/24法,又称月平均估算法,是假设当月签发保单的有效期为半个月或者保单保费的支付发生在当月的月中而提取未到期责任准备金的方法。其计算公式如下:

未到期责任准备金=(签发保单月份×2－1)÷24×该业务的保费收入

1/365法,又称逐单逐日计算法,即根据每张保单第二年有效天数占整个责任期限比例逐笔计算未到期责任准备金,其优点是计算准确,但工作量巨大,操作困难。计算公式如下:

未到期责任准备金=第二年有效天数÷保险期天数×该业务保费收入

【例8-9】 某保单当年4月1日投保,次年3月31日到期,保费收入5 000元,则年底应提取的未到期责任准备金为:

(4×2－1)÷24×5 000=1 458.3(元)

本例中,如采用1/365法,计算如下:

90÷365×5 000=1 232.88(元)

【例8-10】 某公司8月13日承保一笔保费收入为200万元1年期非寿险保单,按1/24法提取未到期责任准备金。会计分录为:

● 计算未到期责任准备金:

未到期责任准备金=(8×2－1)÷24×200=125(万元)

● 提取未到期责任准备金:

借:提取未到期责任准备金　　125

　　贷:未到期责任准备金　　125

假设,会计期末重新精算确定未到期责任准备金金额为5 000万元,而当期已提取金额为5 005万元,则应调整如下:

借:未到期责任准备金　　5 000

　　贷:提取未到期责任准备金　　5 000

再将提取未到期责任准备金余额结转“本年利润”冲减收益,会计分录为:

借:本年利润　　5 000

　　贷:提取未到期责任准备金　　5 000

② 未决赔款准备金的账务处理。

● 非寿险保险事故发生当期,应按保险精算确定的未决赔款准备金余额,借记“提取未决赔款准备金”,贷记“未决赔款准备金”。

● 对未决赔款准备金进行充足性测试时,应按补提未决赔款准备金余额,借记“提取未决赔款准备金”,贷记“未决赔款准备金”。

● 保险人确定支付赔付款项金额或实际发生理赔费用的当期,应按相应未决赔款准备金余额,借记“未决赔款准备金”科目,贷记“提取未决赔款准备金”科目。

提取未决赔款准备金方法包括逐案估计法、案均赔款法、链梯法、准备金进展法、B-F法等。根据《保险公司非寿险业务准备金管理办法(试行)》规定,对已发生已报案未决赔款准备金,应当采取逐案估计法、案均赔款法以及保险监管部门认可方法谨慎提取;对已发生未报案未决赔款准备金,应根据险种风险性质、分布、经验数据等因素采用案均赔款法、链梯法、准备金进展法、B-F法中至少两种进行谨慎评估提取;对直接理赔费用准备金,应采取逐案预估法提取;对间接理赔费用准备金,应采用比率分摊法提取。

【例8-11】 某公司2005年提取已发生已报案赔款准备金250万元,提取已发生未报案赔款准备金120万元。根据精算部门计算结果,本年应提取已发生已报案赔款准备金280万元,应提取已发生未报案赔款准备金100万元。编制会计分录为:

借:提取未决赔款准备金——已发生已报案赔款准备金　　30

　　贷:未决赔款准备金——已发生已报案赔款准备金　　30

针对已发生未报案赔款准备金,由于精算得到的金额小于已提取金额,故不必进行调整。

第三节　人身保险业务的核算

一、人身保险的种类

人身保险是指以人的生命或身体作为保险标的的保险,是由保险公司根据国家法律规定,向投保人或被保险人收取保费,用以对被保险人在生命或身体遭到保险事故或于约定时间期满时履行义务的一种保险。人身保险可分为人寿保险、意外伤害险和健

康保险三大类。

(1)人寿保险

人寿保险是指以被保险人在某一期间内生存或死亡为保险事故,给付约定保险金的保险,具体包括生存保险、死亡保险、两全保险、年金保险等。

(2)意外伤害险

意外伤害险是指被保险人因意外事故导致死亡或伤残时,保险人依合同约定给付保险金的保险,其期限在一年或一年以内。需要注意的是,对于被保险人由于疾病引起的残疾或死亡或自然死亡,意外伤害保险人不负给付责任。

(3)健康保险

健康保险是指补偿被保险人因疾病或身体残疾所致使损失的保险,分为短期健康险和长期健康险,划分标准以一年为界限。健康险一般单独出售,很少把健康险与意外险和寿险捆绑为综合险出售。常见做法是将寿险作为主险,短期健康险作为附加险,其原因在于健康险经营风险很大,技术操作困难。

二、人身保险业务的核算

人身保险业务的核算主要包括保费收入的核算、保险支出的核算、保险准备金的核算等。

1. 人身保险保费收入的核算

(1)保费收入的计算

人身保险保费是由纯保险费和附加保险费两部分构成。纯保险费计算需要使用生命表并考虑投资所取得收益,附加保险费主要用于保险公司各项开支和预期利润。保费计算关键在于确定合理保费率。保费率由纯费率和附加费率组成。

① 纯费率。纯费率计算应根据给定死亡率和利率予以确定,通过“利息”折扣和“死亡率”折扣,在签发保险单时使纯保费收入的现值等于将来给付保险金的现值。

② 附加费率。在确定附加费率时不仅要考虑每份保险单,还要考虑保险金额因素。附加费率计算公式与财产保险业务附加费率计算公式基本相同。

(2)保费收入的账务处理

① 保险业务发生时收取保费。会计部门收到业务部门送来“保费日结单”及所附收据存根和库存现金,经审查无误后办理转账。

【例 8-12】 A客户投保人寿保险,采用分期付款方式,按照合同约定当期缴纳保费100元。会计分录为:

借:库存现金　　100

　　贷:保费收入——人寿险　　100

② 预收保费。保险客户提前缴费，应作为预收保费处理，到期再转入保费收入。会计部门收到业务部门送来"保费日结单"及所附收据存根和库存现金，经审查无误后办理转账。

【例 8-13】 李四投保个人养老金保险，约定每月缴纳 100 元。为了节省时间，2018 年 1 月 5 日，他预缴全年保费1 200元。会计分录为：

预收保费时：

借：库存现金　　1 200

　贷：保费收入——年金保险（个人养老金险）　　100

　　预收保费——李四　　1 100

20×5 年以后各个月份，将预收保费转为保费收入：

借：预收保费——李四　　100

　贷：保费收入——年金保险（个人养老金险）　　100

2. 人身保险支出的核算

人身保险支出主要包括人身保险业务的保险金给付、退保金支出、佣金支出等内容。

（1）保险金给付的核算

保险金给付有三种情形：一是满期给付；二是死伤及医疗给付；三是年金给付。

① 满期给付的核算。满期给付是在保险期满时，保险公司按合同规定一次性或多次向被保险人支付保险金，如养老保险的被保险人生存到保险期满，可按约定每月领取保险金并直到死亡为止。又如简易人身保险的被保险人可以在生存到保险期满，按约定一次性领取全部保险金。保险金的给付是以被保险人生存到保险期满为条件的，故列入满期给付范围，通过"赔付支出——满期给付"科目进行核算。会计部门在给付时，如有未交保费或者未清偿借款的，应予以扣除。

【例 8-14】 A 简易人身保险的保户保险期满，持有关证件向保险公司申请领取保险金3 000元，经审核无误后给付保险金3 000元，会计分录为：

借：赔付支出——满期给付　　3 000

　贷：库存现金　　3 000

【例 8-15】 B 保户投保生死两全险，保险金额 10 万元。10 年后保险期满，持有关单位申请满期给付。会计人员审核后，发现保户尚有 2 万元保单质押贷款没有归还，利息为1 200元，会计部门将贷款及利息扣除后办理了给付。会计分录为：

借：赔付支出——满期给付——生死两全险　　100 000

贷:保单质押贷款　　20 000
　利息收入　　1 200
　银行存款　　78 800

② 死伤医疗给付的核算。死伤医疗给付是指被保险人在保险期限内因生疾病而发生医疗费用或导致伤残、死亡,按保险合同规定给付保险金。按寿险业务规定,申请死伤医疗给付时,被保险人必须及时提供有关证明,经业务部门调查核实后计算出应给付金额,连同有关证明、调查报告送会计部门,经会计部门审核无误后,据以支付给付金额。

被保险人在保险期内发生死亡、意外伤残、医疗事故而按保险责任支付保险金时,借记"死伤医疗给付"科目,贷记"库存现金"科目。在保险合同规定交费限期内发生死伤医疗给付时,借记"死伤医疗给付"科目,贷记"保费收入"科目、"利息收入"科目或"库存现金"科目。期末,将"死伤医疗给付"科目余额转入"本年利润"科目,借记"本年利润"科目,贷记"死伤医疗给付"科目。

【例 8 - 16】 某长期健康险保户因交通事故造成下肢瘫痪,保户提出死伤医疗给付申请,保险公司经审查,同意给付保险金50 000元,由于保户尚未缴纳当年保险金2 000元,会计部门以库存现金支付余额。会计分录为:

借:死伤医疗给付　　50 000
　贷:保费收入　　2 000
　　库存现金　　48 000

③ 年金给付的核算。年金给付是指年金保险业务的被保险人生存至规定年龄,按保险合同约定支付给被保险人的给付金额。为了核算和监督保险公司因年金保险业务的被保险人生存至规定的年龄,按保险合同约定支付给被保险人给付金额的情况,应设置"年金给付"科目。"年金给付"为损益类科目。年金给付时,借记"年金给付"科目,贷记"库存现金"科目等。期末,该科目余额转入"本年利润",结转后,该科目期末无余额。

【例 8 - 17】 张明投保终身年金保险,年缴保费2 400元,现已到约定年金领取年龄。保户持有关证件向保险公司办理领取手续,按规定每年领取保险金4 800元,会计部门以库存现金支付。编制会计分录为:

借:年金给付　　4 800
　贷:库存现金　　4 800

(2)退保金的核算

退保金是指投保人因某种原因在保险期限未满时申请退保,经保险公司根据规定核定其已缴年限而支付给投保人的退保金额。退保金通过“退保金”科目进行核算。“退保金”科目核算保险公司寿险原保险合同解除时按约定应退还投保人的保险费;公司按非寿险原保险合同约定应退还投保人的保险费,在“保费收入”科目核算。本科目应按险种进行明细核算。

保险公司在原保险合同提前解除时,应按原保险合同约定计算确定的应退还投保人金额,借记“退保金”科目,贷记“库存现金”“银行存款”等科目。期末,将“退保金”科目余额转入“本年利润”科目,结转后,“退保金”科目期末无余额。

【例 8-18】 某人身险保户因移居国外而要求退保,经业务部门同意,按规定计算应退投保人退保金20 000元,该投保人还预交 6 个月保费5 000元。会计部门审核后,将预交保费和退保金一并退还给投保人,并以库存现金支付。编制会计分录为:

借:退保金	20 000	
预收保费		5 000
贷:库存现金		25 000

(3)保单红利支出的核算

由于人寿保险合同期限长,以预计死亡率、利率和费率为依据计算确定的保费标准通常与实际不一致,为此,我国人寿保险公司推出利差返还型寿险产品。当实际利率大于预定利率时,保险公司将利率差对寿险责任准备金产生的利息返还给保单持有人。为了核算和监督保险公司经营人寿保险业务实际支付给保户的利差情况,应设置“保单红利支出”科目和“应付保单红利”科目进行核算。

①“保单红利支出”科目。“保单红利支出”为损益类科目,核算保险公司按原保险合同约定支付给投保人的红利。本科目按险种进行明细核算。保险公司按原保险合同约定计算确定应支付的保单红利,借记“保单红利支出”,贷记“应付保单红利”。期末,应将“保单红利支出”余额转入“本年利润”,结转后,“保单红利支出”科目无余额。

②“应付保单红利”科目。“应付保单红利”为负债类科目,核算保险公司按原保险合同约定应支付但尚未支付给投保人的红利。本科目应当按投保人进行明细核算。保险公司按原保险合同约定计提应支付的保单红利时,借记“保单红利支出”,贷记“应付保单红利”;向投保人支付保单红利时,借记“应付保单红利”,贷记“库存现金”“银行存款”等科目。“应付保单红利”期末贷方余额,反映按原保险合同约定应支付但尚未支付给投保人的红利。期末,按照清算部门提供的应付保户利差办理转账。借记“保单红利支出”,贷记“应付保单红利”。实际支付红利时,借记“应付保单红利”,贷记“库存现金”。期末,将“保单红利支出”余额转入“本年利润”,借记“本年利润”,贷记“保单红利支出”。

(4)佣金支出的核算

佣金支出是指保险公司向专门推销寿险营销业务的代理人支付的佣金，金额不超过实收保费的5%。佣金支出核算采用“手续费及佣金支出”科目。该科目属于损益类。发生佣金支出时，借记“手续费及佣金支出”科目，贷记“银行存款”科目。期末，将发生佣金支出转入“本年利润”科目。结转后，该科目期末无余额。

3. 人身保险准备金的核算

人身保险业务提存的准备金主要有寿险责任准备金、长期健康险责任准备金、未到期责任准备金和未决赔款准备金

(1)人身保险准备金核算应设置的会计科目

根据《企业会计准则第25号——原保险合同》和《企业会计准则第26号——再保险合同》，应设置以下科目进行人身保险准备金的核算。

①“保险责任准备金”科目。本科目核算保险公司原保险合同保险责任准备金，包括未决赔款准备金、寿险责任准备金、长期健康险责任准备金。也可设置“未决赔款准备金”“寿险责任准备金”“长期健康险责任准备金”等科目，分别核算提取的未决赔款准备金、寿险责任准备金、长期健康险责任准备金。再保险接受人提取的再保险合同保险责任准备金也在本科目核算。本科目应按照保险责任准备金的类别和保险合同进行明细核算。

“保险责任准备金”科目期末贷方余额，反映提取的保险责任准备金结余。

涉及保险责任准备金的账务处理主要有：

● 非寿险保险事故发生的当期，应按保险精算确定的未决赔款准备金余额，借记“提取保险责任准备金”，贷记“保险责任准备金”。

确认寿险保费收入的当期，应按保险精算确定的寿险责任准备金余额、长期健康险责任准备金余额，借记“提取保险责任准备金”，贷记“保险责任准备金”。

● 对保险责任准备金进行充足性测试时，应按补提保险责任准备金余额，借记“提取保险责任准备金”，贷记“保险责任准备金”。

● 原保险合同保险人确定支付赔付款金额或实际发生理赔费用的当期，应按相应的保险责任准备金余额，借记“保险责任准备金”，贷记“提取保险责任准备金”。

再保险接受人收到分保业务账单的当期，应按分保保险责任准备金相应冲减金额，借记“保险责任准备金”，贷记“提取保险责任准备金”。

● 寿险原保险合同提前解除的，应按相关寿险责任准备金余额、长期健康险责任准备金余额，借记“保险责任准备金”，贷记“提取保险责任准备金”。

②“提取保险责任准备金”科目。本科目核算保险公司提取的原保险合同保险责任

准备金，包括提取的未决赔款准备金、提取的寿险责任准备金、提取的长期健康险责任准备金。企业也可设置“提取未决赔款准备金”“提取寿险责任准备金”“提取长期健康险责任准备金”等科目，分别核算提取的未决赔款准备金、提取的寿险责任准备金、提取的长期健康险责任准备金。再保险接受人提取的再保险合同保险责任准备金也在本科目核算。本科目应当按照保险责任准备金的类别、险种和保险合同进行明细核算。期末，应将“提取保险责任准备金”余额转入“本年利润”，结转后，“提取保险责任准备金”科目期末无余额。

③ “提取未到期责任准备金”科目。本科目核算保险公司提取的原保险合同未到期责任准备金和再保险合同分保未到期责任准备金。本科目应按险种和保险合同进行明细核算。

涉及提取未到期责任准备金的账务处理主要有：

● 在确认原保费收入、分保费收入的当期，应按保险精算确定的未到期责任准备金余额，借记“提取未到期责任准备金”，贷记“未到期责任准备金”。

● 资产负债表日，应按保险精算重新计算确定的未到期责任准备金余额与已确认的未到期责任准备金余额的差额，借记“未到期责任准备金”，贷记“提取未到期责任准备金”。

● 原保险合同提前解除的，应按相关未到期责任准备金余额，借记“未到期责任准备金”，贷记“提取未到期责任准备金”。

● 确认非寿险原保险合同保费收入的当期，按相关再保险合同约定计算确定应收分保未到期责任准备金余额，借记“应收分保未到期责任准备金”，贷记“提取未到期责任准备金”。

资产负债表日，调整原保险合同未到期责任准备金余额时，按相关再保险合同约定计算确定的应收分保未到期责任准备金的调整余额，借记“提取未到期责任准备金”，贷记“应收分保未到期责任准备金”。期末，应将“提取未到期责任准备金”余额转入“本年利润”，结转后，“提取未到期责任准备金”期末无余额。

下面对寿险责任准备金、长期健康险责任准备金、未到期责任准备金的核算分别阐述。

(2)寿险责任准备金的核算

寿险具有长期性和储蓄性。在寿险业务中，由于投保人通常是选择分期均衡缴费方式支付保险费，因此，投保人缴纳的分期保险费实质上是均衡保险费。与保险合同整个期限相比，出险前期自然保费(或支出)小于均衡保险费，而后期自然保费(或支出)大于均衡保费。保险公司为了平衡未来发生的债务，保证有充足能力随时进行给付，必须

把投保人历年缴纳的纯保费和利息积累起来，作为将来保险金给付和退保给付的责任准备金。寿险责任准备金应是保险公司收入的净保费和利息与寿险合同中所规定的当年应承担给付义务之间的差额。为了核算和监督寿险责任准备金的提取、赔付等情况，可以设置以下科目进行核算。

①“寿险责任准备金”科目。“寿险责任准备金”科目用来核算保险公司为承担寿险保险期间内的保险责任而应提取的准备金。本科目为负债类科目。本科目期末贷方余额，反映保险公司已提取但尚未转回的寿险责任准备金。核算方法见前述“保险责任准备金”科目。

②“提取寿险责任准备金”科目。“提取寿险责任准备金”科目用来核算保险公司为承担寿险保险期内的责任而提取的准备金。本科目为损益类科目。期末，应将本科目余额转入“本年利润”，结转后，本科目期末无余额。核算方法见前述“提取保险责任准备金”。

【例8－19】 某人寿保险公司20×5年12月31日提取寿险责任准备金5 000 000元，转回上年同期提取的寿险责任准备金3 500 000元。会计分录为：

● 提存寿险责任准备金：

借：提取寿险责任准备金　　5 000 000

　　贷：寿险责任准备金　　5 000 000

● 转回上年同期提取的寿险责任准备金：

借：寿险责任准备金　　3 500 000

　　贷：提取寿险责任准备盒　　3 500 000

● 将提取寿险责任准备金结转本年利润：

借：本年利润　　1 500 000

　　贷：提取寿险责任准备金　　1 500 000

(3)长期健康险责任准备金的核算

健康保险也称疾病保险，是指被保险人在患病时发生医疗费用支出，或因疾病致残或死亡时，由保险公司承担给付保险金责任的保险。健康保险按保险期限的长短，可划分为短期健康保险（保险期限为一年及一年以下）和长期健康保险（保险期限为一年以上）；按保险标的所产生的结果，可划分为医疗保险、疾病保险、残疾收入补偿保险等。

为了核算和监督保险公司在年度决算时长期健康险责任准备金的提取情况，应设置以下两个会计科目进行核算：

①“长期健康险责任准备金”科目。“长期健康险责任准备金”用来核算保险公司长期性健康保险业务按规定提取的准备金。本科目属于负债类，贷方登记保险公司期末

按规定提取的长期健康险责任准备金，以及被保险人从外地转入保险关系而转入的长期健康险责任准备金；借方登记上年同期提取的长期健康险责任准备金，以及因被保险人迁往外地转移保险关系而转出的长期健康险责任准备金。本科目贷方余额反映保险公司已提取但尚未转回的长期健康险责任准备金。本科目核算方法见前述"保险责任准备金"。

②"提取长期健康险责任准备金"科目。"提取长期健康险责任准备金"科目用来核算保险公司长期性健康保险业务按规定提取的准备金。本科目属于损益类科目，借方登记期末保险公司按规定提取的长期健康险责任准备金，贷方登记期末结转"本年利润"科目的余额。结转后，本科目应无余额。本科目的核算方法见前述"提取保险责任准备金"。

【例 8-20】 某人寿保险公司 201×年 12 月 31 日提取长期健康责任准备金 10 000 000元，转回上年同期提取的长期健康险责任准备金7 000 000元，公司应编制如下会计分录：

● 提取长期健康险责任准备金：

借：提取长期健康险责任准备金　　10 000 000

　贷：长期健康险责任准备金　　10 000 000

● 转回上年同期提取的长期健康险责任准备金：

借：长期健康险责任准备金　　7 000 000

　贷：提取长期健康险责任准备金　　7 000 000

● 将提取的长期健康责任险准备金转入本年利润：

借：本年利润　　3 000 000

　贷：提取长期健康险责任准备金　　3 000 000

(4)未到期责任准备金和未决赔款准备金的核算

未到期责任准备金是对短期人身保险业务按规定提取的准备金，未决赔款准备金是对意外伤害保险发生的保险事故按规定提取的准备金，两种准备金核算方法与财产保险相同。

三、人身保险"三差"损益的核算

人身保险业务的"三差"是死差、利差和费差的简称。死差是指预定死亡率与实际死亡率之间的差异；利差是指预定利率与实际利率之间的差异；费差是指预定费用率与实际费用率之间的差异。人身保险业务保险费的确定主要考虑预定死亡率、预定利率和预定费用率。实际工作中，由于预定死亡率、预定利率和预定费用率与实际情况存在

差异,由此形成“三差”。“三差”是人身保险业务利润或亏损形成的主要原因,体现了人身保险业务损益计算的特殊性。“三差”损益通过编制“三差”益(损)计算表来反映。

1. 死差益(损)的计算

死差益是由于预定死亡率高于实际死亡率,保险公司按预定死亡率收取纯保费支出实际死亡成本后尚有盈余而产生的利润;反之,则会产生死差损。死差益(损)计算公式为:

死差益(损)=(预定死亡率－实际死亡率)×危险保额

＝危险保费总额－实际支付的危险保险费

死差益(损)计算表的格式如表 8－1 所示。

表 8－1　死差益(损)计算表

年　　月　　日　　　　　　　　　　　　　　　　　　　　　　单位:元

	本年度保费收入	本年度预定提取利息	转回责任准备金	年末提取责任准备金	本年度退保,给付金额				死差益(损)
					退保金	死伤医疗给付	满期给付	年金给付	
	(1)	(2)	(3)	(4)	(5)	(6)	(7)	(8)	(9)
一、人寿保险									
1. ××险种									
2. ××险种									
二、健康保险									
1. ××险种									
2. ××险种									
三、年金保险									
1. ××险种									
2. ××险种									
四、其他险									
1. ××险种									
2. ××险种									
合计									

死差益(损)计算表中各项目填列方法如下:

①“本年度纯保费收入”项目根据利差益(损)计算表中各险种的“保费收入”减“附

加保费”的金额填列。

② “本年度预定提取利息”项目根据利差益(损)计算表中各险种相应项目数字填列。

③ “转回责任准备金”项目是指当年年初责任准备金加本年度转入数减本年转出数的数额,按年末“提取责任准备金”的转回明细数填列。

④ “年末提取责任准备金”项目根据“提取责任准备金”科目各险种明细账金额填列。

⑤ “本年度退保、给付金额”项目根据“退保金”“满期给付”“死伤医疗给付”“年金给付”等科目各险种明细账当年发生额累计数填列。

⑥ “死差益(损)”为各险种“(1)+(2)”与“(3)-(8)”的差额,正数为死差益,负数为死差损。

2. 费差益(损)的计算

纯保费形成责任准备金,附加保费是保险公司开展业务必要的费用标准。如果实际费用低于附加保费,形成了费差益;反之,形成费差损。费差益(损)的计算公式如下:

费差益(损)=(预定附加费率-实际费用率)×保险费总额

=附加保费总额-实际营业费用总额

费差益(损)计算表的格式如表 8-2 所示。

表 8-2 费差益(损)计算表

年 月 日 单位:元

	保费收入	附加保费			费用支出				费差益(损)
		费率(%)	金额	比重(%)	手续费及佣金	营业费用	其他	小计	
	(1)	(2)	(3)	(4)	(5)	(6)	(7)	(8)	(9)
一、人寿保险 1. ××险种 2. ××险种									
二、健康保险 1. ××险种 2. ××险种									

（续表）

	保费收入	附加保费			费用支出				费差益（损）
		费率（%）	金额	比重（%）	手续费及佣金	营业费用	其他	小计	
	（1）	（2）	（3）	（4）	（5）	（6）	（7）	（8）	（9）
三、年金保险 1. ××险种 2. ××险种									
四、其他险 1. ××险种 2. ××险种									
合计									

费差益（损）计算表中各项目内容和填列方法如下：

①“保费收入”项目反映各险种当年原保费收入总额，根据“保费收入”科目及其明细账发生额累计数填列。

②“附加保费费率”项目反映各险种预定保费费率，根据业务部门提供的数据填列。

③“附加保费金额”项目反映各险种保费收入中所含附加保费的金额，根据表中各险种“保费收入”项目乘以“附加保费费率”项目结果填列。

④“附加保费比重”项目反映各险种附加保费占总附加保费额的百分比，根据表中“附加保费金额”计算填列。

⑤“费用支出”栏的“手续费”“佣金”“营业费用”，根据“手续费及佣金支出”“营业费用”科目及其明细科目的发生额累计数填列。

⑥“费用支出”栏的“其他”项目根据除手续费、佣金及营业费用以外费用发生额填列。

⑦“费差益（损）”项目按表中各险种“附加保费金额”减“费用支出小计”的差额填列，正数为费差益，负数为费差损。

3. 利差益（损）的计算

当实际收益率（或利率）高于预定利率时，说明年初责任准备金加上该年度储蓄保险金合计利息超过年末所需责任准备金，超过部分就是利差益；反之，则为利差损。其计算公式为：

$$利差益(损)=(实际收益率-预定利率)×责任准备金总额$$
$$=实际收益总额-预计收益总额$$

利差益(损)计算表的格式如表8-3所示。

表8-3 利差益(损)计算表

年 月 日 单位:元

	年初责任准备金		本年度利息收入	本年度投资收益	本年度预定提取利息	利差益(损)
	金额	比重(%)				
	(1)	(2)	(3)	(4)	(5)	(6)
一、人寿保险 1. ××险种 2. ××险种						
二、健康保险 1. ××险种 2. ××险种						
三、年金保险 1. ××险种 2. ××险种						
四.其他险 1. ××险种 2. ××险种						
合计						

利差益(损)计算表各项目填列方法如下:

① "本年度利息收入"项目,其合计数为年末"利息收入"科目发生额累计数。各险种利息收入按其"年初责任准备金"所占比重计算填列。

② "本年度投资收益"项目,其合计数为"投资收益"科目发生额累计数。各险种投资收益按其"年初责任准备金"所占比重计算填列。

③ "本年度预定提取利息"项目按预定利率乘以各险种当年准备金总额的结果填列。

$$本年度预定提取利息=预定利率×[年初责任准备金+(纯保费-退保金-满期给付-死伤医疗给付)÷2]$$

“利差益(损)”项目按表中各险种“本年度利息收入”加“本年度投资收益”减“本年度预定提取利息”的结果填列。正数为利差益,负数为利差损。

第四节　再保险业务的核算

一、再保险业务的概念

再保险亦称分保,是保险公司将其经营业务一部分分给其他保险公司或再保险公司的保险业务。在再保险业务中,分出分保业务的公司称为原保险公司或分出公司,接受分保业务的公司称为再保险公司或分入公司。原保险是发生在投保人和保险公司之间的业务活动,称为直接保险业务。当原保险公司承保的直接保险业务金额较大且风险过于集中时,就有必要进行再保险,再保险就是保险人的保险。

在再保险的市场,再保险人包括专业再保险人、兼营再保险人和再保险集团。专业再保险人是指依法设立专门从事再保险业务的保险公司,这类公司本身不能直接办理保险业务,只能从原保险公司那里接受分保业务,同时也可以将接受分保业务再向其他再保险人转分保。兼营再保险人是指能够接受再保险业务的原保险公司。再保险集团是指多个保险公司根据协议而组成的再保险联合体,参与者按照比例分担直接保险与再保险业务。当保险金额或再保险金额巨大,超过某一家保险公司承保能力时,就需要再保险集团共同承担。

二、再保险业务的种类

再保险业务主要包括三种类型:临时再保险业务、合同再保险业务和预约再保险业务。

① 临时再保险业务。临时再保险是最古老、最简单的再保险安排方式,是分出公司根据业务需要将有关风险或责任临时与分入保险公司协商签订合同的再保险安排。对于临时再保险业务,分出和分入公司均有自由选择权。

② 合同再保险业务。合同再保险业务是分出公司就某类业务与分入公司预先签订合同,分出公司按照合同约定将有关风险或责任转让给分入公司的再保险安排。由于合同已经将业务范围、地区范围、例外责任、分保手续费、自留额、合同最高限额、账单编制和付费等各项分保条件用文字予以约定,双方的权利和义务均已明确,所以合同再保险亦称为固定再保险。合同一经签订,双方就不再有自由选择权利。合同再保险是再保险市场上最主要的安排形式。

③ 预约再保险业务。预约再保险业务是介于合同再保险业务和临时再保险业务之

间的一种安排方式。预约再保险对于分出公司具有临时再保险性质，对分入公司则具有合同再保险性质。分出公司就某类业务与分入公司签订预约再保险合同后，对自己手里该类业务可自由选择办理，但对分入公司来说就没有选择余地，凡是分出属于预约再保险范围的业务必须接受。预约再保险一般适用于特定地区的特定风险或巨额累积责任。

三、再保险业务核算的要求

① 设置专用会计科目，单独设账，单独核算。再保险分出人不应将再保险合同形成的资产与有关原保险合同形成的负债相互抵消，同时再保险分出人不应将再保险合同形成的收入或费用与有关原保险合同形成的费用或收入相互抵消。

② 分出业务和分入业务分别核算。对既经营直接保险业务又经营再保险业务的保险公司而言，分出业务一般并入直接业务核算，分入业务则应单独核算；专业再保险公司转分保业务也纳入分入业务进行核算，以便准确核算其业务绩效。

③ 按不同险种进行分类，以区分各类分保业务好坏，并在此基础上根据会计年度划分不同年度经营成果。

④ 再保险业务资金在保险人之间或通过保险经纪人进行结算，要求按时寄送账单并及时结付款项，这是衡量分出、分入公司及保险经纪人信誉好坏的主要标志。

四、分出再保险业务的核算

1. 分出再保险业务的核算内容

《企业会计准则第 26 号——再保险合同》分出再保险业务内容作了如下规定：

第一，再保险分出人不应将再保险合同形成的资产与有关原保险合同形成的负债相互抵消；不应当将再保险合同形成的收入或费用与有关原保险合同形成的费用或收入相互抵消。

第二，再保险分出人应当在确认原保险合同保费收入的当期，按相关再保险合同的约定，计算确定分出保费，计入当期损益；同时，原保险合同为非寿险原保险合同的，再保险分出人还应按相关再保险合同的约定，计算确认应收分保未到期责任准备金，并冲减提取未到期责任准备金。再保险分出人应当在资产负债表日调整原保险合同未到期责任准备金余额时，相应调整应收分保未到期责任准备金余额。

第三，再保险分出人应当在确认原保险合同保费收入的当期，按照相关再保险合同的约定，计算确定应向再保险接受人摊回的分保费用，计入当期损益。

第四，再保险分出人应当在提取原保险合同未决赔款准备金、寿险责任准备金、长期健康险责任准备金的当期，按照相关再保险合同的约定，计算确定应向再保险接受人摊回的准备金，确认为应收分保准备金资产。

第五，再保险分出人应当在确定支付赔付款金额或实际发生理赔费用而冲减原保

险合同相应的准备金余额的当期，冲减相应的应收分保准备金余额；同时，按照相关再保险合同的约定，计算确定应向再保险接受人摊回的赔付成本，计入当期损益。

第六，再保险分出人应在原保险合同提前解除的当期，按相关再保险合同的约定，计算确定分出保费、摊回分保费用的调整金额，计入当期损益；同时，转销应收分保准备金余额。

第七，再保险分出人应因取得和处置损余物资、确认和收到应收代位追偿款等而调整原保险合同赔付成本的当期，按相关再保险合同约定计算确定摊回赔付成本的调整金额，计入当期损益。

第八，再保险分出人应在发出分保业务账单时，将账单标明扣存本期分保保证金确认为存入分保保证金；同时，按账单标明返还上期扣存分保保证金转销相关存入分保保证金。再保险分出人应根据相关再保险合同的约定，按期计算存入分保保证金利息，计入当期损益。

第九，再保险分出人应根据相关再保险合同的约定，在计算确定应向再保险接受人收取纯益手续费时，将该项纯益手续费作为摊回的分保费用，计入当期损益。

第十，对于超额赔款再保险等非比例再保险合同，再保险分出人应当根据再保险合同的约定，计算确定分出保费，计入当期损益。再保险分出人调整分出保费时，应当将调整金额计入当期损益。再保险分出人应当在能够计算确定应向再保险接受人摊回的赔付成本时，将该项应摊回的赔付成本计入当期损益。

2. 再保险分出业务核算的会计科目

(1)“应收分保账款”科目

该科目核算保险公司从事再保险业务应收但尚未收到的款项。本科目是资产类科目，应当按照再保险分出人和再保险合同进行明细核算。涉及“应收分保账款”的账务处理主要有：

① 保险公司在确认原保险合同保费收入的当期，按相关再保险合同约定计算确定应向再保险接受人摊回的分保费用，借记“应收分保账款”，贷记“摊回分保费用”。

② 在确定支付赔付款项金额或实际发生理赔费用而冲减原保险合同相应未决赔款准备金、寿险责任准备金、长期健康险责任准备金余额的当期，按相关再保险合同约定计算确定应向再保险接受人摊回的赔付成本金额，借记“应收分保账款”，贷记“摊回赔付支出”。

③ 在原保险合同提前解除的当期，按相关再保险合同约定计算确定的摊回分保费用的调整金额，借记“摊回分保费用”，贷记“应收分保账款”。

④ 在因取得和处置损余物资、确认和收到应收代位追偿款等而调整原保险合同赔

付成本的当期，按相关再保险合同约定计算确定的摊回赔付支出的调整金额，借记或贷记“摊回赔付支出”，贷记或借记“应收分保账款”。

⑤ 在能够计算确定应向再保险接受人收取纯益手续费时，按相关再保险合同约定计算确定的纯益手续费，借记“应收分保账款”，贷记“摊回分保费用”。

⑥ 对于超额赔款再保险等非比例再保险合同，在能够计算确定应向再保险接受人摊回的赔付成本时，按摊回的赔付成本金额，借记“应收分保账款”，贷记“摊回赔付支出”。

再保险分出人收到或支付分保账款时，按相关应付分保账款金额，借记“应付分保账款”，按相关应收分保账款金额，贷记“应收分保账款”，按收到或支付的分保账款金额，借记或贷记“银行存款”“应收分保账户”科目期末借方余额，反映从事再保险业务应收但尚未收到的款项。

(2)“应付分保账款”科目

该科目核算保险公司从事再保险业务应支付但尚未支付的款项。本科目应按再保险分出人和再保险合同进行明细核算。涉及“应付分保账款”的账务处理主要有：

① 在确认原保险合同保费收入的当期，按相关再保险合同约定计算确定的分出保费金额，借记“分出保费”，贷记“应付分保账款”。

② 在原保险合同提前解除的当期，按相关再保险合同约定计算确定的分出保费的调整金额，借记“应付分保账款”，贷记“分出保费”。

③ 发出分保业务账单时，按账单标明的扣存本期分保保证金金额，借记“应付分保账款”科目，贷记“存入保证金”；按账单标明的返还上期扣存分保保证金金额，借记“存入保证金”，贷记“应付分保账款”。

④ 按期计算存入分保保证金利息时，借记“利息支出”，贷记“应付分保账款”。

⑤ 对于超额赔款再保险等非比例再保险合同，按相关再保险合同约定计算确定分出保费金额，借记“分出保费”，贷记“应付分保账款”。调整分出保费时，借记或贷记“应付分保账款”，贷记或借记“分出保费”科目。

另外，涉及“应付分保账款”结算的账务处理：再保险分出人收到或支付分保账款时，按相关应付分保账款金额，借记“应付分保账款”，按相关应收分保账款金额，贷记“应收分保账款”，按收到或支付的分保账款金额，借记或贷记“银行存款”。“应付分保账款”期末贷方余额，反映从事再保险业务应支付但尚未支付的款项。

(3)“应收分保未到期责任准备金”科目

该科目核算再保险分出人从事再保险业务确认的应收分保未到期责任准备金。本科目应按照再保险接受人和再保险合同进行明细核算。涉及“应收分保未到期责任准备金”科目的账务处理主要有：

① 保险公司在确认非寿险原保险合同保费收入的当期，按相关再保险合同约定计算确定的应收分保未到期责任准备金金额，借记“应收分保未到期责任准备金”，贷记“提取未到期责任准备金”。

② 资产负债表日，调整原保险合同未到期责任准备金余额时，按相关再保险合同约定计算确定的应收分保未到期责任准备金的调整金额，借记“提取未到期责任准备金”，贷记“应收分保未到期责任准备金”。

③ 在原保险合同提前解除而转销相关未到期责任准备金余额的当期，借记“提取未到期责任准备金”，贷记“应收分保未到期责任准备金”。

“应收分保未到期责任准备金”科目的期末借方余额，反映公司从事再保险业务确认的应收分保未到期责任准备金的结余。

(4)“应收分保保险责任准备金”科目

该科目核算再保险分出人从事再保险业务应向再保险接受人摊回的保险责任准备金，包括未决赔款准备金、寿险责任准备金、长期健康险责任准备金。本科目应按保险责任准备金类别和再保险接受人、再保险合同进行明细核算。涉及“应收分保保险责任准备金”的账务处理主要有：

① 在提取原保险合同保险责任准备金的当期，按相关再保险合同约定计算确定的应向再保险接受人摊回的保险责任准备金金额，借记“应收分保保险责任准备金”，贷记“摊回保险责任准备金”。

② 在确定支付赔付款金额或实际发生理赔费用而冲减原保险合同相应未决赔款准备金、寿险责任准备金、长期健康险责任准备金余额的当期，按相关应收分保保险责任准备金的冲减金额，借记“摊回保险责任准备金”，贷记“应收分保保险责任准备金”。

③ 在对原保险合同保险责任准备金进行充足性测试补提保险责任准备金时，按相关再保险合同约定计算确定的应收分保保险责任准备金的相应增加额，借记“应收分保保险责任准备金”，贷记“摊回保险责任准备金”。

④ 在原保险合同提前解除而转销相关寿险责任准备金、长期健康险责任准备金余额的当期，按相关应收分保保险责任准备金余额，借记“摊回保险责任准备金”，贷记“应收分保保险责任准备金”。“应收分保保险责任准备金”科目的期末借方余额，反映公司从事再保险业务应向再保险接受人摊回的保险责任准备金的结余。

(5)“摊回保险责任准备金”科目

该科目核算再保险分出人从事再保险业务应向再保险接受人摊回的保险责任准备金，包括未决赔款准备金、寿险责任准备金、长期健康险责任准备金。本科目应当按照保险责任准备金的类别和险种进行明细核算。也可以设置“摊回未决赔款准备金”“摊回寿险责任准备金”“摊回长期健康险责任准备金”科目，分别核算应向再保险接受人摊回的未决赔款准备金、寿险责任准备金、长期健康险责任准备金。涉及“摊回保险责任准备金”的账务处理主要有：

① 在提取原保险合同保险责任准备金的当期，应按相关再保险合同约定计算确定的应向再保险接受人摊回的保险责任准备金金额，借记“应收分保保险责任准备金”，贷记“摊回保险责任准备金”。

② 在确定支付赔付款金额或实际发生理赔费用而冲减原保险合同相应保险责任准备金余额的当期，应按应收分保保险责任准备金的相应冲减金额，借记“摊回保险责任准备金”，贷记“应收分保保险责任准备金”。

③ 在对原保险合同保险责任准备金进行充足性测试补提保险责任准备金时，应按相关再保险合同约定计算确定的应收分保保险责任准备金的相应增加额，借记“应收分保保险责任准备金”，贷记“摊回保险责任准备金”。

④ 在寿险原保险合同提前解除而转销相关寿险责任准备金、长期健康险责任准备金余额的当期，应按相关应收分保保险责任准备金余额，借记“摊回保险责任准备金”，贷记“应收分保保险责任准备金”。期末，应将“摊回保险责任准备金”余额转入“本年利润”，结转后，“摊回保险责任准备金”期末无余额。

(6)“摊回赔付支出”科目

该科目核算再保险分出人向再保险接受人摊回的赔付成本。本科目应当按照险种进行明细核算。也可分别设置“摊回赔款支出”“摊回年金给付”“摊回满期给付”“摊回死伤医疗给付”等科目，分别核算应向再保险接受人摊回的赔款支出、年金给付、满期给付、死伤医疗给付。涉及“摊回赔付支出”科目的账务处理主要有：

① 在确定支付赔付款金额或实际发生理赔费用而确认原保险合同赔付成本的当期，应按相关再保险合同约定计算确定的应向再保险接受人摊回的赔付成本金额，借记“应收分保账款”，贷记“摊回赔付支出”。

② 在因取得和处置损余物资、确认和收到应收代位追偿款等而调整原保险合同赔付成本的当期，应按相关再保险合同约定计算确定的摊回赔付成本的调整金额，借记或贷记“摊回赔付支出”，贷记或借记“应收分保账款”。

③ 对于超额赔款再保险等非比例再保险合同，在能够计算确定应向再保险接受人摊回的赔付成本时，应按摊回赔付成本金额，借记“应收分保账款”，贷记“摊回赔付支出”。

期末，将“摊回赔付支出”余额转入“本年利润”，结转后，“摊回赔付支出”无余额。

(7)“摊回分保费用”科目

该科目核算再保险分出人向再保险接受人摊回分保费用。本科目按险种进行明细

核算。涉及“摊回分保费用”的账务处理主要有：

① 在确认原保险合同保费收入的当期，应按相关再保险合同约定计算确定的应向再保险接受人摊回的分保费用，借记“应收分保账款”，贷记“摊回分保费用”。

② 在原保险合同提前解除的当期，应按相关再保险合同约定计算确定的摊回分保费用的调整金额，借记“摊回分保费用”，贷记“应收分保账款”。

③ 在能够计算确定应向再保险接受人收取的纯益手续费时，应按相关再保险合同约定计算确定的纯益手续费，借记“应收分保账款”，贷记“摊回分保费用”。

期末，将“摊回分保费用”余额转入“本年利润”，结转后，“摊回分保费用”无余额。

(8)“分出保费”科目

该科目核算再保险分出人向再保险接受人分出的保费。本科目应按险种进行明细核算。涉及“分出保费”科目的账务处理主要有：

① 在确认原保险合同保费收入的当期，应按再保险合同约定计算确定的分出保费金额，借记“分出保费”，贷记“应付分保账款”。

② 在原保险合同提前解除的当期，应按再保险合同约定计算确定的分出保费的调整金额，借记“应付分保账款”，贷记“分出保费”。

③ 对于超额赔款再保险等非比例再保险合同，应按再保险合同约定计算确定的分出保费金额，借记“分出保费”，贷记“应付分保账款”。调整分出保费时，借记或贷记“分出保费”，该科目无余额。

【例 8－21】 甲保险公司与乙保险公司签订火灾再保险合同。甲保险公司将400 000元火险保费分给乙保险公司。按照合同规定，甲保险公司扣存分出保险费的40%作为保费准备金。根据业务部门提供的分保账单，甲保险公司需要向乙保险公司摊回分保赔款200 000元，摊回手续费、税款及杂项100 000元。

● 发出分保账单时，会计分录为：

借：分出保费	400 000	
应收分保账款		60 000
贷：摊回保险责任准备金		160 000
摊回赔付支出		200 000
摊回分保费用		100 000

● 期末，将分保业务收支转入“本年利润”科目，会计分录为：

借：本年利润：	400 000	
贷：分出保费：		400 000
借：摊回赔付支出	200 000	

摊回分保费用　　100 000

贷：本年利润　　300 000

六、分入再保险业务的核算

1. 分入再保险业务核算的有关规定

《企业会计准则第 26 号——再保险合同》对分入再保险业务的核算作了如下规定。

第一，分保费收入同时满足下列条件，才能予以确认：①再保险合同成立并承担相应保险责任；②与再保险合同相关的经济利益很可能流入；③与再保险合同相关的收入能够可靠地计量。再保险接受人应当根据再保险合同的相关约定，计算确定分保费收入金额。

第二，再保险接受人应当在确认分保费收入的当期，根据再保险合同的相关约定，计算确定分保费用，计入当期损益。

第三，再保险接受人应当根据再保险合同的相关约定，在能够计算确定应向再保险分入支付的纯益手续费时，将该项纯益手续费作为分保费用，计入当期损益。

第四，再保险接受人应当在收到分保业务账单时，按照账单标明的金额对相关分保费收入、分保费用进行调整，调整金额计入当期损益。

第五，再保险接受人提取分保未到期责任准备金、分保未决赔款准备金、分保寿险责任准备金、分保长期健康险责任准备金，以及进行相关分保准备金充足性测试，比照《企业会计准则第 25 号——原保险合同》的相关规定进行处理。

第六，再保险接受人应当在收到分保业务账单的当期，按照账单标明的分保赔付款项金额，作为分保赔付成本，计入当期损益；同时，冲减相应的分保准备金余额。

第七，再保险接受人应在收到分保业务账单时，将账单标明的扣存本期分保保证金确认为存出分保保证金；同时，按照账单标明返还上期扣存分保保证金转销相关存出分保保证金。再保险接受人应根据再保险合同的相关约定，按期计算存出分保保证金利息，计入当期损益。

2. 再保险分入业务核算的会计科目

(1)“应收分保账款”科目

该科目核算保险公司从事再保险业务应收尚未收到的款项。本科目是资产类，应按再保险接受人和再保险合同进行明细核算。涉及再保险接受人“应收分保账款”的账务处理主要有：

① 确认分保费收入时，借记“应收分保账款”，贷记“保费收入”。

② 收到分保业务账单时，按账单标明金额调整分保费收入，按调增时，借记“应收分保账款”，贷记“保费收入”科目：按调减时，借记“保费收入”，贷记“应收分保账款”。

③ 收到分保业务账单时，按账单标明的再保险分出人扣存本期分保保证金，借记“存出保证金”，贷记“应收分保账款”；按账单标明的再保险分出人返还上期扣存分保保证金，借记“应收分保账款”，贷记“存出保证金”。

④ 计算存出分保保证金利息时，借记“应收分保账款”，贷记“利息收入”。再保险接受人收到或支付分保账款时，按应付分保账款金额，借记“应付分保账款”；按应收分保账款金额，贷记“应收分保账款”；按收到或支付分保账款金额，借记或贷记“银行存款”。“应收分保账款”科目期末借方余额，反映公司从事再保险业务应收尚未收到的款项。

(2)“应付分保账款”科目

该科目核算保险保险公司从事再保险业务应支付尚未支付的款项。本科目应按再保险接受人和再保险合同进行明细核算。涉及再保险接受人“应付分保账款”的账务处理主要有：

① 在确认分保费收入的当期，按再保险合同的相关约定计算确定的分保费用金额，借记“分保费用”，贷记“应付分保账款”。

② 在能够计算确定应向再保险分出人支付的纯益手续费时，按再保险合同的相关约定计算确定的纯益手续费金额，借记“分保费用”，贷记“应付分保账款”。

③ 收到分保业务账单时，按账单标明的金额对分保费用进行调整，调增时，借记“分保费用”，贷记“应付分保账款”；调减时，借记“应付分保账款”，贷记“分保费用”。

④ 收到分保业务账单的当期，按账单标明的分保赔付款项金额，借记“赔付支出”，贷记“应付分保账款”。

涉及“应付分保账款”结算的账务处理主要有：再保险接受人收到或支付分保账款时，按应付分保账款金额，借记“应付分保账款”；按应收分保账款金额，贷记“应收分保账款”；按照收到或支付的分保账款金额，借记或贷记“银行存款”。该科目期末贷方余额，反映公司从事再保险业务应支付尚未支付的款项。

(3)“保费收入”科目

分保费收入是指再保险接受人根据再保险合同准则确认的再保险合同分保费收入。分保费收入同时满足下列条件，才能予以确认：

① 再保险合同成立并承担相应的保险责任；

② 与再保险合同相关的经济利益很可能流入；

③ 与再保险合同相关的收入能够可靠地计量。

“保费收入”科目核算再保险接受人根据再保险合同准则确认的再保险合同分保费收入。该科目是损益类科目，应当按照险种进行明细核算。确认分保费收入时，借记“应收分保账款”，贷记“保费收入”；收到分保业务账单时，按账单标明金额对分保费收入进行调整，调增时，借记“应收分保账款”，贷记“保费收入”；调减时，做相反的会计分录。期末，将“保费收入”余额转入“本年利润”，结转后，“保费收入”科目期末无余额。

(4)“赔付支出”科目

该科目核算保险公司支付的原保险合同赔付款项和再保险合同赔付款项。本科目应按险种和保险合同进行明细核算。也可分别设置“赔款支出”“满期给付”“年金给付”“死伤医疗给付”“分保赔付支出”等科目，分别核算支付的赔款支出、满期给付、年金给付、死伤医疗给付或分保赔付支出。

再保险接受人收到分保业务账单的当期，应按账单标明的分保赔付款项金额，借记“赔付支出”，贷记“应付分保账款”。期末，将“赔付支出”余额转入“本年利润”，结转后，“赔付支出”科目期末无余额。

(5)“分保费用”科目

该科目核算再保险接受人向再保险分出人支付的分保费用。本科目应按险种进行明细核算。涉及“分保费用”的账务处理主要有：

① 在确认分保费收入的当期，应按再保险合同约定计算确定的分保费用金额，借记“分保费用”，贷记“应付分保账款”。

② 在能够计算确定应向再保险分出人支付的纯益手续费时，应按再保险合同约定计算确定的纯益手续费，借记“分保费用”，贷记“应付分保账款”。

③ 收到分保业务账单时，按账单标明的金额对分保费用进行调整，借记或贷记“分保费用”，贷记或借记“应付分保账款”。

期末，将“分保费用”余额转入“本年利润”，结转后，“分保费用”科目无余额。

【例 8－22】 沿用例 8－21 资料，乙保险公司接到甲保险公司寄送的分保账单，根据分保账单，乙公司编制记账凭证，办理转账。

● 收到分保业务账单时，会计分录为：

	借	贷
借：提取保险责任准备金	160 000	
赔付支出		200 000
分保费用		100 000
贷：保费收入		400 000
应付分保账款		60 000

● 期末，将分保业务收支转入“本年利润”科目，其会计分录为：

	借	贷
借：保费收入	400 000	
贷：本年利润		400 000
借：本年利润	300 000	

贷:赔付支出　　200 000

　　分保费用　　100 000

七、再保险业务的损益核算

下面举例说明再保险业务损益的核算。

【例 8-23】 某保险公司 2016 年分入火险业务,结算损益期为三年。结算年度公司提取未决赔款准备金50 000元。保险公司 2016—2018 年度收支资料如表 8-4 所示。

表 8-4　三年火险 2017—2018 年度收支表　单位:元

营业收支项目	业务年度	业务年度	业务年度
	2016 年	2017 年	2018 年
保费收入	500 000	400 000	100 000
分保赔付支出	300 000	150 000	50 000
分保费用	20 000	10 000	5 000

2016 年会计年度决算:

● 提取保险责任准备金

保险责任准备金金额=500 000-(300 000+20 000)=180 000(元)。

借:提取保险责任准备金　　180 000

　　贷:保险责任准备金　　180 000

● 将 2016 年度收支、提取的准备金结转“本年利润”

借:保费收入　　500 000

　　贷:本年利润　　500 000

借:本年利润　　500 000

　　贷:分保赔付支出　　300 000

　　　　分包费用　　20 000

　　　　提取保险责任准备金　　180 000

2017 年会计年度决算:

● 提取保险责任准备金

保险责任准备金金额=(180 000+400 000)-(150 000+10 000)=420 000(元)。

借:提取保险责任准备金　　420 000

　　贷:保险责任准备金　　420 000

● 转回上年提取的保险责任准备金

借：保险责任准备金　　180 000

　贷：提取保险责任准备金　　180 000

● 将2017年业务收支、提取、转回的保险责任准备金结构"本年利润"

借：保费收入　　400 000

　贷：本年利润　　400 000

借：本年利润　　400 000

　贷：分保赔付支出　　150 000

　　分保费用　　10 000

　　提取保险责任准备金　　240 000

2018年会计年度决算：

● 提取未决赔款准备金

借：提取未决赔款准备金　　50 000

　贷：未决赔款准备金　　50 000

● 转回上年提取的保险责任准备金

借：保险责任准备金　　420 000

　贷：提取保险责任准备金　　420 000

● 将2018年度业务收支、转回保险责任准备金、提取未决赔款准备金结转"本年利润"

借：保费收入　　100 000

　提取保险责任准备金　　420 000

　贷：本年利润　　520 000

借：本年利润　　105 000

　贷：分保赔付支出　　50 000

　　分保费用　　5 000

　　提取未决赔款准备金　　50 000

2016年度，该保险公司利润表如表8-5所示。

表8-5　三年期火险2016业务年度利润表

（2016年12月31日）　　单位：元

项　　目	本期数	本年累计数
一、营业收入		
保费收入		100 000

（续表）

项　　目	本期数	本年累计数
二、营业支出		
分保赔付支出		50 000
分保费用		5 000
三、准备金提转差		
提取未决赔款准备金		50 000
转回保险责任准备金		420 000
分保利润		415 000

2016年度，该公司分保利润＝100 000－(50 000＋5 000)＋(420 000－50 000)＝415 000(元)。

调研与实践题

组织学生对保险公司经营业务进行实地调研，使学生熟悉保险公司业务种类，启发学生换位思考，从中把握保险公司会计核算的特点。

自主学习内容

1. 什么是入账保费、已赚保费和未赚保费？如何计算与计量？
2. 什么是再保险业务？具体包括哪些内容？
3. 如何核算再保险分入业务与分出业务？

复习思考题

1. 简述保险业务的种类及其业务核算的特点。
2. 什么是财产保险业务？具体包括哪些内容？
3. 什么是人身保险业务？具体包括哪些内容？
4. 财产保险业务准备金包括哪些内容？如何计提与账务处理？
5. 人身保险业务准备金包括哪些内容？如何计提与账务处理？
6. 什么是人身保险的“三差”损益？如何计算？
7. 如何核算再保险业务的损益？

账务处理题

1. 太平洋保险公司发生以下经济业务：

(1)太平洋保险公司收到银行转来的收账通知，系 A 公司投保的 5 年期团体寿险，投保对象为该公司 100 名员工，每人按标准每月缴费 50 元。

(2)新华公司为员工投保的 3 年期团体两全人寿保险现已到期。太平洋保险公司业务部门按缴费期限、投保份数，计算每一份被保险人已满期的保险金，总计为300 000元，以银行存款转账支付。

(3)张晶投保的保险金额为60 000元的两全保险期满，尚有12 000元保单质押贷款未归还，该笔贷款应付利息为 600 元。太平洋保险公司会计部门将贷款及利息扣除后办理给付。

(4)20×8 年 5 月 31 日，太平洋保险公司分配相关理赔人员薪酬45 000元，其中与寿险责任准备金有关的金额为23 000元，与长期健康险责任准备金有关的金额为22 000元。

(5)20×8 年 12 月 31 日，太平洋保险公司精算部门计算确定的某团体终身寿险合同寿险责任准备金金额为120 000元。

要求：根据上述经济业务，编制太平洋保险公司的会计分录。

2. A 保险公司与 B 保险公司签订货运险再保险合同，采取溢额再保险方式，A 保险公司承保金额为60 000 000元，自留额为15 000 000元。A 保险公司本月保费为9 000 000元，发生赔款6 000 000元。按照合同规定，A 保险公司向 B 保险公司提供理赔资料，B 保险公司向 A 保险公司预付了2 400 000元的现金赔款。

要求：根据上述经济业务，编制 A 保险公司的会计分录。

3. 安正保险公司发生以下经济业务：

(1)20×8 年 6 月 1 日，安正保险公司收到鑫达公司交来的保费15 000元，公司于下月 1 日起承担保险责任。

(2)德宏公司在安正保险公司投保企业财产险。20×8 年 2 月 15 日，该企业厂房倒塌，于是向安正保险公司申请相应的赔付。因该事件一时不能结案，但为了尽快恢复生产，安正保险公司按照预计损失的 50%，以支票预付赔款60 000元。20×8 年 9 月 8 日，经安正保险公司调查核实应支付德宏公司的赔偿金额为180 000元，随即开出支票120 000元结清此案。

(3)20×8 年 6 月 5 日，安正保险公司与嘉华公司签订了财产保险合同，按合同精算确定应提取未决赔偿款准备金5 000 000元。8 月 10 日，安正保险公司支付嘉华公司赔偿金5 000 000元，同时冲减相应的未决赔偿金余额。

(4)李某 20×8 年 3 月于安正保险公司投保 10 年期终身寿险，按规定每年缴纳保费4 000元，宽限期为 3 个月。20×8 年 3 月该保户缴纳保费4 000元；20×9 年 3 月缴费期已到，但该保户尚未缴纳保费；20×89 年 5 月，该保户交来保费4 000元。

(5)张华在安正保险公司投保养老保险，因经济困难要求退保，退保金为5 000元，但尚有 100 元借款及 75 元利息未还清。安正保险公司经审核无误后以现金支付。

(6)安正保险公司 20×8 年 12 月 31 日提取寿险责任准备金5 000 000元，转回上年同期提取的寿

险责任准备金3 500 000元。

(7)安正保险公司与安华保险公司签订火灾再保险合同，安正保险公司将400 000元火险保费分给安华保险公司。按照合同规定，安正保险公司扣存分出保费的40%作为保费准备金。根据业务部门提供的分保账单，安正保险公司需要向安华保险公司摊回分保赔款20 000元，摊回手续费、税费及杂项100 000元。

要求：根据上述经济业务，编制安正保险公司的会计分录。

第九章 互联网金融公司业务的核算

本章导读

互联网金融是传统金融企业与互联网企业利用互联网技术和移动通信技术实现资金融通、支付、投资和信息中介服务的新兴金融业务模式，是传统金融行业与互联网技术相结合的新兴领域。互联网金融通过将互联网“开放、平等、协作、分享”的产业秉性渗透到传统金融领域，从而衍生出来如第三方支付、P2P网贷、众筹等新的金融服务模式，对传统金融模式和金融业态产生了深刻的影响。本章将详细阐述第三方支付业务、P2P网贷业务、众筹业务的会计核算，以此反映互联网金融公司业务活动的经济实质。

知识目标

1. 了解互联网金融的概念、特点、种类以及运行模式。
2. 理解第三方支付、P2P网贷、众筹等互联网金融业务的优点、缺点及运营风险。
3. 掌握第三方支付、P2P网贷、众筹等互联网金融的业务流程。

对应能力与要求

1. 能够正确设置第三方支付、P2P网贷、众筹等业务核算的会计科目。
2. 能够正确识别第三方支付、P2P网贷、众筹等业务的运营风险。
3. 能够正确核算第三方支付业务、P2P网贷业务、众筹业务。
4. 具备第三方支付、P2P网贷、众筹等业务信息的确认、计量与账务处理的实践能力。

第一节　互联网金融业务概述

一、互联网金融的概念

互联网金融(ITFIN)是指传统金融机构与互联网企业利用互联网技术和信息通信技术实现资金融通、支付、投资和信息中介服务的新型金融业务模式。

二、互联网金融的特点

(1)互联网金融公司的运营成本低

互联网金融模式下,资金供求双方可以通过网络平台自行完成信息甄别、匹配、定价和交易,在这个过程中,没有第三方中介服务、不会产生交易成本和垄断利润。一方面,金融公司可以避免开设营业网点的资金投入和运营成本;另一方面,消费者可以在开放透明的金融服务平台找到适合自己的金融产品,削弱了消息不对称的局限性,省时省力。

(2)互联网金融业务的处理效率高

互联网金融业务主要由计算机处理,操作流程完全标准化,客户不需要排队等候,业务处理速度更快,用户体验更好。如"阿里小贷"依托电商积累的信用数据库,经过数据挖掘和分析,引入风险分析和资信调查模型,商户从申请贷款到发放贷款只需要几秒,日均可以完成1万笔贷款,成为真正的"信贷工厂"。

(3)互联网金融服务的覆盖范围广

互联网金融模式下,客户能够突破时间和地域的约束,在互联网上寻找需要的金融资源,金融服务更直接,客户基础更广泛。此外,互联网金融的客户以小微企业为主,覆盖了部分传统金融业的金融服务盲区,有利于提升资源配置效率,促进实体经济发展。

(4)互联网金融平台的监管力度弱

目前,我国还有一部分互联网金融业务没有接入中国人民银行征信系统,不具备类似以后的风险控制、合规和清收机制,容易发生各类风险问题,如众贷网、网赢天下等P2P网贷平台因存在风险问题宣布破产或停止服务。互联网金融在我国尚处于起步阶段,还没有非常完善的监管和法律约束,缺乏准入门槛和行业规范,整个行业面临诸多政策和法律风险。

(5)互联网金融领域的经营风险大

目前,我国信用体系尚不完善,互联网金融相关法律还有待配套,互联网金融违约成本低,容易诱发恶意骗贷、卷款跑路等风险问题。P2P网贷平台由于准入门槛低和缺乏监管,已经成为不法分子从事非法集资和诈骗等犯罪活动的温床。2015 年以来,淘金网、优易网、安泰卓越等 P2P 网贷平台先后爆出"跑路"事件。另外,一旦互联网遭遇黑客攻击,互联网金融的正常运作会受到影响,并有可能危及消费者的资金安全和个人信息安全。

三、互联网金融的业务模式

目前,我国互联网金融的业务模式可分为六大类:第三方支付、P2P 网贷、大数据金融、众筹、信息化金融机构、互联网金融门户。

① 第三方支付。从广义上讲,第三方支付是指非金融机构作为收款人、付款人的支付中介所提供的网络支付、预付卡、银行卡收单以及中国人民银行规定的其他支付业务。从狭义上讲,第三方支付是指具备一定实力和信誉保障的非银行机构,借助通信、计算机和信息安全技术,采用与各大银行签约的方式,在用户与银行支付结算系统间建立连接的电子支付模式,即通过与网联对接而促成交易双方进行交易的网络支付模式。

② P2P 网贷。P2P(Peer-to-Peer lending)网贷,即点对点信贷,是指 P2P 公司搭建的第三方互联网平台进行资金借、贷双方的匹配,是一种"个人对个人"的直接信贷模式。换句话说,P2P 网贷是由具有资质的网站(第三方公司)作为中介平台,借款人在平台上发布借款标的,投资者进行竞标向借款人放贷的行为。P2P 网贷的借贷过程,资料与资金、合同、手续等全部通过网络实现,它是随着互联网的发展和民间借贷的兴起而发展起来的一种新的金融模式,这也是未来金融服务的发展趋势之一。

③ 大数据金融。大数据金融是指集合并实时分析海量非结构化数据,为互联网金融企业提供客户全方位信息,通过分析和挖掘客户的交易和消费信息,掌握客户的消费习惯,预测客户行为,从而使金融机构和金融服务平台在营销和风险控制方面有的放矢。

基于大数据的金融服务平台,主要是指拥有海量数据的电子商务企业开展的金融服务。大数据的关键是从大量数据中快速获取有用信息的能力,或者是从大数据资产中快速变现利用的能力。因此,大数据的信息处理往往以云计算为基础。

④ 众筹。大众筹资或群众筹资,是指以团购预购的形式向网友募集项目资金的模式。众筹的本意是利用互联网和 SNS 传播的特性,让创业企业、艺术家或个人对公众展示他们的创意及项目,争取大家的关注和支持,进而获得所需要的资金援助。众筹平台的运作模式大同小异——需要资金的个人或团队将项目策划交给众筹平台,经过相关审核后,便可以在平台的网站上建立属于自己的页面,用来向公众介绍项目情况。

⑤ 信息化金融机构。信息化金融机构是指通过广泛运用以互联网为代表的信息技术,对传统金融业务的运用流程、服务产品进行改造或重构,实现经营、管理全面信息化

的银行、证券、保险等金融机构。互联网金融时代，信息化金融机构的运营模式可以分为三类：传统金融业务电子化模式、基于互联网的创新金融服务模式、金融电商模式。其中，传统金融业务电子化模式主要包括网上银行、手机银行、移动支付和网络证券等；基于互联网的创新金融服务模式包括直销银行、智能银行以及银行、券商、保险等创新型服务产品；金融电商模式包括各类金融机构电商平台，如建行的“善融商务”电子商务金融服务平台、泰康人寿保险电商平台等。与传统金融机构比较而言，信息化金融机构运营模式发生了很大的变化。

⑥ 互联网金融门户。互联网金融门户是指利用互联网提供金融产品和金融服务的信息汇聚、搜索、比较及金融产品销售并为金融产品销售提供第三方服务的平台。

第二节　第三方支付业务的核算

第三方支付是指具备实力和信誉保障的第三方企业与国内外各大银行签约，为买方和卖方提供的信用增强。在银行的直接支付环节中增加中介，通过第三方支付平台交易时，买方选购商品将款项不直接支付给卖方，而是支付给中介，中介通知卖家发货；买方收到商品后，通知付款，中介将款项转至卖家账户。

一、第三方支付业务的流程

第三方支付平台可以提供如下两种支付方式：网关支付（也称银行卡支付）和账户支付。

在网关支付方式下，付款人需要是某家银行的网银用户，不需要在第三方支付平台开立虚拟账户。付款人通过第三方支付平台，进入第三方支付维护的银行支付页面，在页面上输入自己的银行账号和支付密码或证书，即可完成支付。

在账户支付方式下，交易双方都需要在第三方支付平台开立虚拟账户。用户需登录第三方支付平台，将资金从银行账户充值到第三方支付平台账户中。第三方支付公司根据付款方指令，将款项从其平台账户划付给收款方的平台账户，以虚拟资金为介质，完成网上款项的转移。此后，第三方平台通过其在银行的账户向商户的银行账户划转实际资金。

在第三方支付交易流程中，商家看不到客户的信用卡信息，避免了信用卡信息在网络上多次公开传输而导致信用卡信息被窃的风险。

二、第三方支付的价值

第三方支付作为目前主要的网络交易手段和信用中介，最重要的功能是在商家、消

费者和银行之间建立起连接,实现了第三方监管和技术保障的作用。第三方支付的应用价值主要表现为如下两个方面:

第一、第三方支付平台与各大电子商务网站以及银行建立合作关系,为交易双方提供便捷的支付服务。对于消费者而言,当其在电子商务网站上进行支付活动时,第三方支付平台会提供一个统一的支付界面,无论消费者拥有哪家银行的账户,都可以通过这个界面进行支付,不需要在各家银行的网上银行界面中来回操作,也无须再去银行或邮局办理烦琐的汇款业务等。对于商家而言,如果消费者采用货到付款方式,会延长回款的时间,而第三方支付的即时到账服务,则可以加快资金流动,提高商家资金的使用效率。

第二、第三方支付平台独立于交易双方,起着资金托管代付的作用,其天然的公正性与便捷性使得交易双方可以安全、放心地进行网上交易,由于电子商务中商家与消费者之间的交易不是"面对面",物流与资金流在时间和空间上也发生了"分离",这种信息不对称会导致商家怕发货后收不到货款而不愿先发货,消费者也担心支付后拿不到商品或商品质量得不到保证而不愿先支付。第三方清算保证模式采用了在网站与银行之间进行二次结算的方式,使得第三方支付平台不再单纯地作为连接各银行支付网关的通道,而是作为中立的第三方机构,第三方支付平台的账户能够保留商户和消费者的有效交易信息,能为维护双方的合法权益提供有力保障。因此,第三方支付平台是建立在商家与消费者之间可以信任的中介,满足了交易双方对信誉和安全的要求。

二、第三方支付的运营模式

国内第三方支付平台企业主要基于以下两种运营模式:支付网关模式和信用中介模式。

支付网关模式第三方支付平台将多种银行卡支付方式整合到一个界面上,充当了电子商务交易方与银行的接口,负责交易结算中与银行的对接,消费者通过第三方支付平台付款给商家,第三方支付平台为商家提供一个可以兼容多银行支付方式的接口平台。

信用中介模式第三方支付平台为了增强线上交易双方的信任度,更好地保证资金和货物的流通,从而充当信用中介的第三方支付服务。信用中介模式实行"代收代付"和"信用担保",交易双方达成交易意向后,买方须先将支付款存入其在支付平台上的账户,待买家收货通知支付平台后,由支付平台将买方先前存入的款项从买家的账户中划至卖家在支付平台上的账户。这种模式的实质是以第三方支付公司作为信用中介,在买家确认收到商品前,代替买卖双方暂时保管货款。

支付网关模式立身于企业端,信用中介模式则立身于个人端,前者通过服务于企业客户间接覆盖客户的用户群，后者则凭借用户资源的优势渗入行业。第三方支付平台有担保模式的第三方支付平台与独立模式的第三方支付平台之分。与担保模式的第三方支付平台相比，独立模式的第三方支付平台的规模较小，但在保险、航空旅游、行政教育等行业应用领域也显示出了独特的生命力。同时，两类支付平台都认同“虚拟账户”的价值，账户的支付信息和交易信息是支付平台提供增值服务的基础，而增值服务又是未来的新兴盈利点。

对于所有第三方支付平台而言，最重要的生存法则就是扩展平台的用户群以及沿着下列两个方向开拓市场：一是沿着细分行业领域纵深发展，为企业客户的电子化支付提供专业服务和支持；二是为用户提供安全、便捷的第三方支付服务，满足用户社会生活中方方面面的支付需求。目前，第三方支付平台在这一发展过程中开始探索增值服务，触角已从支付结算领域延伸到资金融通领域。借助所积累的精准的交易信息，第三方支付平台不仅可以分析使用者的行为与偏好，还可以评估使用者的信用等级。第三方支付平台的金融化趋势日益凸显，传统金融已经受到第三方支付平台的有力冲击。

四、第三方支付业务的核算

在涉及第三方支付平台的电子商务交易中，买卖双方都需要在第三方支付平台上注册属于自己的一个虚拟网络账户，该账户对应着买卖双方各自的银行结算账户。这个账户中的资金性质既不属于企业的库存现金，也不同于企业直接存入银行的银行存款，因此不能归为“库存现金”或“银行存款”科目中核算。另一方面，虚拟网络账户中的资金可以随时与用户自身银行结算账户的资金互相划拨，流动性较强，属于流动性资产，具有其他货币资金的属性。因此，买卖双方都可以将涉及第三方支付平台的资金归入“其他货币资金——虚拟存款”科目进行核算。

1. 不附退货承诺的销售收入的确认

在第三方支付平台中，因为在买方确认收货前，买方可以随时退货，商品交易的主要风险和报酬在于卖方，因此，卖方应该在买方确认收货后再去确认相应的收入和结转成本，因为如果提前确认了收入，不符合会计核算的谨慎性原则，可能会高估收入。因此，在买方下订单时，买方须预先支付货款到第三方支付平台的虚拟账户。买方作如下会计分录：

借：预付账款

　　贷：其他货币资金——虚拟存款

卖方看见买方所下订单，开始发货。买方作如下会计分录：

借：发出商品

　　贷：库存商品

第三方支付平台在收到买方支付的货款后，作如下会计分录：

借：其他货币资金——虚拟存款

　　贷：应付账款——卖方

2. 附退货承诺的销售收入确定

《企业会计准则》规定，附有销售退回条件的商品销售采用退货率估计法。若企业不能合理估计退货率，则应该在退货期满时确认收入。考虑到目前对于电子商务交易的无理由退货天数为七天，涉及的时间较短，采用估计退货率的方法反而使会计处理更加复杂，因此，在不违背谨慎性和及时性的原则下，卖方等待退货期满时再确认相关收入、结转相关成本，而第三方支付平台则在买方确认收入时将货款转到卖方的虚拟账户。会计分录为：

借：应付账款——卖方

　　贷：其他货币资金——虚拟存款

① 若七天后买方没有退货，卖方在买方确认收货七天后全额确认收入、结转成本。会计分录为：

借：其他货币资金——虚拟存款

　　贷：主营业务收入

　　　　应交税费——应交增值税（销项税额）

● 结转成本：

借：主营业务成本

　　贷：发出商品

● 买方确认收货后：

借：库存商品

　　应交税费——应交增值税（进项税额）

　　贷：预付账款

② 在买方确认收货七天后，根据原销售额扣除所退货款部分确认收入，并结转这部分成本，同时需要将买方所退的商品重新入库。会计分录为：

借：其他货币资金——虚拟存款

　　贷：主营业务收入

　　　　应交税费——应交增值税（销项税额）

● 结转成本：

借：主营业务成本

　　贷：发出商品

借:库存商品

　　贷:发出商品

● 买方则根据自己所退货款和实际入库货款,确认商品入库量和相关税费,同时从第三方支付平台收回退款。会计分录为:

借:库存商品

　　应交税费——应交增值税(进项税额)

　　贷:预付账款

借:其他货币资金——虚拟存款

　　贷:预付账款

● 第三方支付平台收到卖方退回的货款,将所退货款返还给买方。会计分录为:

借:其他货币资金——虚拟存款

　　贷:预付账款

3. 销售费用的核算

一般情况下,卖方每完成一笔销售业务都需要根据销售额的一定百分比向网购平台支付销售佣金费,同时按照资金流动额的一定比例向第三方支付平台支付一定的手续费。由于销售而产生的这两笔费用,卖方应在费用实际支出时直接计入当期损益。会计分录为:

借:销售费用——佣金及手续费

　　贷:其他货币资金——虚拟存款

4. 买方授予消费奖励积分的核算

根据会计信息计量的重要性和谨慎性原则,消费奖励积分不能直接作为商业折扣冲减销售收入和计入销售成本,而应该用相对公允价值法或剩余价值法将消费奖励积分在当期销售收入与递延收益之间进行分配。会计分录如下

借:其他货币资金——虚拟存款

　　贷:递延收益

递延收益在客户实际兑换奖励积分时,会计分录为:

借:递延收益

　　贷:主营业务收入

在奖励积分兑换有效期后,将剩余的未兑换的奖励积分所确认的递延收益全部确认为当期收入。会计分录为:

借:递延收益

　　贷:主营业务收入

【例 9－1】 假设 2018 年 12 月，某消费者 A 在淘宝上使用蚂蚁花呗分期付款的方式在商铺 B 上购买价值 919.8 元的商品（包含运费在内），分期时间为 6 期，手续费费用率为 4.5%，逾期日利率为 0.05%。

● 消费者使用花呗，购买商品。

消费者 A 签订蚂蚁花呗的服务合同，采用蚂蚁花呗分期付款的支付方式购买商品。此时，第三方支付平台无须进行账务处理。

● 买方确认收货。

如果买方收到货物后，对商品感到满意并确认收货，同时卖方收到货款，此时花呗业务正式建立，期初计算手续费并分摊到每月，次月开始收款。

手续费总额为：919.8×4.5%＝41.39（元）。

每期应收手续费为：4 139÷6≈6.89（元）。

由于产生了约数，所以在还款第一个月手续费为 6.94 元，以后每月为 6.89 元。

每月收回垫付的本金为：919.8÷6＝153.3（元）。

2018 年 12 月会计分录为：

借：应收账款——消费者 A　　961.19

　贷：银行存款　　919.8

　　递延收益　　41.39

● 买方分期付款。

消费者 A 首先需要对其账户充值，在未还款之前，这部分资金就是第三方支付平台的沉淀资金。会计分录为：

借：虚拟账户——消费者 A　　160.24

　贷：沉淀资金　　160.24

2019 年 1 月，消费者 A 开始还款，会计分录为：

借：银行存款　　160.24

　贷：应收账款——消费者 A　　160.24

借：递延收益　　6.94

　贷：主营业务收入——手续费　　6.94

2019 年 2——6 月

借：银行存款　　160.19

　贷：应收账款——消费者 A　　160.19

借：递延收益　　6.89

　贷：主营业务收入——手续费　　6.89

● 发生退货。

如果买方在收到货物之后对货物不满意而没有确认收货便退货，则花呗业务取消，无须进行账务处理。如果买方收到并确认收货后，在7天退换货期内退货，此时花呗业务已确认，买方未开始还款，则根据原确认业务作相反的会计分录。

分期付款业务确认时，会计分录为：

借：应收账款——消费者A　　961.19
　　贷：银行存款　　919.8
　　　　递延收益　　41.39

退货期内发生退货时，相反分录为：

借：银行存款　　919.8
　　递延收益　　41.39
　　贷：应收账款——消费者A　　961.19

● 拖欠还款(逾期利息)。

蚂蚁花呗在期初设定还款时间期限。如果消费者超过了期限未主动还款，且消费者的支付宝以及绑定的银行卡余额不足以支付的，蚂蚁花呗就会将扣收逾期利息费用。计算方式为：

逾期利息＝逾期金额×逾期天数×逾期日利率

假设消费者A在2019年3月因为余额不足，未能在还款日内成功还款。10天之后，偿还当月应支付货款金额。逾期利息＝160.19×10×0.05%＝0.80(元)。

2019年3月，账务处理如下：

借：银行存款——消费者A　　160.19
　　贷：应收账款　　160.19
借：递延收益　　6.89
　　银行存款　　0.80
　　贷：主营业务收入——手续费　　6.89
　　　　　　　　　　——逾期利息　　0.80

● 账准备的计提和坏账发生。

对于应收账款，第三方支付平台同样需要计提一定比例的坏账准备。假设本例题中的第三方支付平台的坏账准备的计提比例是10%。

该平台计提坏账准备的会计分录为：

借：资产减值损失　　96.12
　　贷：坏账准备　　96.12

若消费者在使用花呗之后拒绝还款，或还款一定期数之后拒绝偿还剩余钱款，则可以使用计提范围内的坏账准备金冲减应收账款。假设消费者A在6月末拒绝还款，则：

借：资产减值损失　　64.07

　贷：坏账准备　　64.07

借：坏账准备　　160.19

　贷：应收账款　　160.19

第三节　P2P网络借贷业务的核算

“P2P”是英文Peer to Peer的缩写，意即“个人对个人”。网络信贷起源于英国，随后发展到美国、德国和其他国家，典型的P2P模式为：网络信贷公司提供平台，由借贷双方自由竞价，撮合成交。资金借出人获取利息收益并承担风险，资金借入人到期偿还本金，网络信贷公司收取中介服务费。P2P网贷最大优越性是使传统银行难以覆盖的借款人在虚拟世界里能充分享受贷款的高效与便捷。

一、P2P网贷业务的运行模式及运营风险

我国P2P网贷运行模式可以从三个角度进行分类：①根据借贷流程的不同，P2P网贷可以分为纯中介模式(或称“纯平台模式”)和债权转让模式两种。②根据是否提供担保，P2P网贷平台可分为无担保模式和担保模式。③根据用户开发、信用审核、合同签订到贷款催收等整个业务流程对互联网的运用程度，P2P网贷平台的运营模式也可以分为纯线上模式和线上线下相结合模式。

1. 纯中介模式和债权转让模式

(1)纯中介模式

纯中介模式是指借贷双方通过借贷平台上的投资标的直接进行匹配，完成借贷。该模式也是P2P网贷在国外成立之初所采取的运作模式。在该模式中，P2P平台本身不参与实际交易环节，也不提供任何的征信服务，而仅仅作为独立于筹资人和投资人的第三方平台，提供申请人材料审核、借贷关系见证、违约情况处理等服务。通过电商渠道撮合借贷双方的交易，实现资金融通，并以中介费用和账户管理佣金为主要收入来源。

在这种模式下，由于P2P网贷全过程没有任何担保机制的庇护(平台本身不承担抵押和担保，也没有第三方担保机构的介入)，平台不承诺保障投资者的本金和利息，因此在该种模式下，当借款发生违约时，出资人需要自己承担全部责任，而P2P网贷平台几乎不承担任何经营风险。

(2)债权转让模式

债权转让模式是指通过平台上专业放贷人介入交易过程,筹资人和投资人不再直接联系完成资本对接,而是由专业放贷人先把相应的借款资金借给筹资人,再把借款打包为理财产品,以约定的利率水平出售给 P2P 平台中的诸多会员(众多投资人)。平台通过边放贷边转让债权的方式来关联出借人和筹资人,从而完成借贷款项从出借人手中转入筹资人手中。债权转让模式采取平台自动进行期限、金额匹配等方式撮合交易,能够迅速有效地增加平台的借贷规模。

但是,债权转让运营模式存在诸多不容回避的风险。在债权转让模式下,借贷双方并不了解各自的信用状况,出资人也不能够决定资金的具体投资流向,而是依靠平台进行撮合。在众多 P2P 网贷平台的投资人看来,他们购买的是 P2P 网贷平台上销售的理财产品,然而其资金却投向一些风险极高的借贷项目,一旦这些高风险的借贷项目产生违约,投资者不但无法实现平台承诺的高收益,甚至会造成本金的全部损失。更有甚者,一些不正规的 P2P 网贷运营者通过虚构借款人和借款条件,发布虚假借款信息并承诺极高投资回报率,利用出资人对资金流向缺少控制以及对资金的具体流向缺少认识的单边优势,采取期限错配、拆标等方式进行超募和自融资,违规设立资金池并随意操纵资金,使 P2P 网贷逐渐演化成为网络传销与网络诈骗的一种新的转化形式。

2. 无担保模式和担保模式

(1)无担保模式

在无担保模式中,P2P 网贷平台对出资人本息不承诺任何的保障,也没有第三方担保机构承保或要求筹资人提供抵押物担保。对于借贷过程中出现的借贷风险,平台不提供资金保障,风险需要由借贷双方自行分担。无担保模式往往因网贷平台介入交易流程,从而对借贷双方的选择产生一定程度的干预而区别于纯中介模式。

在该种模式下,当借款发生违约时,出资人需要自己承担全部风险,而 P2P 网贷平台则视其参与交易的程度可能承担一定的赔付责任或连带责任。

(2)担保模式

担保模式是指 P2P 网贷平台不再只是借贷双方的交易中介,而且还为投资人的本金和利息的安全提供担保服务,以降低贷款交易风险。在担保模式中,一旦筹资人出现违约情况,将通过介入的第三方担保公司代为赔偿本金或本息,或动用平台自身的风险备用金补偿贷款的本金或本息,或通过筹资人提供抵押的物品变现追偿本金或本息。因此,根据用以保障筹资人逾期风险的方式不同,担保模式可分为第三方担保模式、平台自身担保模式以及筹资人抵押担保模式三类。担保的 P2P 网贷模式在一定程度上保障了投资人的资金安全,同时也保护了 P2P 平台自身的安全。

① 第三方担保模式。在第三方担保模式中，P2P 网贷平台利用与平台合作的第三方担保公司的资金和声誉，对投资人进行无抵押担保。由第三方担保公司承诺本金保障，作为回报，担保公司要收取一定比例的担保费和管理服务费。有的平台则是在出现出资人无法收回本金及利息时，由平台先行垫付本金给出资人，然后将坏账划入与平台高度关联的担保公司，之后再由担保公司对借款人进行追偿。在该种模式下，由于将本息风险转嫁给第三方担保公司，当借款发生违约时，出资人、P2P 网络平台均为较低的可控风险。

② 平台自身担保模式。平台自身担保模式，是指平台利用本身的资质和声誉，由其自身的担保机构为借贷方提供无抵押担保。在借贷双方达成协议之时，平台往往会提取一定的风险准备金，成立风险备用金账户，以备意外情况的发生。因此，平台自身担保模式运营的关键在于风险准备金的设置。

虽然 P2P 网贷一定程度上为出资人本金提供了保障，但由于有限责任公司责任有限的特点，平台发生逾期坏账率过高，则很容易引发网贷平台资金流动性风险以及包括资不抵债等一系列连锁反应。因此，在该种模式下，平台具有相对较高的经营风险，而出资人也要随之分担一定的投资风险。

③ 筹资人抵押担保模式。筹资人抵押担保模式是指筹资人需要向 P2P 网贷平台提供规定的抵押物并通过审核才能进入借款项目列表，由平台发布借款信息。平台负责抵押物资格审核和确权，确认资产足值抵押，保障抵押物易于变现。同时，在筹资人抵押担保模式下，平台在每笔借款成交后提取一定比例的借款金额放入风险准备金账户，当出现逾期借款风险时，平台先通过风险准备金向出资人垫付逾期本金或本息后再处置抵押物。因此，在该种模式下，由于筹资人提供充足的抵押物进行筹资担保，出资人风险、平台经营风险较低，但也因为运营过于稳健而被称为线下小额贷款的网络版，缺少 P2P 网贷的资本融通普惠性。

3. 纯线上模式和线上线下相结合模式

(1)纯线上模式

纯线上模式是指所有借贷业务流程都在线上完成，包括潜在用户的开发、信用状况的调查以及交易的完成。但是，由于现阶段我国的征信体系不健全、金融环境与政策监管不完善，纯线上模式获取全部信息会增强出资人的不安心理，同时防范信贷风险也是一件不容易完成的事情。

在纯线上模式下，当借款人发生违约时，出资人往往需要自行承担较高投资风险，而 P2P 网贷平台则要视其参与交易的程度、是否提供平台担保等因素来确定其经营风险，同时需要根据有无采取中介或债权模式、有无担保模式等多方面因素来综合确定。

(2)线上线下相结合模式

线上线下相结合模式是指通过线下处理客户资质信息、贷前审查、贷中监管、贷后管理等相关业务，同时利用互联网手段将借贷业务的相关信息以及收益率、逾期率、坏账率等通过公平、公正、公开的原则进行公示，从而开展金融互联网业务。迄今为止，P2P 网贷市场上还没有一种被验证过的技术手段能够解决线上的风险控制问题。例如，在征信系统不完善的条件下，几乎完全陌生的出资人、借款人、平台三方仅仅通过微信、QQ、网络在线对话等方式进行网上催收的实际效果非常有限。正因为如此，在 P2P 网贷的实际运营过程中，从资金需求的挖掘、风险控制尽职调查、抵押物担保再到投资资金提供等各个方面都结合了大量的线下经营活动，甚至出现直接由线下金融机构（如小额贷款公司）推荐并提供 100%的本息担保，随后再由 P2P 网贷平台发布筹资信息。这实际上采用的是 P2N 交易流程的 P2P 网贷模式。

三、P2P 网络借贷的利弊

1. P2P 网络借贷的优点

① P2P 网络借贷门槛低、效率高，可以为中小企业提供纯信用贷款。

由于中小企业受到生产经营状况不稳定、生存时间普遍相对较短、财务状况较差、经营风险较大、缺乏融资抵押物等多方面因素的制约，很难满足银行贷款较为严格的申请条件。传统银行考虑到向中小企业发放的小额贷款业务具有较高的风险和成本，客观上也难以为数量众多的中小企业提供小额贷款服务。P2P 网络借贷模式则比较符合我国中小企业的现状和需求，可以为大量的中小企业提供信用贷款。

另外，P2P 借贷流程更加简化，使借款者更快得到贷款。借款者首先注册成为 P2P 平台的会员，得到自己的信用风险评级之后便可以在网站上发布借款需求。投资者对借款项目竞标成功后，借款者便可以在短时间内得到贷款。因此，与传统贷款相比，P2P 借贷更加便捷和高效。

② P2P 网络借贷的筹资成本更低，而投资收益却较高。

据权威统计，近年来商业银行的一年期个人人民币定期存款年利率维持在 3%左右，而 P2P 借贷资金的年化收益率大都超过 10%，远高于银行的理财产品和余额宝的收益率，从而吸引了大量的投资人将资金投入 P2P 网络借贷。近年来 P2P 网络借贷行业的规模不断膨胀。

P2P 网络借贷企业的市场运行很大程度依赖于互联网平台。P2P 平台利用大数据对借款人进行信用评估，与传统银行依靠线下尽调的方式相比，不但能够掌握更多的借款人信息，从长远来看也能显著降低筹资成本。P2P 借贷的流程大都是在网络平台上完成的。平台作为一个中介实现借款人与投资人的直接对接，只收取少量的服务费作为收入来源。这种"轻资产运营"的方式降低了资金借贷过程所需要的筹资成本,借款人所付出的利息可以更多地返还给投资人。传统的银行贷款在实体经营消耗巨大的成本和资源的同时,需要通过存贷款的利差来获得利润。可见,P2P行业因较高的投资回报率吸引了更多投资人将资金投放到平台中来,从而具有了较强的集资水平,能够为借款人提供更多的借款资金。

③ 成熟的P2P借贷平台风险较低,流动性强。

P2P可以使借款者与投资者的资金供求进行直接的"匹配",而传统金融机构先吸储再放贷的资金供求形式导致借贷双方实现隔离。正因为如此,传统金融机构的资金供求方式易于产生资金在期限和金额上的错配问题,从而引发流动性风险。

另外,银行贷款相对来说金额较大,资金较为集中,产生风险后波及的范围非常广泛。P2P平台借款项目的资金金额小,数量多,单个坏账规模较小,不会对整个平台产生很大的影响,因而抗风险能力较强。P2P平台的借款者一般来自全国的各个行业,一般属于消费性借款,受地域因素、行业风险、经济周期的影响都比较小,大部分平台投资人每个月可以得到一定数额的本息返还,还可以将债权在二级市场上出售,投资收益的流动性较强。

2. P2P网络借贷的缺点

① 借款成本偏高,适用于短期资金需求者。

P2P网络借贷的投资者较高的投资回报必然来源于借款者所付出的借款利息。然而,在P2P平台上,借款者除了需要付出借款利息外,还要付给网络借贷平台一定比例的信息中介费或服务费。同时,与国外纯线上运营模式不同,我国绝大多数P2P借贷企业还需要通过线下调查对借款人的借贷风险进行评估,也就是说借款人还需要支出P2P借贷平台的调查费用。另外,如果P2P平台与担保公司进行担保合作,借款的担保费用也需要借款人承担。因此,P2P网络借贷的借款成本偏高,只适合短期资金需求者。

② 法律监管缺失,行业发展不规范。

目前,我国在P2P网络借贷的法律监管方面除了规定由银监会进行监管之外,并未出台具体的法律规定和实施细则,P2P网络借贷行业仍处于一种监管缺失的状态,这也是近年来P2P网络借贷平台野蛮生长以及问题平台层出不穷的原因。

对于P2P网络借贷平台来讲,监管的缺失会导致平台的非透明化运营,投资人无法了解平台的运营状况,也无法了解平台是否存在违法违规行为,一旦平台暴露出风险就会影响到整个行业的发展以及投资人的信心。法律与监管的缺失还会导致各种道德风险,当平台实施诈骗或跑路时,投资人也很难维护自身的权益。

③ 缺乏完善的征信体系,借款人信用评估面临困境。

"征信难"是制约P2P行业发展的最大瓶颈,也是P2P企业进行风险管理的关键要素。一方面,目前国内征信体系非常不完善,P2P企业很难获得借款人有效全面的信息。另一方面,由于央行的征信体系既不对外共享,也不适用于P2P的信用评估。正因为如此,P2P网络借贷平台有可能无法准确评估出借款人的信用情况,从而导致借款风险的增加。目前,很多P2P平台为了保护投资者利益和平台的长远发展,开始自建征信体系。但总的来说,P2P征信体系的建设尚处于初阶段。当前落后的征信管理导致P2P网络借贷平台无法准确进行风险评估,已经严重制约着该行业的规范性发展。

④ P2P企业面临更大的经营性风险

为了吸引投资人和拓展业务,国内许多P2P企业与担保公司进行合作,这就导致平台对担保公司的过度依赖问题。目前我国担保行业也处于不规范发展阶段,本身也面临着很多问题,如果担保公司出现经营不善,很容易连累到与之合作的P2P企业。近几年来,由于担保问题而出现跑路或破产的P2P企业非常多。另外,P2P作为金融行业和互联网技术相结合的新型金融服务,它的发展也必然需要大量的具备金融、法律、市场以及技术的专业人才,而新兴行业往往缺乏人才储备。P2P行业专业人才的不足也是其风险管理不足的重要原因。

四、P2P网络借贷业务的账务处理

1. 投资人在P2P网络借贷平台存取资金的核算

根据P2P网络借贷平台资金管理方式的不同,会计处理方法也不同。

① 通过平台自身的银行账户。因为P2P网络借贷企业不得吸收存款,投资人将资金充值到P2P平台上,本质上是投资人将资金暂时存放于企业平台账户中,属于企业其他应付款范畴。因此,P2P企业收到投资人款项时:

借:银行存款

　　贷:其他应付款——××投资人

当投资人从平台上取回其充值资金时,则作相反的会计分录。

② 第三方资金托管。P2P网络借贷平台在第三方平台开设账户,投资人将其资金划转到P2P平台的第三方支付平台上。根据第三方支付平台账户的虚拟性质以及《企业会计准则讲解2010》之规定,投资人支付到平台第三方支付平台的资金属于其他货币资金。因此,P2P企业收到款项时:

借:其他货币资金

　　贷:其他应付款——××投资人

当投资人从平台上取回其充值资金时,则作相反的会计分录。

2. P2P 网络借贷平台发放贷款与收回的核算

P2P 网贷借贷平台主要经营范围是管理贷款业务，因此需要根据业务特点在基本会计科目下设置明细科目。一般情况下，根据业务类型在“贷款”一级科目下设置明细科目，如企业按借款用户不同，设置“个人”和“企业”二级科目，或者根据用户名称直接设置“贷款——××借款人”。P2P 网络借贷平台根据其贷款规定，审核通过给借款人发放借款时，借记“贷款——××借款人”，根据其资金管理方式不同，贷记“银行存款”或“其他货币资金”。贷款收回时，作相反的会计分录。

3. P2P 网络借贷平台借款利息的核算

由于 P2P 网络借贷平台属于非银行金融机构，其主营业务是提供中介服务、管理贷款。因此，发放贷款给借款人后按规定的时间计提相应利息：

借：应收利息——××借款人

　　贷：主营业务收入——利息收入

当借款人支付相应利息时：

借：银行存款

　　贷：应收利息——××借款人

P2P 网络借贷平台的应收利息是属于企业业务收入，存在收入确认的时间问题。P2P 网络借贷平台发放的借款实质上是金融贷款，因此，P2P 网络借贷平台借款的利息收入的确定问题，可以参考《国家税务总局关于金融企业贷款利息收入确认问题的公告》(国家税务总局公告 2010 年第 23 号)的规定执行，即金融企业按规定发放的贷款，属于未逾期贷款(含展期)，应根据“先收利息、后收本金”的原则，按贷款合同确认的利率和结算利息的期限计算利息，并于债务人应付利息的日期确认收入；属于逾期贷款，其逾期后发生的应收利息应于实际收到的日期，或者虽未实际收到但会计上确认为利息收入的日期，确认收入的实现。

因此，P2P 网络借贷平台对于需要支付给投资人的利息，根据相应的合同规定在约定的时间内计提利息，计提的利息作为 P2P 网络借贷平台的相应业务成本：

借：主营业务成本

　　贷：应付利息——××投资人

实际发放时：

借：应付利息——××投资人

　　贷：银行存款

4. P2P 网络借贷平台坏账的核算

P2P 网络借贷平台发放的贷款不可避免会出现借款人不能及时还款甚至出现坏账

的风险。因此，根据会计信息谨慎性的核算要求，企业需要根据一定的方法计提贷款损失准备。当有客观证据表明，该贷款发生了减值的迹象，企业应确认相应的减值损失。对计提贷款损失准备、发生坏账损失以及收回确认的坏账，可参照《企业会计准则第8号—资产减值》之规定进行核算。计提贷款损失准备时：

借：资产减值损失

　　贷：贷款损失准备

若减值迹象好转时，可在相应的金额内转回相应的贷款损失准备；当实际发生坏账时：

借：贷款损失准备

　　贷：贷款——××借款人

如果发生资产减值损失后期再收回的，按实际收回的金额作相反会计分录。

5. P2P网络借贷平台借款的特殊情况核算

① 借款人延期还款罚息收入的核算。若P2P网络借贷平台设置了延期还款加收利息等条款，当借款人延期还款，根据借款人申请及合同规定，确认罚息收入时：

借：应收利息——××借款人

　　贷：主营业务收入——罚息收入

② 借款人提前还款收取手续费的核算。P2P网络借贷平台一般对借款人提前还款收取一定比例的手续费，本质上属于企业主营业务收入。因此，主营业务收入科目下设置明细科目“主营业务收入——手续费”进行核算。

③ 对投资人充值奖励费用的核算。P2P网络借贷平台为了鼓励投资人踊跃投资，设置了不同额度的奖励政策。比如，二次投资给予额外的利息分成，属于网贷企业支出的营业成本。因此，该业务可以在主营业务成本科目下进行明细核算。

【例9-2】 A公司是一家P2P借贷公司。投资人通过网上第三方充值或直接充值到A公司账户，借款人通过网上招标、约定时间、利率等，标满后公司将资金支付给借款人，借款人按期支付本息。P2P借贷公司收取利息的10%作为管理费，在投资人收款时直接扣除，投资人收款可以提取现金，也可以继续投标，对继续投标的投资人给予0.1%的奖励，奖励金额直接充值到投资人在A公司的账户上。另外，A公司给投资人投标奖励，投标奖励按金额的0.01%待投资人投出标的后直接充到其账户中。

假设投资人投资金额为50 000元，日息率0.03%，期限10天。若借款人提前还款，除收取其应付利息外，一次收取0.1%的手续费，若延期还款双倍收取利息。

A公司相关账务处理如下：

● 对投资人的账务处理。

◎ 投资人充值时：

科目	借方	贷方
借：银行存款（A公司账户为银行账户）	50 000	
或借：其他货币资金	50 000	
贷：其他应付款——××投资人		50 000

◎ 给予投资人投标奖励时：

科目	借方	贷方
借：主营业务成本	5	
贷：其他应付款——××投资人		5

◎ 按期支付利息时：

科目	借方	贷方
借：主营业务成本	150	
贷：其他应付款——××投资人		135
主营业务收入——手续费		15
借：应付利息——××投资人	135	
贷：其他应付款——××投资人		135

◎ 投资人继续投资奖励时：

科目	借方	贷方
借：主营业务成本	50	
贷：其他应付款——××投资人		50

◎ 若投资人不继续投资而是直接提现

科目	借方	贷方
借：其他应付款——××投资人	50 140	
贷：银行存款（其他货币资金）		50 140

● 对借款人的账务处理。

◎ 借款人借款时：

科目	借方	贷方
借：贷款——××借款人	50 000	
贷：银行存款		50 000

◎ 借款人按期支付本息时：

科目	借方	贷方
借：应收利息	150	
贷：主营业务收入——利息收入		150
借：银行存款（其他货币资金）	50 150	
贷：应收利息		150
贷款——××借款人		50 000

◎ 借款人提前5天还款时：

科目	借方	贷方
借：银行存款	50	

贷:主营业务收入——手续费收入 50

借:应收利息 75

贷:主营业务收入——利息收入 75

借:银行存款(其他货币资金) 50 075

贷:应收利息 75

贷款——××借款人 50 000

◎ 借款人申请延期5天还款时:

借:应收利息 300

贷:主营业务收入——利息收入 225

——罚息收入 75

借:银行存款(其他货币资金) 50 300

贷:应收利息 300

贷款——××借款人 50 000

◎ 若借款人申请延期,5天后未还款,A公司根据谨慎性原则,对该客户进行了认定,计提10 000元的贷款损失准备。

借:资产减值损失 10 000

贷:贷款损失准备 10 000

若10天后,仍有10 000元无法按时还清,A公司确认其实际发生了坏账损失。

借:贷款损失准备 10 000

贷:贷款——××借款人 10 000

第四节 众筹融资业务的核算

众筹即大众筹资,是指项目发起人通过互联网众筹平台宣传介绍自己的项目,合格投资者对感兴趣的项目进行少量投资,供发起人筹集项目运行资金。众筹项目的类型有多种多样,如艺术创作、自行开发的软件、发明设计和科学研究等。发起人、支持者和中间平台是众筹计划的基本要素。众筹依托于社交网络进行市场营销,通过互联网完成投融资的全过程,具有低成本和高效率的众筹优势,为缺乏资金的创业人士提供了广泛的天地。

一、众筹融资业务的参与者

众筹融资业务的参与者有项目发起人、众筹平台和项目支持者。参与者发挥各自优势,履行各自工作内容,通过多方资源的有机整合,促进了项目融资的顺利完成。

1. **项目发起人**

项目发起人作为项目的直接发起者、资金筹集者以及日后项目经营者，其主要工作内容是向外界展示项目创意、项目前景、项目风险、资金需求等，开展日后项目经营，分享项目成果。具体工作按流程主要包括项目申请、收获筹资、项目经营、成果分配。

项目申请即向众筹平台提交项目融资请求，主要内容包括申请人信息、项目名称、项目团队介绍、图片或视频式的项目描述、筹资额度与期限、项目进展与风险、项目承诺与回报。

收获筹资表明项目申请已通过众筹平台审核，并在设定的期限内完成了设定的筹资额，发起人可以顺利从众筹平台获得支持者所投资金。倘若未能在期限内完成设定的筹资额，表明筹资失败，发起人不能收获筹资。通常收获筹资的金额为期限终止时实际筹资额的 90%～100%，剩余资金作为众筹平台的佣金及服务费。

项目经营是发起人收获筹资后重要工作，也是发起人融资的最终目的。为了保证项目经营的顺利实施，支持者需对项目进行监管，发起人也有义务定期向支持者发布项目经营信息。

成果分配是发起人最后的工作，也是向支持者发放回报以实现承诺的信用体现。项目经营成功，发起人需在预先约定的时间完成承诺的回报；若未能在约定的期限内实现承诺，视为项目经营失败，发起人后期可不再履行成果分配的义务。

2. **众筹平台**

众筹平台作为发起人与支持者的中介机构，其主要工作内容是在保护发起人与支持者利益的前提下，为项目资金筹集牵线搭桥。具体工作按流程主要包括项目审核、项目展示、筹资管理、收获佣金。

项目审核是众筹平台工作的开始，也是决定项目能否参加众筹融资的关键。众筹平台在收到项目申请后，需对项目申请内容进行审核，评估申请信息的完备性、真实性及项目可行性，只有满足完备性、真实性、可行性要求，项目申请才能通过审核。

项目展示表明项目审核已经通过，并通过众筹网络平台向外展示。项目展示包括项目预展示与项目展示，项目预展示主要是为了争取网民关注，获得市场反馈，从而调整项目内容，确保后期项目展示能够筹集足够资金。项目展示的内容包括项目详细介绍、筹资金额、筹资期限、支持方式、项目回报等。

筹资管理即在发起人预先设定的筹资期限内，对所筹集资金进行日常管理，以及筹资期结束后，对实际筹资额的分配。筹资期结束后，若实际筹资额达到或者超过预先设立的筹资额，表示筹资成功，筹资平台从中抽取一定的佣金及服务费后，将剩余资金及时交给发起者；若实际筹资额小于预先设立的筹资额，表示筹资失败，筹资平台需将实

际筹资额返还支持者，众筹平台不收取任何佣金及服务费。

收获佣金即在筹资成功后，按照预先约定的佣金比率（一般为0～10%），从实际筹资额中抽取作为项目佣金及服务费，这也是众筹平台收入的主要形式。

3. 项目支持者

项目支持者作为项目所筹资金的来源者，具有资金优势，其主要工作内容是在发挥自身资金优势的前提下，支持、监督项目实施，并获得项目成果分享。具体工作按流程主要包括项目评估、项目支持、项目监管、收获回报。

项目评估是支持者参与众筹融资的开始，支持者根据项目介绍、筹资额度、项目回报等项目展示信息，以及自身兴趣、爱好、风险偏好等，评估该项目是否具有支持价值。

项目支持是支持者对项目的实际投入工作。当前主要形式为资金支持，支持者只需按照众筹平台指导，在网上即可完成项目资金支持工作。

项目监管是支持者为了确保项目经营的顺利实施，定期或不定期与发起人进行沟通，项目发起人也有义务定期向项目支持者发布项目经营信息。

收获回报是支持者参与众筹融资的最终收益体现形式。项目发起人需按约定发放对支持者承诺的回报。当前众筹融资在我国发展并不明朗，为了与非法集资相区分，众筹平台均规定不得以股权红利等形式作为承诺回报，而以实物资产的形式，如项目最终产品等。

三、众筹融资的类型

1. 募捐式众筹

募捐式众筹是指通过互联网方式发布募捐筹款项目并募集资金。它不同于权益型众筹，通常是由个人或非营利组织发起的募捐融资项目，支持者一般均无任何物质回报。如创意鼓、腾讯乐捐、万惠众筹都是专业募捐式众筹平台，此外一些综合性的网站（如众筹网）也有少量的募捐式众筹项目。

募捐式众筹扩宽了社会募捐事业资金筹集的渠道，在具有爱心人士和求助者之间搭建起一个更加便捷快速的沟通渠道。与传统线下募捐相比，具有覆盖面广、传播速度快、成本低、透明度高等优势，可以让更多的人投身到募捐事业，能在更短时间汇集更多的慈善资源。募捐式众筹比其他几种类型的众筹出现得更早，被认为是众筹之根，早期最著名的自由女神像众筹就是典型的募捐式众筹。

国内募捐式众筹项目与国外募捐式众筹具有如下几方面不同：

① 从募捐项目的方向上看，国外募捐式众筹项目一般是修缮教堂、修建学校、建设少儿社区娱乐场所、俱乐部的运动设施以及教育。在教育方面，募捐式众筹正在起着比以往更大的作用，包括支持课程教学、学生学费以及大学建设。而中国募捐式众筹项目

大多是支持落后地区的扶贫救困、救医、助老、助学、关爱留守儿童等。

② 从拥有的募捐平台数量来看，国内目前主要有 7 家募捐式众筹专业平台，其中以腾讯募捐为主，其众筹资金占全国众筹资金的 95%以上，呈一家独大格局。美国募捐式众筹平台数量多于中国募捐式众筹平台的数量，且项目分布在多家平台上。

③ 从募捐式众筹的效果来看，美国的捐赠众筹如果接收方是经过认证的非营利性机构，则基本上不需要集资人的后期监督及参与。但在中国，质疑募捐慈善资金走向的声音一直不绝于耳，不少人对募捐式众筹所得资金的使用也持更为谨慎态度。在新浪网的一项调查中，70%的网友认为，在选择众筹项目时，“项目的监督机制以及项目执行的透明化最为重要，募捐项目的资金使用应该比其他类别的项目更谨慎”。在这种背景下，国内捐赠众筹的最终效果取决于集资人的后期参与程度。当个体或机构兼任倡导者、集资人和后期实行者切实保证筹集款额的正当有效使用时，才有可能取得较好的预期效果。

2. 债权式众筹

债权式众筹，即投资者对项目或公司进行投资获得其一定比例的债权，未来获取利息收益收回本金。债权式众筹的形式主要包括 P2P 模式和企业债权模式。

债权式众筹模式应用较为广泛，具有重要的现实意义。比如，某 P2P 平台上张某想开花店尚需筹资 2 万元，在平台对其信用审核后，基于其自身意愿并依据平台相应的规定设了 8%的还款利息和半年还款期限。在平台上线发布后，有 150 元至2 000元不等的资金快速投入，一天时间内就完成了筹资。张某如愿以偿地按期还本付息，并支付平台约定比例的佣金。在这个过程中，张某如期开创自己的事业，投资者获得了投资回报并帮助了他人，而平台也获取了适当的佣金，实现三方共赢。

债权式众筹模式适用于需要1 000元至 10 万元资金的任何企业或个人。这类资本市场不能解决的问题，可以通过债权式众筹模式很快实现目标。基于投资人逐利性较强的特点，债权式众筹融资利率要高于银行利率和理财产品。在债权式众筹模式下，对投资人资格几乎没有任何限制。投资额度方面，各个平台多以 100 元为基数，投资人可以根据自身能力选择投资额度，通过小额定点定期投资获取利息收益。

目前国内债权式众筹平台既有拍拍贷、人人贷这类专业平台，也有宜信、信和这种多元化平台。平台主要以收取融资人一定比例的佣金作为收益，佣金一般不超过 5%。目前，采用债权式众筹融资，只要前期对融资人审核方面控制得当，违约的实际比例远低于银行坏账，因为人们都不愿意为了小额资金的不偿还而影响自己的信用评级。

3. 奖励预售式众筹

奖励模式众筹，是指项目发起人在筹集款项时，投资人可能获得非金融性奖励作为回报。这是一种象征奖励，如 VIP 资格、印有标志的 T 恤等。这种奖励并不是增值的象征，也不是必须履行的责任，更不是对商品的销售。奖励式众筹通常应用于创新项目的产品融资，尤其是对电影、音乐及技术产品的项目融资。

预售是指销售者通过在线发布新产品或服务信息，对该产品或服务有兴趣的投资者可以事先订购或支付金额，完成预售式众筹融资。该模式在一定程度上可以替代传统的市场调研和市场需求分析。同时，投资者参与事前预售的动机除了希望产品或服务被生产出来外，在产品实际销售时能够获得折扣也是其中的原因之一。

奖励预售式众筹的发起者以互联网为平台，在线发布新产品相关信息或服务信息，对该产品有兴趣的投资者事先预购，从而为项目的前期制作注入资金。文化类相关产品(电影，音乐、创意产品、新闻出版等)、智能电子产品是奖励预售式众筹项目的主流。众筹网、点名时间和追梦网是我国主要的奖励预售式众筹模式的应用平台，项目所有者通过奖励预售式众筹模式筹集资金，同时获得一些产品进入市场的潜在信息，把握产品的市场方向，为更好地进入市场做好基础。项目所有者可以通过众筹平台与客户产生互动，建立起与客户的亲密联系，为产品成功推向市场奠定了坚实的基础。以获得客户的忠诚度与产品依赖度为工作的宗旨，可以根据用户的意见对产品进行针对性的改进。同时，在奖励预售式众筹融资的规定时间内，项目所有者可以通过融资和客户互动，对产品或创意进行快速且相对准确的评估，研判产品或创意对投资者是否有吸引力，通过这种双方互动的方式把项目做得更加贴近大众，满足群众的潜在需求。如果项目所有人成功获得第一轮融资金额，就可以转向 VC、PE 或天使投资等渠道进行融资。例如，滴滴打车就是奖励预售式众筹转传统渠道的成功案例。目前奖励预售式众筹在我国是合法的，通过这种众筹模式融资在国内比较普遍。

4. 股权式众筹

股权式众筹模式主要服务于初创企业，尤其在移动互联网、电子商务、移动 PC、房地产等企业中应用比较广泛。这些企业大都处于初创成长期，借助于众筹平台，公布投资项目相关情况，这样做的好处使这些初创企业与中国顶尖的投资者进行“面对面”接触交流。因此，股权式众筹平台使投资者通过平台找到目标项目，保证了项目的高质量与高层次。

另外，一些有潜力的项目可以通过众筹平台进行募资，项目公司一旦做大，再吸引大股东前来投资。因此，股权式众筹也为初创企业提供了资金与宣传的平台。股权式众筹与天使投资、PE、VC 构成了一条完整的融资生态链条，也是多层次资本市场体系的一部分。我国股权式众筹平台主要有原始会、天使汇和大家投。

需要指出的是，股权式众筹风险非常大。在美国，获得风险投资的创业企业 5 年内失败率平均达到 60%～80%。一旦项目运行成功，收益率也非常大。这就需要投资者进行分散投资，例如投资于10～20个项目。一些股权式众筹平台规定投资人只能是公司高管(年均收入不低于30万元)、金融人士、高净值人士(金融资产在100万元以上)、专业投资人有资格查看项目具体情况并参与其中，通过筛选优质的投资者，增加了项目成功的可能性。

股权式众筹是一项长期的投资活动，需要投资者具有巨大的耐心。投资人投资一家创业企业平均需要5年才能退出，获得最终收益。即使投资企业发展顺利，也只有在创业企业被收购，下一轮融资或者最终成功上市时，投资人才能够兑现收益。

我国股权式众筹更多的是初创企业完成首轮募资，在此过程中扩大知名度，吸引PE、天使投资人对此进行第一轮融资。因此，股权式众筹为初创企业提供了良好的发展平台。在我国，目前股权式众筹模式贴近民间资本，具有自身的特色与竞争力。但是，由于股权式众筹风险非常大，投资者审核门槛高，该模式尚处于萌芽阶段，发展并不普遍。

四、众筹融资的风险

1. 法律风险

众筹融资作为一种创新型网络融资模式，在我国尚未受到法律保护。我国法律对非法集资的认定为：未经部门批准或借合法经营为由，通过媒介向社会公众(不特定对象)宣传，承诺未来给予一定的实物、货币、股权等作为回报的筹集资金方式。可以说，我国众筹融资模式的发展"行走"在法律模糊地带，与非法集资只是一步之差。另一方面，从目前政府监管部门对待互联网金融的态度可以看出，政府部门仍处于观望期，形势仍不明朗。根据美国2012年颁布实施的JOBS法案，美国政府已经正式承认了众筹融资的法律地位。

2. 信用风险

众筹融资的项目发起人作为资金筹集者，只需要向众筹平台提交信息并通过审核后就可以开展融资。这种做法在方便发起人融资的同时也给支持者增加了风险。主要体现在：发起人申请信息的真实性没有经过专业评估机构的证实，众筹平台作为与发起人具有重大利益关系的关系人，审核的公正性存在疑问；发起人获得筹资后，资金的用途、流向无法得到支持者的有效控制，发起人对资金的使用不受法律约束；发起人承诺的回报不具有法律约束力。这些不规范问题，为发起人提供了巨大的违约收益，与此同时，违约成本却很小，因而极易导致发起人信用风险的发生。

3. 知识产权风险

众筹平台成立的目的之一在于挖掘创意、鼓励创新。发起人的主要目的在于宣传并实现创意，支持者的主要目的在于支持创意，获得一定的经济回报。发起人为了顺利通过众筹平台的审核、获得支持者的支持，需尽可能充分展示项目的创意及可行性。然而，这

些项目大都是尚未申请专利权的半成品创意，不受知识产权相关法律保护。同时，众筹项目在众筹平台进行长达几个月的展示期，也给盗版商“充分”的剽窃时间。因此，我国知识产权相关法律法规在保护创新性众筹项目方面的缺失增加了发起人知识产权风险。

4. 评估风险

支持者在对项目进行评估时，由于自身评估错误，易发生所投资金无法得到回报的风险。这种评估错误的主要原因是支持者与发起人的信息不对称。发起人作为项目的直接发起者与经营者，掌握有关项目充分的信息，包括项目可能的风险；而支持者对项目的了解程度则依赖于发起人所提供的信息质量。发起人为了能顺利获得筹资，可能会提供不实信息或者故意隐瞒部分风险，向支持者展示“完美”信息，误导了支持者的评估与决策。除此以外，支持者由于自身专业素质原因，对项目的前景过于乐观，也是评估风险的主要来源之一。

5. 经营风险

众筹融资是为了获得资金的保障，项目经营才是最重要、最困难的过程。在项目经营过程中，下列因素都是风险的主要来源：①发起人自身综合素质有限，未能很好地落实项目方案，导致经营失败；②支持者在对项目监管过程中，与发起人沟通不畅，阻碍了项目的正常经营；③项目展示过程中被他人模仿或改进，影响了项目经营市场前景。这些经营风险直接影响了项目能否顺利、及时、成功的落实，也决定了支持者能否获得后期的回报。

五、众筹融资业务的核算

1. 募捐式众筹的会计核算

公司收到货币资金或实物捐赠时应确认收入，计入营业外收入。新会计准则改变了会计制度将接受捐赠资产价值最终计入“资本公积”的规定。另外，对由于企业取得的捐赠收入较大，经批准可在不超过 5 年期限内分期平均计入企业应纳所得税额计交所得税的问题，产生的递延所得税可以通过“递延所得税负债”科目进行核算。

2. 债权式众筹的会计核算

企业通过还本付息的方式偿还借款，是企业的一种借款行为。公司收到款项时，确认借款并按期计提利息，同时按照约定，在规定的期限内偿还本息。

3. 奖励预售式众筹的会计核算

企业预先收到捐赠者捐赠的资金、实物或服务，项目实现之后通过服务或产品予以回报。这种情况名义上为捐款人无偿捐赠和企业无偿回报，实际上是企业一种预收款销售方式。收到款项时，企业确认预收货款；回报捐赠人实物或服务时，按照预收的货款确认收入，同时结转相应的商品或服务成本。在税务方面，回报捐赠人实物或服务时，应按照实物或服务的市场价进行收入确认，年终进行企业所得税汇算清缴时，再进行纳税调整。

4. **股权式众筹的会计核算**

目前，我国众筹平台基本上采取给投资者一次性短期回报，给予股权回报比较缺乏，这是由于按照我国《证券法》及《最高人民法院关于审理非法集资刑事案件具体应用法律若干问题的解释》的相关规定，给予股权回报存在"非法集资"风险。在现实操作中，"线上＋线下"两段式操作是目前国内股权式众筹平台采用的普遍做法，即在线上展示项目信息，与潜在投资人达成意向后，操作转入线下，按照《公司法》等法规规定进行股权投资操作，或股权式众筹平台对投资者进行筛选，只对通过认证的投资人开放项目信息，对投资者采取邀请制、设定较高的投资者门槛。

众筹业务本质上是融资业务。在股权式众筹模式下，收到投资款并办妥相关手续后，按照章程约定增加实收资本，投资款与实收资本的差额计入资本公积。企业在办理众筹业务时：

借：银行存款

或借：其他货币资金——支付宝存款

　　贷：长期应付款——××众筹款

企业给予支持者产品回报时：

借：长期应付款——××众筹款

或借：财务费用或其他科目

　　贷：主营业务收入

　　或贷：应交税费——应交增值税（销项税额）

同时，

借：主营业务成本

　　贷：库存商品

企业将来给予支持者回报时：

借：长期应付款——××众筹款

或借：财务费用或其他科目

　　贷：主营业务收入

　　或贷：应交税费——应交增值税（销项税额）

【例 9－3】 1月1日，A公司计划开发一款新产品C，由于资金紧张，无力启动该项目，公司决定采取众筹方式进行资金筹集。A公司当日与B平台签订发行众筹产品C的合同，约定众筹期为30天，产品回报期为6个月，筹资低限为50万元。如筹资成功，平台收取总筹资金额为5%的服务费，不成功则收取筹资低限为1%的服务费，同时约定B平台将在筹资结束后将筹资金额的50%转入A公司银行账户，剩余的50%待产品完成后转入A公司银行账户。A公司于当日支付给B平台预售服务费2.5万元，同时根据B平台的建议，委托D广告公司制作了专门的宣传网页和视频，共发生费用1万元。该项目于同日上线，A公司测算该C产品综合成本为500元，通过对同类产品市场价格和销量的考察，A公司设定了6档筹资条件，分别为：①无偿捐助；②支持1元，名额20 000名，到期抽取其中的20名，每人获得C产品一台；③支持800元，名额500名，每人获得C产品1台；④支持1 000元，名额2 000名，每人获得C产品一台；⑤支持1 500元，名额2 000名，每人获得C产品和D产品（成本300元，市场价格800元）各一台；⑥支持40 000元，获得C产品50台，并可成为该公司指定区域经销商。

●1月1日，A公司支付给D广告公司1万元制作费用，会计分录为：

借：销售费用——广告费——D公司　　10 000

　　贷：银行存款　　10 000

同时，支付给B平台2.5万元的预收服务费，会计分录为：

借：其他应收款——B平台　　25 000

　　贷：银行存款　　25 000

●1月31日，筹款期结束。若A公司未筹集到50万元，根据协议，B平台收取0.5万元手续费，将多收2万元款项退回到A公司账户。A公司收到0.5万元咨询服务费和2万元退款，会计分录为：

借：银行存款　　20 000

　　管理费用——咨询费　　5 000

　　贷：其他应收款——B平台　　25 000

●1月31日，筹款期结束。假设A公司筹集到201万元，第一档1万元，第二档2万元，第三档40万元，第四档60万元，第五档90万元，第六档8万元。根据合同，B平台于当日扣除服务费10.05万元，退回A公司97.975万元，开具10万元咨询服务费发票。

第一档实质是捐赠收入，由于发行人取得的收入不附带利益流出义务，因此，发行人应确认1万元营业外收入。其他几档，由于不具备收入实现的条件，暂时计入该项目的应付科目，待项目进入回报期进行进一步账务处理。

其他应付款——C项目应确认金额＝20 000＋400 000＋600 000＋900 000＋80 000＝2 000 000（元）；

其他应收款——B平台应确认金额＝（2 010 000－100 500）÷2＝954 750（元）。

借:其他应收款——B平台　954 750

银行存款　954 750

管理费用——咨询费　100 500

贷:其他应付款——C项目　2 000 000

其他应收款——B平台　25 000

营业外收入　10 000

●A公司收到款项后,开始研发C产品,于4月15日C产品进入出厂状态。C产品综合成为500元。A公司应根据B平台提供的第二档20名跟投人名单,将产品发送出去,不考虑退货情况,A公司于当天确认了收入。

第二档实质是抽奖式有奖销售。由于发行人承担的对象不是第二档全部跟投人,只是B平台提供的20名跟投人,所以可以直接按20台产品确认收入,结转成本。

第二档应结转应付款项2万元。

应交增值税=20 000÷(1+17%)×17%=2 905.98(元);

应确认收入=20 000-2 905.98=17 094.02(元);

应结转成本=500×20=10 000(元)。

借:其他应付款——C项目　20 000

贷:主营业务收入——C产品　17 094.02

应交税费——应交增值税(销项税额)　2 905.98

借:主营业务成本——C产品　10 000

贷:库存商品——C产品　10 000

●4月16日,A公司根据B平台提供的第三档500名跟投人名单,将C产品发送出去,不考虑退货情况。A公司于当天确认了收入。

第三档应结转应付款项40万元。

应交增值税=400 000÷(1+17%)×17%=58 119.66(元);

应确认收入=400 000-58 119.66=341 880.34(元);

应结转成本=500×500=250 000(元)。

借:其他应付款——C项目　400 000

贷:主营业务收入——C产品　341 880.34

应交税费——应交增值税(销项税额)　58 119.66

借:主营业务成本——C产品　250 000

贷:库存商品——C产品　250 000

●4月17日,A公司根据B平台提供的第四档600名跟投人名单,将C产品发送出去，不考虑退货情况，A 公司于当天确认了收入。

第四档应结转应付款项 60 万。

应交增值税＝600 000÷(1＋17％)×17％＝87 179.49(元)；

应确认收入＝400 000－87 179.49＝512 820.51(元)；

应结转成本＝500×600＝300 000(元)。

借：其他应付款——C 项目　600 000

　贷：主营业务收入——C 产品　512 820.51

　　应交税费——应交增值税(销项税额)　87 179.49

借：主营业务成本——C 产品　300 000

　贷：库存商品——C 产品　300 000

● 4 月 18 日，A 公司根据 B 平台提供的第五档 600 名跟投人名单，将 C 产品和 D 产品(成本 300 元)发送出去，不考虑退货情况，A 公司于当天确认了收入。

第五档属于组合销售，应按照其成本价格比例分摊分别确认收入，结转成本。

第五档应结转应付款项 90 万元。

应交增值税＝900 000÷(1＋17％)×17％＝130 769.23(元)；

应确认收入＝400 000－87 179.49＝512 820.51(元)；

应结转成本＝500×600＝300 000(元)。

C 产品应分摊收入比例＝500÷(500＋300)×100％＝62.5％(元)；

D 产品应分摊收入比例＝300÷(500＋300)×100％＝37.5％(元)；

应确认 C 产品收入＝(90 000－130 769.23)×62.5％＝480 769.23(元)；

应结转 C 产品成本＝500×600＝300 000(元)；

应确认 D 产品收入＝(90 000－130 769.23)×37.5％＝288 461.54(元)；

应结转 D 产品成本＝300×600＝180 000(元)。

借：其他应付款——C 项目　900 000

　贷：主营业务收入——C 产品　480 769.23

　　　　　——D 产品　288 461.54

　　　　　应交税费——应交增值税(销项税额)　130 769.23

借：主营业务成本——C 产品　300 000

　　　　——D 产品　180 000

　贷：库存商品——C 产品　300 000

　　　　——D 产品　180 000

● 4 月 19 日，第六档跟投人 E 公司和 F 公司来到 A 公司，经过协商，F 公司同意成为A公司在G地区的包销商，不得跨区经营。A公司同意E公司按800元/件提货100台，赠送5件C产品。E公司于当日将剩余款项4万元汇入A公司账户并提走105件C产品。F公司同意成为A公司在H地区的代销商，按照100元/件的价格销售C产品，不得跨区经营，同意前期所付资金转为押金。A公司同意按照实际销售额的5%给F公司返点，F公司于当日提走C产品100件。

E公司业务实质是包销，发行人应在E公司提走商品时确认收入并结转成本；F公司实质是代销，发行人不应该确认收入，应将C项目对应的应付款项转为对F公司应付款项，同时在F公司提走货物时将库存商品转为发出商品。

◎ E公司提走货物，应结转应付款项4万元。

应交增值税＝(40 000＋40 000)÷(1＋17%)×17%＝11 623.93(元)；

应确认收入＝80 000－11 623.93＝68 376.07(元)；

应结转成本＝500×105＝52 500(元)。

借：银行存款	40 000	
其他应付款——C项目	40 000	
贷：主营业务收入——C产品		68 376.07
应交税费——应交增值税(销项税额)		1 162 393
借：主营业务成本——C产品	52 500	
贷：库存商品——C产品		52 500

◎ F公司提走货物，应结转C项目应付款项4万元至F公司应付款项。

库存商品计入发出商品：500×100＝50 000(元)。

借：其他应付款——C项目	40 000	
贷：其他应付款——F公司		40 000
借：发出商品——C产品	50 000	
贷：库存商品——C产品		50 000

● 4月20日，A公司和B平台经过协商，认为C众筹产品A公司已经完成对跟投人回报，B公司将剩余款项954 750元转入A公司银行账户。

借：银行存款	954 750	
贷：其他应收款——B平台		954 750

调研与实践题

组织学生实地调研支付宝、蚂蚁花呗、微信红包等互联网支付与借贷业务，使学生熟悉互联网金融业务种类，从中把握互联网金融公司借贷与支付业务会计核算的特点。

自主学习内容

1. 什么是互联网金融？互联网金融有哪些特点？

2. 互联网金融的业务模式有哪些？

3. 如何看待金融创新工具的利与弊？

复习思考题

1. 什么是第三方支付？第三方支付业务的运营模式有哪些？

2. 什么是P2P网络借贷？P2P网络借贷的运营模式有哪些？

3. P2P网络借贷的具体流程是什么？有哪些优点？哪些缺点？

4. 众筹融资业务有几种类型？有哪几类风险？如何规避这些风险？

账务处理题

1. 20×8年12月，消费者甲在淘宝上使用花呗分期付款的方式在商铺B上购买了878.6元的商品(含运费在内)，分期时间为3个月，手续费为3.0%，逾期利息为0.05%(日利率)。

要求：编制消费者甲购买商品、确认收货以及分期付款的会计分录。

2. B公司是一家P2P借贷公司。投资人乙通过网上第三方充值到B公司账户80 000元，日利率为0.03%，期限10天。投资人投标期满不再继续投标。借款人丙可以通过P2P网贷平台进行招标借款，招标成功之后，B公司收取利息的10%作为管理费。若借款人丙提前还款，收取其应收利息外，一次收取0.05%的手续费，若延期还款，双倍收取利息。

要求：编制B公司对投资人乙充值与期满收取款项、借款人丙借款、按期支付本息以及提前5天支付本息或申请延期5天支付本息的会计分录。

3. 20×8年6月16日，C公司在“点名时间”平台发布某电影众筹项目，目标资金138万元。8月1日成功筹集资金158万元，支付平台佣金10%，实际筹集资金142.2万元，对支持者的回报为电影票、海报等物品，假设其实际市场售价为212万元(含增值税，税率为6%)。企业以邮寄的方式发给出资者。

要求：编制C公司发布众筹项目筹集资金以及回报出资者的会计分录。

4. 20×8年3月1日，D公司在“88聚投”平台发布众筹项目，目标资金100万元。4月1日成功筹集资金120万元，支付平台佣金10%，实际筹集资金108万元，对支持者的回报为某电子设备，假设其实际市场售价为175.5万元(含增值税，税率为17%)。此批产品成本为100万元。

要求：编制D公司发布众筹项目筹集资金以及回报出资者的会计分录。

第十章 证券、信托、基金业务的核算

本章导读

目前，我国诸如互联网金融公司、保险公司、证券公司、信托投资公司、基金管理公司、融资租赁公司、财务公司等这些被称为非银行金融机构的金融产品日益多元化、金融业务日益专业化，组织形式日益多样化，在促进我国社会主义市场经济发展中发挥着越来越重要的作用。尽管非银行金融机构与传统的银行业金融机构仍存在着千丝万缕的联系，但各类非银行金融机构又有着自己独特的组织形式、业务范围以及支付结算方式。在阐述保险公司与互联网金融公司业务核算的基础上，本章分别阐述证券公司、信托公司、基金公司主营业务及其会计核算，以此进一步反映我国非银行金融机构的经济活动及其会计核算的实质内容。

知识目标

1. 了解证券公司、信托公司和基金公司的业务种类。
2. 理解证券公司、信托公司和基金公司业务核算的内容与会计科目。
3. 掌握证券公司、信托公司和基金公司业务核算的账务处理。

对应能力与要求

1. 能够正确设置证券公司、信托公司和基金公司业务核算的会计科目。
2. 能够正确解析证券公司、信托公司和基金公司业务核算的对象和内容。
3. 能够正确把握证券公司、信托公司和基金公司业务核算的流程并进行账务处理。
4. 具备证券业务、信托业务、基金管理业务的信息确认、计量与账务处理的实践能力。

第一节　证券公司业务的核算

一、证券公司业务的种类

目前，我国证券市场所交易的证券种类限于资本证券，主要包括股票、债券及其衍生品，如基金证券、可转换证券等，不包括货币证券和其他财物证券。资本证券表明证券持有者拥有资本证券的所有权或债权，并且可以据此获得一定的收益，也可以转让给他人而收回本金。

证券公司是指依照《公司法》和《证券法》规定设立的经营证券业务的有限责任公司或股份有限公司。证券公司必须经国务院证券监督管理机构的审查批准。

新修改的《证券法》规定，经国务院证券监督管理机构的审查批准，证券公司可以经营下列部分或全部业务：①证券经纪；②证券投资咨询；③与证券交易、投资活动有关的财务顾问；④证券承销与保荐；⑤证券自营；⑥证券资产管理；⑦其他证券业务。证券公司经营第①项至第③项业务的，注册资本最低限额为人民币5 000万元；经营第④项至第⑦项业务之一的，注册资本最低限额为人民币1亿元；经营第④项至第⑦项业务中两项以上的，注册资本最低限额为人民币5亿元。证券公司的注册资本应当是实缴资本。

二、证券经纪业务的核算

证券经纪业务是指证券公司接受客户委托，按照客户要求代理客户买卖证券并提供相关服务，证券公司收取佣金作为报酬的证券中介业务。从事证券经纪业务的证券公司又称为证券经纪商，其作用是充当证券买方或者卖方的经纪人，按照客户要求，迅速执行指令完成交易、代办相关手续，并提供及时、准确的信息和咨询服务。证券经纪业务分为柜台代理买卖证券业务和通过证券交易所代理买卖证券业务。

1. 会计科目的设置

①“代理买卖证券款”科目，核算证券公司接受客户委托，代理客户买卖股票、债券和基金等有价证券，而由客户交存的款项。公司代理客户认购新股的款项、代理客户领取的现金股利和债券利息、代理客户向证券交易所支付的配股款等，也在该科目核算。该科目贷方登记证券公司收到客户交来的代理客户买卖证券及代理认购新股的款项等；借方登记证券公司代理客户买卖证券、代理客户认购新股、代理客户办理配股业务而减少的代理买卖证券款项，以及因客户提取存款而减少的代理买卖证券款项；期末贷方余额表示证券公司接受客户存放的代理买卖证券资金。该科目应当按照客户类别进行明细核算。

② “代理兑付证券”科目，核算证券公司接受委托代理兑付到期的证券。该科目借方登记已兑付的各类到期证券以及因委托单位未拨付或拨付不足证券兑付资金、客户兑付时垫付的资金；贷方登记国家或企业拨付的委托兑付证券资金，以及向委托单位交付已兑付的证券并收回垫付的资金；期末借方余额表示证券公司已兑付但尚未收到委托单位兑付资金的证券款项。该科目应当按照委托单位和证券种类进行明细核算。

③ “代理兑付证券款”科目，核算证券公司接受委托代理兑付证券而收到的兑付资金。该科目贷方登记收到委托单位的兑付资金；借方登记代理兑付资金；期末贷方余额表示证券公司已收到但尚未兑付的代理兑付证券款项。该科目应当按照委托单位和证券种类进行明细核算。

④ “结算备付金”科目，核算证券公司为证券交易的资金清算与交收而存入指定清算代理机构的款项。企业向客户收取的结算手续费、向证券交易所支付的结算手续费，也在该科目核算。该科目借方登记证券公司存入清算代理机构的款项；贷方登记从清算代理机构收回资金的数额；期末借方余额表示证券公司存入指定清算机构但尚未使用的款项余额。该科目应当按照清算代理机构设置明细账，分“自有”“客户”等项目进行核算。

2. 代理买卖证券业务的核算

证券公司接受客户委托，通过证券交易所代理买卖证券时，根据下列两种情况进行处理：

① 当买入证券成交额大于卖出证券成交额时，应按清算日买卖证券成交价的差额，加上代扣代交印花税等相关税费和应向客户收取的佣金等费用之和，借记“代理买卖证券款”科目，贷记“结算备付金——客户”“银行存款”等科目；按公司应负担的交易费用，借记“手续费及佣金支出——代理买卖证券手续费支出”科目，按应向客户收取的佣金及手续费，贷记“手续费及佣金收入”科目，按其差额，借记“结算备付金——自有”“银行存款”等科目。

【例 10－1】 深圳证券股份有限公司接受客户委托，通过证券交易所代理买卖证券，买进股票成交总额为800 000元，卖出股票成交总额为600 000元，买入证券成交总额多于卖出证券成交总额200 000元。代扣代缴的交易税费为1 500元，应向客户收取的佣金为4 000元，证券公司应负担的交易费用 200 元。深圳证券股份有限公司根据交易所传来的证券交易一级清算表、营业部出具的证券交易二级清算表、清算银行出具的资金清算单等凭证进行账务处理。会计分录为：

借：代理买卖证券款　　　　205 500（800 000－600 000＋1 500＋4 000）

　贷：结算备付金——客户　　　　205 500

同时,

借:手续费及佣金支出——代买卖证券手续费支出　　200

　结算备付金——自有　　3 800

　贷:手续费及佣金收入——代买卖证券手续费收入　　4 000

② 当卖出证券成交总额大于买入证券成交总额时,应按清算日买卖证券成交价的差额,减去代扣代缴的印花税等相关税费和应向客户收取的佣金等费用后的余额,借记"结算备付金——客户"科目,贷记"代理买卖证券款"等科目;按公司应负担的交易费用,借记"手续费及佣金支出——代理买卖证券手续费支出"科目,按应向客户收取的佣金及手续费,贷记"手续费及佣金收入——代理买卖证券手续费收入"科目,按其差额,借记"结算备付金——自有""银行存款"等科目。

【例 10-2】 沿用例 10-1,若深圳证券股份有限公司的交易为净卖出200 000元,其他数据不变,根据交易所传来的证券交易一级清算表、营业部出具的证券交易二级清算表、清算银行出具的资金清算单等凭证进行账务处理。会计分录为:

借:结算备付金——客户　　194 500(200 000－1 500－4 000)

　贷:代理买卖证券款　　194 500

同时,

借:手续费及佣金支出——代理买卖证券手续费支出　　200

　结算备付金——自有　　3 800

　贷:手续费及佣金收入——代理买卖证券手续费收入　　4 000

3. 代理兑付证券业务的核算

① 证券公司收到委托单位划来的兑付资金时,应按收到兑付资金金额,借记"银行存款"科目,贷记"代理兑付证券款"科目。

② 证券公司收到客户交来的实物债券时,按兑付金额(证券本息)支付资金金额,借记"代理兑付证券款"科目,贷记"银行存款"或"库存现金"科目。

③ 兑付期结束,证券公司将已兑付的证券集中交给委托单位时,按所交付证券金额,借记"代理兑付证券款"科目,贷记"代理兑付证券"科目。

④ 证券公司向委托单位单独收取代理兑付证券手续费的,应按收取手续费的金额,借记"银行存款"或"结算备付金"等科目,贷记"手续费及佣金收入——代理兑付债券手续费收入"科目。

⑤ 委托单位将手续费与兑付资金一并划给证券公司的,则:当证券公司收到手续费与兑付现金时,应按实际收到的金额,借记"银行存款"或"结算备付金"等科目,按兑付

资金金额，贷记"代理兑付证券款"科目，按收取手续费的金额，贷记"其他应付款——预收代理兑付证券手续费"科目；兑付证券业务完成后确认手续费收入时，证券公司按收取手续费金额，借记"其他应付款——预收代理兑付证券手续费"科目，贷记"手续费及佣金收入——代理兑付债券手续费收入"科目。

【例 10-3】 深圳证券股份有限公司代理伟达公司兑付到期的无记名证券（实物券），6 月 1 日收到伟达公司的兑付资金5 075 000元，其手续费750 000元，至 6 月底共兑付证券5 000 000元。编制如下会计分录：

● 收到伟达公司兑付资金时：

借：银行存款	5 075 000	
贷：代理兑付证券款——伟达公司		5 000 000
其他应付款——预收代理兑付证券手续费		75 000

● 兑付证券时：

借：代理兑付证券款——伟达公司	5 000 000	
贷：银行存款		5 000 000

● 兑付期结束，向伟达公司交回已兑付证券时：

借：代理兑付证券款——伟达公司	5 000 000	
贷：代理兑付证券——伟达公司		5 000 000

同时，确认手续费收入，会计分录如下：

借：其他应付款——预收代理兑付手续费	75 000	
贷：手续费及佣金收入——代理兑付证券手续费		75 000

4. 代理保管证券业务的核算

代理保管证券主要设置"代保管证券"表外科目进行记录。当证券公司收到代保管的证券时，在专设的备查簿中记录代理保管证券的情况；当保管服务完成时，冲销备查簿中登记的代保管证券。

三、证券自营业务的核算

证券自营业务是指证券公司以公司名义、以自有资金或者依法筹集的资金为本公司买卖依法公开发行的股票、债券、权证、证券投资基金及证监会认可的其他证券以获取盈利的行为。证券公司自营业务按交易场所分为场外（如柜台）自营买卖和场内（交易所）自营买卖。场外自营买卖是指证券公司通过柜台交易等方式，与客户直接洽谈成交的证券交易。场内自营买卖是证券公司通过集中交易场所（证券交易所）买卖证券的行为。我国证券自营业务一般是指场内自营买卖业务，且专指证券公司为本公司买卖

证券产品的行为。证券产品包括证券交易所挂牌交易的A股、基金、认股权证、国债、企业债券等。

1. 会计科目的设置

①“交易性金融资产”科目，核算证券公司为交易目的持有的债券投资、股票投资、基金投资等交易性金融资产的公允价值。证券公司持有的直接指定为以公允价值计量且其变动计入当期损益的金融资产，也在该科目核算。该科目借方登记取得交易性金融资产的成本和公允价值的有利变动；贷方登记出售交易性金融资产时结转的成本以及公允价值的不利变动；期末借方余额反映证券公司持有的交易性金融资产的公允价值。该科目应当按照交易性金融资产的类别和品种，分“成本”“公允价值变动”项目进行明细核算。

②“可供出售金融资产”科目，核算证券公司持有的可供出售金融资产的公允价值，包括划分为可供出售的股票投资、债券投资等金融资产。该科目借方登记取得的可供出售金融资产的成本和公允价值的有利变动；贷方登记出售可供出售金融资产时结转的成本以及公允价值的不利变动；期末借方余额反映证券公司持有的可供出售金融资产的公允价值。该科目应当按照可供出售金融资产的类别和品种，分“成本”“应付利息”“公允价值变动”等项目进行明细核算。

③“持有至到期投资”科目，核算证券公司持有的到期日固定、回收金额固定或确定，且证券公司有明确意图持有至到期投资的非衍生金融资产。该科目应当按照持有至到期投资的类别和品种，分“成本”“利息调整”等项目进行明细核算。

2. 买入自营证券的核算

① 证券公司进行自营证券的买卖，需要通过清算代理机构进行结算，因此证券公司应先将自有资金存入清算代理机构。存入时，按实际存入金额借记“结算备付金——自有”科目，贷记“银行存款”科目；当从清算代理机构收回资金时，做与存入时相反的会计处理。

② 证券公司在进行自营证券交易时，应按照《企业会计准则第22号——金融工具确认和计量》的规定，根据持有证券的意图对其进行划分，一般可分为交易性金融资产和可供出售金融资产，两者核算方法不同。

买入时划分为交易性金融资产的自营证券时，证券公司应按买入证券的公允价值，借记“交易性金融资产——成本”科目，按发生的相关交易费用金额，借记“投资收益”科目，按照实际支付的金额，贷记“结算备付金——自有”科目。

买入时划分为可供出售金融资产的自营证券时，证券公司应按买入证券的公允价值及所发生的相关交易费用之和，借记“可供出售金融资产”科目，按照实际支付的金额，贷记“结算备付金——自有”科目。

③ 如果取得自营证券（交易性金融资产或可供出售金融资产）时支付的价款中包含已宣告但尚未发放的现金股利或债券利息时，这部分股利或利息应作为“应收股利”或“应收利息”单独核算。

④ 实际收到属于取得自营证券支付价款中包含的已宣告发放的现金股利或债券利息时，证券公司应按照所收到的现金股利或债券利息的金额，借记“结算备付金——自有”科目，贷记“应收股利”或“应收利息”科目。

⑤ 自营证券在持有期间收取现金股利或债券利息时，应作为投资收益核算，应按照收取现金股利或债券利息金额，借记“结算备付金——自有”科目，贷记“投资收益”科目。

⑥ 资产负债表日，交易性金融资产公允价值变动形成的利得或损失，应当计入当期损益。如果交易性金融资产公允价值高于其账面余额，证券公司应按其差额，借记“交易性金融资产——公允价值变动”科目，贷记“公允价值变动损益”科目。如果公允价值低于其账面余额，按其差额做相反的会计处理。

⑦ 资产负债表日，可供出售金融资产应当以公允价值计量，且公允价值变动计入资本公积。如果可供出售金融资产的公允价值高于其账面余额的，证券公司应按其差额，借记“可供出售金融资产——公允价值变动”科目，贷记“资本公积——其他资本公积”科目。如果公允价值低于其账面余额，按其差额做相反的会计处理。

【例 10－4】 1月10日，深圳证券股份有限公司购入A钢铁公司股票200 000股，作为交易性金融资产进行核算和管理。每股面值1元，每股成交价6元，共计1 200 000万元（其中包含已宣告但尚未发放的现金股利200 000元）。同时，深圳证券股份有限公司支付了相关交易费用2 680元。会计分录为：

借：交易性金融资产——成本	1 000 000	
应收股利	200 000	
投资收益	2 680	
贷：结算备付金——自有		1 202 680

【例 10－5】 沿用例10－4，深圳证券股份有限公司将购入的股票作为可供出售金融资产进行核算和管理。会计分录为：

借：可供出售金融资产	1 002 680	
应收股利	200 000	
贷：结算备付金——自有		1 202 680

3. 卖出自营证券的核算

① 出售交易性金融资产。出售交易性金融资产时，证券公司应按实际收到的价款，借记“结算备付金——自有”科目，按交易性金融资产的账面余额，贷记“交易性金融资产”科目，按出售交易性金融资产实际收到的价款与其账面余额之间的差额，借记或贷记“投资收益”科目，同时将原计入该交易性金融资产的公允价值变动累计额转出，计入投资损益，借记或贷记“公允价值变动损益”科目，贷记或借记“投资收益”科目。

② 出售可供出售金融资产。出售可供出售金融资产时，证券公司按实际收到的价款，借记“结算备付金——自有”科目，按可供出售金融资产账面余额，贷记“可供出售金融资产”科目，按出售可供出售金融资产实际收到价款与其账面余额之间的差额，借记或贷记“投资收益”科目，同时将直接计入所有者权益的公允价值变动对应处置部分的金额转出，计入投资损益，借记或贷记“资本公积——其他资本公积”科目，贷记或借记“投资收益”科目。

三、证券承销业务的核算

承销业务是证券公司根据协议，依法协助证券发行人销售其所发行证券的行为。依据《证券法》的规定，“发行人向不特定对象发行证券，法律、行政法规规定应当由证券公司承销的，发行人应当与证券公司签订承销协议”，委托证券公司承销。证券承销是投资银行传统业务。承销业务分为代销和包销两种方式。代销是指证券公司代发行人发售证券，在承销期结束时，将未售出证券全部退还给发行人的承销方式；包销是指证券公司将发行人的证券按照协议全部购入，或者在承销期结束时将售后剩余证券全部自行购入的承销方式。包销又分为全部包销和余额包销两种方式。全额包销是指证券公司作为承销商先全额买断发行人发行的证券，再向投资者发售，由证券公司承担全部风险的承销方式。余额包销是指证券公司作为承销商，按照约定发行额和发行条件，在约定期限内向投资者发售证券，到销售截止日，如投资者实际认购总额低于预定发行总额，未售出的证券由证券公司负责认购，并按约定时间向发行人支付全部价款的承销方式。

1. 会计科目的设置

① “代理承销证券”科目，核算证券公司采用全额承购包销方式接受委托发行的股票、债券等证券的承购价值。该科目借方登记代理承销证券的承购价；贷方登记发行期结束后结转的已销售代理承销证券的成本、未售出证券转为自营金融资产的成本。期末借方余额反映证券公司尚未售出的代理承销证券的价值。本科目应当按委托单位和代发行证券的种类设置明细账。

② “代理承销证券款”科目，核算证券公司接受委托，采用全额承购包销方式或代销

方式承销证券所形成的、应付证券发行人的承销金额。该科目贷方登记证券公司受托代理发行证券时的认购款项;借方登记证券公司向委托方(发行人)支付代发行的证券款项;期末贷方余额反映证券公司承销证券应付未付给委托单位的款项余额。本科目应当按委托单位和代发行证券的种类设置明细账。

2. 全额承销包销的核算

采用全额承销包销方式,证券公司向发行单位承购证券的价格可能低于或等于或高于证券面值,双方在协议中确定。发售价格由证券公司确定,发行单位原则上不干预。这种证券承销方式可确保发行单位及时获得所需的资金,但对证券公司来说却要承担全部发行风险。

① 当证券公司根据协议,按承购价格购入全部待发售证券并向委托发行单位支付全部证券款时,应按照承购价,借记“代理承销证券”科目,贷记“银行存款”科目。

② 当证券公司将证券转售给投资者时,应按发行价格进行价款结算,借记“银行存款”科目,按已发行证券承购价格结转代发行证券的成本,贷记“代理承销证券”科目,并按发行价格和结转代发行证券的成本之间的差额,贷记“手续费及佣金收入——代理承销证券手续费收入”科目。

③ 发行期结束后,如有未售出的证券,应转为证券公司自有的金融资产进行核算,证券公司根据金融资产性质及本公司该金融资产的持有意图与管理政策,分别将其划分为“交易性金融资产”或“可供出售金融资产”。

【例 10-6】 1月2日,华泰证券公司与尚明股份有限公司签订协议,采用全额承购包销方式承销该公司发行股票50 000 000元,股票每股面值为1元,共发行50 000 000股。华泰证券公司承购价为1.2元,对外承销价为1.28元,发行期为20天,预计可以售完。若有未实现对外发行股票,华泰证券公司将其划分为交易性金融资产管理。会计分录为:

● 华泰证券公司付清全款,客户将股票交予华泰证券公司全额承购时:

借:代理承销证券	60 000 000	
贷:银行存款		60 000 000

● 华泰证券公司按承销价将4 800万股股票转售给投资者时:

借:银行存款	61 440 000	
贷:代理承销证券		57 600 000
手续费及佣金收入——代理承销证券手续费收入		3 840 000

● 期末,华泰证券公司为实现对外出2 000 000股股票,承购价转作自身金融资产时:

借:交易性金融资产　　2 400 000

　　贷:代理承销证券　　2 400 000

3. 余额承购包销

(1)承销无记名证券

① 证券公司收到委托单位委托发行证券时,作为重要凭证保管,并在备查簿中记录代销证券的发行单位、承销价格、承销数量、承销期限等有关承销证券情况,无须做会计分录。

② 在证券承销期内出售证券时,证券公司应按承销价格计算的售出证券的金额,借记"银行存款"或"库存现金"科目,贷记"代理承销证券款"科目。

③ 承销期结束有未发售完的证券,按规定由证券公司按承销价格认购。按认购金额,借记"交易性金融资产"或"可供出售金融资产"科目,贷记"代理承销证券款"科目。

④ 承销期结束后,证券公司应与发行单位按承销价格结算承销证券款项,借记"代理承销证券款"科目,按实际收取的手续费金额,贷记"手续费及佣金收入——代理承销证券手续费收入"科目,按照实际支付给委托单位的募集资金金额,贷记"银行存款"科目。

⑤ 冲销备查簿中登记的承销证券。

【例 10-7】 深圳证券股份有限公司接受委托,采用余额承购包销方式代理江华公司发行面值700 000 000元的企业债券,承销价为700 000 000万元。承销期结束,剩余35 000 000元,根据协议,由深圳证券股份有限公司购入。在与江华公司进行清算时,深圳证券股份有限公司应收按实际承销价计算的0.5%的发行手续费,承销债券款项扣除发行费用后深圳证券股份有限公司以银行存款支付。编制如下会计分录:

● 收到江华公司委托发行的债券时,只需在专设的备查账簿中登记承销债券的情况。

● 以承销价格在约定的期限内售出 665 000 000 元时:

借:银行存款　　665 000 000

　　贷:代理承销债券款　　665 000 000

● 未出售 35 000 000 元债券按规定由公司按承销价认购时:

借:交易性金融资产(或可供出售金融资产等科目)　　35 000 000

　　贷:代理承销证券款　　35 000 000

● 承销期结束,公司将所筹集资金付给江华公司,并收取手费时:

借:代理承销证券款　　700 000 000

　　贷:银行存款　　696 500 000

手续费及佣金收入——代理承销证券手续费收入 3 500 000

同时冲销备查账簿中登记的承销江华公司债券的记录。

(2)承销记名证券

① 证券公司通过证券交易所上网发行证券的,在证券上网发行日根据承销合同确认的证券发行总额,按承销价格,在备查簿中记录承销证券的情况。

② 证券公司与证券交易所交割清算时,应按照网上发行数量和发行价格计算的发行款项扣除代垫委托单位上网费用的金额,借记"结算备付金"科目,按照代垫委托单位上网费用金额,借记"其他应收款——应收代垫委托单位上网费"科目,按照实际承销证券款项,贷记"代理承销证券款"科目。

③ 承销期结束,如有未销证券,按规定由证券公司按承销价格认购,公司应按认购金额,借记"交易性金融资产"或"可供出售金融资产"科目,贷记"代理承销证券款"科目。

④ 承销期结束后,证券公司将承销证券款项交付委托单位时,应按承销证券款项金额,借记"代理承销证券款"科目,按收取承销手续费金额,贷记"其他应收款——应收代垫委托单位上网费"科目,按代垫上网费用金额,贷记"手续费及佣金收入——代理承销证券手续费收入"科目,按实际支付的承销证券款的金额,贷记"结算备付金——自有"科目。

⑤ 冲销备查簿中登记的承销证券。

第二节　信托投资公司业务的核算

信托即"信用"与"委托",是指以信用接受委托,按照委托人的意愿以自己的名义,为受益人的利益或特定目的,对委托人的资产进行管理或处理的行为。信托是多边信用关系,信托行为的确立必须具备委托人、受托人和受益人三方当事人。其中,委托人是信托资产的所有者,他将资产授权给受托人代理经营管理,是信托行为的起点;受托人是具有经营能力的信托机构,代为经营管理信托资产;受益人是与信托资产有关的经济利益的受益人,他可以是委托人自身,也可以是委托人指定的第三者,他是信托行为的终点。

一、信托业务的种类

信托业务可以依据不同的标准进行分类。

① 按信托受益对象的不同,信托业务可分为私益信托和公益信托。私益信托,是指委托人为了自己和其他特定人的利益而设立的信托,其目的是实现委托人或其他某个或某些特定人的利益。公益信托,被称为慈善信托,是指委托人为了社会公共利益而设

立的信托，其目的是使整个社会或其中的部分公众获益。

② 按信托服务对象的不同，信托业务可分为个人信托和法人信托。个人信托，是指以个人身份委托受托人办理信托业务。个人信托又分为生前信托和身后信托。生前信托是个人在世时以委托人身份与受托人建立信托关系，其信托契约限于委托人在世时有效；身后信托则根据个人遗嘱办理身后有关信托事项，如执行遗嘱、管理财产、为投保寿险者在身后代领赔款等，仅限于委托人去世后生效。法人信托，又称公司信托，委托人具备法人资格，是法人委托受托人办理信托业务。

③ 按信托财产种类的不同，信托业务可分为资金信托、实物信托、债权信托和经济事务信托。资金信托，又称金钱信托，是一种以货币标的物的信托业务，如单位资金信托、公益资金信托、劳保基金信托、个人特约信托等。实物信托，是一种以动产或不动产为标的物的信托业务。动产是指原材料、设备、物资、交通工具；不动产是指厂房、仓库和土地等。债权信托，是一种以债权凭证为标的物的信托业务，如代为清理和代收付款项、代收人寿保险公司赔款等。经济事务信托，是一种以委托代办各种经济事务为内容、委托凭证为标的物的信托业务，如委托设计、专利转让、委托审查、委托事务等。

④ 按是否跨国的划分，信托业务可分为国内信托和国际信托。国内信托，是指信托关系人及信托行为仅限于国内，其业务主要有信托、委托、代理、租赁、咨询等。国际信托，即信托关系人及信托行为跨越国界，其业务主要有国际信托投资、国际租赁、代理发行外币有价证券、对外担保见证及国际咨询业务等。

二、信托存款与委托存款业务的核算

1. 信托存款及其业务核算

按《金融信托投资机构资金管理暂行办法》规定，信托机构可以吸收下列 1 年期以上的信托存款：财政部门委托投资或贷款的信托资金、企事业主管部门委托投资或贷款的信托资金、劳动保险机构的劳保基金、科研单位的科研基金及各种学会与基金会的基金。信托存款每笔资金都单独管理、独立核算。信托机构对信托存款的运用效益决定其收益，收益由信托机构按合同规定支付给委托人或委托人指定的第三人。信托存款委托人对信托资金不指定运用范围，由信托机构负责管理并保本付息。委托人保本之外收取固定收益。信托机构的收益则来自支付委托利息外的资金营运的多余收入，而不是收取的手续费。

客户提出信托存款申请并填写“存款委托书”后，信托机构应审查其资金来源，审查合乎规定后，与客户签订“信托存款协议书”，写明信托存款金额、期限、信托收益支付方法、指定受益人、手续费率等。信托机构为委托人开立账户，委托人将信托存款划转到信托机构开立的银行账户，信托机构相应签发存款凭证给委托人。

(1)会计科目的设置

信托机构为反映和监督对信托存款的吸收、归还、付息及结余等情况，应设置“实收信托”“应付股利”和“信托利润分配”等科目。

① “实收信托”属于权益类科目，核算由信托项目取得的信托财产初始价值。委托人以现金设立信托的，按实际收到的金额，借记“银行存款”科目，贷记本科目。委托人以非现金资产设立信托的，按信托文件约定价值，借记有关科目，贷记本科目。如果受益人要求将应付未付收益转增实收信托，借记“应付受益人收益”科目，贷记本科目。本科目应按受益人设置明细账进行核算。本科目期末贷方余额，反映信托项目的实收信托余额。

② “应付股利”属于负债类科目，贷方反映根据信托合同约定应计提的信托存款利息，借方反映实际支付的存款利息，期末贷方余额反映应付未付利息。本科目应按存款客户名称设置明细账进行核算。

③ “信托利润分配”属于损益类科目，借方反映预提的应付利息或实际支付的各项利息，期末将本科目借方发生额从贷方转入“本年利润”科目，本科目贷方期末无余额。本科目应按存款客户的名称设置明细账进行核算。

(2)信托存款业务的账务处理

① 开户。信托公司接受客户委托，为客户开立信托存款账户时：

借：银行存款

　　贷：实收信托——××单位

② 计息信托存款原则上在到期后利随本清，但在存款期内定期计算应付股利：

借：信托利润分配——××信托存款利息支出

　　贷：应付股利——××单位

③ 到期支取。存款单位在信托存款期满后，凭信托存款单向信托机构提取存款，并结清利息。因各种客观原因需要提前支取的，与信托机构协商后，可提前支取，但利率按银行同期活期存款利率计算：

借：实收信托——××单位

　　应付股利——××单位

　　信托利润分配——××信托存款利息支出

　　贷：银行存款

【例 10－8】 20×7 年 3 月 1 日，中港信托投资公司收到 A 公司存入信托存款 5 000 000元，存期 1 年，年利率 3%，采取利随本清结息方式，20×8 年 3 月 1 日 A 公司支取存款本金。

● 20×7年3月1日，中港信托投资公司接受存款时：

借：银行存款　　5 000 000

　　贷：实收信托——A公司　　5 000 000

● 20×8年3月1日，中港信托投资公司支付A公司到期存款：

借：实收信托——A公司　　5 000 000

　　信托利润分配——信托存款利息支出　　150 000

　　贷：银行存款　　5 150 000

2. 委托存款及其业务核算

委托存款是指委托人将定额资金委托给信托机构，由其在约定期限内按规定用途进行营运，营运所获收益扣除一定信托报酬后全部归委托人所有的经济行为。

客户与信托机构商定办理委托业务后，双方应签订“委托存款协议书”，标明存款的资金来源、金额、期限及双方的责任等。信托机构根据协议书为客户开立委托存款账户，由客户将委托存款资金存到信托机构开立的银行账户里，信托机构则向客户开出“委托存款单”。

委托存款的账务处理如下：

① 开户。

借：银行存款

　　贷：代理业务负债——××单位委托存款

② 计息。根据银行同期活期存款利率按季计算委托存款利息，计息数是委托存款与委托贷款余额的轧差数。

借：利息支出——××委托存款利息支出

　　贷：应付利息——××单位委托存款

③ 支取。委托人可随时支取委托存款，但只限于在委托存款余额与委托贷款余额的轧差数之内。信托机构收到委托人支取委托存款的通知后，将款项划入委托人的银行账户。

借：代理业务负债——××单位委托存款

　　贷：银行存款

三、信托贷款与委托贷款业务的核算

1. 信托贷款及其业务的核算

信托贷款是指信托机构运用自有资金、信托存款或其他方式筹集的资金。信托贷款的对象、用途、期限和利率等由信托机构根据国家政策自行确定，贷款的风险责任也由信托投资公司承担。信托贷款的性质和用途与银行贷款相似，但更灵活、方便、及时。

信托贷款的用途主要是解决企业某些正当、合理而银行限于制度规定而无法支持的资金需求。

信托贷款的账务处理如下：

① 开户。

借：发放贷款——××单位信托贷款

　　贷：银行存款

② 计息。信托机构按季根据每个借款单位的借款积数分别计算利息。

借：应收利息

　　贷：利息收入——××贷款利息收入

③ 收回。信托贷款到期后，信托机构要及时收回信托贷款本金。

借：银行存款

　　贷：发放贷款——××单位信托贷款

　　　　应收利息——××贷款利息收入

【例 10－9】 中港信托公司贷放给华发公司信托贷款3 000 000元，年利率 6.5%，期限 1 年，采取利随本清的结息方式。会计分录为：

① 发放信托贷款时：

借：发放贷款——华发公司信托贷款	300	
贷：银行存款		300

② 到期收回贷款本利时：

借：银行存款	319.5	
贷：发放贷款——华发公司信托贷款		300
利息收入——华发公司信托贷款利息		19.5

2. 委托贷款及其业务的核算

委托贷款，是指信托机构接受委托人委托，在委托人存入的委托存款额度内，按委托人指定的对象、用途、期限、利率及金额发放贷款，监督使用并到期收回本息的贷款。由于信托资金的运用对象、运用范围等均由委托人事先指定，信托机构对委托贷款能否达到预期收益以及到期能否收回不负任何经济责任。

委托贷款的账务处理如下：

① 发放贷款。借款单位按规定向信托机构报送有关资料，并填写借据，签订借款合同。然后，信托机构将委托贷款款项划到借款单位指定的银行账户。

借：代理客户资产——××单位委托贷款

　　贷：银行存款

② 收取手续费。信托机构向委托人收取手续费，作为委托贷款业务的劳务收入。手续费计算基数以委托贷款额为准，按双方商定的比例收取。

借：银行存款

　　贷：其他收入——委托贷款手续费收入

③ 结息。信托机构负责按季收取利息，在委托贷款到期时付给委托单位。

借：银行存款

　　贷：应付利息——××单位

④ 到期收回。委托贷款到期时，由信托机构负责收回。

借：银行存款

　　贷：代理客户资产——××单位委托贷款

如果协议规定贷款收回后终止委托，则将款项划转到委托方的存款账户。

借：代理客户负债——××单位

　　贷：银行存款

【例 10－10】 中港信托公司接受B公司委托，向金贸公司发放委托贷款1 500 000元，期限1年，年利率为7%。双方约定信托公司在放款时按照贷款金额的1.5%收取手续费。

● 信托公司放款时：

	借方	贷方
借：代理客户资产——金贸公司委托贷款	1 500 000	
贷：银行存款		1 500 000

● 信托公司收取手续费时：

	借方	贷方
借：银行存款	225 000	
贷：其他收入——委托贷款手续费收入		225 000

● 贷款到期时，信托公司代为收回贷款本息：

	借方	贷方
借：银行存款	1 605 000	
贷：代理客户资产——金贸公司委托贷款		1 500 000
应付利息——B公司		105 000

四、信托投资与委托投资业务的核算

1. 信托投资及其业务的核算

信托投资是指信托机构以投资者身份直接参与企业的投资及其经营成果的分配，并承担相应经济的责任，其资金主要来源于信托机构的自有资金及各种信托存款。

信托投资是信托机构以自有资金或未指定使用对象和范围的信托存款进行投资。

信托机构对现有项目进行初选和评估，然后对可否投资提出结论性意见。决定投资后，信托机构与被投资单位签订投资合同。信托机构将认定的投资资金按期足额划入指定账户，并定期或不定期对资金的使用情况进行检查，促使投资项目按时施工、按时投产、按时竣工。信托投资的收益全部归信托机构所有，风险亦由其承担。信托投资分为短期信托投资和长期信托投资，包括股票、债券、基金投资等。

(1)会计科目的设置

信托机构为了反映和监督信托投资业务状况，根据投资业务的性质，设置"交易性金融资产""持有至到期投资""可供出售金融资产""长期股权投资"以及"投资收益"等科目对信托投资业务进行核算。

① "交易性金融资产"科目，核算信托机构为了获得证券买卖价差收入交易性目的而持有的债券投资、股票投资、基金投资、权证投资等交易性金融资产的公允价值。本科目属于资产类科目，借方登记买入证券的公允价值(不含支付的价款中所包含的已到付息期但尚未领取的利息和已宣告但尚未发放的现金股利以及相关的交易费用)；贷方登记售出证券时结转已售证券的公允价值；本科目期末借方余额，反映信托机构持有的交易性金融资产的公允价值。本科目应当按照交易性金融资产的类别和品种，分别设置明细账进行核算。

② "持有至到期投资"科目，核算信托机构持有至到期投资的价值。本科目属于资产类科目，借方登记买入证券的公允价值与相关的交易费用，贷方登记售出证券时结转已售证券的账面余值。本科目应按持有至到期投资的类别和品种，分别以"成本""利息调整""应计利息"等进行明细核算。

③ "可供出售金融资产"科目，用于核算信托机构持有的可供出售金融资产的价值，包括划分为可供出售的股票投资、债券投资等金融资产。本科目应按可供出售金融资产的类别和品种，分别"成本""利息调整""应计利息"等进行明细核算。

④ "长期股权投资"科目，核算企业持有的采用成本法和权益法核算的长期股权投资。本科目应按被投资单位进行明细核算。长期股权投资采用权益法核算的，应当分别以"成本""损益调整""所有者权益其他变动"进行明细核算。

⑤ "投资收益"为损益类科目，核算信托项目对外投资(含股票投资、债券投资、基金投资等)所取得的收益或发生的损失。本科目贷方反映应收或实际收到的债券利息、投资红利、股利，借方反映发生的投资损失。本科目应按投资种类和接受投资的单位设置明细账。

(2)信托投资业务的账务处理

① 投资。信托公司对外投资时，根据投资品种的性质，编制会计分录：

借:交易性金融资产(或持有至到期投资、或可供出售金融资产、或长期股权投资)
　　贷:银行存款

② 获得投资收益。若信托投资为长期股权投资,采用成本法核算时,会计分录为:

借:应收股利
　　贷:投资收益——××单位股权投资

采用权益法核算时,会计分录为:

借:长期股权投资
　　贷:投资收益——××单位股权投资

采用权益法核算时,若亏损则作相反会计分录。

若信托投资为其他类型投资,会计分录为:

借:应收股利(或应收利息)
　　贷:投资收益

信托投资类型若为交易性金融资产或可供出售金融资产,在资产负债表日,还要对金融资产的公允价值与其账面余额进行比较,及时记录和反映金融资产的公允价值变动情况。

③ 信托公司出售信托投资时,按所收到的资金借记"银行存款"科目,按信托投资账面价值贷记"交易性金融资产""持有至到期投资""可供出售金融资产""长期股权投资"等科目,按其差额借记或贷记"投资收益"科目。

【例 10-11】 北方信托投资公司通过参股方式对C公司投资5 000 000元,年终分得投资收益250 000元。会计分录为:

● 对外投资时:

	借	贷
借:长期股权投资	5 000 000	
贷:银行存款		5 000 000

● 取得收益时:

	借	贷
借:银行存款	250 000	
贷:投资收益——C公司股权投资		250 000

2. 委托投资及其业务的核算

委托投资是指委托人将资金事先存入信托机构作为委托投资基金,委托信托机构按其指定的对象、方式进行投资,并对资金的使用情况、被投资企业的经营管理和利润分配等进行管理和监督。信托机构要对受托资金进行单独管理,单独核算,按期结清损益,在扣除规定的费用之外,收益归委托人所有。委托投资既可以直接投资于企业,也可用于购买股票、债券等有价证券。

委托投资是信托机构接受企业的委托资金，按其指定的对象、范围和用途进行投资，信托机构受托监督投资资金的使用、被投资企业经营状况及利润分配等。委托投资的收益全部归委托人所有，信托机构一般只收取一定比例的手续费，投资的风险也由委托人承担。

(1)会计科目的设置

① "代理业务资产——委托投资"科目。本科目属于资产类科目，用于核算信托机构接受客户委托，代理客户进行投资。借方反映受客户委托投出的资金，贷方反映收回的投资，期末借方余额反映尚未收回的委托投资。本科目按委托单位和投资种类设置明细账。

② "手续费及佣金收入——委托投资手续费收入"科目。本科目属于损益类科目，用于核算信托机构收取的手续费。本科目贷方反映各项手续费收入，期末将贷方余额结转"本年利润"科目贷方，结转之后本科目期末无余额。

(2)委托投资业务的账务处理

● 委托投资。信托公司接受委托，收到委托资金对外投资时：

借：银行存款

　　贷：代理业务负债——××单位委托存款

借：代理业务资产——委托投资

　　　　　　　　——××投资单位

　　贷：银行存款

● 分红。委托投资的资金分红划到信托机构银行账户，并转入委托人委托存款账户时：

借：银行存款

　　贷：代理业务负债——××单位委托存款

● 收取手续费。开办委托投资业务，信托公司收取手续费。

借：银行存款

　　贷：其他收入——委托投资手续费收入

【例 10－12】 北方信托投资公司接受 A 公司存入资金3 000 000元投资于 D 公司，经协商信托投资公司收取投资额 2%的手续费。会计分录为：

● 收到投资资金时：

借：银行存款　　　　　　　　　　　　　　3 000 000

　　贷：代理业务负债——A 公司委托存款　　　　　　3 000 000

● 对外投资时：

借：代理业务资产——委托投资——D公司　　3 000 000

　　贷：银行存款　　3 000 000

● 收取手续费：

借：银行存款　　60 000

　　贷：其他收入——委托投资手续费收入　　60 000

五、信托损益的核算

1. 信托收入的核算

信托收入包括信托投资获得的投资收益、信托贷款或拆出信托资金获得的利息收入、信托租赁形成的租赁收入、信托投资公司办理代理、咨询等中介业务形成的手续费及佣金收入等。信托投资公司发生信托收入时，借记"银行存款"等科目，贷记"利息收入""手续费及佣金收入""投资收益"等科目。

信托收入应按委托人和收入类别（投资收益、利息收入、手续费及佣金收入、租赁收入等）进行明细核算。

2. 信托费用的核算

信托费用分为可直接归集于某项信托资产的费用和不可直接归集于某项信托资产的费用。前者属于因办理某项信托资产业务而发生的费用，可直接归集于该项信托资产，由该项信托资产承担；后者不属于因办理某项信托资产业务而发生的费用，不可直接归集于该项信托资产，由信托投资公司承担。

发生的由某项信托资产业务承担的费用（如利息费用），以及投资交易过程中的手续费、投资损失等，借记"利息支出""投资收益"等科目，贷记"银行存款"等科目，这些费用应根据委托人和具体业务的类别等进行明细核算；发生的由信托投资公司承担的费用，借记"业务及管理费"科目，贷记"银行存款"等科目，这些费用应按费用的类别等进行明细核算。

3. 信托业务赔偿的核算

对于从事信托业务使受益人受到损失的，根据损失产生的原因不同分别进行处理。

第一，属于信托公司违反信托目的、违背管理职责、管理信托事务不当造成信托资产损失的，以信托赔偿准备金赔偿。信托投资公司会计处理为：

借：信托赔偿准备金

　　贷：实收信托等相关科目

第二，属于委托人自身原因导致对其信托资产司法查封、冻结，且须以其信托资产对第三人进行补偿的，仅以其信托资产（扣除原约定费用和对未到期信托资产进行处置的违约金及相关费用后的资产）为限进行赔偿。

4. 信托损益的结转

期末，信托收入和信托费用转入信托损益科目，其账务处理如下：

借：信托收入

　　贷：本年利润

借：本年利润

　　贷：信托费用

期末，信托投资公司应将未分配给受益人和委托人的信托收益结转为待分配信托收益，账务处理如下：

借：本年利润

　　贷：利润分配

【例 10－13】 中港信托投资公司 2018 年度共获得信托投资收入 600 万元，信托贷款利息收入 500 万元，手续费收入 550 万元，发生办公费用 800 万元，利息支出 90 万元。

结转损益的会计分录如下：

借：本年利润	890	
贷：业务及管理费		800
利息支出		90
借：投资收益	600	
利息收入	500	
手续费及佣金收入	550	
贷：本年利润		1 650
借：本年利润	760	
贷：利润分配		760

第三节　基金管理公司业务的核算

证券投资基金是一种利益共享、风险共担的集合证券投资方式，即通过发行基金单位，集中投资者的资金，由基金托管人托管和基金管理人管理与运用资金，从事股票、债券等金融工具投资、并将投资收益按基金投资者的投资比例进行分配的一种间接投资方式。

一、证券投资基金的种类

证券投资基金可以按照不同的标准进行分类。

1. 按组织形态，分为契约型基金和公司型基金

契约型基金是指通过信托契约的形式向投资者发行受益凭证募集资金而组建的投资基金。一般由基金管理人（基金管理公司）、基金托管人（商业银行）和基金受益人（投资者）三方签订信托契约，基金管理人负责基金信托资产的经营与管理操作，基金托管人负责基金信托资产的保管和处置，投资成果由基金受益人享有。契约型基金是一种不具备法人资格的虚拟公司，如代理投资公司。

公司型基金是指通过组建投资公司而发行基金股份募集资金的投资基金。公司型基金是具有法人资格的经济实体。公司型基金成立后，通常委托特定的基金管理公司负责基金资产的经营与管理操作，基金资产的保管则委托基金托管人。基金持有人既是基金投资者又是公司股东，按照公司章程的规定，享有一定的权利并履行相应的义务。

2. 按基金运作方式，分为封闭式基金和开放式基金

封闭式基金是指基金发起人在设立基金时，限定了基金的发行总额，在初次发行达到预定的发行计划后，基金即宣告成立，并进行封闭，在封闭期内基金单位总数固定不变的一种基金。基金的封闭期是指基金的存续期，即基金从成立之日起到结束之日止的整个期间。

开放式基金是指基金发行总额不固定，基金单位总数随时增减，投资者可以根据其投资决策需要，随时在基金管理公司指定的直销或代销机构申购或赎回基金单位的一种基金。开放式基金不在证券交易所上市交易，其申购或赎回基金单位的价格以基金单位对应的资产净值为基础计算。由于开放式基金随时面临投资者赎回基金的压力，因此，基金管理人需持有较大金额流动性和变现能力强的资产以备支付。这在一定程度上限制其进行长期投资。

3. 按投资风险与收益的不同，分为成长型基金、收入型基金和平衡型基金。

成长型基金是指以资本长期增值为投资目标的投资基金，其投资对象主要是市场中有较大升值潜力的小公司股票和一些新兴行业的股票。这类基金一般很少分红，经常将投资所得的股息、红利和盈利进行再投资，以实现资本增值。

收入型基金是指以追求基金当期收入为投资目的的投资基金，其投资对象主要是那些绩优股、债券、可转让大额定期存单等收入比较稳定的有价证券。收入型基金一般把所得的利息、红利都分配给投资者。

平衡型基金是指既追求长期资本增值，又追求当期收入的投资基金，其投资对象主要是债券、优先股和部分普通股。在投资组合中，优先股和债券一般占资产总额的 25%～50%，其余为普通股投资。平衡型基金的风险和收益介于成长型基金与收入型基金之间。

另外，按投资对象不同，分为股票基金、债券基金、货币市场基金、期货基金、期权基金、指数基金和认股权证基金等；按资本来源与运用区域不同，分为国际基金、海外基金、国内基金、区域基金等；按投资对象货币种类，分为美元基金、日元基金和欧元基金等。

二、证券投资基金的发行与赎回

证券投资基金的发行分为自行发行和代理发行两种方式。自行发行是指基金按净资产价值由基金单位发行人直接销售给投资人，并按照面值附加一定比例的手续费；代理发行则是指发行人通过证券承销商向社会发行基金单位。

证券投资基金的赎回是针对开放式基金而言。投资者直接或通过代理机构向基金管理公司要求部分或全部退出基金的投资，并将买回款项汇至该投资者的账户内。投资人需填写一份买回申请书，并注明买回基金的名称及单位数(或金额)。买回款项汇入银行账户，一般约需 3～4 个工作日。当出现巨额赎回时，基金管理人可以根据基金当时的资产组合状况决定全额赎回或部分顺延赎回。

证券投资基金的发行和赎回必须遵守如下规则：

① 封闭式基金应事先确定发行总额，在封闭期内基金单位总数不变。基金成立时，实收基金按实际收到基金发行总额入账；基金发行收入扣除相关费用后的结余，作为其他收入。

② 开放式基金的基金单位总额不固定，随时增减。基金成立时，实收基金按实际收到的基金单位发行总额入账；基金成立后，实收基金应于基金申购、赎回确认日，根据基金契约和招募说明书中载明的有关事项进行确认和计量。

③ 基金管理公司应于收到基金投资人申购或赎回申请之日起，在规定的工作日内对该交易的有效性进行确认。在确认日，按照实收基金、未实现利得、未分配收益和损益平准金的余额占基金净值的比例，将确认有效的申购款项分割为三部分，分别确认为实收基金、未实现利得、损益平准金的增加金额或减少金额。

④ 基金管理公司应当在接受基金投资人有效申购申请之日起，在规定的工作日内收回申购款项，尚未收回之前作为应收申购款入账。

⑤ 办理申购业务的机构按规定收取的申购费，如在基金申购时收取的，由办理申购业务的机构直接向投资人收取，不纳入基金会计核算范围；如在基金赎回时收取，则待基金投资人赎回时在赎回款中抵扣。

⑥ 基金管理公司应当在接受基金投资人有效赎回申请之日起，在规定的工作日内支付赎回款项，尚未支付之前作为应付赎回款入账。

⑦ 开放式基金按规定收取的赎回费用中的基本手续费部分归办理赎回业务的机构

所有，尚未支付之前作为应付赎回款入账；赎回费用在扣除基本手续费后的余额归基金公司所有，作为其他收入入账。

三、证券投资基金发行与赎回的核算

1. 封闭式基金发行的核算

封闭式投资基金的基金单位一旦募集完毕便不能赎回，投资者在证券市场上买卖基金单位的活动是投资者之间的业务，与封闭式投资基金无直接联系。封闭式投资基金发行公司的净资产与其他行业企业的股东权益类似，只受基金经营活动的影响并发生增减变动，如投资盈亏、派发红利等。因此，封闭式基金所有者权益的核算比较简单。无论是封闭式基金还是开放式基金，基金成立前发生的开办费不应由基金资产承担，同样，投资者购买基金时支付的发行费用也不应计入基金资产和基金净资产。根据《证券投资基金会计核算办法》规定，封闭式基金设立后，发行费收入与相关费用相抵后的余额，应作为其他收入处理。封闭式基金的会计核算，应设置"实收基金"科目，该科目类似于一般企业投资业务核算中的"实收资本"科目。封闭式基金募集发行期结束，应按实际收到的金额，借记"银行存款"科目，按基金单位的发行总额，贷记"实收基金"科目，按其差额，贷记"其他业务收入"科目。

【例 10－14】 A证券投资基金管理公司发行10亿份基金单位，基金单位发行价为2.04元，支付费用1 600万元。会计分录为：

借：银行存款	2 040 000 000	
贷：实收基金		2 024 000 000
其他业务收入——基金发行费收入		16 000 000

2. 开放式基金申购的核算

投资者申购开放式基金时，应按购买的金额提出申请，而不是按购买的份额提出申请。开放式基金的申购金额包含申购费用和净申购金额。投资者在进行申购时要缴纳申购费。我国《开放式证券投资基金试点办法》规定，申购费率不得超过申购金额的5%。申购费可以在申购基金时收取，也可以在赎回时从赎回金额中扣除。办理申购业务的机构按规定收取的申购费，如在基金申购时收取的，由办理申购业务的机构直接向投资人收取，不纳入基金会计核算范围；如在基金赎回时收取，则待基金投资人赎回时从赎回款中抵扣。对某一笔申购金额可以买到基金单位的计算公式为：

申购费用＝申购金额×申购费率

净申购金额＝申购金额－申购费用

申购份数＝净申购金额/申购当日基金单位资产净值

根据规定，基金管理公司应当在接受基金投资人有效申请之日起3个工作日内收回申购款项，尚未收回之前作为“应收申购款”入账。基金申购确认日，按有效申购款，借记“应收申购款”；按有效申购款中含有的实收基金，贷记“实收基金”科目；按有效申购款中含有的未实现利得，贷记“未实现利得”科目；按有效申购款中含有的未分配收益，贷记“损益平准金”科目。“应收申购款”科目应按办理申购业务的机构设置明细账。期末，“应收申购款”科目的借方余额反映尚未收回的有效申购款。

【例10－15】 2009年3月2日，某投资者向A证券投资基金管理公司申购开放式基金21 000 000元，当日该基金单位资产净值为2元，申购费为1 000 000元；按照契约规定，高于基金单位的部分在扣除费用后，将3/5作为未实现利得，2/5作为未分配收益。

计算投资者用21 000 000元可以买到的基金单位：

净申购金额＝申购金额－申购费用＝21 000 000－1 000 000＝20 000 000

可申购份数＝净申购金额÷申购当日基金单位资产净值＝10 000 000

根据计算结果，编制如下会计分录：

借：应收申购款	20 000 000	
贷：实收基金		10 000 000
未实现利得		6 000 000
损益平准金		4 000 000

我国基金采取T＋1交割方式，即在交易日第二天进行款项交割，因此，3月3日进行款项交割时，基金管理公司编制如下会计分录：

借：银行存款	20 000 000	
贷：应收申购款		20 000 000

以后收到申购款时：

借：银行存款	20 000 000	
贷：应收申购款		20 000 000

3. 开放式基金赎回的核算

开放式基金可以根据基金管理运作的实际需要收取赎回费，赎回费率一般不超过赎回金额的3%，赎回费收入在扣除基本手续费后，余额归基金公司所有。基金赎回是按份额赎回，即投资者在提出赎回申请时按卖出的份额提出申请，而不是按卖出的金额提出。基金赎回时投资者所得到的金额是赎回总额扣除赎回费用的部分。计算公式为：

赎回总额＝赎回份数×赎回当日基金单位净值

赎回费用＝赎回总额×赎回费率

赎回金额＝赎回总额－赎回费用

基金管理公司应在接受基金投资人有效申请之日起7个工作日内支付赎回款项，尚未支付之前作为"应付赎回款"入账。开放式基金按规定收取的赎回费，基本手续费部分归办理赎回业务的机构所有，尚未支付之前作为应付赎回款入账。赎回费在扣除基本手续费后的余额归基金公司所有，作为其他收入入账。

基金赎回确认日，按赎回款中含有的实收基金，借记"实收基金"科目；按赎回款中含有的未分配收益，借记"损益平准金"科目；按赎回款中含有的未实现利得，借记"未实现利得"科目；按应付的赎回款，贷记"应付赎回款"科目；按赎回费中属于销售机构所有的部分，贷记"应付赎回费"科目；按赎回费中属于基金所有的部分，贷记"其他收入——赎回费"科目。同时，支付投资人赎回款，借记"应付赎回款"科目，贷记"银行存款"科目。

"应付赎回款"应按办理赎回业务的销售机构或申请赎回业务的投资人设置明细账进行核算，期末贷方余额反映尚未支付的基金赎回款。办理赎回业务的机构支付赎回费时，借记"应付赎回费"科目，贷记"银行存款"科目。"应付赎回费"科目应按办理赎回业务的机构设置明细账。期末贷方余额反映尚未支付的基金赎回费用。

【例 10－16】 6月2日，投资者申请赎回D投资基金管理公司开放式基金500 000份，当日该基金单位资产净值为1.0 029元，赎回费率为0.5%，应付给代为办理赎回业务的某商业银行300元，同时按照契约规定，结转未实现利得1 454.25元，损益平准金为－4.25元。

计算投资者赎回总额和扣除费用之后的赎回金额：

赎回总额＝赎回份数×赎回当日基金单位净值＝500 000×1.0 029＝501 450

赎回费用＝赎回总额×赎回费率＝501 450×0.5%＝2 507.25

赎回金额＝赎回总额－赎回费用＝501 450 元－2 507.25＝498 942.75

借：实收基金	500 000	
未实现利得	1 454.25	
损益平准金	－4.25	
贷：应付赎回款		498 942.75
其他收入——赎回费		2 207.25
应付赎回费——某商业银行		300

款项交割时：

借：应付赎回款　　498 942.75

　　贷：银行存款　　498 942.75

若在某一开放日，基金净赎回申请超过上一日基金总份额的10%，即认为发生了巨额赎回。在出现巨额赎回时，如果基金管理公司认为有能力兑付投资人的全部赎回申请，则按正常赎回程序执行，对投资人的利益没有影响。如果基金管理公司认为兑付投资人的赎回申请有困难，则可在当日接受赎回比例不低于上一日基金总份额10%的前提下，对其余赎回申请延期办理。对于当日的赎回申请，应当按照单个账户赎回申请量占赎回申请总量的比例，确定当日受理的赎回份额，未受理部分可延迟至下一个开放日办理，并以该开放日的基金资产净值为依据计算赎回金额。投资者可以在申请赎回的同时选择将当日未获受理部分予以撤销。如果连续发生巨额赎回，基金管理人可以按照基金契约及招募说明书载明的规定，暂停接受赎回申请，已经接受的赎回申请可以延缓支付赎回款项，但不能超过正常支付时间20个工作日，并应在证监会指定的信息披露媒体上公告。

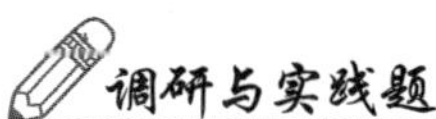

调研与实践题

组织学生对证券公司、信托公司和资金管理公司进行实地调研，使学生进一步了解证券公司、信托公司和资金管理公司的业务种类、办理流程及核算方法。

自主学习内容

1. 按照新修改的《证券法》规定，证券公司可以经营哪些业务？
2. 什么是证券投资基金的发行与赎回？
3. 证券投资基金的发行与赎回须遵守哪些规则？

复习思考题

1. 什么是证券经纪业务、自营业务、承销业务？各包括哪些内容？
2. 什么是买入返售证券业务与卖出回购业务？
3. 什么是信托投资业务？包括哪些内容？
4. 信托存款与委托存款存在哪些异同点？
5. 基金发行与一般证券发行有什么区别？

账务处理题

1. A证券公司于20×8年6月10日从证券市场上购入甲公司发行在外的股票10万股作为交易性金融资产，每股支付价款5元；20×8年12月31日，该股票公允价值为53万元；20×9年2月11日，A证券公司将上述股票对外出售，收到款项65万元存入银行。

要求：编制A证券公司的有关会计分录。

2. 20×8年3月5日，B证券公司接受客户的委托，通过证交所代理买卖证券。买进股票成交金额为800 000元，卖出股票成交金额为500 000元，代扣代缴的交易税费1 300元，向客户收取佣金3 900元，自身应负担的交易费用150元。

要求：编制B证券公司的有关会计分录。

3. 20×8年1月1日，C证券公司从二级市场购入乙公司发行的公司债券，面值150万元，票面利率为6%，半年付息一次。支付价款154万元(含已经付息尚未领取利息4万元)，剩余期限为2年，另支付交易费用3万元。其他资料如下：

(1)20×8年1月20日，收到未领取利息4万元；

(2)20×8年6月30日，该公司债券公允价值为153万元(不含利息)；

(3)20×8年7月6日，收到20×8年上半年利息4.5万元；

(4)20×8年12月31日，该公司债券公允价值为152万元(不含利息)；

(5)20×9年1月6日，收到20×8年下半年利息4.5万元；

(6)20×9年3月31日，出售该债券收到153.5万元(含第一季度利息2.25万元)。假设不考虑其他因素。

要求：编制C证券公司的有关会计分录。

4. 丙公司因扩展经营业务急需资金，拟发行股票1 000万股，每股面值1元，委托D证券公司全额承购包销，合同规定承购价为每股6元，承购价款于收到股票时一次付清。D证券公司以每股7.20元的价格售出承购的股票900万股，已与证券交易所交割清算。D证券公司将收到的股票划分为以公允价值计量且其变动收益计入当期损益的金融资产。

要求：编制D证券公司的有关会计分录。

5. 20×8年1月6日，E信托投资公司收到新盟公司存入信托存款600万元，存期1年，年利率为4.5%，采取利随本清的结息方式，20×9年1月6日新盟公司前来支取存款的本息。

要求：编制E信托投资公司的有关会计分录。

6. F信托投资公司接受正华金贸有限公司委托，发放给某商贸公司委托贷款200万元，贷款期限1年，年利率为6%。双方约定，F信托投资公司在放款时按照贷款金额的1.5%收取手续费。

要求：编制F信托投资公司的有关会计分录。

7. 20×8年1月8日，某投资者向G证券投资基金管理公司申购开放型基金2 050万元，当日该基金单位资产净值为2元，申购费为50万元。按照契约规定，高于基金单位的部分在扣除费用后，将5/8作为实现利得，3/8作为未分配收益。

要求：编制G证券投资基金管理公司的有关会计分录。

参考文献

[1] 财政部会计司编写组．企业会计准则第22号——金融工具确认和计量[M]．北京：中国财政经济科学出版社，2018.

[2] 财政部会计司编写组．企业会计准则第23号——金融资产转移[M]．北京：中国财政经济科学出版社，2018.

[3] 财政部会计司编写组．企业会计准则第37号——金融工具列报[M]．北京：中国财政经济科学出版社，2018.

[4] 许太谊．企业会计准则及相关法规应用指南(2018)[M]．北京：中国市场出版社，2018.

[5] 中华人民共和国财政部．企业会计准则[M]．上海：立信会计出版社，2017.

[6] 王海荣，徐旭东．金融企业会计[M]．北京：人民邮电出版社，2017.

[7] 程婵娟．银行会计学[M]．北京：科学出版社，2017.

[8] 企业会计准则编审委员会．企业会计准则案例讲解[M]．上海：立信会计出版社，2016.

[9] 中国人民银行支付结算司．中国支付体系发展报告(2013)[M]．北京：中国金融出版社，2014.

[10] 于卫兵．金融企业会计[M]．大连：东北财经大学出版社，2014.

[11] 亚春林．金融企业会计[M]．上海：立信会计出版社，2014.

[12] 刘东辉．银行会计学[M]．北京：高等教育出版社，2014.

[13] 于小镭．新企业会计实务讲解[M]．北京：机械工业出版社，2013.

[14] 李刚．金融企业会计实务[M]．北京：首都经济贸易大学出版社，2013.

[15] 李燕．金融企业会计[M]．大连：东北财经大学出版社，2013.

[16] 王允平．金融企业会计学[M]．北京：经济科学出版社，2013.

[17] 孟艳琼．金融企业会计[M]．北京：中国人民大学出版社，2012.

[18] 任聪聪，冯凌若．金融企业会计[M]．北京：中国财政经济出版社，2012.

[19] 程祖伟，韩玉军．国际贸易结算与融资[M]．北京：中国人民大学出版社，2012.

[20] 王金媛．银行会计学[M]．北京：科学出版社，2011.

[21] 郭德松，李晓燕．金融企业会计实训[M]．武汉：华中科技大学出版社，2011.

[22] 王晓枫．金融企业会计[M]．大连：东北财经大学出版社，2009.

[23] 方萍，郭娥．金融企业财务会计[M]．成都：西南财经大学出版社，2009.

[24] 于春红．银行会计学[M]．北京：对外经济贸易大学出版社，2009.

[25] 王保平，栗利玲．保险公司会计实务[M]．北京：中国财政经济出版社，2009.

[26] 周彦平，孙娜．证券公司与基金公司会计实务[M]．北京：中国财政经济出版社，2009.